Die *wirkliche* Zeit

© 2015 by Verlag Hans-Jürgen Maurer
Alle Rechte vorbehalten.

Zweite Auflage 2015

Innenlayout und Satz: Hans-Jürgen Maurer
Covergestaltung: Doris Arndt

Verlag Hans-Jürgen Maurer
Frankfurt am Main

www.verlaghjmaurer.de
info@verlaghjmaurer.de

ISBN 978-3-929345-50-6

Die *wirkliche* Zeit

Eine vergleichende Untersuchung der Zeitlehre von
W. Dilthey und H. Bergson unter besonderer
Berücksichtigung von I. Kants Zeitanalyse

Inaugural-Dissertation
zur Erlangung der Doktorwürde
der Philosophischen Fakultät
der Albert-Ludwigs-Universität
zu Freiburg i. Br.

Vorgelegt von
Arslan Topakkaya
aus Kayseri/Türkei

WS 2004/05

Erstgutachter(in): Prof. Dr. Regine Kather

Zweitgutachter: Prof. Dr. Dr. Bernhard Uhde

Vorsitzende/r des Promotionsausschusses
der gemeinsamen Kommission der
Philologischen, Philosophischen und Wirtschafts-
und Verhaltenwissenschaftlichen Fakultät: Prof. Dr. Hermann Schwengel

Datum der Fachprüfung im Promotionsfach: 27.09.05

Sevgili eşim Zeynep ve tatlı kızlarım Sümeyye,

Asûde ve Nurefşan'a ...

Meiner lieben Frau und meinen Töchtern Sümeyye,

Asûde und Nurefşan ...

Vorwort

Die vorliegende Arbeit wurde im Sommersemester 2005 von der Philosophischen Fakultät der Albert-Ludwigs-Universität Freiburg als Dissertation angenommen. Sie ist zur Drucklegung leicht bearbeitet.

Mein großer Dank gilt an erster Stelle dem türkischen Bildungsministerium, das mir im Namen des türkischen Volkes sowohl ein Magister- als auch ein Promotionsstipendium gewährleistet hat.

Mein besonderer Dank gilt Frau Prof. Dr. Regine Kather für die Betreuung der Arbeit. Herrn Prof. Dr. Dr. Bernhard Uhde möchte ich für die Übernahme der Aufgabe des Zweitgutachters danken.

Ich bedanke mich bei meiner Frau für ihren Beistand und Unterstützung während meiner Magister- und Promotionszeit in Freiburg. Ohne ihre Hilfe hätte diese Arbeit nicht entstehen können. Meine Eltern und meine Schwiegereltern (Familie Soylar) dürfen nicht unerwähnt bleiben, ich danke Ihnen für die moralische Unterstützung.

Für die Korrektur der Arbeit danke ich Dr. T. Platte und C. Eggert (M.A.). Herrn Dipl. Inf. E. Islam Tatlı will ich meinen Dank für die Formatierung der Arbeit aussprechen. Meinen Freunden S. Ali Yılmaz, PD. Dr. F. Bilgili, Dr. N. Alkan, M. Ikbal Ceylan (LLM), F. Nişancı, F. Azak, S. Şeker, Ş. Seven, I. Bayraktarlı, H. Sarıkaya, Özkan Gürdoğan (LLM) möchte ich wegen ihrer freundlichen Gesellschaft ganz herzlich danken.

Arslan Topakkaya
Freiburg i. Br., Oktober 2005

P.S. Jene, die aus dieser Arbeit zitieren, bitte ich um ein kurzes E-Mail an die folgende Adresse: arslan_topakkaya@hotmail.com

INHALTSVERZEICHNIS

EINLEITUNG 11
I. KAPITEL: Die Zeitlehre von Kant 19

1. Eine kurze Geschichte der Zeitauffassung vor Kant 19
2. Die Zeitlehre in Kants Dissertation 25
3. Die Bestimmung der Zeit in der transzendentalen
   Ästhetik der Kritik der reinen Vernunft 31
4. Das Zeitproblem in der transzendentalen Analytik 38

II. KAPITEL: Diltheys Zeitlehre 46

1. Die Bedeutung des Zeitbegriffs in Diltheys Philosophie 46
2. Zeit als reale Lebenskategorie 52
3. Zeitdimensionen bei Dilthey 55
3.1. Gegenwart 56
3.2. Vergangenheit 61
3.3. Zukunft 65
4. Die Unterschiede zwischen den Zeitdimensionen 67
5. Die Kategorien des Denkens in Bezug auf die Zeit 70
6. Die Zeitlichkeit des Lebens 72
6.1. Der Lebensverlauf im Zusammenhang der Zeitlichkeit 72
6.2. Die Unterscheidung von konkreter Zeit und
   phänomenaler Zeit (die Zeit des Naturgeschehens) 74
7. Die Unermesslichkeit der Zeit in Bezug auf die
   Unterscheidung von realer und objektiver Zeit 76

III. KAPITEL: Diltheys Kritik an Kants Zeitlehre 80

1. Die Bedeutung der Kantischen Philosophie für Dilthey 80
2. Diltheys Kritik in den Berliner Logik-Vorlesungen
   der achtziger Jahre 81

3. Diltheys Kritik an Kants Zeitlehre in Ausarbeitungen und
   Entwürfen zum zweiten Band der "Einleitung in die
   Geisteswissenschaften" 82
4. Dauer und Veränderung in der Zeit im Zusammenhang
   der Kritik an der Kantischen Zeitlehre 88
5. Weitere Kritik Diltheys in Bezug auf die psychischen Akte ... 94

IV. KAPITEL: Bergsons Auffassung von der Zeit 98

1. Zeit und Zahl 101
2. Verräumlichung der Zeit 107
3. Zeit und Bewegung 114
4. (Homogene) Zeit und inneres Erlebnis 122
5. Die wirkliche Zeit, die Dauer 128
5.1. Dauer und Raum 128
5.2. Dauer und Bewusstsein 132
5.3. Dauer und Gedächtnis 138
5.3.1. Die Formen des Gedächtnisses 143
5.3.2. Wahrnehmung und Erinnerung im Zusammenhang
       mit dem Gedächtnis 148
5.3.2.1. Bilder und Wahrnehmung 148
5.3.2.2. Erinnerung 157
6. Dauer in Bezug auf die Zeitmomente 168
6.1. Die Vergangenheit 168
6.2. Die Gegenwart 178
6.3. Die Zukunft 184
7. Dauer und schöpferisches Werden in der Natur 193
7.1. Dauer und schöpferische Entwicklung des Lebens 194
7.2. Der *élan vital* (die Lebensschwungskraft) 210
8. Die Intuition 218
8.1. Die Geschichte des Intuitionsbegriff bis Bergson ... 218
8.2. Das Wesen der Intuition 222
8.3. Die Intuition und Erkenntnis 228
8.4. Instinkt und Intellekt in Bezug auf die Intuition .. 233

V. KAPITEL: Bergsons Kritik an Kant 244

1. Kants Metaphysiktheorie und deren Kritik durch Bergson .. 244
2. Bergsons Kritik an Kants Erkenntnistheorie 254
3. Bergsons Kritik an Kants Zeitlehre 262

SCHLUSSBEMERKUNG 273

LITERATURVERZEICHNIS 289

EINLEITUNG

Die Frage nach der Zeit scheint zum ältesten Kulturgut des Menschen zu gehören. Schon in der Mythologie findet man die Bemühung um die Lösung dieser Frage. Denn der Mensch kann seine Existenz und die Existenz der anderen nur begreifen, wenn er weiß, was die Zeit ist. Trotz der langen Reifezeit dieses Problems ist der Mensch noch zu keiner endgültigen Beantwortung dieser Frage gelangt.

Die abendländische Philosophie beschäftigt sich mit dieser Frage explizit seit Parmenides und Heraklit. Wenn man über die verschiedenen Bestimmungen der Zeit in der philosophischen Tradition nachdenkt, so lässt sich eine Mannigfaltigkeit der Auffassungen aufzeigen, die trotzdem eine innere Einheit sichtbar werden lässt, die folgendermaßen artikuliert werden kann. Die Zeit ist eine Form, in der sich jedes Geschehen abspielt. Ob das Geschehen ein Vorgang der Natur oder des Geistes ist und ob diese Form als eine vorhandene Dimension oder als eine sich konstruierende Handlung gedacht wurde, hängt wesentlich von der Bestimmungsweise der jeweiligen Zeitlehre ab.

Nicht nur die Philosophie bemüht sich, die Realität der Zeit zu verstehen und sie zu lösen. Auch die frühen abendländischen Physiker zielen seit dem frühen 16. Jahrhundert auf die Lösung der Zeitproblematik. Eine kurze Erörterung, wie die moderne Physik die Zeitproblematik erarbeitet hat, ist deshalb sinnvoll für das Verstehen der Gedanken von W. Dilthey und H. Bergson, weil sich beide gegen die Zeitauffassung der Physik positioniert haben.

Bergson hat sich z. B. mit Einsteins Relativitätstheorie beschäftigt. Er war mit ihm im Hinblick auf seine Kritik an Newtons Zeitauffassung einverstanden, nicht aber damit, dass er die Zeit als vierte Dimension des Raumes angenommen hat. Einstein ist der Meinung, dass ein Zeitproblem überhaupt nur auf der Grundlage eines ganzen Bündels falscher Prämissen, die alle anthropozentrischer Natur sind, entsteht. Diese falschen Prämissen seien die vermeintliche Zentrumslage des Menschen, die von Kant paradigmatische Fundierung der Zeit in der natürlichen Anschauung, die Orientierung an der Sprache, sowie das Dogma einer Erklärung der Welt bloß aus Begriffen. Diese Prinzipien seien im Grunde genommen anthropogen und subjektiv. Um eine wirkliche Erkenntnis von der Zeit zu gewinnen, müsse man diese anthropogenen Prinzipien kategorisch ausschließen. In der Relativitätstheorie Einsteins wird die Zeit nun nicht mehr durch die Drehung der Erde, sondern durch die Geschwindigkeit des Lichtes definiert. Diese Zeit wird in der formaltheoretischen Betrachtung so mit dem Raum verknüpft, dass sie zusammen mit den drei Raumdimensionen eine vierdimensionale Raum-Zeit aufspannt. Als bloße Koordinate büßt die Zeit so ihre Absolutheit ein und wird damit zu einer nur "relativen" Zahl in einem Bezugssystem.

In diesem Zusammenhang darf die Zeitauffassung von Reichenbach nicht unerwähnt bleiben. Nach Reichenbach gehört die Bestimmung der Struktur der Zeit nur zur Physik.[1] Die Philosophie hat sich auf die Freilegung der wissenschaftstheoretischen Grundlagen zu beschränken, ohne selbst sachhaltige Aussagen zu machen. Nur dadurch kann man sich vor Fehlern hüten, denn die Struktur der Zeit erschließt sich nur über eine Befragung der Natur. Reichenbach erklärt die Entstehung des Zeiträtsels dadurch, dass die für die Erkenntnis notwendigen pragmatischen Begriffsbestimmungen mit der Erkenntnis selbst verwechselt werden. Die Überlegenheit der physikalischen Zeittheorie steht für ihn außer Frage, weil nur diese Theorie uns zeigen kann, was die Zeit wirklich ist. Denn die Sprache der Physik und Mathematik ist nicht mehrdeutig wie die alltagssprachliche, sie basiert auf wohldefinierten, eindeutigen Grundlagen.

Trotz solch anspruchsvoller Erklärung, dass die universale Struktur der Zeit nur durch die moderne Physik gefunden werden kann, wird die grundsätzliche Kontroverse um die Herrschaft der jeweiligen Wissenschaft weiterhin ausgetragen. Die Entwicklung im Mikro- und Makrobereich der Physik sowie die neue Entwicklungsbewegung in der Biologie führen zu einer neuen Konzeption der Zeit. Prigogine hat in diesem Sinne als erster eine bahnbrechende Diskus-

---

[1] Reichenbach, H.: Der Aufstieg der wissenschaftlichen Philosophie, Berlin 1951, S. 177.

sionslage für das neue Verständnis der Zeit unter der Verwendung von traditionellen philosophischen Begriffen bezüglich des Gegensatzes von "Sein" und "Werden" eingeführt.[2] Er stellt fest, dass solange die Physik den qualitätslosen Parameter t zu ihrer Grundlage hat, sie bloß statisch-ideale Strukturen beschreibt, denen wie Platons Ideen jegliches Werden fremd ist. Er fordert, dass das Programm der Physik reformuliert werden muss und das für eine große Zahl von Phänomenen typische "Werden" nicht länger ausgeschlossen werden solle. Die physikalische Auffassung der Zeit reiche, so Prigogine, nicht, die reale Struktur der Zeit zu erkennen. Die Lebensphilosophen (vor allem, Dilthey, Bergson, Simmel usw.) sind der Meinung, dass die Zeit nicht durch die physikalische Auffassung ausgeschöpft werden kann. Die Zeit und die Zeitlichkeit des Menschen seien unersetzbare Grundbestimmungen des menschlichen In-der-Welt-Seins. Wissenschaftliche Forschungen über die Zeit könnten nur dadurch zu einem befriedigendem Ergebnis führen, wenn sie die lebensweltlichen Zeitauffassungen berücksichtigen. Man solle anerkennen, dass der Mensch auf seine eigene Weise mit der Zeit vertraut ist. Wir als Menschen wüssten von ihr in dem Sinne, dass wir mit ihr umgehen können und dass wir unser Leben mehr oder weniger möglichst im Einklang mit ihr einrichten. Wir bräuchten die Zeit, um unsere alltäglichen Beziehungen zur Natur und zu den Menschen zu regeln. In diesem Sinne bildeten die Zeiterlebnisse ein Selbstverständnis für uns. In diesem Zusammenhang stellt sich diese Arbeit die Aufgabe, wie und warum die Zeit nicht durch die physikalische Auffassung erschöpfend behandelt werden kann. Wodurch unterscheidet sich die "gelebte Zeit" von der "physikalischen Zeit"? Kann man durch diese Trennung wirklich das Wesen der Zeit darstellen? Diese Arbeit sucht nach möglichen Antworten auf diese Fragen durch einen Vergleich der Zeitlehre von W. Dilthey und H. Bergson. Denn deren Antwort klingt abgesehen von einigen Unterschieden sehr ähnlich. Obwohl beide relativ zeitgleich lebten, schenkten sie sich gegenseitig kein

---

2 Vgl. Prigogine, I.: Vom Sein zum Werden. Zeit und Komplexität in die Naturwissenschaften, München 1979[4], S. 13f.

besonderes Interesse. Zum Beispiel erwähnt Dilthey in seinen gesammelten Schriften nur ein einziges Mal den Namen Bergsons, während Bergson, soweit ich festgestellt habe, sich mit Diltheys Philosophie nicht beschäftigt hat. Es ist verwunderlich, dass sie nicht weiter in Berührung kamen, obwohl sie, wie wir zeigen wollen, an manchen Punkten ganz ähnlich dachten. Ein weiterer gemeinsamer Punkt zwischen Dilthey und Bergson ist die Verneinung der Kantischen Zeitlehre. Sie haben unabhängig voneinander an Kants Zeitlehre eine scharfe Kritik geübt und ihm vorgeworfen, dass er das Wesen der Zeit nicht verstanden hat. Aufgrund ihrer gemeinsamen Haltung gegenüber Kant haben wir Kants Zeitlehre als Ausgangspunkt für die Zeitauffassungen der beiden Philosophen ausgewählt, um deren Zeitanalyse besser zu verstehen. Deshalb besteht die genauere Absicht der vorliegenden Arbeit darin, einen Vergleich der Zeitlehre von W. Dilthey und H. Bergson unter besonderer Berücksichtigung von I. Kants Zeitanalyse aufzustellen. Da der Kern der Arbeit aber ein Vergleich der Zeitlehre von Dilthey und Bergson ist, wird Kants Zeitanalyse nicht unmittelbar mit den Zeitlehren von beiden Philosophen verglichen. Vielmehr wird die Kritik der beiden Philosophen an Kant einbezogen. Die Arbeit wird einen ausführlichen Vergleich der Zeitlehren der beiden Philosophen durchführen. Sie hat daher im Detail zwei Hauptaufgaben: Erstens versucht sie die Gemeinsamkeiten und zweitens die Unterschiede der beiden Zeitauffassungen aufzuzeigen. In diesem Sinne werden die folgenden Fragen gestellt und zu beantworten versucht.

1) Wodurch unterscheiden sich diese Zeitlehren von den traditionellen Zeitauffassungen? Wie verhalten sich Dilthey und Bergson gegenüber physikalischen oder, allgemein gesprochen, wissenschaftlichen Zeitanalysen?
2) Wie bestimmen sie ihre Zeitlehre gegenüber Kant? Lehnen sie Kants Zeitlehre ganz und gar ab oder bejahen sie sie zum Teil? Ist ihre Kritik an Kant berechtigt?
3) Wie entwickeln sie ihre Zeitlehre in Bezug auf ihr gesamtes Gedankengut? Wie hängt bei ihnen die Zeitlichkeit mit dem

Lebensbegriff zusammen? Wie hängen ihre Zeitanalysen mit der Bewusstseinsanalyse zusammen?
4) Welche Beziehung gibt es für sie zwischen Raum und Zeit? Damit zusammenhängend, wie erklären die beiden Zeitlehren die Beziehung zwischen der Bewegung (der Veränderung) und der Zeit?
5) Entspricht die physikalische und konkrete (wirkliche) Zeit dem oberflächlichen und dem innerlichen Ich? Hat die Zeit schöpferischen Charakter? Ist die Zeit für sie messbar oder nicht? Wenn nicht, inwiefern?

Die Arbeit besteht aus fünf Kapiteln. Da die Kritik an Kant durch Dilthey und Bergson eine besondere Stellung in dieser Arbeit haben soll, werden im ersten Kapitel die Hauptmerkmale der Kantischen Zeitlehre erwähnt. Die Analyse der Kantischen Zeitlehre beginnt mit seiner Dissertation "De Mundi sensibilis atque intelligibilis forma et principiis", weil er dort seinen Grundgedanken über die Zeit zum ersten Mal entwickelt hat. Kant sagt dort u.a., dass die Zeit kein empirischer Begriff ist, sondern die Form des inneren Sinnes und somit eine apriorische Form unserer Sinnlichkeit. Ohne Zweifel hat Kant seine eigenständige und ausführliche Zeitlehre in der "transzendentale[n] Ästhetik" der "Kritik der reinen Vernunft" herausgearbeitet. Er nennt Zeit und Raum reine Anschauungen unserer Sinnlichkeit, ohne sie mit dem kategorischen Denken in Beziehung zu setzen. In der "transzendentale[n] Analytik" beschäftigt sich Kant mit der konstitutiven Bedeutung der Zeit für die menschliche Erkenntnis. Das zweite Kapitel behandelt Diltheys Zeitanalyse. Leider ist festzustellen, dass er weder eine eigenständige Arbeit über die Zeitlehre verfasst, noch sonst viel über die Zeit geschrieben hat. Es gibt auch keine eigenständige Arbeit, die über seine Zeitlehre geschrieben worden ist. Deswegen müssen wir uns im Vergleich zu Bergson mit weniger Textmaterial begnügen. Trotzdem versuchen wir aus seinen Schriften die essentiellen Gedanken über die Zeit zusammenzustellen. Dieses Kapitel beginnt mit der Analyse der Zeitmomente, deren Unterschiede eingehend erörtert werden. Da bei Dilthey die Zeitlichkeit ganz eng mit dem Leben zusammenhängt, wird unter "Zeitlichkeit des Lebens" diese gegenseitige Beziehung zunächst in Bezug auf den Lebensverlauf und dann in Bezug auf die auch bei Bergson zu findende Unterscheidung von konkreter und phänomenaler Zeit behandelt. Dilthey versteht die Zeit als reale Lebenskategorie, er nimmt sie sogar als erste Bestimmung des Lebens an. Dies wird im Zusammenhang mit der 'Unermesslichkeit' der Zeit in Betracht gezogen.

Das dritte Kapitel der Arbeit bezieht sich auf Diltheys Kritik an Kants Zeitlehre. Zuerst wird die Wichtigkeit der Kantischen Philosophie für Dilthey herausgehoben. Anschließend wird seine eigene Positionierung gegenüber Kants transzendentaler Philosophie aufgezeigt, wie er sie schon ab 1880 in seinen "Berliner Logik-Vorlesungen" vornimmt. Er hat seine Kritik in "Ausarbeitungen und Entwürfen zum Zweiten Band der Einleitung in die Geisteswissenschaften (ca. 1870–1895)" (GS. Band XIX) weitergeführt. Er beurteilt die Kantische Zeitlehre als wichtigsten Angriff gegen die Realität der inneren Wahrnehmung und der Zeit. Dilthey ist davon überzeugt, dass man auf jeden Fall eine Kritik an Kant braucht, um die Realität der geistigen Welt zu rechtfertigen. Ohne diese Kritik bleibt die Zeitlehre unbegründbar. Er behandelt auch die Veränderung und Dauer im Zusammenhang mit der Kantischen Zeitlehre und wirft ihr vor, dass Kant die Zeit aus Unzeitlichem entstehen lässt, indem er die Transzendentalität der Zeit bejahte.

Das vierte und umfangsreichste Kapitel beschäftigt sich mit Bergsons Zeitlehre. Im Gegensatz zu Dilthey dreht sich Bergsons ganze Philosophie um seine Zeitanalyse. Er hat sich von Anfang bis Ende seines Denkens im wahrsten Sinne des Wortes um die Darstellung des wahren Charakters der Zeit bemüht. Es ist kein Zufall, dass seine Doktorarbeit auf Deutsch mit "Zeit und Freiheit" übersetzt wurde. Dieses Kapitel beginnt mit der Zeitanalyse Bergsons in "Zeit und Freiheit" (*Essai sur le donnés immédiates de la conscience 1889*). Hier wird zunächst der Zusammenhang zwischen Zeit und Zahl und damit zusammenhängend das Raum-Zeit-Verhältnis und dessen natürliche Folge, die Verräumlichung der Zeit, welche eine sehr wichtige Unterscheidung zu der wirklichen Zeit bei Bergson bildet, untersucht. Das Raum-Zeit-Verhältnis führt unmittelbar zur Problematik der Bewegung und Veränderung. Bergson untersucht dieses Verhältnis in Bezug auf die Zenonschen Paradoxien. Bergson versucht in "Zeit und Freiheit" die Frage zu beantworten, ob die homogene Zeit das innere Erlebnis adäquat darstellen kann. Die Antwort wird unter dem Untertitel "(Homogene) Zeit und inneres Erlebnis" gesucht. Es ist bei Bergson entscheidend, dass er die wirkliche Zeit von der verräumlichten Zeit unterscheidet und sie Dauer nennt. Die Dauer (*la Durée*) ist ein Zentralbegriff in Bergsons Philosophie. Sie ist nicht nur die wirkliche Zeit, sondern auch das Wesen des Seins und des Universums. Sie überschreitet sozusagen ihren zeitlichen Charakter und mit ihr wird das Werden und Vergehen durch sich begründet. Die Dauer hängt in diesem Sinne mit dem Raum und mit dem Bewusstsein zusammen. Über das Bewusstsein wird sie wieder mit dem Gedächtnis in Verbindung gebracht. Bergson führt in "Materie und Gedächtnis" ausführliche Analysen über die Formen des Gedächtnisses in Bezug auf die Wahrnehmung und Erinnerung durch. In diesem Zusammenhang kommen die Bilder in den Blick, die von Bergson einmal als Ich (Leib)-zentrisch und einmal als Objekt-zentrisch definiert werden. Hier wird die gegenseitige Ergänzung und Beziehung zwischen dem Gedächtnis, der Wahrnehmung und der Erinnerung analysiert. Da sich die Erinnerung zwangsläufig auf die Vergangenheit bezieht und der Grundcharakter der Dauer zeitlich ist, wäre es sinnvoll, die Dauer in Bezug auf die Zeitmomente zu behandeln und zu verstehen zu suchen. Es wird untersucht, wie die Dauer mit der Gegenwart, Vergangenheit und Zukunft in Beziehung steht. Wie wir schon gesagt haben, hat die Dauer nicht nur einen zeitlichen, sondern auch einen schöpferischen Charakter und ist durch diese Eigenschaft am schöpferischen Werden in der Natur beteiligt. Sie ist sozusagen ständiges Werden und Vergehen. Bergson erklärt auch die Entwicklung des Lebens durch die Dauer. Sie enthält in sich die nötige Lebensschwungkraft (*élan vital*) für die Entwicklung der Natur. Die Dauer und dieser *élan vital* sind aber unserem Verstand fremd, denn er hat eine natürliche Verständnislosigkeit für das Leben. Das Leben und die Dauer als Realität dürfen nur durch die innere Schau des Geistes durch sich selbst, nämlich durch die Intuition verstanden werden. Neben dieser Eigenschaft kommt die Intuition bei Bergson auch als eine Erkenntnisquelle in Frage. In diesem Zusammenhang sollte man auch eine Untersuchung von Instinkt und Intellekt in Bezug auf die Intuition, die ja von Bergson als selbst bewusstgewordener Instinkt beschrieben wird, vornehmen.

Das letzte Kapitel der Arbeit ist reserviert für Bergsons Kritik an Kant. Diese gliedert sich in drei Themen, nämlich die Kritik der Kantischen Metaphysik, Erkenntnis und Zeitlehre. Kants großer Irrtum ist, so meint Bergson, dass er die Zeit als ein homogenes Medium annimmt. Er hat die Zeit (Dauer) mit dem Raum vermengt. Kant hat nicht nur die wirkliche Zeit verkannt, sondern auch die wahre Metaphysik und damit die Möglichkeit der Metaphysik verleugnet. Bergsons Anliegen war es, eine auf Erfahrung basierende Metaphysik zu begründen, deren Methode die Intuition sein sollte.[3] Er wollte sogar seine Auffassung von der Dauer durch diese wahre Metaphysik begründen. Im Gegensatz zur allgemeinen Strömung seiner Zeit (Positivismus, Mechanismus und Darwinismus) versuchte er zu zeigen, dass uns die Metaphysik bei der Suche der Wahrheit nicht hindert, sondern befördert. Deswegen empfiehlt Bergson gegenseitige Unterstützung von Wissenschaft und Metaphysik. Er ist auch mit Kants Erkenntnistheorie nicht einverstanden, weil Kants Unterscheidung zwischen Form und Stoff nicht der Wahrheit entspricht und die Apriorität der Kategorien nicht unmittelbar akzeptabel ist. Kant hat den wahren Charakter der Zeit verkannt, weil dieser nicht durch die mathematische Erkenntnis, welche von Kant favorisiert wurde, zu erkennen ist.

---

3 Vgl. dazu, Maritain, J.: Von Bergson zu Thomas von Aquin. Acht Abhandlungen über Metaphysik und Moral, Cambridge 1945.

I. KAPITEL: Die Zeitlehre von Kant

1. Eine kurze Geschichte der Zeitauffassung vor Kant

Bevor wir auf Kants Zeitlehre eingehen, möchten wir die wichtigsten Zeitlehren bis Kant kurz darstellen, damit wir die Bedeutung von Kants Zeitanalyse in der geschichtlichen Entwicklung der Zeitlehre besser verstehen können. Diese kurze Darstellung soll uns einen Überblick geben, um die Unterschiede zwischen den Zeitlehren vor Kant und der Kantischen Zeitbestimmung festzustellen.

Schon in der antiken Philosophie wurde die Frage nach dem Wesen der Zeit gestellt und zu beantworten gesucht. Parmenides, Zenon, Platon, Aristoteles, Plotin usw. haben ihre eigenen Zeitlehren entwickelt, die für Jahrhunderte die Paradigmen der Reflexion über die Zeit bildeten.

Zenons Anliegen, wie auch seines Lehrers Parmenides, war es zu zeigen, dass eine Annahme von Bewegung und Vielheit zu Widersprüchen führt. Vielheit kann es nur als Nebeneinander im Raum oder als Nacheinander in der Zeit, deren Teile sich ad infinitum teilen, geben.[4] Die darauf beruhenden Zenonschen Paradoxa regen Menschen immer wieder zum Nachdenken über die Begründbarkeit des Phänomens der Zeit an. (Bergson setzt sich in diesem Sinne mit Zenon auseinander und versucht zu zeigen, dass die Bewegung und die Zeit nicht zu teilen sind. Vgl. Kapitel IV).

Platon versteht die Zeit als Bild des Ewigen. Nach dieser Vorstellung bringt und verbirgt die Zeit die Dinge und nicht umgekehrt. Das Geschehen kann nicht von der Zeit abgelöst werden. Die Physis *ist* Zeitlichkeit im Sinne des Ans-Licht-Tretens und Wieder-Vergehens. Das erste Element des Hervorbringens hat Platon im Bild des Demiurgen als eine Hervorbringung der Zeit und des Kosmos dargestellt. Platons Demiurg wollte "ein bewegtes Abbild der Ewigkeit herstellen. Gleichzeitig also mit der Ordnung des Weltalls überhaupt schafft

---

4 Vgl. Deussen, P.: Die Philosophie der Griechen, Leipzig 1921³, S. 88.

er ein nach der Zahl (in bestimmten Maßen) fortschreitendes Abbild der in Einheit beharrenden Ewigkeit, ein Abbild, dem wir den Namen Zeit gegeben haben."[5] Der Kosmos als immerwährendes Lebewesen ist in einer Welt der Veränderung ein Bild des Aion – eben als Zeit. Die Zählbarkeit der Zeit ist Abbild der Bewegung und auch der Ausdruck der Harmonie des Kosmos. Die ursprüngliche Bedeutung des Aion als Lebenskraft ist in alldem sichtbar. Die Zeit ist für Platon ein Vermittler zwischen den Ideen und der Welt des Wandels. Die zyklische Zeit der Gestirne erscheint als erstes Abbild des Aion, sie kann ihrerseits als Maß des Werdens dienen. Die Zeit vermittelt die Sinnhaftigkeit des Kosmos als Abbild des Ewigen.[6]

Gegenüber Platon definiert Aristoteles die Zeit als Zahl der Bewegung im Hinblick auf das Früher und Später.[7] Da das Zählen eine Sache der Seele und nicht des Gezählten ist,[8] kommt bei Aristoteles mit der Bezugnahme auf den Nous zum ersten Mal in der Betrachtung der Zeit ein Subjekt-Objekt-Verhältnis ins Spiel. Aristoteles versteht die Zeit als Maß der Bewegung.[9] Entscheidend ist bei ihm, dass die Zeit nicht mehr ein Abbild des Aion ist, aber letztlich aus ihm als dem Ursprung aller Bewegung mit der Bewegung hervorgeht. Aristoteles geht in seiner Definition der Zeit in keiner Weise über die Bewegung hinaus. Die unbegrenzte Zeit ist von relationaler Struktur und messbar in der zyklischen Bewegung. Trotzdem wird die Verbindung zum Ewigen in der Abhandlung über den Himmel in Bezug auf die Begründung der Himmelsbewegung hergestellt. Während Platon vom Ewigen ausgeht und zum Werden gelangt, geht Aristoteles von der Bewegung aus und verweist am Ende auf das Ewige.

Anders Plotin: Er ist der Meinung, dass die Zeit nicht Bewegung sein kann, denn es gibt in der Zeit kein schneller oder langsamer.[10]

---

5 Platon: Timaios, 37d. in: Platon sämtliche Dialoge, hrsg. v. O. Apelt, Hamburg 1988.
6 Platon: Timaios, 39 d.
7 Aristoteles: Physik IV 11, 219b 2–5.
8 Ebd., 223 a 22–29.
9 Aristoteles: Metaphysik V 12, 1020a 13–14.
10 Plotin: Schriften, Band IV, hrsg. v. R. Beutler und W. Theiler, Hamburg 1967, S. 317.

Das, was gemessen wird, ist nicht die Zeit, sondern bloß eine Zeitspanne. Die Zeit kann aber auch nicht aus etwas absolut Ruhendem hervorgehen. Der Aion, dessen Abbild die Zeit ist, wird bei Plotin als unzeitliches Leben, nämlich als Seele gesehen und deshalb darf man ihm zufolge die Zeit nicht außerhalb der Weltseele ansetzen.[11] Würde die ruhelose Seele in ihren Ursprung zurückkehren, würde die Zeit aufhören, während sie fortbestünde, falls nur die Himmelsbewegung zum Stillstand käme.[12] Plotin denkt also die Zeit unabhängig von der Materie und deren Bewegung.

Augustinus' Zeitlehre ist ein Wendepunkt in der Geschichte der Zeittheorien. Für ihn bleibt die Zeit am Ende ein Rätsel. Er gesteht in den "Confessiones", dass er wohl wisse, was Zeit sei, denn beim Reden und Hören gäbe es kaum etwas Vertrauteres und Geläufigeres als Zeit, dass er aber einem Fragenden nicht erklären könne, was die Zeit nun wirklich sei.[13] Trotzdem versucht er das Zeitproblem zu lösen. Dies gelingt ihm dadurch, dass er den Seelenbegriff, der in der Antike für das Leben steht, mit dem Bewusstsein verbindet und so die Zeit als innerliches, innerseelischen Phänomenen zu fassen kriegt. Somit wird die Zeit zur Ausdehnung des Geistes, zur Gegenwart des Vergangenen, Gegenwart des Gegenwärtigen und Gegenwart des Zukünftigen. Die Gegenwart des Zukünftigen ist bei Gott als reine Gegenwart, und bei endlichen Menschen als Erinnerung des Vergangenen und Erwartung des Zukünftigen in der gegenwärtigen Aufmerksamkeit zu denken.

In der mittelalterlichen Philosophie sind die Zeitlehren von Thomas v. Aquin und Bonaventura zu erwähnen. Thomas stellt wie Augustinus fest, dass die Zeit mit der Bewegung zwar nicht gleichzusetzen, ohne Bewegung aber auch nicht denkbar ist, weil wir die Zeit nur auffassen können, wenn wir in der Bewegung ein Vorher und

---

11 Vgl. ebd., S. 337f.
12 Vgl. Jonas, H.: Plotin über Zeit und Ewigkeit, in: Politische Ordnung und menschliche Existenz, hrsg.v. A. Dempf, H. Arendt, und F. Engel-Janosi, München 1962, S. 295–319, hier S. 307f.
13 Vgl. Augustinus: Bekenntnisse 11, 14. Lat-Deut. Eingeleitet, übersetzt und erläutert von J. Bernhart, München 1980⁴.

Nachher wahrnehmen. Alles, was sich bewegt, hängt nach Thomas von der ersten Bewegung ab. Er ist der Meinung, dass die Realität der Zeit im Augenblick gründet. Die Beziehung zwischen dem Bewegtem und der Bewegung erinnert an die Beziehung zwischen den Augenblick und der Zeit. Nur die Seele kann, so Thomas, die vollständige Ausdehnung der Zeit auffassen. Deswegen ist die außerseelische Existenz der Zeit 'unvollkommen'. Manche Autoren haben diesen Standpunkt aber abgelehnt. Nach Bonaventura z. B. ist die Zeit in der Potentialität der Materie, nicht in der Bewegung als solcher verwurzelt. Die Zeit versteht er in verschiedenen Bedeutungen, z. B. als Maß der Dauer und des Wandels vom Nicht-sein zum Sein und von einem bestimmten Sein zum einem anderen, und als Maß einer Veränderung und letztlich als Maß der sukzessiven Bewegung.

Mit der Neuzeit beginnt die radikale Aufspaltung der Zeit in "philosophische" und "naturwissenschaftliche" Bestimmungen und gleichzeitig der Versuch, diesen Zwiespalt zu überbrücken. Mit Kopernikus und Kepler setzt eine entscheidende Wende in der Zeitauffassung ein, die von Galilei weitergeführt und von Newton vollendet wird. Man sollte in diesem Zusammenhang die Zeitlehre von P. Gassendi berücksichtigen, weil sie auf Newton Einfluß ausgeübt hat. Gassendi stellt fest, dass die Zeit sowie der Raum zu dem gehören, dessen Existent unabhängig von allen Dingen aus der Welt und vom menschlichen Denken ist.[14] Die Zeit geht immer gleich schnell, egal ob in ihr etwas ist oder nicht, ruht oder sich bewegt. Die Zeit kann durch keine Macht zum Stillstand gebracht werden. Gassendi führt den Begriff einer *universellen Zeit* ein, die nicht nur alle Dinge der Welt, sondern darüber hinaus auch noch Gott zeitlich einzuordnen gestattet. Seinem Begriff der Zeit liegt ein der menschlichen Erfahrung nicht unmittelbar zugängliches fließendes Etwas zugrunde, das den Menschen nicht zu beeinflussen vermag und das er deswegen nicht registrieren kann. Dies ist auch die Grundvorstellung Newtons.

---

14 Vgl. Gassendi, P.: Opera Omnia, Bd. 1, Lyon 1658, Nachdruck Stuttgart-Bad Cannstatt 1964, S. 179–185.

Newton ist davon überzeugt, dass die Zeit unabhängig von der Materie und deren Bewegung existiert. Er unterscheidet zwischen der 'wirklichen Zeit', die er 'Dauer' nennt, und der 'relativen Zeit'. Letztere sei nur ein Maß der wirklichen Zeit. Welche an sich unteilbar sei. Newton schreibt der Zeit göttliche Eigenschaften wie Unteilbarkeit, Ewigkeit und Ubiquität zu. Sie stellt damit die unmittelbare Präsenz Gottes in der Welt dar. In diesem Zusammenhang sollte Spinozas Zeitlehre erwähnt werden. Für ihn ist die Zeit eine subjektive Weise des Vorstellens. Sie ist etwas Rationales. Den Sukzessionen der Zeit stellt Spinoza nicht die absolute Dauer, sondern die Ewigkeit gegenüber. Er beschreibt sie nicht als absolute Zeit, sondern als Zeitlosigkeit. Damit ist die Zeit im Unterschied zur Ausdehnung kein Attribut Gottes. Die Welt hat dagegen eine relative zeitliche Dimension. Die Zeit als Maß der Dauer bezeichnet die kreatürliche Natur.

Leibniz wehrt sich gegen die Absolutsetzung von Raum und Zeit und auch gegen deren Sicht als Attribute Gottes. Er verteidigt die Relativität von Raum und Zeit. "Der Raum ist die Ordnung des Gleichzeitigen, die Zeit ist die Ordnung des Sukzessiven. Mit dieser Auffassung gehört Leibniz in jene Tradition, die Zeit als das Formale, das Gestalthafte am Geschehen verstand, nicht als den Geschehenscharakter selbst."[15] Newtons Zeitlehre erregte bei Leibniz Widerspruch. Im Schreiben an Clarke heißt es in §4: "Ich habe mehrfach betont, dass ich den Raum ebenso wie die Zeit für etwas rein Relatives halte; für eine Ordnung der Existenzen in Beisammensein, wie die Zeit eine Ordnung des Nacheinander ist."[16] Leibniz nimmt an, dass der Raum und die Zeit eine Ordnung nicht nur für die wirklichen, sondern auch für die möglichen Dinge sind. Raum und Zeit machen die Ordnung der Möglichkeiten eines ganzen Universums aus. "L'Espace et le Temps pris ensemble font l'ordre des possibilité de tout un Univers, de sorte que ces ordes (c'est à dire l'Espace et le Temps) quadrent non seulement à ce qui est actuellement, mais encor à ce qui

---

15 Böhme, G.: Zeit und Zahl, S. 195.
16 Robinett, A.: Correspondance Leibniz-Clarke, Paris 1957, S. 53.

pourrait estre mis à la place, comme les nombres sont indifferens à tout ce qui peut estre res numerata."[17] Im Gegensatz zu Newton bestehen Zeit und Raum nach Leibniz nicht unabhängig von den Dingen. Ihm zufolge hat die Zeit als Ordnungsstruktur ihren Ursprung im Ewigen, im Reich der Ideen.

Wir haben damit einen Überblick gewonnen, welche verschiedenen Zeitlehren bis zu Kant hin entwickelt worden sind. Er versteht die Zeit nicht wie Platon als Bild des Ewigen und nicht wie Aristoteles als Zahl der Bewegung in Bezug auf das Früher und Später. Er teilt nicht die Zeitlehre Plotins, dass die Zeit unabhängig von der Materie und Bewegung sei. Kants Zeitlehre fällt auch nicht mit der Zeitauffassung Augustinus' zusammen, der die Zeit als Ausdehnung des Geistes definiert und er positioniert sich ganz deutlich in Abgrenzung zu Newtons Zeitlehre, indem er die objektive Realität der Zeit streng ablehnt. Kant selbst legt seinen Überlegungen über die Zeit im wesentlichen die Zeitlehren von Newton, Leibniz und Wolff zugrunde, versteht die Zeit allerdings im Unterschied zu diesen als Form der inneren Anschauung im Rahmen einer Analytik des Bewusstseins. Im nächsten Kapitel wird auf Kants Zeitlehre eingegangen und gezeigt, wie er seine Zeitlehre von seiner Dissertation bis zur "Kritik der reinen Vernunft" entwickelt hat.

---

17 Leibniz: Philosophische Schriften, Band IV, hrsg. v. C. I. Gerhardt. Berlin 1875, S. 568.

2. Die Zeitlehre in Kants Dissertation

Kant entwickelt seine Gedanken über die Zeit erstmalig in seiner Dissertation von 1770. Obwohl die Grundgedanken der Dissertation in der "Kritik der reinen Vernunft" übernommen wurden,[18] fehlen bei der Dissertation einige Punkte. So gibt es keine klare und eindeutige Unterscheidung der "sensualitas" und "intelligentia" als der beiden Grundvermögen menschlichen Erkennens und "die Bestimmung der reinen Anschauungen, als die Raum und Zeit in dieser Schrift erstmals vorgestellt werden, hat noch nicht die Klarheit und Durchsichtigkeit der späteren Kritik."[19] Kant macht in der Dissertation die fundamentale Unterscheidung[20] zwischen sinnlichen und intellektuellen Vermögen der Menschen, worin eine wesentliche Aufgabe einer kritischen Metaphysik liegt. Diese Gedanken der Dissertation schaffen methodische Grundlagen für das Konzept von einer wissenschaftlichen, d.h. nicht mehr auf dem klassischen Dogmatismus beruhenden Metaphysik.[21] Danach ist die Wissenschaftlichkeit der Metaphysik an die strenge Beachtung jenes fundamentalen Unterschiedes zwischen den Prinzipien der sinnlichen auf der einen Seite und den Prinzipien der intellektuellen Erkenntnis auf der anderen Seite gebunden.

---

18 E. Cassirer bestätigt diese Übernahme mit folgenden Sätzen: "Die transzendentale Ästhetik übernimmt in den einzelnen Beweisen für die apriorische Bedeutung des Raumes und der Zeit die Hauptsätze der Dissertation ohne jede wesentliche Einschränkung und Umgestaltung." Aus: Das Erkenntnisproblem in der Philosophie und Wissenschaft der neueren Zeit, Bd. II, Berlin 1922, S. 684.
19 Manzke, K. H.: Ewigkeit und Zeitlichkeit. Aspekte für eine theologische Deutung der Zeit. Göttingen 1992, S.6.
K. H. Manzke sieht weitere Unterschiede zwischen Kants Dissertation und der KdrV, so z. B. dass der Anschauungscharakter von Raum und Zeit in der KdrV gegenüber der Dissertation nicht wesentlich verändert wird. Trotzdem "lässt sich allenfalls von einer Verschiebung der Argumentation gegenüber der Dissertation sprechen. Aber die in der Dissertation noch offen diskutierte Möglichkeit der Bestimmung der Zeit als 'intellektueller Begriff' bzw. als Idee wird von Kant in der Kritik auch der Möglichkeit nach nicht mehr aufgenommen." Ebd., S. 102.
20 Vgl. Kant: De Mundi sensibilis atque intelligibilis forma et principiis, hrsg. von K. Reich. Hamburg 1958, S.6.
21 Vgl. ebd., S. 76–77.

Kant gliedert in seiner Dissertation die Analyse der Zeit in sieben Abschnitte. Er beginnt mit der Feststellung, dass die Vorstellung der Zeit nicht aus den Sinnen stammt, sondern eine Voraussetzung für die Sinnlichkeit ist.[22] Man bekommt die Zeitvorstellung nicht durch die Sinne der Wahrnehmung, sondern man hat die Zeitvorstellung schon vorgängig. Nicht das Denken von Zugleich und Nacheinander einer Geschehensfolge erzeugt die Vorstellung der Zeit, sondern man hat je schon eine Zeitvorstellung, durch die erst Zugleich und Nacheinander unterschieden werden können. Deswegen ist die Zeit als die Reihe der nacheinander existierenden wirklichen Gegenstände nicht zu definieren. "Die Zeit und ihr Begriff sind nicht durchs Sensible erzeugt, sondern nur von ihm 'herausgefordert' und auf es bezogen."[23]

Im zweiten Abschnitt führt Kant die These ein, dass die Vorstellung der Zeit nur eine *Einzelvorstellung* sein kann. Die Zeit ist nicht aus dem allgemeinen Verstandesbegriff abzuleiten. Jeder Teil der Zeit lag vorgängig in der spezifischen Weise in ihr, dass er erst Teil wurde, indem er aus ihr ausgegrenzt wurde.[24] Die Einzigartigkeit der Zeit ist die Voraussetzung jeder Festsetzung einer bestimmten Zeitstrecke in der einen Zeit. Daraus folgt als der Zeit eigentümliches Moment ihre Unermesslichkeit (immasus), da Messung die Eins, d.h. die Einheit des Teils, voraussetzt. Im Hinblick auf einen *früher-später* Bezug kann die Beiordnung der Teilzeiten auf keine Weise durch irgendwelche dem Verstand begreiflichen Merkmale definiert werden, sondern nur durch die einzelne Anschauung des Geistes. Alles Wirkliche ist *in* der Zeit gesetzt und nicht, wie beim allgemeinen Verstandesbegriff, *unter* ihrem Begriff.[25]

---

22 Vgl. De Mundi, S. 39.
23 Söffler, D.: Auf dem Weg zu Kants Theorie der Zeit. Untersuchung zur Genese des Zeitbegriffs in der Philosophie I. Kants, Frankfurt am Main 1994, S. 82.
24 Ebd. Kant erläutert es mit einem Beispiel: "Wenn man sich zwei Jahre denkt, kann man sie sich nur in bestimmter Lange zueinander vorstellen, und wenn sie nicht unmittelbar einander folgen, nur als durch irgendeine Zwischenzeit miteinander verbunden. Welche aber von verschiedenen Zeiten früher sei und welche später, das kann auf keine Weise durch irgendwelche dem Verstand begrifflichen Merkmale definiert werden, wenn man nicht in einen fehlerhaften Zirkel fallen will, und der Geist unterscheidet das nur durch die einzelne Anschauung" De Mundi, S. 39.
25 Vgl. ebd.

Im Abschnitt 3 fasst Kant die Ergebnisse des ersten und zweiten Abschnitts zusammen. Die Zeit ist kein reiner Verstandesbegriff, sondern sie ist eine endliche sinnliche Anschauung. *Die Vorstellung der Zeit ist daher Anschauung.* Da die Zeit vor aller Empfindung vorgestellt wird und sie die Bedingung aller Empfindungsvorstellungen ist, zeigt sie sich als *reine Anschauung*.[26]
Kant untersucht im vierten Abschnitt die "Großheit" (quantum) und die "bestimmte Größe" (quantitas) der Zeit sowie ihre interne Ausdifferenzierung (Teil, Augenblick, Grenze). Die Zeit ist *"ein stetiges Quantum"* und das Prinzip "aller Stetigkeitsgesetze in den Veränderungen des Weltalls."[27] Obwohl ein Quantum stetig ist, besteht es nicht aus einfachen Teilen, weil mit der Zeit nur Verhältnisse, nicht Gegenstände gedacht werden. Es liegt in der Zeit als einem Quantum eine Zusammensetzung vor, "die überhaupt nichts übrig lässt, wenn man sich ihre Aufhebung vorstellt."[28] Die Zeit ist als Quantum eine Größe; aber als Zusammensetzung wird ihr auch eine "bestimmte Größe" (Quantitas) zugeschrieben. Wenn wir an einem Zusammengesetzten alle Zusammensetzung aufheben würden, bliebe gar nichts übrig. Deswegen ist jeder Bestandteil der Zeit eine Zeit. Aber das Einfache in der Zeit, nämlich der *Augenblick* ist nicht Bestandteil der Zeit, sondern er ist eine Grenze. Zwischen Grenzen liegt auch eine Zeit.[29] Denn zwischen den gegebenen zwei Augenblicken gibt es nur eine Zeit, in der das Wirkliche einander folgt. Also außer einem gegebenen Augenblick ist notwendig, dass eine Zeit gegeben wird, in deren Verlauf der andere Augenblick sich einstellt.[30]
Kant resümiert im fünften Abschnitt die gewonnene positive Axiomatik der Zeit mittels eines Bezugs auf die tradierten Positionen von Newton und Leibniz. Es geht hier um die Idealität der Zeit. Kant

---

26 Vgl. ebd.
27 De Mundi, S. 39.
28 De Mundi, S. 42.
29 Vgl. ebd., S. 41.
30 Es ist auffällig, dass in den Paragraphen von *De Mundi* der Begriff der Zeit durchgängig als 'conceptus' bzw. als 'notio' (vgl. §13) bezeichnet wird. In den ersten

ist von Anfang bis Ende seiner Zeitphilosophie gegen die Auffassung, dass die Zeit etwas Objektives oder Reales ist.[31] Sie ist subjektiv und ideal. Die Zeit ist weder eine Substanz (wie bei Newton) noch eine

---

drei Unterabschnitten des §14 wird sie als "idea Temporis" herausgearbeitet. Nach §14 wird sie wieder als notio oder conceptus angesprochen. Die *idea* wird als Vorstellung und *notio* oder *conceptus* als Begriff ins Deutsche übersetzt. Danach könnte man sagen, dass Kant die Zeit sowohl als Vorstellung wie auch als Begriff betrachtet. Die Vorstellung der Zeit wird also meistens als 'Idea temporis' bezeichnet. Man hat zu beachten, dass "der Titel 'Vorstellung' einen Grundbegriff der kantschen Philosophie kennzeichnet, insofern sowohl 'Begriffe' als auch 'Anschauungen' (Intuitus) bei Kant Weisen des Vorstellens, der repreasentatio, sind." Vgl. Söffler, D.: Auf dem Weg zu Kants Theorie der Zeit, S. 84.

Kant erklärt dies in seiner Logik: "Aller Erkenntnisse, das heißt: alle mit Bewusstsein auf ein Objekt bezogene Vorstellungen sind entweder Anschauungen oder Begriffe. Die Anschauung ist einzelne Vorstellung, der Begriff (ist) eine allgemeine oder reflektierte Vorstellung." Aus: Logik, Frankfurt.am Main 1968, S. 139. H. Scholz gibt Anweisungen, wie die Begrifflichkeit der Zeit verstanden werden soll: "Wenn Kant in der Dissertation von 1770 den Raum und die Zeit als <u>conceptus singulares</u> bezeichnet, so ist das entweder ein unverständlicher oder ein sehr verkürzter Ausdruck für folgende wohl bestimmte Aussage: Die Begriffe, die wir uns nachträglich von Raum und von der Zeit zu bilden vermögen, sind Begriffe von etwas schlechthin Einmaligem, folglich von Etwas ursprünglich Nichtbegrifflichem." Aus: Das Vermächtnis der Kantischen Lehre vom Raum und von der Zeit, in: Kant-Studien, Bd.29 (1924), hrsg. v. P. Menzer, S. 21–70, hier S. 31f.

31 E. Cassirer betont die Schwierigkeiten, die auftreten, wenn wir für Raum und Zeit ein dingliches Dasein annehmen: "Wenn Raum und Zeit ein gesondertes dingliches Dasein besitzen, das dem Sein der Dinge vorausgeht, so ist die Frage nicht abzuweisen, auf welche Weise diese leeren Schemen mit realem Gehalt erfüllt wurden, auf welche Art die Objekte nachträglich zu ihnen hinzugebracht und in ihnen geordnet worden sind." Aus: Das Erkenntnisproblem, S. 620. H. Scholz macht mit Recht einen wichtigen Unterschied zwischen dem objektivwirklich oder Unwirklichsein der Zeit und der objektive Gültigkeit des Raumes und der Zeit : So "gewiss nun Raum und Zeit nur entweder objektiv wirklich oder objektiv unwirklich, aber nicht objektiv gültig oder ungültig sein können, so gewiss können Urteile über räumliche und zeitliche Verhältnisse nur entweder objektiv gültig oder objektiv ungültig, aber nicht objektiv wirklich oder unwirklich sein. Der Begriff der empirischen Realität fällt also in diesem Zusammenhange durchaus mit dem der empirischen Dignität zusammen; und Kants Meinung erhellt sich mit einem Schlage, wenn wir statt von der empirischen Realität des Raumes und der Zeit vielmehr von der empirischen Dignität der empirischen Sätze über räumliche und zeitliche Verhältnisse sprechen." Aus: Das Vermächtnis der Kantischen Lehre vom Raum und von der Zeit, S. 44–45.

Relation (wie bei Leibniz) zu verstehen. Sie ist eine subjektive und durch die Natur des Geistes notwendige Bedingung, um die Dinge nach einem bestimmten Gesetz zusammenzuordnen. Sie ist eine *reine Anschauung*.[32] Leibniz wolle die Zeit durch das an der Bewegung Wahrgenommene oder aus einer Reihe innerer Veränderungen Entnommene entwickeln, und das sei ein Zirkel. Leibniz hatte die apriorische Stetigkeit (die Zeit) uneinsehbar gemacht und vernachlässigte völlig das wichtigste 'Folgestück' der Zeit, nämlich das Zugleichsein. Kant fügt zur Begründung der Idealität der Zeit ein weiteres Argument hinzu: Substanzen und Akzidenzen werden dem Zugleichsein oder der Aufeinanderfolge gemäß durch den Begriff der Zeit einander beigeordnet; also ist deren Begriff 'älter' als der von Substanz bzw. Akzidenz.

In diesem fünften Abschnitt stellt Kant auch ganz deutlich fest, dass die Zeitvorstellung aus dem Inneren des Geistes stammt. Da wir die Größe der Zeit an der Bewegung einer Gedankenreihe erkennen können, beruht die Vorstellung der Zeit auf einem inneren Gesetz des Geistes. Die Zeit ist keine angeborene Anschauung, mit deren Hilfe man die Empfindungen des Geistes einordnet. Und so ist es nach Kant unmöglich, den Begriff der Zeit vermittels der Vernunft abzuleiten und zu erklären. Die Möglichkeiten der Vernunft setzen die Zeit als Anschauungsform voraus und können dieselbe nicht erklären: So das logische Prinzip des Widerspruchs, das nur durch das *Zugleichsein* zu verstehen ist, weil A und nicht-A sich widersprechen, wenn sie *zugleich* gedacht werden. Sie können aber wohl *nacheinander* (zu verschiedenen Zeiten) demselben zukommen. "Die Möglichkeit der Veränderungen ist deswegen nur in der Zeit denkbar, und es ist also nicht die Zeit auf Grund der Veränderungen denkbar, sondern umgekehrt."[33]

Kant fragt im sechsten Abschnitt, in welchem Vermögen die Zeit produktiv begründet sein könnte. Die Zeit ist nicht nur der Gegenstand der Einbildungskraft, sondern sie ist auch eine Bedingung des

---

32 Vgl. De Mundi, S. 43.
33 De Mundi, S.47.

anschaulichen Vorstellens. Der Begriff der Zeit enthält die allgemeine Form der Erscheinungen, weil die Veränderungen, Ereignisse und Bewegungen in der Welt nur durch die Zeit zu denken sind. Denn sie können "*nur unter diesen Bedingungen Gegenstände der Sinne sein und koordiniert werden.*"[34] Die Subjektivität der Zeit ist die Bedingung der Wahrheit und Objektivität in der Sinnenwelt. Der subjektive Ursprung der Zeit verzerrt nicht die Phänomenalität, sondern bedeutet ihre axiomatische Geltung in Bezug auf diese Welt, ohne die deren Stellenordnung, die Bedingung jeder exakt zu erfassenden Gegenständlichkeit undenkbar wäre. Hier wird die Zeit im Unterschied zu Abschnitt 2 "unendlich" genannt. Jedes sinnliche Partikel verweist so durch die Zeit, in der es wahrgenommen wurde, auf eine Unendlichkeit.

Zeit und Raum sind in der Dissertation ebenso wie bei Newton reine Gegebenheiten, d.h. ihre Strukturmomente sind nicht aus der Empirie entnommen, sondern bestimmen diese. Kant fügt dieser Reinheit die Sinnlichkeit hinzu, d.h. er begrenzt den Anspruch, den Newton glaubte, "absolut" setzen zu dürfen, auf ein endliches Subjekt der Erkenntnis. Das "Auseinander" und "Nacheinander" ist als sinnliche Vorstellung zu verstehen, weil diese Bestimmungen durch keine noch so weit fortgeschrittene Analyse in begriffliche Bestimmungen überführt werden können.

Die Auseinandersetzung mit den Strukturargumenten der Anschauungsformen unterblieb in der Dissertation. Es wurde lediglich auf die Kritik an der Subjektivität von Raum und Zeit hingewiesen. Auch wurde auf die Parallelführung der Argumente zu Raum und Zeit nur aufmerksam gemacht, aber keine direkt darauf bezogene Interpretation gegeben. Diese offenen Probleme sind jetzt im Zusammenhang der transzendentalen Ästhetik abzuhandeln.

---

34 Ebd., S. 47.

3. Die Bestimmung der Zeit in der transzendentalen Ästhetik der *Kritik der reinen Vernunft*

In der *KdrV* behandelt Kant die Problematik von Raum und Zeit mit einer begrifflichen Sicherheit, die ihm in seiner Dissertation noch fehlte. In der *KdrV* gliedert er seine Argumentation bzgl. Raum und Zeit in jeweils fünf Punkte.

Vaihinger stellt fest, dass es zwischen dem Zeit und Raumargument in der *KdrV* eine Parallelität gibt.[35] So gleichen die ersten vier Zeitargumente in Sachhaltigkeit und Struktur denen des Raumes, lediglich das fünfte Zeitargument stimmt nicht mehr mit dem Raumargument überein. Dies liegt vor allem daran, dass es dem vierten Zeitargument, das die Intuitivität zum Thema hat, nichts Neues hinzufügt, sondern mit ihm eine Einheit bildet. Kant baute also in theoretisch-struktureller Hinsicht die Raum-Zeitargumente relativ symmetrisch auf. Wir wollen uns im Folgenden die Argumente genauer ansehen.

1. Argument: Hier werden Raum und Zeit als Formen des äußeren bzw. inneren Sinnes betrachtet. Kant fängt seine Analyse mit der Feststellung an, dass die Zeit kein empirischer Begriff ist, der aus irgend einer Erfahrung abgezogen werden kann.[36] Er nimmt auch an, dass die Zeit als eine apriorische Vorstellung eine Form unserer Sinnlichkeit sei. "Wenn die Vorstellung der Zeit nicht apriori zum Grunde läge, würden das Zugleichsein oder Aufeinanderfolge selbst nicht in die Wahrnehmung kommen."[37] Die Parallelität ist hier deutlich. Man findet diese Gedanken fast wörtlich in der Dissertation unter Punkt 1, §14.

2. Argument: Die Zeit ist eine notwendige Vorstellung, die allen sinnlichen Anschauungen zu Grunde liegt. Raum und Zeit sind reine

---

35 Vaihinger, H.: Kommentar zur Kritik der reinen Vernunft, Band II, S. 368.
36 Vgl. Kant: Kritik der reinen Vernunft, hrsg. von R. Schmidt, Hamburg 1956, B46, S. 74. Ich zitiere "Kritik der reinen Vernunft" nach der Originalausgabe an, A für die erste, B für die zweite Auflage.
37 Ebd.

Anschauungen, die *apriori* zu Grunde liegen. Von daher kann man sie niemals weglassen.[38] Dieses Argument richtet sich darauf, die Unabhängigkeit und Vorrangigkeit der Zeit als notwendige Bedingung des in ihr "empirisch Gegebenen" aufzuweisen. Obwohl man Zeit ohne Erscheinungen denken kann, kann man die Zeit der Erscheinungen nicht aufheben.[39] Die Zeit ist ohne Erscheinung als leere Zeit möglich, während die Erscheinung ohne Zeit nicht möglich ist. "In ihr allein ist alle Wirklichkeit der Erscheinungen möglich."[40] Vaihinger weißt darauf hin, dass es bei Kants Schlussfolgerung, dass die Zeit apriori gegeben sei, eine Ungenauigkeit gegen Kants eigene Standpunkte gibt. Denn die relative Notwendigkeit, die Erscheinungen nicht ohne die Zeit vorstellen zu können, beweist nicht, dass die Zeit eine den Empfindungen vorhergehende Vorstellung ist. Damit beweist sie nicht stringent ihre Apriorität.

Das erste und zweite Argument[41] zeigen uns also, dass die Zeit nicht eine empirische, sondern eine apriorische Vorstellung ist. Sie ist eine notwendige Bedingung aller Erscheinungen. Damit ist nur die allgemeine Eigenschaft der Zeit bestimmt, jedoch noch nicht ihr wirklicher Charakter.[42]

---

38 Vgl. Kant: Prolegomena, hrsg. von K. Vorländer, Hamburg 1957, S. 35.
39 Wenn diese Aufhebung möglich wäre, versänke die Raum- und Zeitgröße unter Abzug aller äußeren Gegenstände für uns ins 'Nichts', das heißt in die "transzendentale Idealität". Vgl. Schoner, G. A.: Religiöse Erfahrung und das Problem der Zeit, Hannover 1993, S. 22.
40 Prolegomena, S. 74.
41 KdrV, B 46, S. 74.
42 K. H. Manzke deutet hier das argumentatorische Ziel Kants als die Apriorität der Zeitvorstellung: Er "versucht den Nachweis zu führen, dass die objektive Unmöglichkeit und Widersprüchlichkeit der Vorstellung vom 'Nichtsein' der Zeit erwiesen wird. Es ist subjektiv zwar möglich, sich die Zeit schlechthin 'wegzudenken'; aber 'in Ansehung der Erscheinungen überhaupt' die Vorstellung der Zeit aufzuheben, würde bedeuten, in *Ansehung* konkreter, d.h. empirischer Vorstellungen, die Zeit als nicht seiend zu behaupten. Das aber würde die *Möglichkeit* jeglicher Vorstellung überhaupt aufheben. So lautet der Schluss Kants 'Die Zeit (ist)also apriori gegeben'. Dieses Argument besagt, dass ohne die Zeitvorstellung kein Gegenstand den Sinnen gegenwärtig sein kann, mithin Vorstellung überhaupt nicht möglich ist." Aus: Zeit und Ewigkeit, S. 105–106.

Dies wird mit dem 3. Argument begonnen. Die Axiome von der Zeit begründen sich durch die Notwendigkeit, dass die Zeit apriori gegeben ist. Es gibt verschiedene Zeiten, die aber nicht zugleich sondern nacheinander sind, genauso, wie verschiedene Räume nicht nacheinander, sondern zugleich sind. Die Zeit hat nur eine Dimension. Ihre gerichtete Eindimensionalität hatte die Dissertation festgestellt (De Mundi§14 2). In der *KdrV* verwendet Kant dafür einen ähnlichen Wortlaut. Diese Grundsätze, auf die dieses Argument hindeuteten, können aus der Erfahrung nicht gezogen werden, weil dann die Apodiktizität der These, dass alle Erfahrungen notwendig durch die Zeit bestimmt sein muss, nicht gezeigt werden könnte.

Das vierte Argument stellt die Intuitivität der Zeit fest. Dieses Argument zeigt uns, dass die Zeitvorstellung kein diskursiver Begriff, sondern eine Form der inneren Anschauung ist. Dass Zeit kein diskursiver Begriff sein soll, heißt: Die Zeit entspringt nicht der Abstraktionsfähigkeit des Verstandes.[43] Das besagt, dass die Zeit nicht durch einen Merkmalsvergleich zusammengesetzt werden kann, sondern dass verschiedene Zeiten die *eine* und *einzige* Zeit voraussetzen, aus der die verschiedene Zeiten ausgegrenzt werden müssen. Denn wie schon die Dissertation sagte: "Welche aber von verschiedenen Zeiten *früher* sei und welche *später*, das kann auf keine Weise durch irgendwelche dem Verstand begreiflichen Merkmale definiert werden, wenn man nicht in einem fehlerhaften Zirkel fallen will, und der Geist unterschiedet das nur durch die einzelne Anschauung."[44] Auch hier sind die Teile wie beim Raum nur durch ein vorausgehendes Ganzes möglich; zu unterscheiden ist die diskursive Einheit als Einheit in Vielem von der intuitiven Einheit von Vielem in Einem. Diese Eigenschaft macht jedoch bei der Zeit mehr

---

43 Kant definiert Begriff als Bezeichnung des Gemeinsamen aus gegebenen Einzelvorstellungen. Er nennt den diskursiven Begriff eine 'allgemeine Vorstellung': "Der Begriff ist der Anschauung entgegengesetzt; denn er ist eine allgemeine Vorstellung oder eine Vorstellung dessen, was mehreren Objekten gemein ist, also eine Vorstellung, sofern sie in verschiedenen enthalten sein kann." Aus: Logik, S. 511.

44 De Mundi, S. 39.

Schwierigkeiten als beim Raum, wo die Anschauung eines Ganzen leichter eingesehen werden kann als bei der verfließenden Zeit.

Beim letzten Argument der metaphysischen Erörterung des Begriffs der Zeit geht Kant von den Gegenständen der Sinnlichkeit und ihrer konkreten Zeitbestimmung aus. Kant versucht hier die Schwierigkeit des 4. Arguments durch die Erklärung der Unendlichkeit der einzigen und einigen Zeit zu beseitigen. Die Vorstellung der bloßen Zeit ist eine notwendige Voraussetzung jeder empirischen Vorstellung. Aus diesem Grund ist die konkrete Zeitbestimmung als Einschränkung der einzigen und einen Zeit vorzustellen. Von dieser Feststellung kommt Kant zur Unendlichkeit der Zeit. Die Unendlichkeit der Zeit bedeutet nach Kant nichts weiter, als dass alle bestimmten Zeitgrößen nur Einschränkungen der einen Zeit sind. Ein Zeitteil als Teil einer weiteren Zeit setzt diese voraus, und so weiter *ad infinitum*. Obwohl dieser Zirkel *ad infinitum* weitergeht, müssen aber alle solche Zeitteile die eine und ganze Zeit voraussetzen, die selbst uneingegrenzt und unwandelbar ist. Deswegen muss die ursprüngliche Vorstellung der Zeit als uneingeschränkt gegeben sein. Die Zeit als Ganzes, das verschiedene Zeitteile auch selbst als Zeiten in sich enthält, ist kein diskursiver Allgemeinbegriff. Sie ist vielmehr die reine Anschauung, die unabhängig von der Erfahrung vorgestellt wird, denn "Eine Vorstellung, von der die Teile nur durch Einschränkungen möglich sind, ist nicht Begriff, sondern Anschauung."[45]

Die Merkmale, die aus Kants metaphysischer Erörterung der Zeit zu schließen sind, sind folgende:
a) Die Zeit ist "weder eine Substanz noch objektive Bestimmtheit der Dinge an sich selbst";[46]
b) Die Zeit als reine Anschauung ist nichts anderes als die Form des inneren Sinnes, d.i. des Anschauens unserer selbst und unsers innern Zustandes;[47]

---

45 Vaihinger, H.: Kommentar zu Kants KdrV, Bd.II, S. 375.
46 Manzke, K. H.: Zeit und Ewigkeit, S. 120.
47 Vgl. KdrV, B 49.

c) Die Zeit ist eine subjektive Voraussetzung unserer Anschauung: "([W]elche jederzeit sinnlich ist, d.i. sofern wir von Gegenständen affiziert werden) und an sich, außer dem Subjekte, nichts."[48]

Die Zeit ist empirisch real, weil alle Dinge als Erscheinungen, als Gegenstände der sinnlichen Anschauung, in der Zeit sind. Also ist die Zeit eine Bedingung, "unter der dem Subjekt überhaupt etwas zur Anschauung kommen kann."[49] Obwohl es im Grunde genommen nur eine allgemeine Zeit gibt, wird sie von Subjekt zu Subjekt unterschiedlich wahrgenommen und erlebt.

Im §6 behandelt Kant unter dem Titel "Schlüsse aus diesen Begriffen" den subjektiven Ursprung und im Zusammenhang damit die objektive Gültigkeit der Zeit. Er betrachtet hier die Zeit als eine transzendental ideale Vorstellung, die zugleich auch empirisch real und objektiv gültig für Erscheinungen ist. Die Zeit ist keine Substanz, denn in diesem Fall würde "sie etwas sein, was ohne wirklichen Gegenstand dennoch wirklich wäre."[50] Nach Kant haben weder Zeit noch Raum absolute Realität, denn wenn man sie als absolute Realität akzeptierte, nähme man damit zwei ewige und für sich bestehende Undinge an.[51] Kant leugnet hier ebenso die Auffassung, welche die Zeit als eine den Dingen inhärierende Eigenschaft oder als ein sie ordnendes Verhältnis betrachtet. Er weist diese Argumente aufgrund der Priorität der Zeit vor den Gegenständen und ihrer damit eng verbundenen apriorischen Anschaubarkeit vor denselben zurück. Man kann durch die innere Anschauung keine Gestalt der Zeit, sondern nur eine bestimmte 'Größe' gewinnen. In diesem Zusammenhang versinnlicht man die Zeit als fortlaufende Linie. Dieser Vergleich schließt ein, dass die Zeit nur eine Dimension hat.[52]

Trotz dieser Aussage zählt Kant andere Zeitdimensionen, wie z. B.

---

48 Ebd., B 51, S. 78.
49 Manzke, K. H.: Zeit und Ewigkeit, S. 120.
50 Ebd.
51 Ebd. B 70 erklärt Kant in diesem Fall mögliche Schwierigkeiten.
52 Vgl. ebd., B 47, S. 74.

das Nacheinander, Zugleich, Vorher und Nachher auf. Er bezeichnet sogar einmal in den "Losen Blättern" die drei Begriffe, Substanz, Grund und Ganzes als Funktionen oder Dimensionen der Zeit. Schon in seiner Dissertation behandelt er das Zugleichsein[53] wie die Sukzession aber als eine Punktreihe. In der *KrdV* spricht Kant vom Zugleichsein als Modus der Zeit (B 67), aber an einer anderen Stelle (vgl. A 182) sagt er das Gegenteil: "Das Zugleichsein ist nicht ein Modus der Zeit selbst, als in welcher gar keine Teile zugleich, sondern alle nacheinander sind." Kant betont am Ende des Absatzes noch einmal die Anschaulichkeit der Zeitvorstellung: "Hieraus erhellt auch, dass die Vorstellung der Zeit selbst Anschauung sei, weil alle ihre Verhältnisse sich an einer äußeren Anschauung ausdrücken lassen."[54]

Kants Behauptung, dass die Zeit die formale Bedingung apriori aller Erscheinungen ist, basiert auf der Feststellung, dass die Zeit äußerlich nicht angeschaut werden kann, "so wenig wie der Raum als etwas in uns." Die äußeren Erscheinungen stehen nicht direkt wie die inneren unter der Bedingung der Zeit. Sie stehen direkt unter der Bedingung des Raumverhältnisses. Das Zeitverhältnis wird nur auf sie übertragen. Es ist bemerkenswert, dass Kant, während er in seiner Dissertation die Zeit vor dem Raum behandelte, in der *KdrV* dies aufgibt.[55] Kants Abstraktion der Zeit von den Dingen der äußeren Erscheinung ist nicht leicht zu verstehen, weil es bei ihm keine Erklärung gibt, wie denn durch mittelbare Übertragung die Form des inneren Sinnes als unmittelbar in allen Dingen erscheinen könne.

In der Erläuterung das §7 der *KdrV* beschäftigt sich Kant mit der 'Wirklichkeit der Zeit'.[56] Die Zeit ist etwas Wirkliches, weil die Veränderung nur in der Zeit möglich ist. Die Wirklichkeit der Zeit liegt nicht an den Veränderungen selbst, sondern sie liegt an der faktisch in mir liegenden Vorstellungsfunktion der inneren Anschauung. Also ist die Zeit als diese Form, als Funktion, als subjektive Tätigkeit wirk-

---

53 Vgl. De Mundi., S. 47.
54 KdrV, B 50, S. 77.
55 Vgl. KdrV, B 38–39, S. 67.
56 Vgl. KdrV, B 53, 54–55.

lich. Die Zeit hat also subjektive Realität in Ansehung der inneren Erfahrung. Aber diese subjektive Realität ist hier nicht identisch mit empirischer Realität. Subjektive Realität beinhaltet hier nur die faktisch dem Subjekt eigentümliche Form, insofern es die Zeitvorstellung in seiner inneren Erfahrung als eine real ihm angehörige Form findet. Das Subjekt ist sich bewusst, einen in sich zeitlich verlaufenden Vorstellungsinhalt zu haben. Es ist eine reelle Tatsache des Bewusstseins. "Sie [die Zeit] ist also wirklich, nicht als Objekt, sondern als die Vorstellungsart meiner selbst als Objekt anzusehen."[57] Somit versucht Kant die Überwindung des Einwandes, der gegen den transzendentalen Charakter der Zeit erhoben wurde, durch die Beziehung der Wirklichkeit auf die Zeit als formale Funktion des Vorstellens, nicht durch eine Wendung des Begriffs, wie er es in seiner Dissertation unternommen hatte. Kant erklärt in der Anmerkung, warum die Zeit nichts Objektives ist. Ich kann meine Vorstellungen nur in der Zeitfolge haben. Aber die Zeitfolge meiner Vorstellungen hat keine unbedingte Realität. Sie ist bedingt durch meine innere Vorstellungsform, in die ich den Vorstellungsinhalt fasse. Deshalb ist die Zeit nichts Objektives, im Sinne von Substanz oder Akzidenz. Kant schließt den Absatz mit folgenden Sätzen: "Wenn man von ihr die besondere Bedingung unserer Sinnlichkeit wegnimmt, so verschwindet auch der Begriff der Zeit, und sie hängt nicht an den Gegenständen selbst, sondern bloß am Subjekte, welches sie anschaut."[58]

Im folgenden zweiten Absatz versucht Kant die Ursache festzustellen, warum dieser Einwurf gegen die Idealität der Zeit so einstimmig von denen, die gegen die Idealität des Raumes gar nichts eingewendet haben, gemacht wird. Er findet die Ursache der ungleichen Behandlung von Zeit und Raum seitens seiner Gegner im problematischen Idealismus ihrer Vorurteile und wirft ihnen vor, dass sie äußere und innere Erscheinungen nicht gleich behandeln. Kant wehrt sich gegen den falschen Idealismus, der darin besteht, die Außenwelt als

---

57 Ebd., B 54, S. 79–80.
58 Ebd. B 54, S. 79–80.

bloßen Schein anzusehen. Er setzt dem seinen eigenen Idealismus entgegen, welcher zwischen Erscheinung und Ding an sich einen Unterschied macht. Während der falsche Idealismus die apodiktische Wahrheit und Gewissheit der inneren Welt von der Außenwelt, deren Existenz problematisch ist, trennt, erkennt der wahre Idealismus (laut Kant) in beiden nur Erscheinungen, welchen reale Dinge an sich entsprechen. Obwohl sie nur Erscheinungen sind, ist ihre Wirklichkeit als Vorstellung in uns unbestreitbar. Das Subjekt behandelt beide Vorstellungsweisen gleich und prägt beiden seine subjektiven Formen auf, die ihnen daher in diesem Sinne wirklich und notwendig zukommt. Trotz aller Erklärungsversuche Kants haben wir festzustellen, dass durch die 'Erläuterung' der Lehre von der Idealität der Zeit kein Zugang zu Kants Zeitlehre hergestellt werden konnte.[59]

4. Das Zeitproblem in der transzendentalen Analytik

Kant behandelt in der transzendentalen Ästhetik die Zeit als ein Ganzes mit allen ihren Verhältnissen und Teilen. In der transzendentalen Ästhetik ist die Zeit als reine Anschauung betrachtet worden, ohne ihre unmittelbare Beziehung zu den Kategorien zu berücksichtigen, und in der Deduktion als formale Anschauung, aber ohne ihre Spezifikation. Da Kant dort vom kategorialen Denken, das ein notwendiges Element in der Erkenntnis eines Gegebenen ausmacht, abgesehen hat, blieb die Charakteristik der Zeit unvollständig. Die menschliche Erkenntnis kommt aber nicht allein durch die Anschauung zustande, sondern es braucht eine Verbindung von Anschauung und Denken. Kant beschäftigt sich vor allem in der transzendentalen Analytik mit der konstitutiven Bedeutung der Zeit für die menschliche Erkenntnis.

Grundthese der transzendentalen Ästhetik war die Behauptung, dass die Vorstellung der Zeit eine reine Anschauung ist. Aber diese

---

[59] H. Vaihinger sieht dies als selbstverständlich an: "Es ist selbstverständlich, dass auch diese 'Erläuterung' der Lehre von der Idealität der Zeit keinen Eingang verschaffen konnte. Gerade gegen diese Lehre erhob sich von Anfang an – man möchte sagen – ein Entrüstungssturm." Aus: Kommentar zu Kants KdrV, S. 407.

reine Anschauung ist als eine formale Anschauung anzusehen, weil die Zeit schon ein Element der Synthesis in sich enthält. Die Zeit wird in dieser reinen (formalen) Anschauung als Einheit gegeben und sie wird auch als eine unendlich gegebene Größe vorgestellt. Von daher gehört die Zeit als eine solche formal angeschaute Einheit weder als ein Denkprodukt zum reinen Verstande noch ist sie in unserer sinnlichen Anschauung bloß rezeptiv gegeben. Wie am Anfang angedeutet wurde, kommt die Zeit erst dann zu einer Erkenntnisgestalt, wenn sie in der formalen Anschauung gemäß den Kategorien vergegenständlicht wird. Dadurch wird es uns möglich, die in der transzendentalen Ästhetik aufgezählten Zeitbestimmungen (Zugleichsein, Nacheinander, Beharrlichkeit) kategorial zu rechtfertigen.

Kant nennt in den "Analogien der Erfahrung" die reinen Bestimmungen der Zeit "Modi der Zeit" (vgl. B 219). Die Bestimmung der Zeit ist nur durch die verschiedenen epistemischen Figuren, die unter die ihnen je entsprechenden Kategorien gebracht werden, zu ermöglichen. Diese Figuren heißen bei Kant "Modi der Zeit". Drei Modi der Zeit sind *Beharrlichkeit, Folge* und *Zugleichsein*. Daher "werden drei Regeln aller Zeitverhältnisse der Erscheinungen, wonach jeder ihr Dasein in Ansehung aller Zeit bestimmt werden kann, vor aller Erfahrung vorangehen, und diese allererst möglich machen."[60]

Kant wendet den Begriff 'Modus' auf die Vorstellung der Zeit an. Die Rede vom "Modus der Zeit" ist bei Kant nicht einheitlich. K. Düsing bespricht einige Unklarheiten der Aussagen Kants in (B 226). K. Düsing versteht unter 'Modi' eigene Eigenschaften oder Bestimmungen, die zwar im Allgemeinen Wesen von etwas begründet sind, sich aber nicht notwendig aus ihm herleiten lassen. Kant variiert nun aber seine Angaben über die Zeitmodi. An die Stelle der Beharrlichkeit setzt er einmal als Zeitmodus die Dauer, die allerdings die Beharrlichkeit voraussetzt; ein anderes Mal rechnet er zu den Zeitmodi nur Wechsel (Nacheinander) und Zugleichsein, so dass die

---

60 KdrV, B 219. Der Ausdruck 'Modi der Zeit' ist bei Kant immer schwankend. Kant spricht neben den drei Modi in § 219 von vielen Arten der Zeitmodi (vgl. B 226).

Beharrlichkeit kein Zeitmodus ist, und kurz danach schließt er auch das Zugleichsein von den Zeitmodi aus. So bleibt nur das Nacheinander oder das Verfließen als Zeitbestimmung übrig; dieses bezeichnet er auch einmal – nicht in Übereinstimmung mit seiner Theorie – als die Zeit selbst.[61]

Kant nennt einmal "Wechsel und Zugleichsein" als Modus der Zeit; danach die "Beharrlichkeit". "Die Beharrlichkeit drückt überhaupt die Zeit, als das beständige Korrelatum alles Daseins der Erscheinungen, alles Wechsels und aller Begleitung aus."[62] Kant setzt damit also die "Sukzession" als den einzigen Modus der Zeit an, indem er sagt: "Der Wechsel trifft die Zeit selbst nicht, sondern nur die Erscheinungen in der Zeit, (so wie das Zugleichsein nicht ein Modus der Zeit selbst ist, als in welcher gar keine Teile zugleich, sondern alle nacheinander sind)."[63] Daraus ist zu schließen, dass der Wechsel nicht ein Modus wie Beharrlichkeit, sondern nur ein Modus der Erscheinungen in der beharrlichen Zeit ist. Wie der Wechsel, so ist das Zugleichsein kein Modus der Zeit, sondern es ist ein Modus des Raumes, dessen Teile nicht nacheinander, sondern zugleich sind. Kant schreibt die Teile der Zeit einem 'Nacheinander' zu. Damit zusammenhängend sagt er: "Wollte man der Zeit selbst eine Folge nacheinander beilegen, so müsste man noch eine andere Zeit denken, in welcher diese Folge möglich wäre."[64]

Vorausgreifend gesagt würde Bergson mit Kant nicht übereinstimmen, weil er meint, dass der Wechsel nicht zur Zeit, sondern zu den Erscheinungen gehöre. Er sieht die Zeit anders als Kant und versteht unter dem Begriff der wirklichen Zeit die Dauer (*la Durée*). Er unterscheidet die verräumlichte Zeit, die sukzessiv und beharrlich ist, von der Dauer. Dieser Dauer schreibt er eine schöpferische Kraft (*élan vital*) zu, die Ursache aller Bewegungen und Veränderungen ist

---

61 Düsing, K.: Objektive und subjektive Zeit. Untersuchungen zu Kants Theorie und zu ihrer modernen kritischen Rezeption, in: Kant-Studien 71 (1980), S. 1–34.
62 KdrV, B 226.
63 Ebd.
64 KdrV, B 226.

(vgl. Kapitel IV). Auch Kant ersetzt manchmal die Beharrlichkeit durch die Dauer.[65]

Wie muss man die "Beharrlichkeit" verstehen? Macht sie das Wesen der Zeit aus? In welchem Sinne lässt Kant solche Beharrlichkeit unter die Zeitmodi fallen? Kant stellt öfters fest, dass die Zeit selbst unwandelbar und bleibend ist.[66] Obwohl die Veränderungen in der Zeit geschehen, ändert die Zeit selbst sich nicht. Das Verfließen des Mannigfaltigen im Nacheinander und auch sein Zugleichsein können nur durch die Grundlage der Beharrlichkeit vorgestellt werden. Ohne Beharrlichkeit können Wechsel, Veränderung und Bewegung gar nicht festgestellt werden. Sie ist die identisch bleibende Anordnungsgrundlage, die die Reihenfolge der verfließenden Zeitabschnitte erst ermöglicht. Im Verfließen könnte man durch die Beharrlichkeit die Dauer denken, die als Phase eines Sichgleichbleibens von etwas im kontinuierlichen Verfließen betrachtet wird. Die Beharrlichkeit ist ein Garant für die Zeit dadurch, dass sie als Ordnungsbasis die Einheit der Zeit bei allen verschiedenartigen Abläufen zusammenhält. Sie bildet ihre Struktur. Deswegen wäre die Behauptung falsch, dass die Beharrlichkeit nur als Modus der Zeit angesehen werden kann. Sonst bleibt es bei Kant unbestimmt, was man sich unter der Zeit überhaupt vorstellen soll. Das heißt aber nicht, dass die Beharrlichkeit das Wesen der Zeit ausmacht, weil sie nur dann Anordnungsgrundlage sein kann, wenn sie in Beziehung zum Verfließen im Nacheinander, zum Zugleichsein und zur Dauer steht. Verfließen, Zugleichsein und Dauer sind Verhältnisse von bestimmten Zeitteilen, deren Grenzen an die Beharrlichkeit gebunden sind. Da die Zeitteile unendlich erweitert werden können, darf die eine Zeit, die die Grundlage für die Zeitteile und deren Verhältnisse bildet,

---

65 "Sie [Modi der Zeit] sind nichts anderes als Grundsätze der Bestimmung des Daseins der Erscheinungen in der Zeit, nach allen drei modis derselben, dem Verhältnisse zu der Zeit, selbst, als einer Größe (die Größe des Daseins, d. i. die Dauer), dem Verhältnisse in der Zeit, als einer Reihe (nacheinander), (..), als einem Inbegriff alles Daseins (zugleich)." KdrV, B 262.

66 Vgl. KdrV, B 224f. und 226.

nicht als vergehende Größe gedacht werden (vgl. KrdV B 47). Alle Verhältnisse beruhen damit auf der Zeit und befinden sich gleichzeitig in ihr als beständiger und unendlicher Größe. Man darf aber hier die Dauer mit der Bergsons Dauer (*la Durée*) nicht verwechseln. Kant bezeichnet hier die Dauer als Zeitmodus, während Bergson sie selbst als wirkliche Zeit annimmt.

Die Zeitmodi werden nach Kant durch die sie jeweils betreffenden Relationskategorien geregelt. Das Mannigfaltige der reinen Zeitanschauung kann nach der Kausalitätskategorie zur synthetischen Einheit der Sukzession in der einen Zeit verbunden werden. Aber solche kausaliter geregelte Sukzession darf nicht eine wesentliche Eigenschaft der Zeit, wie die Beharrlichkeit, repräsentieren. Und zwar deswegen, weil die Zeit selbst bleibend und unwandelbar ist, während verschiedene Zeitarten immer verfließen. Sukzession zeigt sich auf verschiedene Weisen, z. B. als Kontinuität, Gleichartigkeit, Umkehrbarkeit usw. Simultaneität ist der einzige Zeitmodus, der das Gegenteil des Zeitmodus der Sukzession ausmacht, wie Kant schon in der transzendentalen Ästhetik ausgeführt hat, dass nämlich verschiedene Zeiten nicht zugleich, sondern nacheinander sind sowie verschiedene Räume nicht nacheinander, sondern zugleich sind. Simultaneität enthält das, was in verschiedenen Räumen gleichzeitig stattfindet, während Sukzession in nacheinander kommender Simultanität besteht. Ein andere Zeitmodus ist die Dauer. Sie beruht eigentlich auf dem Dasein, das sich von etwas in der kontinuierlichen Aufeinanderfolge der Zeitabschnitte zeigt.[67] Die Dauer baut sich zeitlich auf der Sukzession in der beharrlichen Zeit auf und hat kategoriell mit der Quantität, während die Beharrlichkeit mit der Qualität zu tun hat. Bergson schreibt der Dauer

---

67 E. Cassirer ist der Meinung, dass die Dauer sowohl von der zeitlichen Veränderung als auch von den veränderlichen Ereignissen gesondert gedacht werden soll. "In der Betrachtung des zeitlichen Geschehens treten uns nun sogleich drei Grundverhältnisse entgegen. Wir müssen den Begriff der Dauer von dem der zeitlichen Veränderung sondern und andererseits in den veränderlichen Ereignissen selbst, die aufeinander folgen, von denen, die gleichzeitig miteinander bestehen, unterscheiden." Aus: Das Erkenntnisproblem, Bd. II, S. 643.

auch die qualitativen Charakter zu. Dieser bezieht sich nach Bergson nicht nur auf das innerliche Leben, sondern auch auf die schöpferische Entwicklung des Lebens, von welcher bei Kant nicht die Rede ist.

Kant versucht in der transzendentalen Analytik die Differenzierung zwischen Form der Anschauung und der formalen Anschauung, in der Raum und Zeit in ihrer einheitlichen Struktur erfasst werden, zu verdeutlichen.[68] Aufgrund dieser Unterscheidung[69] wird das menschliche Gemüt als diejenige Quelle gekennzeichnet, die durch das Setzen der Vorstellungen zur Anschauung affiziert wird. Durch diese Anschauung kann die Einheit der Zeit in den Verhältnissen des Nacheinander, des Zugleichseins und der Beharrlichkeit in Bezug auf den Wechsel der Zeit gesetzt werden.

Mit Hilfe dieser Unterscheidung ist im Sinne Kants die Differenzierung zwischen der bloßen formalen Gegebenheit der Dinge, die an die Zeitvorstellung gebunden ist, und ihrer Verknüpfung zum Begriff eines Gegenstandes gerechtfertigt. Die Anschaulichkeit der Zeitstrukturen im Vorgang der Selbstaffizierung des Subjekts unterstützt das Bemühen Kants, die Einheit der Erfahrung als konkret möglich aufzuweisen. Die Einheit der Zeit ist durch die Einheit des Subjekts

---

68 K. Düsing sieht diese Unterscheidung als Lösung der bestehenden Gefahr, dass "die Theorie von der sinnlichen Anschauung als einer eigenen Erkenntnisquelle aufgegeben werden muss, da reine sinnliche Anschauungen als Erkenntnisbestandteile ohne synthetische Einheiten und deren Regeln nicht vorzustellen sind." Aus: Objektive und subjektive Zeit, S. 8.
69 K. Düsing erklärt die Unterscheidung zwischen formaler Anschauung und Form der Anschauung wie folgt: "Wird die Zeit selbst mit den Verhältnissen in ihr zum Gegenstand des Vorstellens gemacht, (...) so ist sie Thema einer 'formalen Anschauung', d.h. sie ist rein angeschaute thematische Einheit von gegebenen Mannigfaltigen, die der regelnden Einheit, wie sie in der Kategorie gedacht wird, konform sein muss. Ohne die Herstellung einer solchen Konformität zwischen anschaulicher, geregelter, und gedachter, regelnder Einheit ist die Zeit in formaler Anschauung überhaupt nicht vorstellbar und bestimmbar. Die Zeit als "Form der Anschauung" ist demgegenüber die ursprüngliche Gegebenheitsweise des Mannigfaltigen, die aus den Kategorien nicht ableitbar ist, aber in den Bestimmungen der Zeit als das Anschauungsgegenstandes immer mitvorgestellt wird." Aus: Ebd., S. 9.

gesichert, indem die Zeitverhältnisse in ihrer Einheit durch die eigene Tätigkeit des Subjekts selbst hervorgebracht werden. Diese Selbstaffizierungstheorie garantiert die gesuchte Einheit der Erfahrung, indem sie eine Theorie auf die mögliche Anwendung der Kategorien auf die Erscheinungen anwendet. Diese verbindet sich wieder mit der Einheit der Zeit in der formalen Anschauung. Indem die Einheit der Zeit auf die Einheit der logischen Einheit des "ich denke" zurückgeführt wird, erhält diese Erfahrung ihre Sicherheit.

Die Bestimmungen der Zeit in der formalen Anschauung wie Beharrlichkeit, Zugleichsein, Dauer sind zwar Bedingungen objektiver Zeitverhältnisse, sie sind jedoch nicht schon als solche *objektiv gültig* für Erscheinungen, sondern nur durch eine zusätzliche Argumentation. Kant argumentiert mit Aussagen über das subjektives Zeiterleben. So kann man die Wahrnehmungen als verfließend im Nacheinander erleben, ohne dass die wahrgenommenen Erscheinungen selbst verfließende Begebenheiten in derselben Anordnung sein müssen. Subjektives Zeiterleben, auch bei Beobachtungen, und objektive Zeitbestimmung realer Erscheinungen stimmen also meistens nicht überein. Die objektive Bedeutung von Zeitverhältnissen realer Dinge und Erscheinungen lässt sich nicht empirisch von der Zeit als ganzer und ihrer Ordnung ablesen, denn diese ist als apriorische formale Anschauung nicht wahrnehmbar. Die Möglichkeit einer objektiven Bestimmung von Zeitverhältnissen unter den Erscheinungen ist vielmehr durch die transzendentale Deduktion der Kategorien begründet. Die Zeitverhältnisse von realen Erscheinungen in der *einen* Zeit sind demgemäss nur dann objektiv, wenn sie mit bestimmtem in der Einheit der Apperzeption begründeten Regeln konform sind; diese Regeln sind die Kategorien, vornehmlich die Kategorien der Relation.[70] So wird ein zeitliches Verhältnis verschiedener Wahrneh-

---

70 "Der allgemeine Grundsatz aller drei Analogien, die den Kategorien der Relation folgen, beruht auf der notwendigen *Einheit* der Apperzeption in Ansehung alles möglichen empirischen Bewusstsein (...) *zu jeder Zeit*, folglich, da jene a priori zum Grunde liegt, auf der synthetischen Einheit aller Erscheinungen nach ihren Verhältnisse in der Zeit." B 220

mungsinhalte dadurch objektiv, dass man sie z. B. durch die Kategorie der Kausalität in gesetzmäßiger Zeitfolge anordnet, auch wenn man subjektiv, nämlich im inneren Sinn, die Wahrnehmungsinhalte als zugleich gegenwärtig erlebt. Außerdem ist nach Kant eine kategoriale, objektive Bestimmung einer gegebenen realen Erscheinung davon abhängig, dass das Reale als Inhalt unserer Vorstellungen nicht im inneren Sinn produziert werden kann, sondern nur im äußeren Sinn,[71] und damit im Raum gegeben sein muss und lediglich als Vorgestelltes im inneren Sinn vorkommt. Die Bestimmungen der Zeit in der formalen Anschauung a priori sind zwar nicht als solche objektiv gültig, jedoch notwendige Bedingung dafür, dass gegebene reale Dinge Vorgänge und deren Verhältnisse zueinander, wenn sie zugleich der regelnden Einheiten der Kategorien unterstehen, in objektiven Zeitbestimmungen angeordnet sind. In dieser Weise versteht Kant die allgemeine Objektivität der Zeit.

Nach der Darstellung Kants Zeitlehre möchten wir auf deren Kritik bei Dilthey eingehen. Vor der Darstellung dieser werden wir zunächst Diltheys Zeitlehre vorstellen.

---

[71] "In der *Transzendentalen Ästhetik* untersucht Kant die Anschauung im Hinblick auf ihre Funktion, in der Erkenntnis einen unmittelbaren Objektbezug herzustellen. Dem äußeren Sinn wird dabei die Funktion zuerkannt, Empfindungen zu liefern". Michel, K.: Untersuchungen zur Zeitkonzeption in Kants *Kritik der reinen Vernunft*, Berlin 2003, S. 228.

II. KAPITEL: Diltheys Zeitlehre

1. Die Bedeutung des Zeitbegriffs in Diltheys Philosophie

Obwohl Dilthey in seinem Werk der Analyse des Zeitbegriffs nicht viel Platz gewidmet hat,[72] ist doch die Problematik der Zeit als Seinskonstitution des Menschen in seinem Werk nicht wegzudenken. Die Analyse der Begriffe Leben und Erlebnis machen das Wesen der Diltheyschen Philosophie aus. Wichtig ist dabei die Differenzierung Diltheys zwischen menschlichem Leben und allgemeinem Leben. Das menschliche Leben wird als der Kontext der Wechselwirkungen zwischen Personen aufgefasst; es ist jenes, das "von jedem Individuum aus sich seine Eigenwelt schafft." (VI, 314) Leben, allgemein, wird von Dilthey immer als ein Prozess der wechselseitigen Beeinflussung und Korrelation verstanden.[73] Das menschliche Leben aber ist für ihn eine "menschlich – gesellschaftlich – geschichtliche Wirklichkeit.[74]

---

[72] Dilthey beschäftigt sich mit seiner Zeitanalyse in Band VII, S. 72–75, 192–196, und Band XIX, S. 210–222. Es ist bemerkenswert, dass er in seiner Philosophie der Analyse der Zeit so wenig Aufmerksamkeit gewidmet hat.

[73] Das Leben wird durch Zeit, Raum und Wechselwirkungsrelationen bestimmt und strukturiert. "Dieses Leben ist immer und überall örtlich und zeitlich bestimmt – lokalisiert gleichsam in der raumzeitlichen Ordnung der Abläufe an Lebenseinheiten. Hebt man aber das heraus, was überall und immer in der Sphäre der Menschenwelt stattfindet und als solches das örtlich und zeitlich bestimmte Geschehen möglich macht, nicht durch eine Abstraktion von diesem letzteren, sondern in einer Anschauung, die von diesem Ganzen in seinen immer und überall gleichen Eigenschaften zu den räumlich zeitlich differenzierten hinführt– dann entsteht der Begriff des Lebens, der die Grundlage für alle einzelnen Gestalten und Systeme, die an ihm auftreten, für unser Erleben, Verstehen, Ausdrücken und vergleichendes Betrachten derselben enthält." (V, 229)

[74] T. Bodammer macht auf häufig anzutreffende Missverständnisse in den Interpretationen der Lebensphilosophie Diltheys aufmerksam. "Diltheys Redeweise vom Leben ist besonders missverständlich; auch der Verdacht eines mythisierenden, biologistischen oder vitalistischen Irrationalismus haftet ihr an (vgl. Lukács 1962). Doch zu Unrecht! Dilthey schränkt das Wort in seiner Bedeutung ausdrücklich auf die geschichtlich-gesellschaftliche 'Menschenwelt' ein: 'Leben' – das ist 'der Zusammenhang der unter den Bedingungen der äußeren Welt stehenden Wechsel-

Im folgenden wird, wenn vom Leben die Rede ist, immer das menschliche Leben verstanden, falls nicht ausdrücklich das allgemeine Leben angesprochen wird.[75] Das Leben ist zeitlich bestimmt. Die Zeitlichkeit ist für Dilthey die erste bestimmende Kategorie des Lebens und grundlegend für alle übrigen Bestimmungen, die Zeitlichkeit enthalten. Das zeigt sich schon in dem Ausdruck "Lebensverlauf", der die zeitliche Erstreckung des Lebens meint. Die Zeit begleitet die Menschen bis zu ihrem Tod und ist für sie immer da. Sie bildet die zusammenfassende Einheit unseres Bewusstseins. Der Lebensverlauf wird durch die gegenseitigen Wechselwirkungen zwischen dem Mensch und der Natur bestimmt (vgl. VI, 313f.). Das Leben ist aber nicht nur äußerlich, sondern auch von innen her als eine sich zeitlich erstreckende Einheit gegeben, dem die Zeit aber in anderer Weise als dem Naturgeschehen zukommt. Dilthey bestand auf der Unterschei-

---

wirkungen zwischen Personen' (Dilthey, VII, 228). Im gleichen, 'interpersonalen' Sinn kann 'Leben' auch als ein 'das menschliche Geschlecht umfassender Zusammenhang' von Dilthey umschrieben werden (VII, 131). Gemeint ist 'Leben' hier offenbar als der gesellschaftliche und geschichtliche Funktions- und Strukturzusammenhang, in dem sich Menschen stets bereits handelnd und integrierend vorfinden und verstehen." Aus: Philosophie der Geisteswissenschaften, Freiburg/München 1987, S. 48–49.

75 Dilthey geht vom Leben aus. Das Alltagsverständnis dagegen versucht von der Welt aus das Leben zu verstehen. Diese Einschätzung vertritt auch Karl Albert: Nach Dilthey führe der Weg "von der Deutung des Lebens zur Welt" (VII, 291). Das Leben zeige sich im Erlebnis des Subjekts. Im Erleben erscheine das Leben, das über das einzelne hinausgeht. Albert verweist hier auf folgenden Text bei Dilthey: "Leben ist ein Teil des Lebens überhaupt" (VII, 359). Allerdings müsse man klar machen, dass Dilthey "das Wort 'Leben' in einem zweifachen Sinn verwendet. Er kann das Leben des einzelnen Menschen meinen, aber auch das Leben schlechthin. Die Berechtigung für diesen Sprachgebrauch ergibt sich daraus, dass wir ja nicht nur in uns unser eigenes Leben erfahren, sondern zugleich, was Leben schlechthin ist. In dem Satz: 'Leben ist ein Teil des Lebens überhaupt', ist das erste 'Leben' als das individuelle Leben zu verstehen, das zweite 'Leben' als das universale Leben. (...) wenn [Dilthey] vom 'Leben' spricht, so meint er vor allem die Welt des Geistigen, die Welt der Kultur in ihren verschiedenen Bereichen: Philosophie, Kunst, Religion, Gesellschaft, Recht, Politik, Wissenschaft usw., kurz 'die Menschenwelt'." Albert, K.: Lebensphilosophie, S. 78.

dung der Zeit des Lebens als 'wirkliche Zeit' von der Zeit des Naturgeschehens als einer äußerer Form. Für ihn wird die Zeit in den Geisteswissenschaften, in denen die innere Wahrnehmung eine größere Rolle spielt, anders behandelt als in den Naturwissenschaften. Dilthey versucht nun, die Realität durch die innere Wahrnehmung zu begründen, d.h. geisteswissenschaftlich zu fundieren. Während die äußere Wahrnehmung auf die Natur zu zutreffen scheint und mit dem Raum verbunden wurde, hat die innere Wahrnehmung die äußere in sich. Der Mensch ist sich selbst und der Gesellschaft, in der er lebt, nicht als etwas Konstantes, sondern als etwas Zeitliches, Vergängliches, Veränderliches inne. Diese Erfahrungstatsache bildet die Basis, auf der die Theorie der geisteswissenschaftlichen 'Realität der Zeit' zu stehen kommt. Demgegenüber machen die Naturwissenschaften von der Zeit als einer messbaren Gebrauch.[76] Trotz der Differenzierung von subjektiven und objektiven Zeitcharakter in Mensch und Natur leugnet Dilthey nicht den Existenzanspruch der objektiven Naturzeit und deren Einfluss auf den Menschen. Der Mensch steht als Teil der Natur ebenfalls innerhalb der zeitlichen Struktur der Natur. Vielmehr sagt er, dass die Zeitlichkeit des Lebens nicht mit der gleichwertig ablaufenden formalen Zeit erschöpft ist.

Von der inneren Wahrnehmung her versteht man sein Leben als endliches. Diese Endlichkeit macht im Gegensatz zur physikalischen

---

76 Da Dilthey selbst davon überzeugt ist, dass die Geisteswissenschaften auf der Erfahrung beruhen, erwachsen sie aus der Auslegung der Selbsterfahrung des Lebens und – damit zusammenhängend – aus der "Tatsache des Lebens", die die zeithaften Prozesse sind. Dilthey führt die These über die Realität der Zeit sowohl von einer Substanzphilosophie als auch von einer Philosophie des Selbstbewusstseins aus. Er vermeidet aber einen bloßen Relativismus und eine der traditionalen Zeitlehren, die die Zeit zum Abbild der Ewigkeit (Platon) macht oder durch die Behauptung der Phänomenalität der Zeit die Realität der Zeit vernachlässigen. In diesem Zusammenhang kritisiert Dilthey zum ersten Mal in seinen Logik-Vorlesungen der achtziger Jahre streng die Kantische Zeitlehre. Um die Realität der geistigen Welt rechtfertigen zu können, braucht man nach Dilthey "vor allem eine Kritik der Lehre Kants, welche die Zeit zu einer bloßen Erscheinung macht und damit das Leben selbst." (V, 5).

Zeit das Wesen des Lebens aus. Dilthey prägt dafür den Begriff der "Korruptibiliät". Sie bedeutet die Hinfälligkeit und Zerbrechlichkeit des menschlichen Daseins und meint zweierlei. Erstens: Das menschliche Leben ist in seiner Ganzheit dem Zerbrechen ausgesetzt, d.h. der Mensch könnte in jedem Augenblick sterben; und zweitens: Alles, "was wir besitzen, lieben oder auch hassen und fürchten" (VIII, 79), ist der Zeitlichkeit unterworfen, d.h. der Mensch kann keinen einzigen Zustand seines Lebens festhalten. Dilthey stellt aber die Korruptibilität des Lebens nicht mit der Vergänglichkeit der Dinge auf eine Ebene. Die in der äußeren Natur herrschende Vergänglichkeit, in der das Wesen der Dinge unabhängig von der Zeitlichkeit bestimmt wird, gilt nur für Naturdinge, die lediglich in einem äußerlichen Sinn "in" der Zeit sind. Im Gegensatz zur Vergänglichkeit hat es die Korruptibilität mit der "Selbigkeit" zu tun. Die Zeit wird hier verinnerlicht. Jeder fühlt seine Endlichkeit und Sterblichkeit.[77] Der Wunsch des Menschen, dieser Daseinskonstitution zu entfliehen, führt ihn unter anderem in die mystische Weltflucht. Nach Dilthey kann eine "Versenkung in das Ewige" (XIX, 215) dem Menschen keine Möglichkeit bieten, dieser Korruptibilität zu entgehen.

Anhand der Begriffe Korruptibilität und Lebensverlauf haben wir gesehen, wie die Zeit konstituierend für die Lebensparameter der Diltheyschen Philosophie wirkt. Eine Beschäftigung mit dem Erlebnisbegriff wird zeigen, inwiefern das Erlebnis ebenfalls von der Zeit bestimmt ist.

Der Lebensverlauf besteht aus Erlebnissen, welche "die kleinste Einheit" des Lebens, "die Urzelle der geschichtlichen Welt" (VII, 161) sind. Obwohl das Erlebnis die kleinste Lebenseinheit ist, heißt

---

[77] Endlichkeit ist ein zeitlicher Begriff. Wir werden als endliches Wesen eines Tages nicht mehr da sein. Mit diesem unvermeidlichen Schicksal begegnen wir einer zukünftigen Gegenwart. Es ist aber wahr, dass diese existenziale Wahrheit des Menschen gar nicht vom Mensch wahrgenommen wird. Die Menschen schieben ihre Endlichkeit (*Korruptibilität*) auf die Anderen, was Heidegger mit der "Man" – Sphäre meinte, obwohl sie innerlich ganz genau wissen, dass sie in einer zukünftigen Gegenwart nicht mehr existieren werden. Der einzelne Mensch wird in einer Gegenwart Vergangenheit sein. Vgl. Bollnow, O-F.: Dilthey, S. 93 f.

das aber nicht, dass es etwas Einfaches ist, sondern weist eine reine innere Gliederung auf. Das menschliche Leben ist allgemein durch zeitlich in sich ausgedehnte Erlebnisse gegliedert. Die Erlebnisse, die im Lebensverlauf stattfinden, stehen nicht beziehungslos nebeneinander, sondern beziehen sich auf ein Ganzes. Der Lebenszusammenhang, der aus Erlebnissen besteht, ist nicht eine Summe aufeinanderfolgender Momente, sondern eine durch Beziehungen, die alle Teile verbinden, konstituierte Einheit (vgl. VII, 140). In diesem Sinne ist der Lebenszusammenhang ein Ganzheitszusammenhang. Aber solange die Zeitlichkeit nicht in den Begriff der Ganzheit des Lebenszusammenhangs eingeht, bleibt die Struktur des Lebenszusammenhangs unvollständig. Da die Bedeutung die Teile des Lebens zum Ganzen verbindet, könnte man sagen, dass der Lebenszusammenhang ein Bedeutungszusammenhang ist. Die Kategorie der Bedeutung bekommt ihre Realität aber erst durch die Verknüpfung mit der Zeitlichkeit des Lebens[78] und ergibt sich "nur vermittels der Erinnerung, in welcher wir den vergangenen Lebensverlauf überblicken können." (VII, 233) Wenn wir uns an etwas erinnern, öffnet sich zuerst die Kategorie der Bedeutung. Dilthey setzt hier eine feste Verbindung zwischen der Bedeutung und der Erinnerung und durch sie mit der Vergangenheit. Er hält die Bedeutung für eine entscheidende Kategorie des Verstehens des Lebens (vgl. VII, 234). So kommt die Vergangenheit in Bezug auf das Verstehen des Lebens in eine Vorrangstellung vor Gegenwart und Zukunft. Die Bedeutung kann nur durch die Vergangenheit verstanden werden. Dies macht das Wesen

---

[78] Dilthey schildert diese Verknüpfung folgendermaßen: "Wir erfassen die Bedeutung eines Momentes der Vergangenheit. Er ist bedeutsam, insofern in ihm eine Bindung für die Zukunft durch die Tat oder ein äußeres Ereignis sich vollzog. Oder sofern der Plan künftiger Lebensführung erfasst wurde. Oder sofern ein solcher Plan seiner Realisierung entgegengeführt wurde. Oder er ist für das Gesamtleben bedeutsam, sofern das Eingreifen des Individuums in dieses sich vollzog, in welchem sein eigenstes Wesen in die Gestaltung der Menschheit eingriff. In allen diesen und anderen Fällen hat der einzelne Moment Bedeutung durch seinen Zusammenhang von Vergangenheit und Zukunft, von Einzeldasein und Menschheit." (VII, 233)

des von Dilthey gesehenen Wirkungszusammenhangs aus.[79] Im Wirkungszusammenhang verbinden sich Vergangenheit, Gegenwart und Zukunft. Als "Fortwirken" bezeichnet Dilthey den Fortbestand des Vergangenen in die Gegenwart und das Sicherstrecken desselben in die Zukunft. Den Charakter dieses Prozesses bezeichnet er als "Präsenz". Die Präsenz wird von Dilthey als das Einbezogenwerden von Vergangenem in unser Erleben bestimmt.[80]

Wenn man die Grundprinzipien von Diltheys Zeitlehre benennen will, dann könnte man folgende Punkte aufzählen: Dilthey ist strikt gegen alle Annahmen, die die Zeit einfach als rastlose Funktion oder als Fluss charakterisieren. Zeit ist bei ihm nicht nur eine aus gleichwertigen Teilen bestehende Linie, sondern hat unermessliche Qualität. Deshalb ist es verständlich, dass Dilthey die Zeitauffassung der Naturwissenschaften ablehnt. Da er die Zeit als reale Manifestation des Lebens sieht, verbindet er immer Zeit mit seiner Kategorie des Erlebnisses. Aus diesem Grund kritisiert er Kants Zeitlehre, weil dieser die Zeit als apriori leere Form betrachtet hat.

Obwohl Diltheys gesamte Philosophie mit der Zeitproblematik direkt in Beziehung gesetzt werden kann, bleibt seine Zeitanalyse im Zusammenhang seiner Konzeption einer *"Kritik der historischen Vernunft"* leider unvollständig.[81] Aus diesem Grund – da Diltheys

---

79 Dilthey meint damit den Wirkungszusammenhang, der eine Verknüpfung zwischen Bedeutung und Wirkung ist. Man erkennt erst aus der Wirkung die Bedeutung. Die Bedeutung wird dem Erlebnis nur zugesprochen, indem es im weiteren Leben eine Wirkung ausgeübt hat. Ein Erlebnis ist bedeutsam, insofern es das spätere Leben bestimmt. Hier ergibt sich eine am Einzelleben entwickelte Bestimmung des Bedeutungszusammenhangs in Verbindung mit der anderen Bestimmung als Wirkungszusammenhang.
80 "Hierzu kommt, dass der Zusammenhang des Erinnerten mit dem Gegenwärtigen, der Fortbestand der qualitativ bestimmten Realität, das Fortwirken des Vergangenen als Kraft in die Gegenwart dem Erinnerten einen eigenen Charakter von Präsenz mitteilt." (VII, 73)
81 H.-U. Lessing betont die Mängel der Diltheyschen Zeitanalyse in Bezug auf die innere Erfahrung. Er stellt aber fest, dass trotz dieser Mängel Diltheys Bemühung um die erkenntnistheoretisch-logisch-methodologische Begründung der Geisteswissenschaften für die Philosophie des 20. Jahrhunderts sehr einflussreich ist.

Gedanken wie öfter in seiner Zeitanalyse Fragment geblieben sind –, kann seine Zeitanalyse, genauer gesagt, seine Auffassung von der Realität der Zeit nicht exakter analysiert werden.

Trotzdem wollen wir hier versuchen, seine Zeitanalyse, so weit wir können, sichtbar und verständlich zu machen. Dilthey nimmt die Zeitlichkeit als erste und grundlegende Kategorie des Lebens an.

Bevor wir mit einer Analyse der Zeitmomente bei Dilthey fortfahren, möchten wir versuchen zu klären, wie und warum Dilthey die Zeitlichkeit als grundlegende Kategorie des Lebens ansieht.

2. Zeit als reale Lebenskategorie

Bei Dilthey ist die Zeitlichkeit die grundlegende und umfassende Kategorie, mit deren Hilfe die von ihm erwähnten Kategorien in eine Ordnung gebracht werden und die es dadurch ermöglicht, das Leben als Ganzes zu verstehen.

Er akzentuiert die universale, fundamentale und konstitutive Geltung dieser Kategorien, welche sind: Bedeutung, Sinn, Wert, Zweck, Kraft usw. Der Mensch kann nur durch diese Kategorien verstanden werden. Er ist ohne Sinn, Zweck, Wert und Bedeutung nicht lebensfähig. Erst durch diese Kategorien gewinnt sein Leben einen Sinn (vgl. XI, 379). Der Lebensverlauf der Menschen kann nur einen Sinn, eine Bedeutung oder einen Wert haben, wenn man eine Haltung, sei es eine religiöse, philosophische oder naturwissenschaftliche, gegenüber der Welt und dem Kosmos entwickelt.

Dilthey zählt Lebenskategorien an verschiedenen Stellen in verschiedener Anzahl auf. Neben den oben erwähnten Kategorien nennt

---

"Obwohl (...) wichtige Teile der 'Kritik der historischen Vernunft', wie z. B. die zur erkenntnistheoretischen Grundlegung gehörigen Analysen der inneren Erfahrung und der Zeit, nicht ausgearbeitet bzw., wie bei der Logik und Methodologie nur teilweise erarbeitet sind, hat sich Diltheys Versuch einer erkenntnistheoretisch-logisch-methodologischen Grundlegung der Geisteswissenschaften als ein Programm von großer Virulenz und Tragweite erwiesen." Dilthey, W.: Texte zur Kritik der historischen Vernunft, hrsg. v. H.-U. Lessing, in der Einleitung, S. 23.

er noch Zusammenhang, Ganzes und Teile, Struktur, Zeitlichkeit, Wirken und Leiden, Entwicklung, Gestaltung, Ideal und Wesen. Bei diesen Kategorien handelt es sich nicht um ein subjektives Schema, das wir von uns aus den Dingen aufpressen, sondern um Formen des menschlichen Lebens selbst. "Sie sind nicht zu ihm hinzutretende Arten der Formung, sondern die strukturellen Formen des Lebens selbst in seinem zeitlichen Verlauf kommen in ihnen zum Ausdruck." (VII, 203)

Dilthey schreibt aber der Bedeutung unter den Lebenskategorien einen Vorrang zu, weil die Bedeutung für jeden Lebenszusammenhang konstitutiv ist und im Erleben jeder Lebenszusammenhang als ein Bedeutungszusammenhang konstituiert wird. Um das Leben zu verstehen, muss man über Lebenskategorien verfügen. Die Lebenskategorien konstituieren den Verstehensprozess, sie enthalten lebensimmanente Prämissen des Verstehens, die dem Verstehenden ein Verstehen des Lebens aus dem Leben selbst ermöglichen.[82] Die Lebenskategorien sind bedingt durch die Kategorie der Zeitlichkeit. Trotz dieser Bedingtheit stellen sich diese Kategorien als autonom und eigenwertig dar.[83]

Um das gegenseitige Verhältnis zwischen Bedeutung, Zweck und Werten zu verstehen, muss man die Kategorie der Zeitlichkeit mitdenken. Jede Kategorie hat ein anderes Verhältnis zur Zeitlichkeit; z. B. ist Bedeutung an Erinnerung und mit ihr an Vergangenheit geknüpft. Die Zweck-Kategorie kommt nur in Frage, wenn der Mensch sich der Zukunft entgegenstreckt. Zweck und Ideal als menschliche Vorhaben brauchen Zukunft, in der sie sich verwirkli-

---

[82] Vgl. Jatzkowski, T.: Die Theorie des kulturell-historischen Verstehens bei W. Dilthey und G. Simmel, Herdecke 1998, S. 217.
[83] "Ein neuer Zug des Lebens wird nun sichtbar, der von der Zeit bedingt ist, aber als ein Neues über sie hinausgeht. Das Leben wird in seinem Eigenwesen durch Kategorien verstanden, welche dem Erkennen der Natur fremd sind. Auch hier liegt das entscheidende Moment darin, dass diese Kategorien nicht a priori auf das Leben als ein ihm Fremdes angewandt werden, sondern dass sie im Wesen des Lebens selber liegen." (VII, 232.)

chen können. Obwohl sowohl die Zukunft als auch die Kategorie des Zwecks keinen festen Existenzgrund haben, weil sie noch nicht da sind, braucht man sie, um alltägliches Leben weiterzuführen. Ohne Hoffnung, die den Lebenswillen ermöglicht, kann man sein alltägliches Leben nicht bewältigen. Die Werte beziehen sich meistens auf das Gefühl des Einzelnen, in dem für Dilthey schon eine Wertung begründet liegt, lassen sich zwanglos der Gegenwart zuordnen. Dilthey versucht von hier aus in den inneren Zusammenhang der Kategorien vorzudringen.[84]

Dilthey ist fest davon überzeugt, dass jede von diesen Kategorien fähig ist, das ganze Leben von ihrem Gesichtspunkt aus zu erfassen, weil jede von einem anderen Gesichtspunkt aus das Ganze des Lebens dem Verstehen zugänglich macht. Sie sind unvergleichbar miteinander. Es gibt aber einen Unterschied: Die Eigenwerte der erlebten Gegenwart stehen belanglos nebeneinander. Das Leben erweist sich unter diesem Wertgesichtspunkt als eine unendliche Fülle von Daseinswert, negativem, positivem, von Eigenwerten. "Und auch die Beziehung zwischen Eigenwerten und Wirkungswerten setzt nur kausale Verhältnisse, deren mechanischer Charakter nicht die Tiefen des Lebens erreicht." (VII, 236)

Die Kategorien des Lebens haben natürlich mit den Zeitmomenten zu tun. Je nach verschiedenen Zeitmomenten werden diese Kategorien anders bewertet und verstanden, wie wir oben kurz zu zeigen versuchten. Dies wird verständlicher, wenn wir etwas näher betrachten, was Dilthey unter den Zeitmomenten (Gegenwart, Vergangenheit und Zukunft) versteht.

---

[84] "Wir verstehen das Leben nur in einer beständigen Annäherung; und zwar liegt es in der Natur des Verstehens <und> in der Natur des Lebens, dass dasselbe auf den verschiedenen Standpunkten, in welchen sein Zeitverlauf aufgefasst wird, ganz verschiedene Seiten uns zeigt. In der Erinnerung (wenn wir erinnern), tut sich zuerst die Kategorie der Bedeutung auf. Jede Gegenwart ist von Realität erfüllt. Dieser aber schreiben wir einen positiven oder negativen Wert zu. Und wie wir der Zukunft uns entgegenstrecken, entstehen die Kategorien des Zwecks, des Ideals, der Gestaltung des Lebens." (VII, 236)

3. Zeitdimensionen bei Dilthey

Dilthey nimmt die drei Zeitdimensionen Gegenwart, Vergangenheit und Zukunft an. Gegenwart ist erfüllte Realität des Lebens. Das Fortrücken der Zeit lässt immer mehr Vergangenheit zurück und rückt vorwärts in die Zukunft. Die Gegenwart schließt allein im Leben die Vorstellung der Vergangenheit in der Erinnerung und die Vorstellung der Zukunft in der Phantasie und in der Aktivität des Zweckesetzens im Modus der Möglichkeit. Somit ist die Gegenwart von Vergangenheit erfüllt und trägt in sich die Zukunft. Diese Zeitverhältnisse bestimmen 'das Reich des Lebens'.[85]

Nach Dilthey ist die Zeit kein ständiger Ablauf, vielmehr betont er ihre unermessliche Qualität.[86] Er sagt: "Zeit ist nicht nur eine Linie, die aus gleichwertigen Teilen bestünde, ein System von Verhältnissen, von Sukzessionen, Gleichzeitigkeit, Dauer." (VII, 72) Abgesehen von der Erfüllung der Zeit mit der Realität ist die Zeit in ihren Teilen untereinander als "gleichwertig" zu betrachten. Dilthey stellt fest: "Denken wir die Zeit abwesend von dem, was sie erfüllt, so

---

[85] Menschliches Dasein und die Zeit sind untrennbar miteinander verbunden, jedoch bleibt die Frage spannend, ob die Zeit vor dem Mensch da war und somit vom Menschen unabhängig ist, ob sie so wie der Mensch erst von einer 'äußeren' Kraft geschaffen wurde oder ob sie erst mit und durch den Menschen als eine jeweilige Perspektive auf die Welt entstand. Trotz der vielen ungelösten Fragen ist es sicher, dass wir zeitliche Wesen sind, uns nicht von der Zeit befreien können. Die Zeitlichkeit ist eine existenziale Grundbestimmung des Menschen.
Augustinus beschäftigt sich mit dieser Frage im "Vom Gottesstaat", 12. Buch, und vertritt dort das Nicht-Gleich-Ewigsein der Zeit mit dem Gott (vgl. Bd. II, S. 89–90).

[86] R. A. Makreel: zeigt einige Ähnlichkeit von Bergsons Zeitauffassung mit Dilthey aufgrund der Unermesslichkeit der Zeit. Beide sind gegen die Zeitauffassung der praktizierenden Wissenschaftler. Er zeigt aber gleichzeitig die Andersartigkeit beider Philosophen: "Bergson hatte den praktizierenden Wissenschaftler heftig angegriffen, der die Beweglichkeit der Zeit anhand von Punkten verfolgt, durch welche ein Gegenstand sich bewegt. Aber gerade weil dies so offensichtlich unangemessen ist, scheint Dilthey Bergsons Anliegen nicht zu teilen. Eine solche Geometrisierung von Zeit stellt für Dilthey kein philosophisches Problem dar. Sie ist lediglich ein hypothetischer Notbehelf." Aus: Dilthey. Philosoph der Geisteswissenschaften, Franfurt a/ M. 1991, S. 436–437.

sind die Teile derselben einander gleichwertig. In dieser Kontinuität ist auch der kleinste Teil linear, er ist ein Ablauf ; ein 'ist' ist nirgend im kleinsten Teil." (VII, 72)
Wir kommen jetzt etwas detaillierter zu den Zeitmomenten, wie Dilthey sie gedacht hat.

3.1. Gegenwart

Dilthey definiert Gegenwart als "Erfüllung eines Zeitmomentes mit Realität." (VII, 93) Im Erleben wird die Zeit erfahren als das 'rastlose Vorrücken der Gegenwart'. Gegenwart ist hier als ein Übergangspunkt zu verstehen, "in welchem das Gegenwärtige immerfort Vergangenheit wird und das Zukünftige Gegenwart." (Ebd.) Dilthey spricht der Gegenwart die Realität zu. Man kann in der Gegenwart im Gegensatz zur Erinnerung und Vorstellung seine Existenz fühlen und hoffnungsvoll oder schwermütig sein usw. Während sich der Inhalt des Erlebnisses ändert, geht die Erfüllung der Realität mit einem Zeitmoment weiter. "Diese Erfüllung mit Realität oder Gegenwart besteht ständig, während das, was den Inhalt des Erlebens ausmacht, sich immerfort ändert." (VII, 193)

Wie oben erörtert wurde, lehnt Dilthey die Auffassung ab, die Zeit nur als Ablauf zu interpretieren. Stattdessen schlägt Dilthey vor, die Rastlosigkeit der Zeit zu benutzen, um den Umfang der Gegenwart zu erweitern, weil nur durch diese Betrachtung von Zeit als Vorwärtsbewegung ein Erlebnis von Zeit möglich wird. Diese Vorwärtsbewegung macht den Charakter der Gegenwart im Unterschied zum Vorstellen des Erlebten (Vergangenheit) oder zu Erlebenden (Zukunft) aus. [87]

Was besagt "das Erlebnis der Gegenwart"? Nach Dilthey ist die Gegenwart eigentlich nicht zu erfahren. Wenn Zeit als ein Ablauf

---

[87] "Dies beständige Versinken des Gegenwärtigen rückwärts in ein Vergangenes und zu-Gegenwart-Werden dessen, was wir eben noch erwartet, gewollt, gefürchtet haben, das auch nur in der Region des Vorgestellten war – das ist der Charakter der wirklichen Zeit." (VII, 72)

konstruiert wird, dann wird die Gegenwart nicht erlebt, sondern gelebt. Wir können natürlich ein Erlebnis der Gegenwart haben, aber dann bekommen wir keine Erfahrung ihres Inhaltes als gegenwärtig[88] Da das Zukünftige sehr schnell zur Gegenwart wird und Gegenwart in die Vergangenheit sinkt, leben wir Gegenwart so, als ob es wirklich eine Gegenwart gäbe. Es scheint so, als sei die Gegenwart ein fiktionaler Punkt, der nur Vergangenheit und Zukunft voneinander trennt.[89] Wir leben in der Gegenwart mit etwas, das sofort vergangene Gegenwart wird. Es gibt sie nur dadurch, dass ich meinen Blick auf die Gegenwart richte, obschon sie wieder schon Vergangenheit geworden ist. Dieser Charakter der Gegenwart erinnert uns an die Zeitlehre von Aristoteles. Er benutzt nirgendwo das Wort "Gegenwart", sondern bei ihm wird, wenn man so sagen darf, der Begriff Gegenwart durch das "Jetzt" ersetzt. Das "Jetzt" trennt, wie Diltheys Gegenwart, Vergangenheit von der Zukunft.[90] Zeit und Bewegung bedingen sich gegenseitig. Es ist offensichtlich, dass ohne Bewegung und Veränderung die Zeit nicht zu denken ist. "Dass somit Zeit nicht gleich Bewegung, andererseits aber auch nicht ohne Bewegung ist, leuchtet ein."[91] Das Jetzt gehört zur Zeit, wie die Zeit zum Jetzt gehört, "[w]enn es einerseits Zeit nicht gäbe, gäbe es auch das Jetzt nicht, wenn es andererseits das Jetzt nicht gäbe, dann auch die Zeit nicht."[92] Eine andere Parallelität zwischen Diltheys und Aristoteles' Zeitlehre besteht darin, dass die Zeit überall dieselbe ist (objektive Zeit bei Dilthey). Wenn man aber vom Jetzt (Gegenwart) aus Vergan-

---

88 Vgl. Makreel, R. A.: Dilthey, S. 438.
89 K. Albert stellt dies folgendermaßen fest: "die Einsicht, dass man zwar die Gegenwart abstrakt mathematisch von außen her bestimmen kann, gewissermaßen als einen Punkt der Vergangenheit und Zukunft trennt, dass aber Gegenwart niemals so erlebt wird." Aus: Lebensphilosophie, S. 83.
90 Aristoteles beschäftigt sich mit der Zeit in Physik, Buch IV, Kapital 10. Er sagt: "[w]as das 'Jetzt' angeht, welches augenscheinlich Vergangenes und Zukünftiges trennt, so ist nicht leicht zu sehen, ob es die ganze Zeit hindurch immer ein und dasselbe bleibt, oder ob es immer wieder ein anderes wird." Aus: Physik IV 11, 218a 3–10.
91 Ebd., 218b 25–30.
92 Ebd., 220a 1–5.

genheit und Zukunft betrachtet, ist die Zeit nicht mehr dieselbe. "Und sie (die Zeit) ist überall am gleichen Zeitpunkt dieselbe; in ihrem 'davor' und 'danach' betrachtet ist sie jedoch nicht dieselbe, weil ja auch der Wandel, als dieser gegenwärtige, ein einheitlicher ist, hingegen der vergangene und zukünftige (Zustand) verschieden."[93] Das Jetzt trennt bei Aristoteles nicht nur als Grenze zwischen Vergangenheit und Zukunft, sondern hält diese auch zusammen. Das Jetzt hat zwei Funktionen: Es ermöglicht die Teilung der Zeit in Vergangenheit und Zukunft und zieht eine Grenze zwischen beiden und gewährt so ihre Einheit.[94] Die Zeit hört nie auf; sie ist ja immer am Anfang. Das Jetzt als Übergangsbrücke ist nach Vergangenheit Ende, und nach bevorstehender Zukunft ein Anfang. Deswegen müssen auch "früher" und "später" durch das "Jetzt" verstanden werden, weil wir "früher" oder "später" gemäß dem Abstand vom Jetzt sagen. "Wozu das Jetzt gehört, dazu gehört auch die Entfernung vom Jetzt."[95]

Dilthey charakterisiert Gegenwart als Heranrücken in der Sukzession. Dieser fortrückende Charakter der Gegenwart, der auch der Erfüllung des Zeitmomentes mit Realität zugehört, geht bis dahin weiter, wobei deren Kontinuität z. B. im Schlaf oder andern Zuständen verwandelt, abgebrochen wird. Mit der Aufeinanderfolge der Erlebnisse bildet die Gegenwart eine enge Verbundenheit mit der Zukunft. Gegenwart jagt sozusagen durch ihr Fortrücken die Erlebnisse der Zukunft." Dieses Fortrücken der Gegenwart in der Zeit ist

---

93 Ebd. IV 12, 220b 5–10.
94 Aristoteles stellt fest: "Das Jetzt bildet den Zusammenhang von Zeit (...); es hält ja die vergangene und zukünftige Zeit zusammen. Und es ist auch die Grenze von Zeit, stellt es doch des einen Anfang, des anderen Ende dar, nur ist dies nicht so sichtbar wie bei dem Punkt, der ja bleibt. Es teilt der Möglichkeit nach; und sofern es diese Eigenschaft zeigt, ist das Jetzt immer ein anderes, insofern es dagegen zusammenknüpft, ist es immer dasselbe – wie bei den mathematischen Linien: der je angenommene Punkt ist für das Denken nicht derselbe; für den, der die Linie teilt, ist es immer ein anderer Punkt; insofern es aber ein einziger Punkt ist, ist er überall derselbe. " Aus: Physik IV 12, 222a 10–15.
95 Ebd., 223a 1–5.

die Tatsache, welche aus keinem Ordnungssystem eines inneren Sinnes erklärt werden kann."(XIX, 211) Ein Vorgang, der schon gewesen ist, "verliert sich abtropfend gleichsam in die See der Vergangenheit (...); nach vorn wird ein Erwartetes, Zukünftiges Gegenwart." (Ebd.) Zukünftige Gegenwart bedeutet die Abhängigkeit der Zukunft von der Gegenwart. Es gibt Zukunft nur deshalb, weil es denjenigen gibt, der in der Gegenwart etwas hofft, sich so oder so fühlt, etwas will usw. Deswegen wird Gegenwart bei Dilthey als Lebenszustand definiert, "der sich in Aufmerken, Fühlen und Wollen äußert." (Ebd.)

Da die Zeit immer mit dem Erlebnis zusammengedacht werden soll, ist dieser Erlebnisbezug mit der Zeit durch ein Bedingungssystem, das in unserem Vorstellen gegründet wäre, zu rechtfertigen. Damit zusammenhängend kann das Fortrücken der Gegenwart, das an diesem fundamentalen Lebensverhältnis auftritt, nicht als ein dem Vorstellen gegenüberstehender Teil eines Ordnungssystems gedacht werden. Das Fortrücken der Gegenwart ist durch ein äußeres System nicht zu erklären, weil es einen inneren Tatbestand hat.[96] Es könnte vielmehr als Symbol unseres Bewusstseins, das nicht nur gegenwärtiges, sondern auch vergangenes und zukünftiges Verhältnis hat, gedacht werden. Durch die Gegenwart gewinnt die Zeit verschiedene Verhältnisse zu Vergangenheit und Zukunft, "welches zwischen Erinnertem, Erlebtem und Geplantem bestünde und das Fortrücken der Gegenwart in der Zeit zur Folge hätte." (XIX, 214) Da das Ordnungssystem unabhängig von uns besteht, wird von ihm aus dem einzelnen Tatbestand in mir der Wert von Gegenwart zugeteilt. Die Beurteilung der Tatbestände als negativ oder positiv gehört dem Wesen der Gegenwart an. "Gegenwart ist ein unmittelbares Erleben." (Ebd.)

---

96 Dilthey nimmt die Zeit nicht als Ordnungssystem an. In Band XIX sagt er: "Nehmen wir an, die Zeit sei ein Ordnungssystem, das in den Bedingungen eines Nichtzeitlichen gegründet wäre, so zeigt sich sofort die Unmöglichkeit, eine solche Ansicht durchzuführen." (XIX, 214)

Die Gegenwart und Vergangenheit sind nicht voneinander zu lösen. Die vergangenen Erlebnisse sind gar nicht ganz vergan und deswegen werden sie nicht als verloren gedacht. Die Vergangenheit reicht durch die Erinnerung in die Gegenwart hinein. "Hierzu kommt, dass der Zusammenhang des Erinnerten mit dem Gegenwärtigen, der Fortbestand der qualitativ bestimmten Realität, das Fortwirken des Vergangenen, als Kraft in der Gegenwart dem Erinnerten einen eigenen Charakter von Präsenz mitteilt." (VII, 73)

Die Präsenz ist das Einbezogenwerden von Vergangenem in unser Erleben.[97] In diesem Zusammenhang deutet Dilthey an, dass die lebendige Gegenwart als gegenwärtig mehr und anderes ist als die Vorstellung eines bloßen Zeitpunkts. Man hat gleich ein Ganzes gegenwärtig, zu dem auch Vergangenheit und Zukunft mitgehört. Dilthey erklärt diese Beziehung so: "im Leben umschließt die Gegenwart die Vorstellung von der Vergangenheit in der Erinnerung und die von der Zukunft in der Phantasie, die ihren Möglichkeiten nachgeht, und in der Aktivität, welche unter diese Möglichkeiten sich Zwecke setzt. So ist die Gegenwart von Vergangenheiten erfüllt und trägt die Zukunft in sich." (VII, 232) Dieser Präsenzcharakter eines Teiles der Vergangenheit darf nicht als ein formales Wesen der Zeit betrachtet werden, weil das Wesen der Zeit als Form von seinen besonderen Inhalten nicht losgelöst werden kann. Das in der Präsenz Gegenwärtige ist immer bedingt durch den Inhalt des Erlebens selbst, der immer eine einheitliche Bedeutung hat. Das in der Präsenz gleichzeitig Gegenwärtige gliedert sich mit der Bedeutung zu einer Einheit: dem Erlebnis. Das Erlebnis enthält in sich als Teil die ganze Fülle des Lebensverlaufs selbst und darf nicht durch falsche Konstruktionen geschmälert werden (vgl. VI, 314).

Damit gewinnt hier die konkrete (wirkliche) Zeit ihren wesentlichen Unterschied gegenüber den formalen Zeitbestimmungen. In der konkreten Zeit gibt es keinen strukturlos gleichmäßigen

---

[97] "Unter anderen Momenten teilt das Fortwirken des Vergangenen als Kraft in der Gegenwart, die Bedeutung desselben für sie, dem Erinnerten einen eigenen Charakter von Präsenz mit, durch die es in die Gegenwart einbezogen wird." (VII, 194)

Ablauf, sondern sie enthält in sich eine innere Gliederung (Erlebnisse).

Damit kommen wir zur Vergangenheit, dem zweiten Zeitmoment, dem Dilthey einen Vorrang gegenüber den anderen zugeschrieben hat.

3.2. Vergangenheit

Die Zeit fließt in die Gegenwart. Dies ist ein Zeitfluss "in welchem das Gegenwärtige immerfort Vergangenheit wird und das Zukünftige Gegenwart." (VII, 193) Das rastlose Vorrücken der Gegenwart ist sozusagen ein rastloses Vorrücken in Vergangenheit, weil das Gegenwärtige immerfort Vergangenheit wird. Vergangenheit besteht eigentlich aus der Gegenwart; wenn es kein rastloses Vorrücken der Gegenwart gäbe, gäbe es auch keine Vergangenheit. Sie hängt von der Gegenwart ab, weil sie schon erlebte Gegenwart ist. "Die Vorstellungen, in denen wir Vergangenheit und Zukunft besitzen, sind nur da für den in der Gegenwart Lebenden." (VII, 193)

Im Gegensatz zum Erlebnis in der Gegenwart schreibt Dilthey der Vergangenheit die "Erinnerung" zu. Nur durch die Erinnerung kann man Vergangenheit erleben. Vergangenheit gehört zum Bereich, der schon "gewesen" ist, er ist, von der Gegenwart aus betrachtet, nicht mehr zu verändern. "Wenn wir auf die Vergangenheit zurückblicken, verhalten wir uns passiv; sie ist das Unabänderliche; vergebens rüttelt der durch sie bestimmte Mensch an ihr in Träumen." (VII, 193) Das Verhalten der Menschen gegenüber der Vergangenheit ist nicht nur passiv, sondern auch bereuend. Man hört immer, dass man im Hinblick auf die Vergangenheit wegen seiner Taten Reue empfinden. Ich hätte eigentlich dieses oder jenes tun sollen, anstatt so gehandelt zu haben. Die Unabänderlichkeit der Vergangenheit lehrt den Menschen seine existenzielle Schwäche.

Im Hinblick auf Vergangenheit sind die Bewusstseinszustände von Erlebnissen anders als in Hinsicht auf Gegenwart und Zukunft. Wenn ich z. B. wegen des Todes einer Bekannten trauere, wird das gegenwärtige Erlebnis (Trauer) anders erlebt als nach einem Monat in der Erinnerung dieses Todesfalls (als vergangene Trauer), was wieder etwas anderes ist als die Vorstellung des zukünftigen Todes einer Bekannten. Alle drei Erlebnisse werden vom Ich grundsätzlich anders erlebt und deshalb hat das Ich von ein und derselben Begebenheit (Tod) verschiedene Bewusstseinszustände. So nimmt etwa die Trauer mit dem Vergehen der Zeit immer mehr ab und die Erlebnisse geraten in Vergessenheit. Daher sind die Teile der mit der Realität erfüllten Zeit "nicht nur qualitativ voneinander unterschieden, sondern wenn wir von der Gegenwart aus rückwärts auf Vergangenheit blicken und vorwärts auf Zukunft, so hat jeder Teil des Flusses der Zeit, abgesehen von dem, was in ihm auftritt, einen verschiedenen Charakter." (VII, 193) Durch die Erinnerung aufgerufene Bilder sind abgestuft durch eigene Interessen, selbst gegebene Bedeutung oder durch das Zeitvergehen, die von der Gegenwart aus bis ins erste Erinnerungsbild hineinreichen. Von erfüllter Gegenwart aus vorgestellte zukünftige Möglichkeiten, die unendlich und unbestimmt sind, haben einen anderen Charakter als Vergangenheit und Gegenwart.[98] Je zeitlicher etwas ist, desto geringer wird seine Bedeutung. Anders gesagt, etwas verliert seine Bedeutung mit zunehmenden Vergehen der Zeit.

Wenn es bei Dilthey um das Verstehen des Lebens geht, gewinnt die Vergangenheit eine ausgezeichnete Stelle vor Gegenwart und Zukunft. Die Bedeutung des eigenen Lebens baut sich erst durch die Erinnerung auf. Man erinnert sich nicht an alles, was man bisher erlebt hat, sondern nur an für einen selbst Bedeutungsvolles. "Die Bedeutung ist uns nur in der Erinnerung zugänglich, durch die wir die abgelaufenen Strecken des Lebensverlaufes zusammen erfassen."[99] Dilthey

---

98 Dilthey erläutert dies mit einem Beispiel: "Rückwärts die Reihe der nach Bewusstseinswert und Gefühlsanteil abgestuften Erinnerungsbilder: ähnlich wie eine Reihe von Häusern oder Bäumen sich in die ferne verliert, verkleinert, so stuft sich in dieser Erinnerungslinie der Grad der Erinnerungsfrische ab, bis sich am Horizont der Bilder im Dunkeln verlieren und je mehr Glieder vorwärts zwischen der erfüllten Gegenwart und einem Momente der Zukunft liegen, Gemütszustände, äußere Vorgänge, Mittel, Zwecke: desto mehr häufen sich die Möglichkeiten des Verlaufes, desto unbestimmter und nebelhafter wird das Bild dieser Zukunft." (VII, 193)

geht vom Vorrang der Bedeutung als Lebenskategorie aus, weil eine Erfassung des Lebens als eines Gesamtzusammenhanges nur durch die Bedeutung möglich ist (vgl. VII, 233). Der Vorrang der Bedeutung ist als der Vorrang der Vergangenheit zu verstehen, weil die Bedeutung die Kategorie der Erinnerung ist. Der Sinn eines Lebens ist nur rückblickend abzulesen. In der Vergangenheit einen Vorrang vor den anderen Zeitdimensionen zu sehen, erinnert an Hegels Zeitlehre. Hegel legt großen Wert auf die Erinnerung im Zusammenhang mit der Vergangenheit[100] und betont wie Dilthey die Wichtigkeit der Vergangenheit im Zusammenhang mit der Geschichte.[101] In diesem Sinne sollte man hier auf die Rolle der Vergangenheit bei Bergson hinweisen (vgl. IV. Kapitel, 6.1. Vergangenheit).

Wenn man etwas erinnert, taucht zuerst die Bedeutung auf. Obwohl die Bedeutung die umfassende Kategorie ist, unter welcher das Leben auffassbar wird, kann sie nur von der Vergangenheit her verstanden werden. Durch eine solche zeitliche Interpretation der Kategorien des Verstehens ergibt sich, dass der Einzelne nie in der Lage sein wird, sein eigenes Leben so gut wie das anderer verstehen zu können, weil er sich immer "mitten drin" in seinem eigenen Leben befindet. Aus diesem Grund kann er nur seine Vergangenheit verstehen, weil seine Gegenwart und Zukunft noch unklar und unentschieden sind. Solange man lebt, wird die Vergangenheit nie abgeschlossen, müsste man "das Ende des Lebenslaufs abwarten und könnte in

---

99 Carr, D.: Zukünftige Vergangenheit, in: Dilthey und die Philosophie der Gegenwart, Freiburg 1985, S. 425.
100 Hegel verdeutlicht die Wichtigkeit der Erinnerung mit folgenden Sätzen: "Aber die *Erinnerung* hat sie [Geistesgestalt] aufbewahrt und ist das Innere und die in der Tat höhere Form der Substanz." Aus: Phänomenologie des Geistes, Theorie-Werkausgabe, Bd. 3, Frankfurt 1969, S. 591.
101 Hegel sagt darüber in Vorlesungen über die Philosophie der Religion II: "So ist die göttliche Geschichte zweitens als Erscheinung, ist als *Vergangenheit*; sie ist, hat Sein, aber ein Sein, das zum Schein herabgesetzt ist. Als Erscheinung ist sie unmittelbares Dasein, das auch zugleich negiert ist; dies ist Vergangenheit. Die göttliche Geschichte ist so als Vergangenheit, als die (*eigentliche Geschichte*)." Aus: Theorie-Werkausgabe Bd. 17, S. 215.

der Todesstunde erst das Ganze überschauen, von dem aus die Beziehung seiner Teile feststellbar wäre" (VII, 233). Es ist umstritten, ob man in der Todesstunde seine Vergangenheit anders als bisher bewerten könne, ob man wirklich noch in der Todesstunde eine rationale Denkfähigkeit haben könnte. Anstatt die Todesstunde abzuwarten, wie Dilthey vorschlägt, um den eigenen Lebensverlauf verstehen zu können, sollte man mit gesunder Vernunft vor der Todesstunde seinen eigenen Lebensverlauf zu verstehen versuchen.[102]
Da der ganze Lebensverlauf zeitlich ist, schließt die Zeitlichkeit des Lebens das Verstehen des Lebens ein. Obwohl wir unser eigenes Leben kaum vollständig verstehen können, weil wir nicht in der Lage sind, unser abgeschlossenes Leben als Ganzes zu verstehen, verstehen wir den Sinn des Lebens des anderen dadurch, dass wir uns dem abgeschlossenen Leben des anderen zuwenden.

Das abgeschlossene Leben verwirklicht sich in der Zukunft. Das heißt, solange wir leben, leben wir in der Gegenwart. Wenn wir 'Jetzt' leben, ist das Leben noch nicht abgeschlossen. Wir sind aber davon überzeugt, dass unser Leben in einem zukünftigen 'Jetzt' zu Ende geht, so dass unser abgeschlossenes Leben in der Zukunft vollendet wird.

---

[102] Diese Feststellung Diltheys erinnert an die Glückseligkeitslehre Aristoteles'. Er erörtert es in der Nikomachischen Ethik im 1. Buch. Dort geht es um die Frage, wodurch man glücklich sein kann. Da die Glückseligkeit nur einem ganzen Leben zugeschrieben werden kann, kann man nicht sagen, ob man glücklich ist, bevor man stirbt. "Sollen wir nun auch sonst keinen Menschen glücklich nennen, solange er lebt, sondern auch nach dem Ausspruche des Salon sein Ende abwarten? Und wenn dies gelten soll, wäre der Mensch vielleicht auch dann glückselig zu nennen und auch Salon es so nicht meint, sondern nur, dass man erst dann einen Menschen mit Sicherheit glücklich nennen kann, weil er dann allem Übel und Ungemach enthoben ist, so hat auch das Bedenken (...). Soll man wirklich das Ende abwarten müssen und dann erst einen Menschen glücklich preisen dürfen, nicht als wäre er es dann, sondern weil er es vorher war, wie wäre es da nicht ungereimt, dass zur Zeit seines Glückes dieses Wirkliche nicht mit Wahrheit von ihm ausgesagt werden kann, weil man die Lebenden wegen der Wechselfälle des Schicksals nicht glücklich preisen mag, und weil die Glückseligkeit für etwas Bleibendes und sehr schwer Wandelbares gilt, während die Geschicke sich oft bei denselben Menschen im Kreise bewegen?" Aristoteles: Nikomachischen Ethik, Buch 1, hrsg. von G. Bien, Hamburg 1972, S. 18–19.

Nach der Analyse der Gegenwart und Vergangenheit bei Dilthey kommen wir nun zum.dritten Zeitmoment, nämlich der Zukunft. Dieses letzte Zeitargument gilt es nun noch als letztes näher zu erörtern.

3.3. Zukunft

Die Zukunft wird bei Dilthey immer als Potential, als eine Unzahl von möglichen Vorstellungen vom weiteren Lebensverlauf angenommen. Die Zukunft als Vorstellung ist irreal im Gegensatz zur Gegenwart. Die Gegenwart ist die Realität im Gegensatz zur Erinnerung oder zu den Vorstellungen von Zukünftigem, "die im Wünschen, Erwarten, Hoffen, Fürchten, Wollen auftreten." (VII, 193) Diese Vorstellungen sind nur für den in der Gegenwart lebenden Menschen vorhanden. Der Mensch kann nur "in" der Gegenwart etwas vorstellen oder hoffen, planen usw. (vgl. ebd.).

Im Gegensatz zu traditionellen Zeitauffassungen beschreibt Dilthey das Fließen der Zeit aus der Zukunft in die Gegenwart und von dort in die Vergangenheit. Es ist so zu verstehen, dass man nicht von der Gegenwart in die Zukunft hineingreift, sondern man lässt die Zeit in der Zukunft beginnen und von dort in die Gegenwart und weiter in die Vergangenheit fließen.

Da die Zukunft als unendlich viele mögliche Vorstellungen vor uns steht, legt Dilthey im Gegensatz zur Gegenwart und Vergangenheit keinen großen Wert auf die Zukunft. O. Pöggeler überspitzt diesen Sachverhalt folgendermaßen: "Die Zukunftsdimension der Zeit findet kaum einmal die Aufmerksamkeit Diltheys."[103] Nach Pöggeler sieht Dilthey Zukunft als Fortgang des Lebens, als Spielfeld der möglichen Vorstellungen für die nötigen und neuen Entscheidungen.[104]

Dilthey zeigt die Beziehung zwischen Erlebbarem und der Zukunft. Erlebbares "entsteht, wenn wir uns der Zukunft entgegen-

---

103 Pöggeler, O.: Dilthey und Phänomenologie der Zeit, in : Dilthey Jahrbuch. Bd. 3 (1985), S.105–140, hier S. 129.
104 Ebd., S. 129.

wenden, es geschieht dies auf mannigfache Art. In Träumen von kommendem Glück, im Spiel der Phantasie mit Möglichkeiten, in Bedenklichkeit und Furcht." (VII, 202) Menschliches Dasein breitet sich dahin aus, wohin diese Vorstellungen reichen. Man hat die Möglichkeit, seine Wahl in irgendeiner Weise zu realisieren. Das heißt, man bestimmt sich selbst, indem man irgendeine Realisierungsmöglichkeit wählt. Ich kann mich bestimmen wie ich will, die Zukunft macht es mir möglich (vgl. VII, 202). Die freie Wahl zur Selbstrealisierung oder die Zweckvorstellung bekommt nur Wirklichkeit, wenn man sich dafür einsetzt. Erste Stufe dafür ist die Intention, die diesen Zweck wirklich erreichen will und dafür alles tut (vgl. ebd).

Um die Zweckvorstellung, um die bisher unbestimmt bleibenden Teile des Lebens zu verwirklichen, sollte an dieser Stelle die Freiheit des Menschen in Betracht gezogen werden. Dilthey erörtert in Band VII die "bestimmt-unbestimmte Bedeutung der Teile des Lebens", die von außen als bloße Unfertigkeit erschien. Man hat die Möglichkeit, durch den Plan und Entschluss zu verwirklichen, was bisher unbestimmt geblieben war. Hier kann man das doppelseitige Verhältnis zwischen dem Plan für die Zukunft und der Bedeutung des Vergangenen erkennen. Ein Plan von der Zukunft kann nur durch das Einbeziehen der Vergangenheit auf die Zukunft zustande gebracht werden. Es ist fast unmöglich, einen Plan für die Zukunft zu entwickeln, ohne die eigene Vergangenheit zu berücksichtigen. Denn ein Plan ist sozusagen die Wirkung der eigenen vergangenen Ursachen. Deswegen sagt Dilthey: "Jeder Lebensplan ist Ausdruck einer Erfassung der Lebensbedeutung." (VII, 233) Die Abhängigkeit zwischen der Bedeutung aus der gedeuteten Vergangenheit und dem Plan kann aber nicht als etwas Festgelegtes verstanden werden. Wenn die Bedeutung des Lebens einem Wechsel unterworfen ist, bedeutet dies nicht, dass generell keine Pläne gemacht werden können. Obwohl die Bedeutung der Vergangenheit den eigenen Plan beeinflusst, hat man als freier Mensch immer die Möglichkeit, mit seiner Freiheit ins Leben einzugreifen und seinen Plan zu verwirklichen. Aus dieser Sicht haben wir eine Umkehrung des oben angegebenen Satzes, dass ich durch meine freie Wahl, durch meinen Willen, die Gestaltung der

Zukunft und die Bedeutung des Vergangenen verändern kann. "Was wir unserer Zukunft als Zweck setzen, bedingt die Bestimmung der Bedeutung des Vergangenen." (VII, 233) Es ist daraus zu folgern, dass es eine indeterminierte Beziehung zwischen der Zielsetzung für die Zukunft und der Bedeutung der Vergangenheit gibt.
Zukunft ist eine Garantie für die Freiheit des Menschen. Die unendlichen Wahlmöglichkeiten werden dem Menschen von der Zukunft zur Verfügung gestellt. Man wählt vermittels seiner Freiheit in der Gegenwart etwas aus dem zukünftigen Möglichen, welches sofort erst Gegenwart, dann Vergangenheit wird. Die Zukunft scheint also als einziges Feld, bezogen auf welches man frei und aktiv ist.
Bisher schon zeigten sich fundamentale Unterschiede zwischen den jeweiligen Zeitmomenten. So wurde die Zeitwahrnehmung der Vergangenheit als passiv, die der Zukunft als aktiv charakterisiert. Im Folgenden werden diese Differenzierungen noch weiter herausgehoben.

4. Die Unterschiede zwischen den Zeitdimensionen

Dilthey analysiert die Unterschiede zwischen den Zeitmomenten in Band XIX in den "Ausarbeitungen zum zweiten Band der Einleitung in die Geisteswissenschaften". Zu Anfang hebt er die qualitativen Unterschiede bezüglich des Inhalts der Zeitmomente hervor. Ein und dasselbe Erlebnis wird je nach Zeitmoment unterschiedlich erlebt, so wie "die Glieder dieses Ganzen erfüllter Zeit nicht nur ihrem Inhalte nach qualitativ voneinander unterschieden [sind] wie in einer Tragödie die einzelnen Szenen." (XIX, 212) Abgesehen von verschiedenen Inhalten, da die Glieder der Zeit nicht wie die Punkte einer Linie einander gleichwertig sind, erstreckt sich der Zeitverlauf durch Sinnesinhalt, Fühlen und Wollen bis in die weitesten Dimensionen des Lebens. Je mehr Zeit vergeht, desto mehr verlieren die Erinnerungsbilder ihre Aktualität und werden eines Tages ins Dunkle geraten. Ein solches Verhältnis gilt auch für die Gegenwart. Eine abgestufte Reihe von Erwartungen und Gewolltem will sich in der Gegenwart durchsetzen. Je größer der Abstand zwischen der erfüllten Gegenwart und den Erwartungen ist, desto mehr werden diese unklar und nebelhaft. Nicht erfüllte Zwecke, Mittel und Gegenstände verlieren ihre Wirksamkeit für die Durchsetzung des Selbst.[105] Dilthey beschreibt Gegenwart als Lebenszustand, der sich in Aufmerken, Fühlen, und Wollen äußert. Demgegenüber ist die Vergangenheit von der Gegenwart als Bewusstseinszustand unterschieden. Dilthey lässt der Zukunft eine Welt von Möglichkeiten in Form von Bildern, die mit Gemütszuständen von Erwartungen verbunden sind, zukommen (vgl. XIX, 211).

Für Vergangenheit gibt es keine Welt von Möglichkeiten, weil sie unabänderlich ist. Für die Zukunft hat man die Wahl von Möglichkeiten. Man könnte sagen, dass die Wahl von Möglichkeiten aus der Zukunft in die Gegenwart sich immer weiter verringert, bis sie im Jetzt sich auflöst. Während die Vergangenheit bei Dilthey u.a. in Bezug auf das Bereuen in Betracht gezogen wird, verknüpft er die Zukunft überwiegend mit der Hoffnung.

Dilthey bezeichnet die Gegenwart als Querschnitt, weil die Gegenwart in der Mitte des rastlosen Fortrückens steht, in welchem das Zukünftige immer Gegenwärtiges wird und dieses wieder Vergangenes, und das Zukünftige vom Vergangenen trennt. "In diesem beständigen kontinuierlichen Strom, den wir Zeit nennen, ist Gegenwart ein Querschnitt, der als solches keine Ausdehnung hat." (VI, 315) Gegenwart als Trennlinie trennt die Vergangenheit von der Zukunft. Der einzige Charakter der Gegenwart ist die Erfüllung mit Realität (vgl. ebd.).

Dilthey schreibt der Gegenwart die Wirklichkeit des Daseins zu, das in der Erfahrung gegeben ist. In der Gegenwart zu leben, heißt sich selbst zu leben. Wir finden uns als Wirklichkeit im erfüllten Selbstbewusstsein vor. Selbstbewusstsein verwirklicht sich in der

---

[105] Es "schließt sich an die Gegenwart eine abgestufte Reihe von Erwartungen und Wollungen an, also von Spannungen des Willens und Gefühls; je mehr Glieder, nämlich Zwecke, Mittel, Gegenstände zwischen der erfüllten Gegenwart und einer Erwartung liegen, desto ferner und schließlich nebelhafter sind diese." (XIX, 213)

Gegenwart. Ich kann mich nur in einem "Jetzt" überzeugen, dass ich selber bin. Da die Zeit rastloses Vorrücken der Gegenwart ist, in welchem das Gegenwärtige immerfort Vergangenheit wird, geht der Zustand der Gegenwart kontinuierlich in die Erinnerung über.

Erinnernd verhalten wir uns zur Vergangenheit, aber der erlebten Erlebnisse erinnern wir uns immer schon in der Gegenwart, als ein Gegenwärtiges durch "die Relation der Vorstellung zu unserem gegenwärtig wirklichen Selbst hervorgerufen." (XIX, 222) Solche Vorstellungen könnten ein Teil des Zustandes unseres Selbst in der Gegenwart sein, d.h. ein wirklicher Zustand, aber ihr Inhalt könnte ein unwirklicher sein, und "als solcher kann er der Vergangenheit oder Zukunft angehören." (Ebd.)

Das einzige Zeitmoment, das wir gerade haben, ist die Gegenwart. Die Vergangenheit und Zukunft können nur von der Gegenwart her verstanden werden. Während zum Verständnis des Lebens die Vergangenheit eine wichtige Rolle spielt, ist die Gegenwart als die Erfahrung unseres Daseins angenommen. Die Zukunft ist und bleibt als unendliche Welt möglicher Vorstellungen.

Trotz der qualitativen Distinktionen von Vergangenheit, Gegenwart und Zukunft konstatiert Dilthey dem Lebensverlauf eine Kontinuität. Die Einheit des Lebensverlaufes sieht Dilthey im Bedeutungszusammenhang von Erlebniseinheiten. Das Erlebnis bestimmt er eigentlich als den Charakter der Gegenwart. Es ist gleichbedeutend mit der Erfüllung der Gegenwart mit Realität. Die Realität ist bestimmt durch die Entgegensetzung zum Vorstellen von Erlebtem oder zukünftig Erlebbarem: "Gegenwart ist Erfüllung eines Zeitmomentes mit Realität, ist Erlebnis im Gegensatz zu Erinnerung desselben, oder zu dem Wünschen, Hoffen, Erwarten, Fürchten [das] [sic!] eines Erlebbaren für die Zukunft." (VII, 72)

Obwohl "wir immer in der Gegenwart leben", und "[n]ur in ihr (...) Zeiterfüllung (...) [und] Lebensfülle" (VII, 72) sind, " [b]esteht doch ewig in den Beziehungen zwischen solcher Gegenwart, Vergangenheit und Zukunft der Charakter unseres Lebensverlaufs." (Ebd., 73) Die Einheit zwischen Lebensfülle, die allein in der Realität besteht, und Relevanz von Vergangenheit für die Gegenwart liegt in der Präsenz. Die Präsenz definiert Dilthey als "das Einbezogenwerden von Vergangenheit in unser Erleben". (Ebd.) Die Betonung der Gegenwart erfährt zwei Relativierungen: Erstens ist "dies Gegenwärtige als solches niemals erfahrbar" (ebd.), das Erlebnis schließt demnach das gerade Vergangene immer mit ein. Zum Zweiten spricht Dilthey vom "Fortbestand" der Realität und erläutert diesen doch zu seinen vorherigen Ausführungen (vgl. ebd., 72) widersprüchlichen Terminus so, dass, obwohl das Erlebnis einer Erinnerung qualitativ vom darin Erinnerten verschieden ist und dieser Unterschied "uns immer erfahrbar" ist, doch das Erinnerte in der Gegenwart als "Kraft" fortwirke: "dass der Zusammenhang des Erinnerten mit dem Gegenwärtigen, der Fortbestand der qualitativ bestimmten Realität, das Fortwirken im Vergangenen als Kraft in der Gegenwart dem Erinnerten ein eigenen Charakter von Präsenz mitteilt." (VII, 73) Diese Präsenz ermögliche einem Bedeutungszusammenhang als solchem dem Bewusstsein zu erscheinen. Dilthey bezeichnet eine solche kleinste Einheit des Lebensverlaufs als Erlebnis.

Anders als bei den Zeitmomenten, wo Dilthey die Gegenwart betonte, legt er den Akzent unter den Kategorien des Denkens, welche von ihm analog zu den Zeitmomenten gebildet werden, auf die Kategorie der Bedeutung, welche sich auf die Vergangenheit bezieht.

5. Die Kategorien des Denkens in Bezug auf die Zeit

Dilthey fragt sich im "Aufbau der geschichtlichen Welt", wie das Leben zu verstehen ist. Um den Lebensverlauf zu verstehen, muss man die Kategorien des Denkens berücksichtigen. "Zu den allgemeinen Kategorien des Denkens traten im Verstehen des Lebens die von Wert, Zweck und Bedeutung hinzu." (VII, 201) Die Kategorien des Denkens hängen eng mit den drei Dimensionen der Zeit zusammen, weil sich der Lebensverlauf in der Zeit realisiert. Wir sind durch die Kategorie des Wertes auf die Gegenwart bezogen, indem wir dem Geschehen positiven oder negativen Wert zuschreiben. Wir verhalten uns durch die Kategorie des Zwecks zur Zukunft, in der wir die Werte positiv oder negativ realisieren können. Wir haben die Bedeutung nur durch die Erinnerungen, durch die wir den schon gewesenen Lebensverlauf erfassen.[106] Dilthey setzt an dieser Stelle die Realisierung des Lebens als obersten Zweck und als höchstes Gut. "Wir deuten das Leben als die Realisierung eines obersten Zwecks, dem sich alle Einzelzwecke unterordnen, als die Verwirklichung eines höchsten Gutes." (Ebd.)

Zum Verständnis des Lebensverlaufs werden verschiedene Kategorien angewendet. Die Eigenwerte stehen für sich nebeneinander. "Denn jeder derselben entsteht im Bezug des Subjekts zu einem ihm gegenwärtigen Gegenstand in einer Gegenwart. (Dagegen verhalten wir uns, wenn wir einen Zweck setzen, zu einer Objektvorstellung, die realisiert werden soll)." (VII, 201) Man hat die Möglichkeit, dem Leben unter dem Wertgesichtspunkt eine unzählige Fülle von positiven oder negativen Eigenwerten zuzuschreiben. Da die Werte zusammenhanglos nebeneinander stehen, ist die Kategorie des Wertes nicht in der Lage, die Werte in Ordnung zu bringen. Die Kategorie des Zwecks, die selber in die Zukunft projizierte Werte beinhaltet, kann ebenfalls nicht die Werte aufeinander beziehen, weil sie von sich aus keine Ordnung haben.[107]

Was macht eigentlich den Zusammenhang des Lebens aus? Nach Dilthey ist es die Kategorie der Bedeutung. Durch sie sei der Zusammenhang des Lebens zu verstehen, denn man bewahrt die Erinnerungen auf, die eine Bedeutung für das Leben des Einzelnen haben.

---

106 Dilthey deutet dies wie folgt: "Indem wir zurückblicken in der Erinnerung, erfassen wir den Zusammenhang der abgelaufenen Glieder des Lebensverlaufes unter der Kategorie ihrer Bedeutung. Wenn wir in der Gegenwart leben, die von Realitäten erfüllt ist, erfahren wir im Gefühl ihren positiven oder negativen Wert, und wir uns der Zukunft entgegenstrecken, entsteht aus diesem Verhalten die Kategorie des Zwecks." (VII, 201)

107 "Die Kategorie des Zwecks oder Gutes, die das Leben unter dem Gesichtspunkt der Richtung in die Zukunft auffasst, setzt die des Wertes voraus. Und auch von ihr aus kann der Zusammenhang des Lebens nicht hergestellt werden. Denn die Beziehungen von Zwecken aufeinander sind nur die von Möglichkeit, Wahl, Unterordnung." (VII, 202)

Durch diese Ansammlung von Bedeutungen entsteht ein Zusammenhang des Lebens. "Nur die Kategorie der Bedeutung überwindet das bloße Nebeneinander, die bloße Unterordnung der Teile des Lebens." (Ebd.) Damit gewinnt die Kategorie der Bedeutung einen Vorrang vor den anderen Kategorien. Der Grund dafür ist, dass durch die Kategorie der Bedeutung aus den Werten und Zwecken eines Lebens ein sinnvolles Ganzes gemacht werden kann, "dass der Zusammenhang des Lebensverlaufes nur durch die Kategorie der Bedeutung der einzelnen Teile des Lebens in Bezug auf das Verstehen des Ganzen auffassbar ist. (...) Bedeutung ist die umfassende Kategorie, unter welcher das Leben auffassbar wird." (VII, 232)

Die Kategorien des Denkens hängen eng mit der Zeitlichkeit des Lebens zusammen. In diesem Sinne wäre es sinnvoll, wenn wir die Zeitlichkeit des Lebens etwas näher untersuchen.

6. Die Zeitlichkeit des Lebens

6.1. Der Lebensverlauf im Zusammenhang der Zeitlichkeit

Aufgrund der Beschreibung der "wirklichen Zeit" und "formalen Zeit" (vgl. VII, 72) macht Dilthey einen Unterschied zwischen dem Leben und der Erlebniseinheit des Menschen. Das Leben des Einzelnen besteht aus den Lebenseinheiten. Dilthey verwendet den Begriff Lebensverlauf statt Lebenseinheit, wenn er im Hinblick auf die zeitliche Erstreckung des Lebens spricht.

Der Begriff des Lebensverlaufs wird aus zwei verschieden Begriffen, nämlich "Leben" und "Verlauf" zusammengesetzt. Der Begriff "Verlauf" erinnert an die Zeitlichkeit. Dilthey schreibt dem Lebensverlauf große Bedeutung zu, weil der Lebensverlauf "das vollständige und in sich abgeschlossene, klar abgegrenzte Geschehen [ist], das in jedem Teil der Geschichte, wie in jedem geisteswissenschaftlichen Begriff enthalten ist." (VII, 71) Der Lebensverlauf fängt mit der Geburt an und dauert bis zum Tod. Für die äußere Wahrnehmung erscheint der Lebensverlauf in dem Bestande des Menschen während seiner Lebenszeit. "Diesem Bestande kommt die Eigenschaft ununterbrochenen Bestehens zu." (Ebd.)

Dilthey beschreibt das Leben in der "Einleitung der Philosophie des Lebens" als "Verlauf", der in einem Strukturzusammenhang zu einem Ganzen verbunden ist. Er beginnt in der Zeit und endet in ihr. Dadurch gewinnt das Leben einen dynamischen Charakter. Es wird in der Zeit durch die Erlebnisse von Menschen verwirklicht. "Dieses Leben ist zeitlich, räumlich und durch Wechselwirkungen lokalisiert im Zusammenhang des allgemeinen Inbegriffs von Geschehen, der in unsere Erfahrung tritt." (VI, 314) Der Lebensverlauf begrenzt sich als bestimmte Einheit in der uns erscheinenden Welt. Dieser ist durch die Kategorien des Lebens zu erfahren.

Da sich der Lebensverlauf von Geburt bis Tod erstreckt, kann ich nur ein fremdes, nicht mein eigenes Leben überblicken. Ich könnte mein eigenes Leben nur von außen als "Zuschauer" anschauen, um es in seiner vollen Erstreckung übersehen zu können. Durch den Lebensverlauf verstehe ich also nur fremdes Leben, weil ich meinen Tod nicht überschauen kann. Mein eigener Lebensverlauf kann also nur durch die anderen verstanden werden, weil sie meinen Lebensverlauf von der Geburt bis zum Tod beobachten können. Ob sie wirklich meinen Lebensverlauf besser oder überhaupt wirklich verstehen können, bleibt bei Dilthey unbeantwortet. Anstatt den Lebensverlauf von der Geburt bis zum Tod abzugrenzen, sollten wir den Lebensverlauf von der Geburt bis zum "Jetzt" abgrenzen, wenn wir unseren eigenen Lebensverlauf erkennen wollen. Obwohl Dilthey die Selbstbiographie als höchste Form zum Verstehen des Lebens annimmt (vgl. VII, 200), scheint uns das Verständnis unseres Lebensverlaufs, wie Dilthey darstellt, kaum möglich. Mein eigenes Leben kann nur von mir vollkommen verstanden werden, nicht durch die anderen, weil mein Leben nur von mir erlebt wird.

Nach Dilthey ist die von mir innerlich erlebte Zeit qualitativ verschieden von der phänomenalen Zeit. Im nächsten Kapitel werden wir sehen, wie Dilthey diese Unterscheidung erklärt.

6.2. Die Unterscheidung von konkreter Zeit und phänomenaler Zeit (die Zeit des Naturgeschehens)

Der naturwissenschaftliche Auffassung von Zeit als homogenen Kontinuum stellt Dilthey die konkrete Zeit entgegen. Diese ist anders als jene weder an jedem Punkt dieselbe noch ist die Bewegung, der sie unterliegt, stetig. Der Mensch erlebt die Zeit in jeden Punkt verschieden. Anders hingegen die physikalische Naturzeit, die im jedem Abschnitt ihres Seins gleich bleibt und ständig derselben stetigen Bewegung unterworfen ist.

Aufgrund dieser Tatsache macht Dilthey einen Unterschied zwischen der Zeit des Naturgeschehens und der wirklichen (konkreten) Zeit (vgl. VII, 72,193). Dilthey beginnt mit der Analyse der Zeit des Naturgeschehens als "eine[r] Linie, die aus gleichwertigen Teilen bestünde, ein System von Verhältnissen, von Sukzessionen, Gleichzeitigkeit, Dauer." (VII, 72) Es ist sozusagen objektive Zeit,[108] die überall gleichwertig ist. "Denken wir die Zeit absehend von dem, was sie erfüllt, so sind die Teile derselben einander gleichwertig. In dieser Kontinuität ist auch der kleinste Teil linear, er ist ein Ablauf; ein "ist" ist nirgend im kleinsten Teil." (VII, 72) Diese Form der Zeit, in der das Naturgeschehen erfolgt, ist ein gleichmäßig ablaufendes eindimensionales Kontinuum. Hier ist die Zeit nur äußerliche Form und wird nicht verinnerlicht. Deswegen haftet diese Zeitform den Gegenständen der Natur nur äußerlich an. In diesem Fall ist die Zeit von ihrer Erfüllung zu trennen. Das ist nicht so zu verstehen, dass das Naturgeschehen unbeeinflusst von der Zeit geschieht, vielmehr gemeint ist, dass die Zeit von der Natur her nicht bewusst erlebt wird.

---

108 D. Carr betont aufgrund der Unterscheidung von objektiver und subjektiver Zeit den Unterschied zwischen der Diltheyschen- und Heidegger-Husserlschen Zeitlehre. " Das Leben ist zuerst ein Fluß von Erlebnissen, daher ist seine 'erste kategoriale Bestimmung' die Zeitlichkeit. Hier handelt es sich also wie bei Husserl und Heidegger nicht um die objektive, sondern um die erlebte Zeit, die als 'rastloses Vorrücken der Gegenwart' erlebt wird zwischen Zukunft und Vergangenheit." Aus: Künftige Vergangenheit, in: Dilthey und die Philosophie der Gegenwart, Freiburg 1985, S. 424–425.

Obwohl es Gemeinsamkeiten zwischen beiden Zeitformen gibt, bedeutet die Zeit für Dilthey im Erlebnis noch mehr. "Dem Leben und den in ihm auftretenden äußeren Gegenständen sind die Verhältnisse von Gleichzeitigkeit, Aufeinanderfolge, Zeitabstand, Dauer, Veränderung gemeinsam (...). Dieser Rahmen von Verhältnissen umspannt, aber erschöpft nicht das Erlebnis der Zeit, in welchem ihr Begriff seine letzte Erfüllung findet." (VII, 193) Im menschlichen Leben wird die Zeit *erlebt*. Wir nehmen die Zeit nicht mehr wie die formale Zeit oder als bloße Sukzessionen wahr, sondern erleben die Zeit innerlich. Hierbei ist die Zeit nicht mehr wie das Maß des zeitlichen Verlaufs des Naturgeschehens eine äußere Form, sondern macht die Zeitlichkeit, das Wesen des menschlichen Lebens aus. Ohne die Zeitlichkeit zu berücksichtigen, können wir unser Leben gar nicht verstehen. Im Gegensatz zum Naturgeschehen, in welchem die Form von der Substanz getrennt bleibt, wird beim Erlebnis der Zeit die Form und der Gehalt miteinander verschmolzen. Diese Zeit ist nicht die quantifizierbare 'Uhrzeit', sondern die vom Menschen innerlich erfahrene Zeit, die "wirkliche" Zeit, welche "nicht durch die Uhren gemessen [wird] sondern durch das, was geschieht." (VI, 221) Dilthey schreibt gemäß dieser Unterscheidung die konkrete Zeit den Geisteswissenschaften zu, während die Naturwissenschaften von der Zeit als einer messbaren Gebrauch machen.

Solche Unterscheidung von konkreter und objektiver Zeit erinnert an die Zeitlehre von Bergson.[109] Diltheys Teilung von Zeitlichkeit und Räumlichkeit ähnelt Bergsons Teilung von Zeit und Raum. Im Gegensatz zur Zeitlichkeit wird die Räumlichkeit bei Dilthey durch eine "unräumliche" Seele aufgebaut. Der draußen seiende Raum wird innerlich wiederholt. Demgegenüber ist die Zeitlichkeit Form unserer eigenen Lebendigkeit. "Diese Lebendigkeit ist als 'erfüllte Zeit' qualitativ in Zeiten unterschieden und damit nicht voll zurückführbar auf die quantifizierte Zeit."[110] Bergson schreibt auch

---

109 Bergsons Name erscheint in Diltheys Schriften zum ersten Mal im Jahre 1911 in Bezug auf den Idealismus der Freiheit, nicht in Bezug auf die Zeit. Vgl. VIII, S. 107.
110 Pöggeler, O.: Dilthey und die Phänomene der Zeit, S. 118.

dem Raum Homogenität und Abwesenheit von Qualität zu.[111] Er macht eine grundsätzliche Unterscheidung von Zeit und Dauer und benutzt den Begriff Zeit für die als räumlich und homogen aufgefasste Zeit. Während Dilthey die erlebte Zeit als wirkliche Zeit erklärt, benennt Bergson die im Bewusstsein erlebte Zeit nicht mehr als "Zeit", sondern als "Dauer". Im Gegensatz zur räumlich aufgefassten und dadurch quantitativ bestimmten Zeit ist die Dauer eine Sukzession qualitativer Veränderungen. Obwohl Dilthey nicht ausführlich beschrieben hat, was die reale Zeit ist, erkennt man Ähnlichkeiten zwischen Bergsons "Dauer" und Diltheys "erlebter Zeit". Bergson räumt ein, dass es nicht leicht ist, sich unter seinem Begriff Dauer etwas vorzustellen, aber er ist davon überzeugt, dass die erlebte Zeit in ihrer Reinheit als Dauer zu verstehen ist.

7. Die Unermesslichkeit der Zeit in Bezug auf die Unterscheidung von realer und objektiver Zeit

Dilthey entwickelt die Idee der Messbarkeit oder Unmessbarkeit der Zeit wieder mit Hilfe der Unterscheidung von wirklicher und objektiver, formaler Zeit (vgl. VII, 72). Wie schon erwähnt, ist die Zeit des Naturgeschehens eine andere als die gelebte Zeit. Wenn wir die Zeit in Absehung von ihrer Erfüllung denken, dann bekommen wir die Zeit als eine Linie, deren Teile einander gleichwertig sind und deren Kontinuität linear ist. Solche Zeit ist ein gleichmäßig ablaufendes

---

111 Bergson beschäftigt sich mit der Zeit in "Zeit und Freiheit". Er stellt diese Beziehung so dar: "Wir werden sagen müssen, dass wir zwei verschiedenartige Realitäten kennen, deren eine heterogen ist, die der sinnlichen Qualitäten, und deren andere homogen, nämlich der Raum ist. Diese letztere, die der menschliche Verstand klar begreift, erlaubt uns, genaue Unterscheidungen zu vollziehen, zu zählen, zu abstrahieren und vielleicht auch zu sprechen. Wenn nun aber der Raum als das Homogene zu definieren ist, so scheint es, als ob umgekehrt jedes homogene und unbegrenzte Medium Raum sein müsse. Denn die Homogenität besteht hier in der Abwesenheit aller Qualität (...)." Aus: Zeit und Freiheit, Meisenheim am Glan 1949, S. 83.

Kontinuum, in der sich das Naturgeschehen vollzieht. Da diese Zeit lediglich die äußere Form ist, lässt sich die Zeit hier von dem trennen, was sie erfüllt. Als eine bloß äußere, kontinuierliche Form, d.h. als objektive Zeit, lässt sie sich hier messen, weil hier nur der sukzessive Charakter der Zeit berücksichtigt und von deren innerer Erfüllung abgesehen wird. Aber in der wirklichen Zeit ist die Situation anders, weil hier Form und Gehalt miteinander verschmelzen und sich die Zeit nicht von dem trennen lässt, was sie erfüllt. Zeitlichsein macht das Wesen des menschlichen Lebens aus (vgl. VII, 193). Deswegen lässt sich die wirkliche Zeit, wie das Leben selbst, weder messen noch definieren.

Dilthey leugnet aber nicht den sukzessiven Charakter der Zeit, der unsere Handlungen beeinflusst. Die Aufeinanderfolge von Veränderungen als Sukzession behält man als Zusammenhalt im Bewusstsein. Dilthey nennt dies "die Dauer eines Zustandes." (XIX, 210) Die Mannigfaltigkeit und die Aufeinanderfolge von Veränderungen "müsste als ein Verhältnis der Zustände gedacht werden, das die Form der Abfolge annehmen kann." (Ebd., 211) Dilthey will dieses Verhältnis als Folge, als ein Ordnungssystem bezeichnen. Es ist hier zu konstatieren, dass "eine Ordnungsform der Mannigfaltigkeit innerer Zustände zu der Form der Aufeinanderfolge zu entwickeln" ist. (Ebd.) Nach Diltheys Ansicht müsste in unseren Erlebnissen eine uns unbekannte Eigenschaft liegen, die uns ermöglicht, ihnen durch Zusammenfassung die Form des Zeitverlaufs zu geben, und zwar so, "dass diese Form in Bezug auf die Abfolge der Veränderungen in uns und anderen übereinstimmt in Bezug auf die aufgefassten Gegenständen, und zwar nach Gesetzen, welche im Gegenstand unabhängig von uns enthalten sind, wie im Tast- und Gesichtssinn solche für [das] Ordnungssystem des Nebeneinander." (Ebd.) Dilthey hält eine solche Eigenschaft für möglich, sie muss aber anders als bei Kant, der die Zeit als Form des inneren und äußeren Sinnes auffasst, verstanden werden. Bei solchen Argumenten wird aber das entscheidende Merkmal der Zeit ausgelassen, das auch Kant vernachlässigte, nämlich das Voranrücken der Gegenwart in der Sukzession. Rückwärts fällt das Gegenwärtige der Vergangenheit anheim. Dieses Fortrücken der

Gegenwart in der Zeit ist die Realität, "welche aus keinem Ordnungssystem eines inneren Sinnes erklärt werden kann." (XIX, 219) Dilthey geht ausführlich auf die Sukzession ein, um die messbare Qualität der Zeit zu beweisen. Wir haben zeitliche Wahrnehmungen, z. B. Gleichzeitigkeit, Aufeinanderfolge, Dauer, Zeitabstand usw., in denen die Sukzession enthalten ist. Die Vorstellung der Sukzession ist ohne Zeit nicht denkbar, genauso wie die Zeit ohne Sukzession nicht zu denken ist. Alle Veränderungen an inneren und äußeren Wahrnehmungen werden in ein Konstantes, in eine Abstraktion eingeordnet. "So entsteht eine Anschauung der Zeit, welche die erlebten Abfolgen umspannt und rückwärts die Reihe in das Erinnerbare fortsetzt, vorwärts in das Erlebbare. In dieser [Reihe] besteht eine feste Ordnung der Glieder als in einem Ganzen." (XIX, 212) Dies wird möglich, indem die Sukzessionen, die subjektiv verschieden sind, an einem objektiven Maßstab, "dem Auf- und Untergang der Sonne, dem Jahreslauf der Sonne, der Sonnenuhr, schließlich den Pendeluhren" gemessen werden. (Ebd.) Bei dieser Messmethode ist der Fortschritt der Zeit gleichförmig. Der Abstand zwischen den Gliedern in diesem zeitlichen Ganzen ist durch die Summe der Abstände aller Zwischenglieder zu bestimmen. Dieses Ganze ist nicht durch die uns bekannten Glieder eingegrenzt, weil "die Veränderungen in der Zeit nach dem Kausalgesetz rückwärts andere Veränderungen voraussetzen und andere hervorbringen." (Ebd.) Das Geschehen in der Zeit ist unendlich und unbegrenzt. Wir können als Menschen das Geschehen in seiner Unbegrenztheit weder beobachten noch feststellen. Dilthey fasst diese Unendlichkeit des Geschehens, die in der Zeit verläuft, mit einem Beispiel gut zusammen: "Das System einer Tragödie oder eines Romans, verlaufend in der Zeit, hat Anfang, Mitte und Ende. Aber der Anfang weist auf zurückliegende Bedingungen vorhergegangener Generationen zurück, und man weiß sehr wohl, dass der Schluss eines Romans nicht das Ende der ganzen Sache ist." (XIX, 212)[112]

---

112 Wenn wir die Geschichte als einen Roman oder eine Tragödie annähmen, dann könnte jede einzelne Biographie ein kleiner Teil der ganzen menschlichen Geschichte sein. Genau diesen Punkt hält Dilthey vor Augen und betont die

Da sich dieses Verständnis der Zeit im Gegensatz zu Kants Zeitlehre entwickelt, möchten wir im Folgenden einen Blick auf Diltheys Kritik an Kants Zeitlehre werfen.

Auswirkung der Menschengeschichte auf Vergangenheit und Zukunft. Die Geschichte ist eng verbunden mit der Vergangenheit. Der Mensch als zeitliches Wesen hat seine eigene Vergangenheit, die aber er wiederum auf seine Zukunft bezieht; d.h. die vergangenen Vorgänge des Einzelnen beeinflussen die Vorgänge, die sich in der Zukunft ereignen werden. In diesem Sinne verliert die Vergangenheit des Einzelnen nicht ihre Bedeutung für dessen Zukunft. Dilthey überträgt diesen Prozess auf die Geschichte. Die Geschichte als ein solches System bezieht sich von unserem Standpunkt auf die Ereignisse, die für uns immer noch eine Bedeutung haben und haben werden (vgl. XIX, 219).

III. KAPITEL: Diltheys Kritik an Kants Zeitlehre

1. Die Bedeutung der Kantischen Philosophie für Dilthey

Wie die ganze Philosophie des 19. Jahrhunderts mehr oder weniger von Kants Philosophie beeinflusst wurde, so war auch Dilthey als ein Philosoph des 19. Jahrhunderts von derselben nicht unberührt. Auch er hat sich mit Kant auseinandergesetzt, bisweilen mit ihm übereinstimmend, bisweilen auch kritisch. Es war gleichsam selbstverständlich, "dass man damals in Deutschland die Überlegenheit der Analysen Kants anerkannte." (V, 4–5) Nach Dilthey hat Kant sich darum bemüht, die Notwendigkeit und Allgemeinheit der logischen und mathematischen Wahrheiten sowie auch die Naturwissenschaften durch diese logischen und mathematischen Wahrheiten zu begründen. Kant schränkte den Bereich des Wissens auf das Erfahrbare ein, womit er meint, dass wir 'die Dinge an sich' nicht wissen können, weil sie nicht zu erfahren sind. Deswegen ist unser Wissen auf die Phänomene eingeschränkt. Dieser Grundsatz Kants bildet die Grundlage von Diltheys Entwicklung (vgl. V, 5). Neben dem Positivismus, der naturwissenschaftlichen Weltanschauung und der Bemühung um das Verständnis des Lebens und der geschichtlichen Welt spielen auch Kants Ansätze bei der Entwicklung der Diltheyschen Philosophie, wie er selber zugesteht, eine große Rolle.

Neben Kants Verständnis des Lebens greift Dilthey besonders die Zeitlehre Kants an.[113] Wir wollen nun auf die Frage eingehen, warum und wie Dilthey dies tut.

---

113   Dilthey spricht sich in seiner Schrift "Grundgedanke meiner Philosophie" gegen einen "Kant-Kult" aus. "Ich begreife im Gegensatz gegen den heute herrschenden Kant-Kult auch diesen großen Denker in sie ein; er kam von der Schulmetaphysik zu Hume, und seinen Gegenstand bilden nicht die psychischen Tatsachen in ihrer Rheinheit, sondern die leeren von der schulmäßigen Abstraktion ausgehöhlten Formen von Raum, Zeit usw. (...)." Aus: Texte zur Kritik der historischen Vernunft, S. 89.

2. Diltheys Kritik in den Berliner Logik-Vorlesungen der achtziger Jahre

Dilthey kritisiert zum ersten Mal die Kantische Zeitlehre in Bezug auf die innere Wahrnehmung in seinen Logik-Vorlesungen in den Jahren 1883–1888. Er stellt am Anfang fest, dass Kants Zeitlehre vom inneren Sinn und der Zeit der wichtigste Angriff gegen die Realität der inneren Wahrnehmung und der Zeit sei. Dilthey erklärt die Kantische Zeitlehre so: Nach Kant ist die Zeit die Form des inneren Sinnes und dieser innere Sinn ist apriori. Die objektive Realität kommt nicht der Zeitform, in welcher Kant die Tatsache des Bewusstseins erfasst, zu. Dilthey führt Kants Beweise dafür an: a) wenn die Vorstellung der Zeit nicht apriori zugrunde liegt, könnten Zugleichsein und Aufeinanderfolgen nicht zustande kommen. b) Die Erscheinungen sind aus der Zeit wegzunehmen, aber nicht die Zeit in Ansehung der Erscheinungen aufzuheben. c) Verschiedene Zeiten sind nicht zugleich, sondern nacheinander. Das erweist "den apodiktischen Charakter und apriorischen Ursprung der Zeitanschauung." (XX, 189) Als weiteren Beweis Kants führt Dilthey weiter die Argumentation an: Da die Zeitanschauung mit unauflöslichen Widersprüchen behaftet ist, darf sie nicht als Wirklichkeit des Geschehens angesehen werden.

Laut Dilthey Kant konnte nur beweisen, dass die Zeit eine reine Form unserer Vorstellung ist. Da diese Form nicht aus der bloßen Abfolge der Vorstellungen erklärt werden kann, setzt die Vorstellung dieser Abfolge eine konstante Einheit in unserem Bewusstsein voraus. Deswegen sind Raum und Zeit als reine Anschauungsform apriori anzusetzen. Aber nach Diltheys Ansicht konnte Kant nicht beweisen, dass die Voraussetzung in einer Form des inneren Sinnes apriori zu suchen ist. Mit anderen Worten: Kant hatte die Apriorität der Zeitanschauung als reine Form nicht beweisen können. Kants Irrtum ist hier der Ausgang von einem zeitlosen Zustand; dadurch ist gar nicht zu erklären, wie ein solcher Zustand uns in einem Verhältnis von Vergangenheit, Gegenwart und Zukunft erscheint. Aus diesem Zustand ist insbesondere das Vorrücken der Gegenwart nicht zu erklären.[114] Die Kantische Zeitlehre weist nicht auf die Realität der Zeit hin, aber es könnte "sich positiv die Realität der Zeit aus einer vollständigeren Analyse ergeben, als die Kants war." (XX, 189) Das erfüllte Dasein, das sich in Vorstellung, Fühlen oder Wollen zeigt, ist die Gegenwart, im Gegensatz zu der Vergangenheit und Zukunft, die die Bilder psychischer Zustände sind. Von daher ist die Zeit im Unterschied zu Gegenwart, Vergangenheit und Zukunft nicht als bloße Anschauungsform anzusehen, wie Kant meinte. Sie ist auch nicht eine Linie, die aus gleichen Punkten besteht, sondern die "volle Realität des Bewusstseins [und] grenzt sich in ihr von den bloßen Bildern der Vergangenheit und Zukunft ab." (XX, 189) Nach diesen Feststellungen kommt Dilthey zu dem Ergebnis, dass "die Zeit ein Erlebnis" nicht irgendeine Vorstellung oder Anschauung ist. Zeit als Erlebnis beinhaltet aber auch sittliche Erlebnisse. Dilthey warnt zugleich: Wenn man den Zeitverlauf als eine bloße Form des Auffassens sieht, würde das Ergebnis des sittlichen Willens und die in ihm errungene Entwicklung zu Schein werden. Ob Dilthey darin recht hat, wird sich auf den nächsten Seiten zeigen.

3. Diltheys Kritik an Kants Zeitlehre in Ausarbeitungen und Entwürfen zum zweiten Band der "Einleitung in die Geisteswissenschaften"

Gleich nachdem er eingeräumt hat, dass Kants Ansätze die Grundlage seiner eigenen denkerischen Entwicklung bildeten (vgl. V, 5), geht Dilthey im nächsten Absatz zu Vorwürfen gegen Kant über. Um die Realität der geistigen Welt zu rechtfertigen, brauche man vor allem eine Kritik der Lehre Kants, "welche die Zeit zu einer bloßen

---

114 Es ist wichtig zu bemerken, dass Dilthey, während er hier die Unbeweisbarkeit der Kantischen Aprioritätslehre der Zeit kritisiert, sich im zweiten Band der Einleitung in die Geisteswissenschaften (vgl. XIX, 216) von dieser Kritik abwendet und mit Kant über die Apriorität der Zeit als reine Form der Anschauung übereinstimmt.

Erscheinung machte und damit das Leben selbst." (Ebd.) Dilthey setzt sich gegen diese Zeitauffassung zur Wehr. Das Leben ist die letzte Instanz, dahinter kann das menschliche Denken nicht zurückgehen. Da das Leben kein abstrakter Begriff, sondern selbst wirklich ist, darf man hinter dem Leben nicht ein Transzendentales suchen. "Denn in dem Lebensverlauf, in dem Wachsen aus der Vergangenheit und Sichhinausstrecken in die Zukunft, liegen die Realitäten, die den Wirkungszusammenhang und den Wert unseres Lebens ausmachen." (V, 5) Wenn es wirklich ein Zeitloses hinter dem Leben gäbe, könnten wir es gar nicht erleben, weil das, was wir erleben, immer zeitlich und in der Zeit geschieht.[115] Dilthey will damit zeigen, dass weder die Zeit noch das Leben selbst, wie Kant glaubte, eine bloße Erscheinung ist. Die Zeit wird, wie das Leben, erlebt und verinnerlicht. Dilthey ist grundsätzlich streng dagegen, das Ding-an-sich als etwas Zeitloses und über die Zeit Hinausgehendes anzusetzen. Das, was wir als Realität annehmen, *ist* zeitlich. Die einzige Realität ist das Leben, außer diesem gibt es keine Realität.

Dilthey fängt in seiner Kritik in "Ausarbeitungen und Entwürfen" mit einer Feststellung an: Kant habe die innere und äußere Wahrnehmung nicht so zerlegt, dass sich die Realität der Zeit als ein Zeitverlauf im Gegensatz zur Phänomenalität der Räumlichkeit ergeben hat. Kant habe das entscheidende Merkmal der Zeit durch die ungenügende Beachtung der inneren Erfahrung vernachlässigt. Dilthey bewertet die Kantische Lehre vom inneren Sinn und der Zeit als "den wichtigsten Angriff gegen die Realität des in der inneren Wahrnehmung Gegebenen." (XIX, 215) Nach Diltheys Ansicht bemühte sich Kant in seinen Analysen der Mathematik und Logik und mathematischen Naturwissenschaft um die Darstellung des in der Form des Intellekts Enthaltenen (vgl. ebd. 216). Nach Kant hat jede Erschei-

---

115 "Gäbe es hinter dem Leben, das in Vergangenheit und Zukunft verläuft, ein Zeitloses, dann wäre dieses ein Antezedens des Lebens: denn es wäre danach das, was für den Lebensverlauf in seinen ganzen Zusammenhang die Bedingung wäre: dieses Antezedens wäre dann das, was wir eben nicht erlebten und darum nur Schattenreich." (V, 5)

nung als ihre Bedingung neben der Materie die apriorische Form im Subjekt. Diese Bedingung gilt auch für die Erfahrungen, Vorstellungen und Begriffe vom geistigen Leben. Dies besagt, dass das Anschauen unseres Selbst und unserer inneren Zustände eine apriorische Bedingung der Erscheinungen ist. Die Form des inneren Sinnes ist die Zeit. Sie ist eine apriorische Bedingung der Anschauung. Man kann die Erscheinungen in der Zeit – nicht die Zeit selbst – anschauen. Die Zeit hat nur eine Dimension, die verschiedenen Zeiten dürfen nicht zugleich, sondern nur nacheinander vorkommen,[116] während die verschiedenen Räume nicht nacheinander, sondern zugleich sind.

Dilthey fasst die kantische Zeitlehre so zusammen: Die Zeit ist reine Form der sinnlichen Anschauung, "denn Anschauung ist die Vorstellung, die uns durch einen Gegenstand gegeben werden kann." (XIX, 216) Die einzelnen Zeiten sind nur Teile derselben Zeit. Die bestimmten Größen der Zeit dürfen nur durch Einschränkung gegeben sein. Also ist die Zeit apriorische Form der Anschauung. Sie wird aber von Kant in Bezug auf ihren Erkenntniswert durch die Antinomie erwiesen. Diese Antinomie und der Widerspruch zwischen der Notwendigkeit des Weltzusammenhages und dem erkennenden Bewusstsein können nur durch die Annahme der Subjektivität der Zeit aufgelöst werden. Es scheint, dass für Dilthey, obwohl er mit der angesetzten Apriorität der Zeit einverstanden ist, doch die Auffassung Unrecht behält, die die Zeit subjektiv erklärt. Er ist nicht davon überzeugt, dass diese Antinomie aufgrund der Annahme der Subjektivität der Zeit aufgelöst werden kann.

Der zweite und nach Dilthey gravierende Grundfehler Kants ist die Ausdehnung des Begriffs von Erscheinungen auf die innere Erfahrung.[117] Obwohl Kant die subjektive Realität[118] der Zeit in

---

116 "Die Zeit ist kein empirischer Begriff, der irgend von einer Erfahrung abgezogen worden. Denn das Zugleichsein oder Aufeinanderfolgen würde selbst nicht in die Wahrnehmung kommen, wenn die Vorstellung der Zeit nicht a priori zum Grunde läge. Nur unter deren Voraussetzung kann man sich vorstellen, dass einiges zu einer und derselben Zeit (zugleich) oder in verschiedenen Zeiten (nacheinander) sei." Aus: KdrV, B 46

Ansehung der inneren Erfahrungen akzeptiert, begnügt sich Dilthey nicht damit und kommt zum Ergebnis, dass Kant den Lebensverlauf in der Zeit nicht als Erscheinung, sondern als psychische Tatsache, "welche freilich als Produkt von Komponenten aufgefasst werden kann", betrachtet. (XIX, 216)

O. Pöggeler stellt fest, dass Dilthey Kant als schärfsten Gegner der Realität der Zeit sieht.[119] In Diltheys eigenen Verständnis von Kant (vgl. XIX, 216) aber leugnet dieser allerdings auf keinen Fall die Realität der Zeit. Doch hat sie bei ihm nur subjektive, keine objektive Realität, d.h. die Zeit darf nicht von den Objekten stammen. "Sie ist also wirklich nicht als Objekt, sondern als die Vorstellungsart meiner selbst als Objekt anzusehen."[120] Kant ist der Meinung, dass die empirische Realität der Zeit eine grundlegende Bedingung menschlicher Erfahrung ist. "Es bleibt also ihre empirische Realität als Bedingung aller unserer Erfahrungen."[121] Die Zeit ist nichts "als die Form unse-

---

117 Dilthey gibt einige Deutungshinweise auf seine Kritik an Kant in Band XIX, S. 437: "Kant (...) hat die Metaphysik nicht wirklich zertrümmert (...). Metaphysik ist alles, was seit seiner Zeit in Deutschland gewirkt hat. (...) Kant hat die Bedeutung der inneren Erfahrung verkannt, er hat darum den Kritizismus zur Unfruchtbarkeit verurteilt. (...) Er hat andererseits im Zusammenhang hiermit die wahre Natur aller Metaphysik nicht erkannt. (....) Kant studierte den metaphysischen Geist an Präparaten, nicht am Leben. Er fühlt nicht den lebendigen Herzschlag (...). Dieser aber ist die Besinnung über das Leben selber, welches zwar immer neu, aber in seinem wesenhaften Charakter immer dasselbe ist und von der metaphysischen Besinnung allmählich immer weiter aufgefasst wird. Der beste Beweis hierfür liegt darin, dass er die Gottesidee und die Idee der Seele in einer Linie mit der kosmogonischen Idee behandelte, welch letztere doch nur in unserem Bedürfnis des Erkennens begründet ist, während die beiden ersten im Leben selber ihre Wurzel haben."
118 Kant antwortet in Bezug auf den Vorwurf, dass er der Zeit keine empirische Realität zuschreibe: "Die Zeit ist Wirkliches, (...) nämlich die wirkliche Form der inneren Anschauung. Sie hat also subjektive Realität in Ansehung der inneren Erfahrung, d. i. ich habe wirklich die Vorstellung von der Zeit und meine Bestimmungen in ihr (...). Es bleibt also ihre empirische Realität als Bedingung aller unserer Erfahrungen." Aus: KdrV, A 37, S. 80.
119 Pöggeler, O.: Dilthey und die Phänomenologie der Zeit, S. 118.
120 KdrV, A 37, S. 80.
121 Ebd.

rer inneren Anschauung."¹²² Wenn wir von ihr die besondere Bedingung unserer Sinnlichkeit abstrahieren, verschwindet auch der Begriff der Zeit, "und sie hängt nicht an den Gegenständen selbst, sondern bloß am Subjekte, welches sie anschaut."¹²³ Die Zeit ist kein vom Subjekt unabhängiges Ding. Sie ist immer mit dem Subjekt verbunden und ist "darum nicht etwas an sich selbst, auch keine den Dingen objektiv anhängende Bestimmung."¹²⁴ Dilthey kritisiert besonders Kants These die Zeit sei "nichts, als die Form unserer inneren Anschauung". Da bei Dilthey die innere Erfahrung nicht immer von den Gegenständen abhängig ist (vgl. I, 394), bedeutet die Zeit immer mehr als nur eine Form unserer inneren Anschauung. Die innere Erfahrung, auf welcher die Geisteswissenschaften beruhen, ist gleichwertig mit der äußeren Erfahrung. Kants Fehler, so Dilthey, war der Versuch, im Namen der Wissenschaftlichkeit die Wirkung der äußeren Erscheinungen auf die innere Erfahrung auszudehnen. Die Realität der Zeit gilt für Natur- und Geisteswissenschaft. Nach Dilthey hat Kant die Realität der Zeit im Zusammenhang mit der inneren Erfahrung bei den Geisteswissenschaften vernachlässigt, während er die Realität der Zeit im Namen der Wissenschaftlichkeit zu rechtfertigen versuchte.¹²⁵ Also bleibt Diltheys Kritik an Kant, dass er die Realität der Zeit nicht annehme, in der Schwebe, weil Kant ganz klar zwar nicht die objektive, wohl aber die subjektive Realität der Zeit akzeptiert. Dilthey will im Gegensatz zu Kant den Bereich der Realität der Zeit deutlich erweitern.

Dilthey stimmt mit Kant überein, dass die Zeit apriorische Form

---

122 Kant erklärt, was er damit sagen wollte: "Ich kann zwar sagen: Meine Vorstellungen folgen einander; aber das heißt nur, wir sind uns ihrer, als in einer Zeitfolge, d.i. nach der Form des inneren Sinnes, bewusst." Aus: KdrV A 38, Anm., S. 80.
123 KdrV, A 37.
124 Ebd.
125 O. Pöggeler fasst in diesem Sinne Diltheys Bemühung um die Realität der Zeit zusammen: "Diltheys Lehre von der Realität der Zeit läuft also auf den Versuch hinaus, von den Geisteswissenschaften her eine Wissenschaftlichkeit zu rechtfertigen, die die Kantische Kritik als eine einseitig ausgerichtete überholt." Aus: Dilthey und die Phänomenologie der Zeit, S. 119.

ist. "Der erste Satz Kants [der erste Satz der transzendentalen Ästhetik] von dem Zeitverlauf als einer apriorischen Form ist von ihm richtig erwiesen." (XIX, 216) Dilthey glaubt wie Kant daran, dass die Zeit kein empirischer Begriff, sondern eine apriorische Form ist. Die Apriorität der Zeit stellt sich in der Einheit des Bewusstseins dar. Die Kontinuität der Zeit leitet sich hieraus ab. Mit Kants Worten: Die Zeit ist kein empirischer Begriff, "denn das Zugleichsein oder Aufeinanderfolgen würde selbst nicht in die Wahrnehmung kommen, wenn die Vorstellung der Zeit nicht a priori zum Grunde läge."[126] Man kann das Zugleichsein oder Nacheinandersein verschiedener Zeiten nur unter dieser Voraussetzung verstehen. Dilthey betont mit der Berufung auf den ersten Satz der transzendentalen Ästhetik, dass der Unterschied zwischen Materie und Form hier noch fehlt.

Demgegenüber teilt Dilthey die Auffassung nicht, dass die Zeit eine reine Form der sinnlichen Anschauung sei. Im vierten Absatz sagt er: Der zweite Satz (er meint den vierten Absatz der transzendentalen Ästhetik in der *KdrV*) Kants sei falsch. Die Zeit ist nicht eine reine Form der Anschauung, analog zum Raum; wenn es so wäre, sollten sich ihre Teile voneinander nur durch ihre Stellung im Ganzen unterscheiden. Obwohl verschiedene Zeiten nur Teile derselben sind, sind diese Bestandteile der Zeit selbst bei der Abstraktion von ihrem besonderen Inhalt voneinander auch verschieden. Gegenwart ist z. B. als in der Erfahrung gegebenes Dasein, "wie es in der Zeit Seiten des psychischen Lebens und unser Selbst als Wirklichkeit enthält" (XIX, 217), verschieden von Vergangenheit und Zukunft. Obwohl es nur eine einheitliche Zeit gibt, sind ihre Teile inhaltlich nicht gleich, sondern von den Subjekten her verschieden. Die Zeit ist immer im Erlebnis unseres Selbstbewusstseins mitenthalten. "Daher ist die Zeit in der Totalität unseres Selbstbewusstseins gegeben, nicht eine Tatsache der bloßen Intelligenz." (Ebd.) Die Zeit als reine Form der Anschauung anzunehmen, ist nach Dilthey eine Erfindung der bloßen Intelligenz. Sie darf nicht von der Totalität unseres Selbstbewusstseins und

---

126 KdrV, B 46.

somit von unserem Leben getrennt gedacht werden, man kann sie nicht unabhängig von Bewusstseinsereignissen annehmen. Sie wird auch erlebt und hat Einfluss auf das Bewusstsein. Es scheint, dass Dilthey hier Recht hat. Die Zeit ist bei Kant weder empirisch noch von den Objekten abhängig. Dies ist ein Schwachpunkt von Kants Zeitlehre, weil es immer unklar bleibt, wie die Zeit als reine Form der Anschauung betrachtet werden soll.

Dilthey führt seine Kritik so weiter (ebd. 217). Hier kritisiert er die Auffassung Kants, dass die Zeit subjektiv sei. Nach Dilthey kann Kant nicht erklären, wie wir den Verlauf der Zeit erfahren. Dilthey geht von dieser Kritik zur Erläuterung der Dauer und Veränderung in der Zeit über.

4. Dauer und Veränderung in der Zeit im Zusammenhang der Kritik an der Kantischen Zeitlehre

Dilthey entwickelt unter diesem Titel mehr seine eigenen Gedanken zur Zeit, als an Kant Kritik zu üben. Er nützt aber die Gelegenheit, ab und zu Kant zu kritisieren. Er behandelt das Thema paragraphenweise und beginnt im §1 mit der Analyse des Wahrnehmungszustandes. Dieser besteht aus Elementen, die aber vom Zustand selbst verschieden sind. Dilthey bezeichnet diese Elemente als Empfindungen. Die Wahrnehmung darf aber nicht nur mit diesen Empfindungen erklärt werden. Sie sind als in der Wahrnehmung enthalten gefunden. "Aller Wahrnehmung kommt nur eine Eigenschaft oder Beschaffenheit zu, aus welcher der Begriff der Zeit abstrahiert ist." (XIX, 217) Man erhält den Zeitbegriff vielmehr durch das Abstrahieren von den Eigenschaften der Wahrnehmungen. Dies wird von Kant als Form (Form des inneren Sinnes) bezeichnet. Dilthey kritisiert diesen Gebrauch des Begriffs Form bei Kant entschieden (vgl. ebd. Anm. S. 412). Denn die Verschiedenheit der Elemente ist ein Resultat des Verhältnisses, das die Zeit konstituiert und sich von Gegenwart zu Vergangenheit und Zukunft ausweitet. Dilthey beschreibt dieses "Verhältnis von erfülltem Leben, der Totalität, zu der Vorstellung eines solchen." (Ebd.) Da sich unsere Wahrnehmung immer in diesem Verhältnis (Gegenwart-Vergangenheit-Zukunft) abspielt, könne man durch Kants Annahme die Abstraktion des Begriffes der Zeit nicht erklären.

Dilthey geht in §1a von der Abstraktion der Zeit zur Dauer über.[127] Die Dauer eines psychischen Zustandes, in welchem keine Veränderungen stattfinden, kann nur durch die Erwägung anderer Fälle verstanden werden. Man fühlt die Dauer eines psychischen Zustandes, wenn man in einem Zustand sich seinem Wahrnehmungsfeld gegenüber passiv verhält und eine Veränderung in demselben nicht stattfindet. "So wenn wir nach innen in einem Zustand von Passivität sind. In diesem Zustande haben wir kein Selbstbewusstsein einer Dauer desselben." (XIX, 217) Dilthey macht hier einen Unterschied zwischen der Dauer eines psychischen Zustandes und dem Bewusstsein von der Dauer selbst. Während in der Dauer eines psychischen Zustandes keine Veränderung stattfindet, ist im Bewusstsein von der Dauer Veränderung möglich. Dilthey stellt im nächsten Absatz (1b) fest, dass ein Bewusstsein der Dauer sich regelmäßig an Veränderungen knüpft. In diesem Fall muss man die Bewusstheit der Dauer und die Richtung der Aufmerksamkeit auf dieselbe auseinanderhalten. Diese Aufmerksamkeit des Subjekts sucht die Dauer zu bestimmen und durch diese Tätigkeit der Aufmerksamkeit entsteht dann erst die abstrakte Vorstellung der Zeit. Wir suchen die Zeit in dem einfachsten denkbaren Fall auf, "in welchem in uns ein Wahrnehmungszustand, vermöge der Veränderungen, welche er erleidet,

---

[127] Dilthey gibt hier keine Definition davon, was Dauer ist. Er knüpft die Dauer an einen psychischen Zustand. Demgegenüber beschreibt Kant die Dauer durch die Beharrlichkeit: "durch die Beharrlichkeit, bekömmt das Dasein in verschiedenen Teilen der Zeitreihe nacheinander eine Größe, die man Dauer nennt" KdrV, B 226. Ohne dieses Beharrliche ist kein Zeitverhältnis möglich. Die Zeit kann an sich nicht wahrgenommen werden und "an diesem Beharrlichen kann alles Dasein und aller Wechsel in der Zeit nur als ein Modus der Existenz dessen, was bleibt und beharrt angesehen werden." (Ebd.) Die Beharrlichkeit liegt als Substanz in allen Erscheinungen. In diesem Sinne könnte man die Beharrlichkeit als Vorbedingung von Dauer verstehen.

ein Bewusstsein von Dauer als seine Eigenschaft in sich schließt."
(XIX, 217–218)
In unseren Wahrnehmungszuständen sind die Veränderungen mannigfaltig. Sie haben aber eine gemeinsame Beschaffenheit. Wenn das Bewusstsein nicht unterbrochen wird, geht der Zustand A des Bewusstseins ohne weiteres in den Zustand B über. Die Bewegungen sind auch wie Veränderungen[128] nach dem Inhalte der Wahrnehmung immer kontinuierlich; "Töne mögen scharfe Übergänge zeigen, der Wahrnehmungszustand bildet dennoch ein Kontinuierliches." (XIX, 218)[129] Kant behandelt, im Gegensatz zu Dilthey, den Begriff der Veränderungen ausführlich. Kant gründet den Begriff der Veränderung auf den der Beharrlichkeit. Entstehen und Vergehen sind nicht Veränderungen dessen, was entsteht oder vergeht. Veränderung ist eine Art von Existieren, "welche auf eine Art zu existieren eben desselben Gegenstandes erfolgt."[130] Alles, was sich verändert, wechselt nur seinen Zustand. Da dieser Wechsel nur den Bestimmungen zukommt, die aufgehoben werden können, so können wir paradoxerweise sagen: "nur das Beharrliche (die Substanz) wird verändert, das Wandelbare, da einige Bestimmungen aufhören, und andere anheben."[131] Kant macht hier einen Unterschied zwischen der Veränderung und dem Wechsel. Veränderung bezieht sich auf die Beharrlichkeit, während die Bestimmungen nur wechseln können.

---

128 Die Veränderungen und Bewegungen werden bei Kant als Modi der Zeit bezeichnet. Beide dürfen ohne Zeit nicht gedacht werden. Kant fügt hinzu, dass "der Begriff der Veränderung (als Veränderung des Ortes) nur durch und in der Zeitvorstellung möglich ist: dass wenn diese Vorstellung nicht Anschauung (innere) a priori wäre, kein Begriff, welcher es auch sei, die Möglichkeit einer Veränderung, d. i. einer Verbindung kontradiktorisch entgegengesetzter Prädikate (z. B. das Sein an einem Orte und das Nichtsein ebendesselben Dinges an demselben Orte) in einem und demselben Objekte begrifflich machen könnte." Aus: KdrV, B 49, S. 76.
129 Fast ähnliches Beispiel findet man auch bei Bergson. Dafür vergleichen Sie Bergsons "Zeit und Freiheit", S. 75.
130 KdrV, B 231.
131 Ebd.

Dilthey sieht die Dauer als natürliche Form an, in der sich das Bewusstseins vollzieht. Man hat das Bewusstsein von Dauer unabhängig von den Dingen. "Dauer einer Wahrnehmung ist uns ohne jedes Bewusstsein unseres Selbst gegeben." (XIX, 219) Dauer ist wie ein Gefühl, das keine Vermittlung braucht. Die Dauer kann nur durch das Denken oder Leben eines anderen Wahrnehmungszustands unterbrochen werden und durch diese Unterbrechung finden wir die Verschiedenheit in unserem Wahrnehmungszustand.

Der Wahrnehmungszustand, der Modifikationen in sich schließt und sich immer modifiziert, präsentiert sich in einer kontinuierlichen Dauer. Die Dauer ist in diesem Sinne die Grundlage der Wahrnehmungszustände. Wenn man den Wahrnehmungszustand psychologisch betrachtet, findet man ihn in Handlungen, Betätigungen. Hier entsprechen sich diese beide Seiten, d.h. der Wahrnehmungszustand und sein psychischer Akt. Dilthey folgert, dass Dauer und Folge in der Zeit psychische Zustände sind, die in der Natur unseres Bewusstseins gegründet und gemäß dessen Äußerungen Akte sind. "Unser Bewusstsein erteilt dem Prozess seine Eigenschaft." (XIX, 219) Dilthey gibt hierin Kant Recht, dass Dauer und Folge in der Zeit als Eigenschaft (des menschlichen Bewusstseins) unseren psychischen Zuständen anhaften. Das heißt, um irgendetwas in Dauer oder in der Folge der Zeit aufzufassen, muss diese Eigenschaft der Bewusstseinsakte schon vorhanden sein.

Ohne diese Eigenschaft der Bewusstseinsakte ist für den Menschen das Wesen der Dauer und der Folge nicht zu begreifen. Das entspricht auch dem, was man unter dem inneren Sinn und seiner Form versteht. Etwas, das unser Bewusstsein enthält, wird so vorgestellt, wie es im Bewusstsein enthalten ist, weil hier nur der Unterschied zwischen Eigenschaften psychischer Zustände besteht, die manchmal bewusst werden und ab und zu aufgrund der Umstände nicht bewusst werden können. Mit dieser Eigenschaft unseres Bewusstseins treten wir in eine reale Welt, "die uns so gegeben ist, wie sie an sich ist." (XIX, 220) Dilthey kommt durch diese Aussage zu dem Ergebnis, dass es völlig falsch wäre, wenn man behauptet, dass Dauer, Folge, Zeit aus Unzeitlichem entstanden wären oder so vorgestellt würden. Solche Vorstellung ist unmöglich. Er wirft Kant in diesem Zusammenhang vor, dass er die Zeit aus Unzeitlichem entstehen lasse, indem er an die Transzendentalität der Zeit glaube. "[D]ass wir deutlich machen, wie ein jeder Versuch, Dauer, Folge, Zeit aus unzeitlichen Elementen entstanden vorzustellen, in sich selber unmöglich ist. Dies sollte an sich klar sein. Und hat kein Geringerer als Kant gegen diese Wahrheit angekämpft." (Ebd.)

Diltheys Kritik an Kant endet hier nicht. Da weitere Notizen im Original aber schwer entzifferbar sind, können wir sie hier nicht weiter verfolgen. Doch führt er seine Kritik gegen Kant in der Anmerkung in Band XIX (vgl. S. 437) weiter. Dort beginnt er mit einem Vorwurf gegen die kantische Transzendenzauffassung. Sie ist eine falsche Auffassung, weil "es jenseits der bewussten psychischen Akte, welche alle zeitlich sind und Zeit fordern (Wollen, Begehren, Ideenassoziation oder Schluss), im Selbst der Seele ein Ort für das Zeitlose postuliert." (XIX, 437) In der Tat gibt es aber gar keinen Ort in der Seele für das Zeitlose. Hinter das Leben kann das Denken des Menschen nicht zurückgehen. Deswegen enthält Kants Lehre eine falsche Transzendenz in sich (vgl. ebd.). Es gibt in der Seele nur das, was durch das Bewusstsein erlebt wird. Das Leben besteht in bewussten psychischen Akten bzw. Erlebnissen, die auch zeitlich sind und Zeit brauchen. Deswegen wäre es falsch, wie es Kant laut Dilthey getan hat, die Zeit aus Zeitlosem abzuleiten. Solche Ableitung ist aufgrund der Zeitlichkeit der Dinge unmöglich, denn es gibt gar keine Dinge, die außerzeitlich sind. "Was Zeit in sich schließt, muss selbst zeitlich sein." (Ebd.)

Man hat nun aber zu fragen, ob Kant wirklich die Zeit aus einem Zeitlosem ableitet. Unserer Meinung nach versteht Dilthey Kant hier wahrscheinlich falsch. Bei Dilthey gibt es keine Erklärung dafür, wie und warum Kant diese Ableitung macht. Vielleicht ging Dilthey davon aus, dass Kant die Transzendentalität der Zeit annimmt. Er könnte sich bei seiner Kritik auf diese Annahme Kants berufen. Aber Kant löst angeblich dieses Problem, indem er die Apriorität der Zeit annimmt. Wenn die Zeit a priori ist – Dilthey gibt hierin Kant Recht –, dann ist die Frage überflüssig, ob die Zeit bei Kant aus einem Zeitlosen entsteht. Wenn Dilthey mit diesem Vorwurf meinen würde, dass die Zeit bei Kant aus einem Zeitlosen, z. B. aus Gott entsteht, wäre das völlig falsch, weil Kant mit der transzendentalen Idealität der Zeit[132] gewiss nicht die Verbindung zwischen Gott und Zeit meint.

Diltheys dritter Vorwurf (vgl. XIX, 438) basiert also auf dem ersten und zweiten Vorwurf. Es ist die Feststellung, dass Kant die Realität der Zeit nicht akzeptiere. Er will damit sagen, dass Kant, indem er die Realität der Zeit nicht hinnehme, an die Möglichkeit glaube, die Vorgänge des psychischen Lebens an verschiedene Partien desselben verteilen zu können. Also kann dasselbe nicht zugleich im Schlaf oder wachend sein, "es kann nicht zugleich seine Aufmerksamkeit auf ein Objekt konzentrieren und ohne Konzentration oder Willensanstrengungen sein etc." (XIX, 438) Alle diese logischen Regeln gelten aber nur unter der Voraussetzung Realität der Zeit. Wenn die Zeit nicht real wäre, wäre dieses aber der Fall. Es ist Fehler von Dilthey, mit dieser Behauptung Kant einen Vorwurf zu machen. Schon Kant selbst weist den Vorwurf zurück, dass er die Realität der Zeit nicht hinnehme.[133] Er sagt einmal in *KdrV* B 53: "Und unsere Anschauung jederzeit sinnlich ist, so kann uns in der Erfahrung niemals ein Gegenstand gegeben werden, der nicht unter die Bedingung

---

132 Kant erklärt in KdrV B 52–53, was er darunter versteht: "Dagegen bestreiten wir der Zeit allen Anspruch auf absolute Realität, da sie nämlich, auch ohne auf die Form unserer sinnlichen Anschauung Rücksicht zu nehmen, schlechthin den Dingen als Bedingung oder Eigenschaft anhinge. Solche Eigenschaften, die den Dingen an sich zukommen, können uns durch die Sinne auch niemals gegeben werden. Hierhin besteht also die transzendentale Idealität der Zeit, nach welcher sie, wenn man von den subjektiven Bedingungen der sinnlichen Anschauung abstrahiert, gar nichts ist, und den Gegenständen an sich selbst (ohne ihr Verhältnis auf unsere Anschauung) weder subsistierend noch inhärierend beigezählt werden kann. Doch ist diese Idealität, ebenso wenig wie die des Raumes, mit der Subreptionen der Empfindung in Vergleichung zu stellen, weil man doch dabei von der Erscheinung selbst (...) voraussetzt, dass sie objektive Realität habe, die hier gänzlich wegfällt, außer, sofern sie bloß empirisch ist, d. i. den Gegenstand selbst bloß als Erscheinung ansieht."
133 Vgl. KdrV, B 54.

der Zeit gehörte." Im folgenden Absatz (B 54) sagt er, unter Berufung auf die innere Erfahrung: "Die Zeit ist allerdings etwas Wirkliches, nämlich die wirkliche Form der inneren Anschauung. Sie hat also subjektive Realität in Ansehung der inneren Erfahrung, d. i. ich habe wirklich die Vorstellung von der Zeit und meinen Bestimmungen in ihr." Die Zeit ist also real sowohl als objektive Gültigkeit in Ansehung aller Gegenstände als auch in Ansehung der inneren Erfahrung. Wie Dilthey auf seine Schlussfolgerung kam und wie er zu der Überzeugung gelangte, dass Kant die empirische Realität der Zeit verleugne, darüber gibt es bei Dilthey keine ausführliche Erklärung.

Dilthey unterstützt mit dem folgenden Absatz (vgl. XIX, 438 Nr. 4) den ersten Absatz, d.h. die Zeitlichkeit des Innewerdens des Willenaktes. Der erste und der vierte Absatz ergänzen sich. Das Innewerden des Willensaktes zeigt uns, dass "dieser Zeitdauer in sich schließt. Ohne solche ist dieser kein lebendiger, realer Vorgang mehr." (Ebd.) Die inneren und äußeren Vorgänge können nur durch die Zeitlichkeit ihre Realität gewinnen; andernfalls hätten sie gar keine Bedeutung.

Real und wirklich ist, was wir erfahren und erleben. Außer unserer Erfahrung gibt es keine Wirklichkeit. Also "gibt es gar keine Transzendenz." (Ebd.) Dilthey zeigt hier seine Verwandtschaft mit den Positivisten. Er beschuldigt die "abstrakte Schule", dass die Zeitlehre durch sie auf eine falsche Bahn gebracht worden ist.

5. Weitere Kritik Diltheys in Bezug auf die psychischen Akte

Dilthey stellt fest, dass die Zeitlehre durch die "abstrakte Schule" in eine falsche Bahn gebracht worden ist. Er zielt darauf ab, die Analyse der Erfahrung der Tatsache so rein wie möglich "herauszuschälen aus dem psychischen Tatbestande als solchem." (XIX, 220) Indem wir diese Aufgabe erfüllen, erkennen wir, dass die erkenntnistheoretische Auffassung dieser Schule nur einen Teil des Erfahrungsbestandes in sich fasst. Die Zeitanalyse der "abstrakten Schule" war nicht klar, sondern schattenhaft; es konnte "die Verflüchtigung der Zeit in eine

Form des inneren Sinnes dem philosophischen Chemiker in der Retorte der Kritik der reinen Vernunft leicht gelingen (...)." (Ebd.) In der *KdrV* legt Kant, wie Dilthey meint, zwei Charakteristik der Zeit zu grunde: erstens die Annahme, dass die Zeit eine Dimension hat, und zweitens, dass verschiedene Zeiten nicht gleichzeitig, sondern nur nacheinander sein dürfen. Diese Argumente dürften nicht aus der Erfahrung abgleitet werden, weil "sie apodiktische Gewissheit haben." (XIX, 220) Dilthey ist nun der Meinung, dass die erste Tatsache schon in der zweiten enthalten ist. Wenn die verschiedenen Zeiten nicht gleich, sondern nur nacheinander sind, hat die Zeit natürlich nur eine Dimension. Deswegen drücken die beiden Argumente für ihn dasselbe aus, nämlich die Tatsache, dass wir ein Vorher und Nachher in unserem Selbstbewusstsein auseinanderhalten. Da alle psychischen Akte zeitlich sind, "bildet diese Tatsache ein konstantes Grundverhältnis in aller Forschung und nur in diesem Sinne kann es <als> apodiktisch oder a priori bezeichnet werden." (Ebd. 220) Dilthey begründet hier die Apriorität der Zeit durch die psychischen Akte. Während Kant die Apriorität der Zeit auf der Unmöglichkeit der Ableitung der Zeit von Objekten beruhen lässt, führt Dilthey die Apriorität der Zeit auf die psychischen Akte zurück.

Im folgenden Absatz analysiert Dilthey die Beziehung zwischen den psychischen Akten und der Zeit. Durch Abstraktion unterscheidet man drei Eigenschaften der psychischen Akte:
1. Sie haben eine Dauer, wo sie konstant sind.
2. Diese Dauer könnte größer oder kleiner als diejenige gleichzeitiger psychischer Akte sein.
3. Die psychischen Akte stehen zueinander in der Beziehung des Vorher und Nachher. In der Dauer der Aufeinanderfolge geschehen die Erlebnisse. Durch sie entstehen die psychischen Akte.

Dilthey betont hier die Zusammensetzbarkeit der Eigenschaften der psychischen Akte mit der Zeitlinie. Dies beruht darauf, dass wir diese Linie auch in einer stetigen Sukzession bzw. "in einem dauernden psychischen Akte auffassen." (Ebd. 221) Er vergleicht hier die Zeit mit dem Raum und versucht, den Raum von der Zeit her zu verstehen. In diesem Zusammenhang erhält die Anschaulichkeit der Außenwelt das Übergewicht. Dilthey lenkt die Aufmerksamkeit auf die falsche Auffassung, dass die Zeit aus gleichförmigen Elementen zusammengesetzt sei. Das besagt, dass "nach Abstraktion von ihrem besonderen Inhalt die Elemente als Zeitelemente gleichartig seien ähnlich wie die des Raumes." (Ebd.) Diese Auffassung führt aber zum Irrtum, weil der Raum auf einer zu weit gehenden Abstraktion beruht. Die Eigenschaften des Raumes, z. B. die Deckungsgleichheit eines Raumteiles mit einem anderem und die Indifferenz seiner Lage zu seiner Größe, sind unterschiedlich im Vergleich mit der Zeit. Die wirkliche Zeit hat keine solche Eigenschaft (vgl. ebd. 438, Anm. 416).

Dilthey geht nun von der Unterscheidung der Eigenschaften von Raum und Zeit zur Aufeinanderfolge über. Dass unsere inneren Zustände aufeinanderfolgen, heißt noch nicht, dass ein Bewusstsein diese Aufeinanderfolge in sich schließt. Um dieses Bewusstsein und das Innewerden des Zeitverlaufs zu verstehen, muss man sie mit unserem Bewusstsein und mit der Erinnerung verbinden. Sie können "nur mit unserem Selbstbewusstsein und der Erinnerung verbunden gedacht werden." (XIX, 221) Selbstbewusstsein ist Grundvoraussetzung für das Verständnis des Zeitverlaufes und somit für das Leben. Die Bestandteile dieser Aufeinanderfolge sind nicht gleichförmige Elemente, sie sind nach Abstraktion von ihrem Inhalt als Zeitbestandteile voneinander verschieden, denn sie stellen sich als Gegenwart, Vergangenheit und Zukunft dar.

Die Zustände, die in der Zeit aufeinander folgen, und die Dauer des einzelnen Zustandes machen ein bestimmtes Zeitquantum aus. Dieses bildet eine Einheit und diese wiederum liegt in der Zeitdauer, die einer Wahrnehmung oder einer Vorstellung zu ihrer Entstehung bedarf. Um die Zeitdauer im Bewusstsein hervorzuheben, braucht man entweder eine Wahrnehmung von etwas oder eine Vorstellung

---

134 Dieses lautet: "befindet sich auf einer schwarzen Scheibe ein selber weißer Punkt

von etwas. Dilthey gibt ein Beispiel,[134] um die Beziehung zwischen dem Zeitquantum und der Dauer zu zeigen: Wiederholte Lichteindrücke haben dieselbe Wirkung auf das Auge wie eine kontinuierliche Beleuchtung. Dilthey kommt durch dieses Beispiel zu dem Ergebnis, dass das Maß der Zeit subjektiv und für verschiedene Organismen ein Verschiedenes ist.

---

und die Scheibe rotiert schnell genug, so erscheint anstelle desselben ein weißer Kreis, der in allen Punkten gleichmäßig <ist> und nichts von Bewegung zeigt. Alle stellen der Netzhaut, an welchem der Kreis sich abbildet, empfangen jede einen Lichteindruck, welcher so schnell sich wiederholt, dass er kontinuierlich erscheint und seiner Kürze wegen nicht so scharf ist, um weiß zu erscheinen, daher grau." (XIX, 222)

IV. KAPITEL: Bergsons Auffassung von der Zeit

Es gibt wenige Philosophen in der Geschichte der Philosophie, deren ganzer Gedankenkreis von Anfang bis Ende von der Zeitlehre bestimmt ist. Bergson ist jedoch einer davon.[135] Über die Geschichte der Philosophie wandelte sich auch die Interpretation der Zeit bzw. deren Problematik von der kosmologisch-substantiellen zur individuell-existentiellen Auslegung. Nach Heidegger ist das existenzielle Dasein des Menschen maßgeblich durch die Zeit bestimmt.[136] Heidegger hat diese Gedanken in "Sein und Zeit" noch verallgemeinert. Nach ihm ist nicht nur menschliches Dasein, sondern sind alle Seinsbestimmungen als zeitlich zu interpretieren. Die Geschichte, das Dasein und das Seiende sind aus der Zeitlichkeit zu verstehen.[137] Ähnliche Gedanken finden wir bei Husserl, der das phänomenologische Sosein aus der Zeitlichkeit bestimmt sein lässt.[138] Diese kurze Erläuterung zeigt uns, wie aktuell und anziehend die Zeitproblematik bei den Zeitgenossen Bergsons war.

---

135 M. Florian bestätigt dies in seiner Dissertation wie folgt: " In der Konstruktion seiner Zeittheorie tritt die ganze Freiheit, Schärfe und Tiefe des Bergsonschen Geistes hervor." Aus: Der Begriff der Zeit bei H. Bergson. Eine kritische Untersuchung, Greifswald 1914.

136 "Die Frage nach dem, was die Zeit sei, hat unsere Betrachtung auf das Dasein verwiesen, wenn mit Dasein gemeint ist das Seiende in seinem Sein, das wir als menschliches Leben kennen." Heidegger, M.: Der Begriff der Zeit, Vortrag von der Marburger Theologenschaft, hrsg. und mit einem Nachwort versehen von H. Tietjen, Tübingen 1989, S. 11.

137 Vgl. Sein und Zeit, Tübingen 1963, S. 435.

138 "Das bezeichnet Anfänge neuer Dimensionen der Zeitigung bzw. der Zeit mit ihrem Zeitinhalt, (...) dass allen Konstitutionen jeder Art und Stufe von Seiendem im konstitutiven System seine Zeitform erteilt, während erst durch die allumspannende universale Synthesis, in der Welt konstituiert wird, alle diese Zeiten synthetisch zur Einheit einer Zeit kommen." Husserl, E.: Die Krisis der europäischen Wissenschaften und transzendentale Phänomenologie. Eine Einleitung in die phänomenologische Philosophie, hrsg. von W. Biemel, Husserliana Band.VI, Den Haag 1954, S. 172.
Husserl legt eine Analyse der Konstitution von Zeithorizonten in seiner "Phänomenologie des inneren Zeitbewusstseins" dar. Mehr dazu vgl. Texte zur Phänomenologie des inneren Zeitbewusstsein (1893–1917), hrsg. und eingleitet von R. Bernet, Texte nach Husserliana Band X, Hamburg 1985.

Bergson hat als Philosoph des 19. und 20. Jahrhunderts versucht, sich von den traditionellen Zeitauffassungen zu befreien, um eine neue, sich auf das innere Leben berufende Zeitlehre zu begründen.[139] M. Florian fragt sich, ob Bergsons Gedanke von der "konkreten Dauer" schlechthin original ist oder ob man einen dieser Auffassung verwandten Gedanken in der neuesten Philosophie finden kann.[140] Er geht davon aus, dass Bergsons Zeitlehre ohne die Zusammenstellung der wichtigsten Zeittheorien der französischen Philosophie des ausgehenden 19. und beginnenden 20. Jahrhundert nicht verstanden werden kann. Florian macht eine Fußnote zur Unterstützung seiner Gedanken durch Bergsons Schüler G. Rageot. Rageot stellte fest, dass "die Bergsonsche Dauer nur ein metaphysischer Ausdruck von W. James psychologischem 'stream of consciousness' sei."[141] Bergson hat darauf in "Revue philosophique" (1905, Bd. II) geantwortet, ihm sei, zum Zeitpunkt, zu dem er den "Essai" geschrieben habe, die Theorien von James noch nicht bekannt gewesen. Bergson wurde vielmehr durch die Aussagen von James bestätigt. Paul Jurevics hat dementsprechend James' Begeisterung von Bergson herausgestellt. Er schreibt: "Obwohl er 17 Jahre älter als Bergson war, bekennt er sich in der hochherzigsten Weise als sein Schüler."[142] Man darf im Gegensatz zu denjenigen, die die Originalität der Bergsonschen Zeitlehre bestreiten, feststellen, dass Bergson etwas Neues über die Zeit gesagt hat. Zum Beispiel wirft Heidegger Bergson vor, dass er die Zeit als

---

139 M. Heidegger ist der Meinung, dass sich Bergsons Zeitlehre von den traditionellen Zeitauffassungen nicht befreien konnte. Trotz seinen Willens habe Bergson kein neues Zeitverständnis begründen können, sagt Heidegger. "Auch *Bergsons* Zeitauffassung ist offensichtlich aus einer Interpretation der *Aristotelischen* Zeitabhandlung erwachsen. Es ist nicht lediglich ein äußerer literarischer Zusammenhang, dass gleichzeitig mit B.'s Essai sur les données immédiats de la conscience, wo das Problem vom temps und durée exponiert wird, eine Abhandlung B.'s erschien mit dem Titel : Quid Aristoteles de loco senserit." Aus: Sein und Zeit, S.432–433 Anm.
140 Vgl. Florian, M.: Der Begriff der Zeit bei H. Bergson, S. 28.
141 Florian, M.: Der Begriff der Zeit, S. 29.
142 Jurevics, P.: H. Bergson. Eine Einführung in seine Philosophie, Freiburg 1949, S. 10.

Raum verstehe.[143] Heidegger war sich bewusst, dass Bergson zwischen Zeit und Dauer einen Unterschied macht und die 'wirkliche Zeit' als Dauer ansieht.[144] Aber er ignoriert diese Unterscheidung, die jedoch für Bergsons Zeitlehre unabdingbar ist. Vielmehr hebt er immer die Verräumlichung der Zeit hervor, die bei Bergson wirklich keine große Rolle spielt. Deswegen kann man sagen, dass Heideggers Kritik an Bergsons Zeitlehre nicht überzeugend ist.[145] Die Bergsonschen Zeituntersuchungen könnten der naturwissenschaftlich ausgerichteten Philosophie des späteren 19. Jahrhunderts und der phänomenologischen existenzialistischen Philosophie des beginnenden 20. Jahrhunderts entgegenkommen.[146] Bergsons Absicht ist eine neue Metaphysik, die auf Erfahrung beruht und die Intuition hervorhebt. Um dieses Ziel zu erreichen, war es vor allem notwendig, den vorherrschenden oder immer noch aktuellen (physi-

---

143 Vgl. SuZ., S.432–433 Anm., auch Gesamtausgabe Bd. 21, S. 266, 267, 268 und Band. 24, S. 329–330.
144 "Bergson (...) versucht gegenüber diesem Begriff der Zeit, den er mit dem Raum identifiziert, die ursprüngliche Zeit als Dauer verständlich zu machen, die ursprüngliche Zeit, die er auch nennt die reale Zeit oder die reale Dauer. Freilich erhält man bei ihm philosophisch wenig Aufschluß, weil er über den Sinn von Realität nichts sagt, ebenso wenig über den Seinscharakter des Lebens des Bewusstseins, darin er die reale Zeit als erlebte findet. Die Zeit (...) unterscheidet sich von der Dauer als der qualitativen (...). Weil Bergson in der Dauer das metaphysische Wesen der Zeit gefunden zu haben glaubt, also die eigentliche Zeit, deshalb fasst er die bekannte Zeit als Raum. Aber gerade hiermit beweist er, dass er die Zeit nicht begriffen hat. (...). Die Zeit, die er als Raum nimmt, ganz und gar nicht Raum ist, sondern gerade Zeit, – nur ein bestimmter zeithafter Modus ihrer selbst." Heidegger, M.: Logik. Die Frage nach der Wahrheit, Gesamtausgabe Bd. 21, F. a/M. 1976, S. 267–268.
145 G. Pflug macht auf ein interessantes Phänomen aufmerksam: "Bei Heidegger können wir nur bedauern, dass seine Größe der Auseinandersetzung mit Bergson, die im Rahmen seiner Marburger Vorlesung des Jahres 1925 zur Geschichte des Zeitbegriffs erfolgen sollte, dadurch für uns nicht greifbar ist, dass er im Laufe des Semesters nicht mehr zu Bergson gelangte." Aus: Die Bergson-Rezeption in Deutschland, in: Zeitschrift für phil. Forschung, hrsg. von O. Höffe, Bd. 45, F. a/M (1991), S. 257–267, hier S. 257.
146 Vgl. Reuter-Jendrich, C.: Lebensweltliche Zeitlichkeit, Köln 1994.

kalisch orientierten) Zeitbegriff erst einmal zu klären, dann zu seinen Grundstrukturen zurückzukehren.

Bergson definiert die Dauer als wirkliche Zeit. Sie ist keine Anschauungsform der Sinnlichkeit, noch eine bloße Kategorie des Verstandes. Er betrachtet die reine Dauer als Wesen des Bewusstseins, später auch als Wesen der Welt. Die Analyse dieser Unterscheidung wird die Aufgabe dieses Kapitels sein. Wir möchten diese Untersuchung mit der Beziehung von Zeit und Zahl beginnen.

1. Zeit und Zahl

Zeit und Zahl sind zwei verschiedene Begriffe, die scheinbar gar nichts miteinander zu tun haben. Das ist nur solange richtig, wenn man mit dem Messen nichts zu tun hat. Die Frage, ob die Zeit zählbar ist, kann man entweder positiv oder negativ beantworten. Die negative Antwort wäre so zu formulieren: Die Zeit ist ihrem Wesen nach nicht zu zählen. Was die Uhr zeigt oder was man als bestimmte Zeitspanne als Maßstab für den Abstand zwischen den Ereignissen nimmt, ist nur eine abstrakte Konstruktion des menschlichen Verstandes, die das Wesen der Zeit nicht berühren kann. Die positive Antwort auf diese Frage wäre so auszudrücken: Die Zeit muss zählbar sein, damit sie im menschlichen Leben immer präsent bleibt und irgendwie mit dem alltäglichen Leben zu tun hat. Wenn die Zeit nicht zählbar wäre, wäre sie nur ein inhaltloser Begriff. Jede Antwort hat daher ihr Recht.

Bergson beschäftigt sich mit diesem Thema in "Zeit und Freiheit". Er fängt mit der Definition der Zahl an. Nach ihm ist "die Zahl im Allgemeinen als eine Kollektion von Einheiten oder, präziser ausgedrückt, als die Synthese des Einen und des Vielen."[147] Jede Zahl ist die Einheit einer Summe. Diese Summe schließt eine Mannigfaltigkeit

---

[147] Bergson, H.: Zeit und Freiheit, Meisenheim am Glan 1949, S.66, (Es wird in folgenden Seiten als "ZuF" zitiert).

von Teilen ein. Jede Zahl als Einheit ist ein Teil von vielen mannigfaltigen Zahlen. Bergson fragt sich, "ob die Idee der Zahl nicht die Vorstellung von noch etwas Anderem mitenthält." (ZuF 66) Er ist der Meinung, dass die Zahlen als Einheit untereinander identisch sein sollen. Sobald man sie zählt, denkt man sie als identisch. Wenn man 'die Hammel einer Herde' zählt und sagt, es gäbe 50 Hammel, obwohl sie sich voneinander unterscheiden, heißt das, dass man bei diesem Zählen nicht auf die individuelle Verschiedenheiten, sondern nur auf ihre gemeinsame Funktion achtet. Falls man seine Aufmerksamkeit auf die Eigenschaften richtet, kommt die Summe nicht zustande. Dieses und ähnliche Beispiele zeigen uns, dass "die Vorstellung der Zahl die einfache Intuition einer Mannigfaltigkeit von Teilen oder Einheiten mitenthält, die untereinander vollständig gleichartig sind." (Ebd.)

Trotz der Gleichartigkeit der Zahlen müssen sie sich irgendwie voneinander unterscheiden. Man nimmt an, dass alle Hammel der Herde untereinander identisch sind. In diesem Fall unterscheiden sie sich durch den im Raum eingenommenen Ort, sonst würden sie keine Herde bilden. Fasst man sie im selben Bild zusammen, so müssen sie sich in diesem Falle nebeneinander in einem idealen Raum aufreihen oder man wiederholt 50 Mal nacheinander das Bild eines einzigen Hammels von ihnen, "und es scheint in diesem Falle, als wenn die Reihe mehr in der Dauer als im Raume ihren Platz habe." (ZuF 67) Das ist aber nicht der Fall, denn, wenn man sich nacheinander jeden Hammel der Herde isoliert vorstellt, so hätte man immer nur mit einem einzelnen Hammel zu tun. Nach Bergson würde dieses Nacheinanderkommen der einzelnen Einheit im Raume nicht in der reinen Dauer erfolgen. Es wird zugegeben, dass man beim Zählen der materialen Gegenstände die gleichzeitige Vorstellung der Gegenstände in sich begreift, "und dass man sie eben dadurch im Raume belässt." (ZuF 68)

Bergson fragt nach dieser Feststellung, ob die Raumanschauung jede Zahlvorstellung begleitet, und ob es auch bei der Vorstellung der abstrakten Zahl so ist. Bergson erläutert diese Frage durch ein Beispiel: Dass die 12 die Hälfte der 24 ist, ohne dabei weder 12 noch 24 zu denken. Es wird sogar bei der Berechnung mit Absicht unterlassen, um die Operation zu beschleunigen. Aber wenn man sich unbedingt nur die Zahl und nicht bloße Ziffern oder Worte vorstellen will, muss man mehr oder weniger auf ein ausgedehntes Bild zurückkommen. "Was hier zur Täuschung über den Sachverhalt führt, ist die Gewohnheit, mehr in der Zeit zu zählen, (...), als im Raum." (ZuF 68) Bei der Vorstellung der Zahl 50 wiederholt man die Einheiten bis 50, und wenn man an der 50 angelangt ist, glaubt man diese Zahl in der Dauer konstruiert zu haben. Es ist gewiss, dass man auf solche Weise mehr in dem Moment der Dauer als in räumlichen Punkt zählt. Die Frage ist, ob man die Momente der Dauer mit räumlichen Punkten gezählt hat. Die reine Sukzession ist nur in der Zeit wahrzunehmen, nicht aber eine Addition, eine Sukzession, die mit einer Summe abschlösse. Bergson ist der Meinung, dass man die sukzessiven Momente der Zeit vom Raum unabhängig denken kann. Wenn man aber dem aktuellen Zeitpunkt gerade Vergehendes zufügt, dann hat man nicht mehr nur mit der Zeit, sondern auch mit dem Raum zu tun. "Jede klare Zahlvorstellung aber schließt ein Sehen im Raume ein (...)." (Ebd. 69)

Bergson macht aufgrund seiner Definition einen Unterschied zwischen zwei Einheitsperspektiven: jede Zahl als eine Kollektion von Einheiten, andererseits aber jede Zahl selbst wieder als eine Einheit. Wir stellen uns die Zahl als eine Einheit durch einen einfachen und 'unteilbaren Intuitionsakt des Geistes' vor. Solche Einheit, die Einheit eines Ganzen ist, schließt auch eine Mannigfaltigkeit ein. Demgegenüber gibt es die Einheiten, die die Zahl ausmachen. Sie sind keine Summen mehr, sondern reine, irreduzible Einheiten. Sie sind bestimmt, sich zur Zahlenreihe zu bilden, indem sie sich unendlich untereinander verbinden lassen. So hat man zwei Einheitsarten, "eine definitive, die die Zahlen bildet, indem sie sich zu sich selbst hinzufügt, und eine provisorische, die Einheit einer jeden solchen Zahl nämlich, die, selbst ein Vielfaches, ihre Einheit von dem einfachen Akte zu Lehen trägt, durch den der Verstand sie apperzipiert." (ZuF 70) Es ist gewiss, dass wir an Unteilbares zu denken glauben, wenn wir uns die eine Zahl ausmachenden Einheiten vorstellen. Diese Annahme spielt eine große Rolle für die Vorstellung, "nach der man die Zahl unabhängig vom Raume begreifen kann." (Ebd.) Bergson fragt in Bezug auf die definitiven Einheiten, wie die Einheit eine Teilung zulassen könnte, wenn es sich hier um jene definitive Einheit handelte, die einen einfachen Akt des Geistes charakterisiert. Er antwortet: Diese Einheit, die die Zahl bildet, ist Einheit eines Aktes und nicht eines Gegenstandes. Wenn wir die Zahl 3 als eine Summe aus 1+1+1 gleichsetzen, dann darf man die Einheiten, aus denen diese Zahl besteht, für unteilbar halten. Aber man übersieht hier die Mannigfaltigkeit der Zahlen, die jeder dieser Einheiten innewohnt. Das ist eine typische Gewohnheit des menschlichen Verstandes. Man merkt aber, dass, wenn jede Multiplikation in sich die Möglichkeit einschließt, "eine beliebige Zahl als eine provisorische Einheit zu behandeln, die zu sich selbst hinzugefügt wird, umgekehrt die Einheiten ihrerseits wirkliche Zahlen von beliebiger Größe sind, die man indessen einstweilen als unzerlegbar ansieht, um sie miteinander zusammenzusetzen." (ZuF 71) Durch diese Möglichkeit, die Einheit in beliebig viele Teile zu teilen, gewinnt man den Eindruck, dass man die Zahl für ausgedehnt hält.

Bergson springt von der Einheit auf die Diskontinuität der Zahl über. Nach ihm ist es sicher, dass bei der Konstruktion einer Zahl die Diskontinuität eine wichtige Rolle spielt. Die Zahlen sind unteilbar, solange man mit ihnen operiert und ohne Übergang von der Vorangehenden zur Folgenden fortschreitet. Wenn ich aber dieselbe Zahl mit halben oder beliebigen Einheiten konstruiere, werden diese vorläufig unteilbare Elemente darstellen. Man wird immer sprungweise von der einen zur anderen gehen. Dies hat seinen Grund darin, dass man, um eine Zahl zu bekommen, zwangsmäßig die Aufmerksamkeit der Reihe nach jeder Einzelnen der Einheiten zuwenden muss, die sie ausmachen. Diese Unteilbarkeit des Aktes stellt sich in der Gestalt eines mathematischen Punktes dar. Wenn wir die nebeneinanderstehenden Punkte als Zahl im Zustande der Vollendung betrachten, "ist diese Verbindung bereits vollzogen: Die Punkte sind Linien geworden, die Teilung ist verschwunden, das Ganze bietet alle Merkmale der Kontinuität dar." (ZuF 72) Deswegen ist die Zahl, die nach einen bestimmtem Gesetz zusammenzufügen ist, nach einem beliebigen

Gesetz in ihre Bestandteile aufzulösen. In diesem Sinne muss man zwei Einheiten voneinander unterscheiden. Die Einheit, an die man denkt, und die Einheit, die man, nachdem man sie gedacht hat, zur Sache macht. Es gibt ebenso einen Unterschied zwischen der Zahl, die in Bildung begriffen ist, und der bereits gebildeten. Sie ist bei der Konstruierung diskontinuierlich. Solange man aber an die Zahl denkt, ist sie irreduzibel. Die Zahl, im Zustand der Vollendung betrachtet, wird objektiviert und erscheint uns deswegen unbegrenzt teilbar. Was uns völlig und adäquat erscheint, nennen wir subjektiv; objektiv ist etwas, was "so gekannt wird, dass eine immer wachsende Menge neuer Eindrücke der Vorstellung, die wir augenblicklich davon haben, substituiert werden könnte." (Ebd.) Bergson lässt dem Geist einen unteilbaren Prozess zukommen. Durch diesen stellt man seine Aufmerksamkeit sukzessive auf die verschiedenen Teile eines gegebenen Raums ein, welcher der Stoff ist. "Mit dem der Geist die Zahl konstruiert, er ist das Medium, in das der Geist die Zahl verlegt." (ZuF 73)

Nach Bergsons Ansicht hat uns die Arithmetik, die sich mit der Zahl beschäftigt, ins Unendliche Zerfallen lassen gelehrt. Der menschliche Verstand neigt dazu, die Zahl mit unteilbaren Bestandteilen zu konstruieren. Dies hat seinen Grund darin, dass der Geist seine Aufmerksamkeit mehr auf seine Akte als auf das Material richtet, während die Wissenschaft unsere Aufmerksamkeit auf dieses Material lenken will. Wenn wir die Zahl nicht bereits im Raume lokalisieren würden, gelänge es der Wissenschaft nicht, uns zu veranlassen, sie dahin zu schaffen. "Wir müssen uns also wohl von Anfang an die Zahl durch eine Nebeneinanderreihung im Raume vorgestellt haben. Dies ist derselbe Schluss, wozu wir zuerst gelangt sind, als wir uns darauf stützten, dass jede Addition eine Mannigfaltigkeit von gleichzeitig perzipierten Teilen enthält." (ZuF 73)

Dies bedeutet, dass sich nicht alle Dinge in gleicher Art und Weise zählen lassen. Wir nehmen die materialen Gegenstände im Raum wahr und um sie zu zählen, brauchen wir sie nur gesondert zu denken. Aber bei den affektiven Seelenzuständen oder bei den Vorstellungen des Gesichts- oder Tastsinns ändert sich die Sache. Da man dabei keine räumlich gegebenen Termini hat, kann man sie nicht mehr zählen. Man hat es hier mit dem symbolischen Darstellungsvorgang zu tun. Ein solcher Vorstellungsvorgang scheint naheliegend, wenn es sich um Empfindungen handelt, deren Ursache deutlich im Raume zu finden sind. Man hört ein Geräusch von Schritten einer auf der Strasse gehenden Person. Jeder der sukzessiven Töne lokalisiert sich in einem Raumpunkt, die der Fußgänger sukzessive einnimmt. "Ich zähle meine Empfindungen im Raume selbst, da wo ihre greifbaren Ursachen sich einanderreihen." (ZuF 74) Ein ähnliches Beispiel ist das Tönen der Glocke. Man kann die Glockentöne auf zweierlei Weise hören. Entweder behält man jede einzelne sukzessive Empfindung im Gedächtnis, um sie mit den andern in Verbindung zu bringen und so eine Gruppe zu bilden. In diesem Fall zählt man die Töne nicht, man beschränkt sich vielmehr darauf, einen qualitativen Eindruck zu bekommen, den ihre Zahl auf uns macht. Oder man kann die Töne zählen. Dabei muss man sie aus ihrer Verbindung lösen, "wobei diese Dissoziierung sich in irgend einem homogenen Medium vollziehen muss, in dem die Töne, ihrer Qualitäten entkleidet, uns sozusagen ausgeleert, identische Spuren ihres Verlaufs zurück lassen." (ZuF 75) Es fragt sich, ob dieses Medium die Zeit oder der Raum ist.

Die Zeitmomente können nicht festgehalten werden, weil sie wieder ganz schnell vergehen. Deswegen kann man sie nicht addieren. Wenn die Töne sich aus ihrer Verbindung lösen, so lassen sie eben damit leere Intervalle zwischen einander entstehen. Zählt man sie, "so geschieht das dadurch, dass diese Intervalle beharren, während die Töne vorübergehen." (ZuF 75) Wie aber könnten diese Intervalle beharren, wenn sie reine Dauer und nicht räumlich wären? Aufgrund des Beharrens der Intervalle vollzieht sich der Vorgang des Zählens im Raume. Wenn wir in die Tiefe unseres Bewusstseins eindringen, begegnen wir der verworrenen Mannigfaltigkeit von Empfindungen und Gefühlen, die ihre Zahl haben und in der Zeit erfüllt worden sind. Ihre Momente, die untereinander addierbar sind, sind immer räumliche Punkte. Bergson kommt zum Ergebnis, dass es zweierlei Mannigfaltigkeiten gibt: "die der materiellen Gegenstände, die unmittelbar eine Zahl bildet, und die der Bewusstseinsvorgänge, die den Zahlenaspekt nur durch Vermittlung einer symbolischen Vorstellungsweise erlangen kann, bei der notwendig der Raum eine Rolle spielt." (ZuF 75)

Bergson vertritt von Anfang an die These, dass die Zeit nicht direkt mit der Zahl zu tun hat. Die Zeit ist nicht unmittelbar zu messen. Das Zählen hat immer mit dem Raum zu tun. Aber man muss sich fragen, ob zwischen der Zeit und der Zahl wirklich eine tiefe Kluft besteht? Bergson besteht auf dieser Kluft. Nach ihm ist jedes Zählen oder Addieren *eo ipso* eine Verräumlichung (vgl. ZuF 67–68).[148] Bergson will damit nicht sagen, dass die Zeit mit der Zahl gar nichts zu tun habe. Die Zahl ist nicht ganz und gar der Zeit fremd, denn die Zeit hat, wie er sagt, die Möglichkeit gezählt zu werden (vgl. ZuF 68). Das bedeutet aber nicht, dass die Zahl eine reine "Qualität" sei.

Um diese Beziehung zwischen Zeit, Zahl und Raum besser zu verstehen, haben wir auf die Raum- und Zeitbeziehung tiefer einzugehen.

2. Verräumlichung der Zeit

Bergson bemüht sich um die strenge Unterscheidung zwischen Zeit und Raum. Er wirft der Geschichte der Philosophie vor, dass sie Zeit und Raum auf die gleiche Ebene gestellt und wie Dinge derselben Art behandelt hat.[149] Man betrachtete die Theorie der Zeit nur als "Seitenstück" der Theorie des Raumes. Der Raum als "Nebeneinander-

---

148 K. Flasch betont die Wichtigkeit der Unterscheidung zwischen der Zeit und der Zahl und findet diese Unterscheidung einen wichtigen Schritt für die Geschichte der Zeitlehre. Bergson "kritisiert die naive Übertragung raumbezogenen Zählens auf die Innenerfahrung der Dauer, (...). Damit löst Bergson die von Platon bzw. den Phythagoreern inaugurierte, von Aristoteles fortgesetzte Verbindung der Zeit mit der Zahl auf. Sein Protest richtet sich gegen die Verfälschung der realen Zeiterfahrung durch die Gewohnheit des Zählens von räumlich Fixiertem." Aus: Was ist Zeit?, S. 33.

149 Bergson, H.: Denken und Schöpferisches Werden. Aufsätze und Vorträge, Meisenheim am Glan 1948, S. 24, (Es wird in folgenden als DW zitiert).

stellung" wurde durch die "Aufeinanderfolge" der Zeit ersetzt. Bergson drückt es so aus: "Man sprach vom Raum, wenn man von der Zeit zu sprechen meinte."[150]

Trotz dieser Kritik konnte er es nicht vermeiden, dass er die Zeit zwangsläufig mit dem Raum in Beziehung setzte. Wenn man von der Zeit spricht, denkt man meistens an ein homogenes Medium, "worin unsere Bewusstseinsvorgänge sich aufreihen. Sich nebeneinander ordnen wie im Raume, und schließlich dahin gelangen, eine wohl unterschiedene Mannigfaltigkeit zu bilden." (ZuF 78) Nach dieser Möglichkeit fragt Bergson, ob die Zeit sich zur Mannigfaltigkeit unserer psychischen Vorgänge verhält, ob sie ein bloßes Zeichen, ein Symbol für sie sein kann, das von der Dauer völlig verschieden ist. Damit zusammenhängend kommt das Bewusstsein in die Frage. Gibt es eine Analogie zwischen der Mannigfaltigkeit unserer psychischen Bewusstseinzustände und der Mannigfaltigkeit der Einheiten einer Zahl, hat die wahre Dauer die mindeste Beziehung zum Raum? (Vgl. ZuF 78) Bergson verweist auf die Analyse der Zahlvorstellungen und bezweifelt solche Analogien. Denn, wenn man die Zeit als ein Medium annimmt, worin unsere Bewusstseinzustände so wohlunterschieden aufeinanderfolgen, "dass man sie zählen kann, und wenn andererseits unsere Auffassung von der Zahl darauf hinausläuft, dass alles, was man zählt, im Raume ausgestreut wird" (ebd.), so ist wohl zu vermuten, dass die Zeit, die im Sinnes eines Mediums betrachtet worden ist, in dem man unterscheidet und zählt, nichts anders ist als Raum. Dies will besagen, dass wir notwendig vom Raum alle Bilder entlehnen; durch diese Bilder beschreiben wir das Gefühl, das das reflektierte Bewusstsein von der Zeit und von der Sukzession hat. Aber die reine Dauer muss also wohl etwas anders sein. Damit hat Bergson die grundlegende Unterscheidung zwischen homogener Zeit und Dauer vollzogen, auf welche seine ganze Philosophie beruht.

Die Zeit, die im alltäglichen Leben verwendet und besonders in der Wissenschaft benutzt wird, ist eine entstellte und vermengte Dauer, die

---

150 Hellmann, W.: Der Begriff der Zeit bei H. Bergson, in: Philosophia Naturalis, Bd. IV (1957), S. 126–139, S. 126.

sich in ihren eigenen Gegensatz verwandelt hat. Hier wird die wahre Zeit durch ein räumliches Schema dargestellt. Das Wesen solcher Zeit besteht darin, dass sie eigentlich so etwas wie eine vierte Dimension des Raumes und so ein ganz und gar quantitatives Gebilde ist.[151] Solche Zeit ist dadurch messbar, dass sie den Charakter des Fließens eingebüßt hat. Sie ist stabil geworden und besteht aus einer Sukzession von Gleichzeitigkeiten. "Das Zeitmaß bezieht sich niemals auf die Dauer als solche, soweit sie wirklich Dauer ist. Man zählt allein eine gewisse Anzahl von Endpunkten von Zeitintervallen oder von sogenannten *Momenten*, d.h. im Grunde von virtuellen Ruhepunkten der Zeit." (DW 23) Die Wissenschaft macht nun Gebrauch von der Messbarkeit der Zeit, indem sie sie "in die Formeln der Mechanik, in die Berechnungen des Astronomen und selbst des Physikers in quantitativer Form" eintreten lässt. (ZuF 91) Wenn aber die Dauer nicht gemessen wird, was messen dann die Schwingungen der Uhr? Die Dauer, die vom Bewusstsein perzipiert ist, hat mit der Ineinanderschachtelung der Bewusstseinsvorgänge zu tun. Die Zeit aber, die unsere Uhr zeigt, und die Zeit, von dem der Wissenschaftler Gebrauch macht, sind verschiedene. "Sie ist eine messbare Größe und folglich homogen." (Ebd.)[152]

Eine solche Unterscheidung, wie sie Bergson zwischen homogener Zeit und der Dauer macht, finden wir auch bei Dilthey, der der Meinung war, dass die Zeit, sofern sie dem menschlichen Leben zukommt, etwas anderes bedeutet, als jene Zeit, in der das Naturge-

---

151 Vgl. Jurevics, P.: Bergson, S. 34.
152 Bergson erklärt dieses Verhältnis mit einem Penduluhrgleichnis: "Verfolge ich auf dem Zifferblatt einer Uhr mit den Augen die Bewegung des Zeigers, die den Schwingungen des Pendels entspricht, so messe ich keine Dauer (...). Ich beschränke mich vielmehr darauf, Simultanitäten zu zählen, was etwas ganz anders ist (...). In meinem Innern vollzieht sich dagegen ein Organisations- oder gegenseitiger Durchdringungsprozeß der Bewusstseinsvorgänge, der die wahre Dauer ausmacht.(...). Schalten wir einen Augenblick das Ich aus, das diese sukzessiv genannten Schwingungen denkt, so wird es immer nur eine einzige Pendelschwingung geben, sogar nur eine einzige Stellung dieses Pendels und folglich keine Dauer. Schalten wir andererseits das Pendel und seine Schwingungen aus, so gibt es nichts mehr als die heterogene Dauer des Ich ohne Momente, die einander äußerlich waren, ohne Beziehung zur Zahl." (ZuF 91–92)

schehen erfolgt und beobachtet wird. Man hat hier anzumerken, dass die Unterscheidungen von Dilthey und Bergson nicht Wort für Wort zusammenfallen. Aber die Grundintention des Unterschieds zwischen wirklicher und physikalischer Zeit ist bei beiden ähnlich. Wenn es um Leben geht, spricht Dilthey, wie wir schon gesehen haben, von der "wirklichen oder konkreten Zeit". Dilthey definiert die Zeit des Naturgeschehens als eine Linie, "die aus gleichwertigen Teilen bestünde" (vgl.VII,72). Abgesehen davon, was die Zeit erfüllt, besteht die Zeit aus gleichwertigen Teilen ein und derselben Linie. Beim Naturgeschehen ist die Zeit nur äußere Form, "in" der ein Geschehen erfolgt. Hier lässt sich die Zeit von dem trennen, was sie erfüllt. Beim Leben ist die Zeit nicht nur äußere Form, sondern macht die Zeitlichkeit des Lebens selbst aus (vgl. VI, 221). Verglichen mit der messbaren hat für Dilthey die wirkliche Zeit einen größeren Wert. Während Bergson die homogene Zeit als verräumlichte Zeit akzeptiert, setzt Dilthey die messbare Zeit nicht mit dem Raum in Verbindung. Wichtig ist aber, dass die grundsätzliche Unterscheidung von messbarer und unmessbarer Zeitauffassung von beiden Philosophen gemacht wird. Man hat den Eindruck, dass beide Philosophen die herrschende physikalische Zeitauffassung vermeiden und sie für begrenzt halten und eine neue Zeitlehre, die auf dem menschlichen Leben beruht, gründen.

Für die Auffassung der räumlichen Zeit spielt auch die Bewegung, die als eine Reihe von festen Punkten verstanden wird, und die Veränderung, die nur als "eine Reihe von Zuständen" betrachtet wird, eine Rolle. Die Bewegung und Veränderung ist solange so zu formulieren, solange die Zeit aus scharf abgegrenzten und nebeneinander gesetzten Teilen besteht. Die so verstandene Zeit ist homogene Zeit. Sie ist "ein idealer Raum, wo man sich alle vergangenen, gegenwärtigen und zukünftigen Ereignisse nebeneinander aufgereiht denkt." (DW 29) Damit zusammenhängend wirft Bergson den Philosophen vor, dass "keiner von ihnen bei der Zeit nach positiven Eigenschaften gesucht hat." (Ebd.) Sie untersuchen, laut ihm, die Aufeinanderfolge als ein "verfehltes" Nebeneinander und betrachten die Dauer als eine "verhinderte Ewigkeit", deswegen "kommen sie trotz aller Bemühungen niemals zu der Vorstellung einer wirklichen Neuschöpfung, die unvorsehbar ist." (Ebd.)

Um die so verstandene Zeit, die nur ein idealer Raum ist, zu überwinden, bemüht sich Bergson um die Unterscheidung zwischen der Aufeinanderfolge in der wahren Dauer und Nebeneinanderstellung in der verräumlichten Zeit, zwischen einer Evolution und einem Abrollen (vgl. DW 32). Dieser Unterschied ist ein radikaler "Unterschied zwischen einer Evolution, deren ununterbrochene Phasen sich gegenseitig durchdringen, in einer Art von innerem Wachstum, und einem Ablauf, dessen scharf abgegrenzte Teile sich nebeneinanderreihen."(DW 30–31) Da beim zweiten Fall die Sukzession die Form einer Kette annimmt, deren Teile sich berühren, ohne sich zu durchdringen, ist die Kluft zwischen beiden Zeitarten groß.

Bei der wirklichen Zeit, die der Mathematik entgleitet (vgl. DW 22), lassen sich "die Sukzessionen also ohne Wohlunterschiedenheit und wie eine gegenseitige Durchdringung, eine Solidarität, eine intime Organisation von Elementen begreifen, deren jedes das Ganze vertritt und von diesem nur durch ein abstraktionsfähiges Denken zu unterscheiden und zu isolieren ist." (ZuF 86) Das ist die Charakteristik der wahren Dauer, welche die eigentliche Zeit ist. Zum Verständnis der Dauer gibt Bergson das Beispiel einer Melodie, deren Töne miteinander verschmelzen. Denn obwohl diese Töne auch aufeinander folgen, perzipieren wir sie dennoch ineinander (vgl. ZuF 85).

Für Bergson haben die Menschen die spezielle Fähigkeit, einen qualitätslosen Raum zu denken. Man kennt zwei verschiedene Realitäten, deren eine, die sinnlichen Qualitäten, heterogen ist, deren andere homogen, nämlich Raum ist. Der Raum ermöglicht uns, genauere Unterscheidungen zu machen, zu zählen, zu abstrahieren. Da die Homogenität die Abwesenheit aller Qualitäten ist, muss man zwei Formen des Homogenen (Zeit und Raum) voneinander unterscheiden. Man sieht die Zeit als unbegrenztes Medium an, das vom Raum verschieden, aber doch homogen ist. Wenn man aber aus der Zeit ein homogenes Medium macht, in dem die Bewusstseinzustände abzulaufen scheinen, "gibt man sie sich eben dadurch ganz und mit einem Male, was soviel heißt, als dass man die Dauer entrückt." (ZuF

84) Man muss hier darauf aufmerksam machen, dass man unbewusst in den Raum zurückfällt. Während die äußeren Gegenstände sowohl einander als auch uns äußerlich sind, durchdringen sich die Bewusstseinzustände gegenseitig. Bergson fragt sich, ob die Zeit, die als homogenes Medium betrachtet wird, ein erfundener Begriff ist, der durch das Eindringen der Raumvorstellung ins Gebiet des reinen Bewusstseins kommt. Man darf nicht zwei Formen des Homogenen akzeptieren, solange die Frage nicht beantwortet wird, ob die eine sich von der anderen ableiten lässt. Die Dinge, die im Raum sind, haben exteriorischen Charakter, während "die Bewusstseinsvorgänge keineswegs wesentlich einander äußerlich sind, sondern es erst durch eine Auseinanderfaltung in der Zeit werden, sofern diese als homogenes Medium angesehen wird." (ZuF 84) Falls eine dieser beiden Formen von der anderen abgeleitet wird, ist zu behaupten, dass die Raumvorstellung ursprünglicher als die Zeitvorstellung ist. Die Philosophen, die eine Reduktion dieser beiden Vorstellungen versucht haben, sind durch die scheinbare Einfachheit der Zeitvorstellung getäuscht worden. Sie meinen, dass die Raumvorstellung mit der Vorstellung der Dauer konstruiert werden kann. Bergson hält diese Theorie für falsch. Er ist der Meinung, dass die in Form eines unbegrenzten und homogenen Mediums gedachte Zeit nur das Phantom des Raumes ist, "das das reflektierte Bewusstsein im Banne hält." (Ebd.) Das Bewusstsein "bildet eine Einheit in der Zeit und nicht, wie ein Körper, eine Einheit im Raum."[153]

Bergson unterscheidet zwei Formen von Dauer, deren eine, von jeder 'Beimischung frei ist', während die andere durch die Raumvorstellung bestimmt ist. Die letzte Art von Dauer ist nichts anderes als das, was er unter Verräumlichung der Zeit versteht. Bergson nimmt die reine Dauer als eine Form, "die die Sukzession unsrer Bewusstseinsvorgänge annimmt, wenn unser Ich sich dem Leben überlässt, wenn es sich dessen enthält, zwischen dem gegenwärtigen und den

---

153 Kather, R.: Gelebte Zeit und schöpferisches Werden – H. Bergson, in: Geist und Leben, Zeitschrift für christliche Spiritualität, 9. Jahrg. (1996), S. 20–36, S. 22.

vorhergehenden Zustände eine Scheidung zu vollziehen." (ZuF 85) Die reine Dauer könnte aber wohl nur als sukzessive, qualitative Veränderungen betrachtet werden, die miteinander verschmelzen, sich durchdringen, 'keine präzisen Umrisse besitzen'. Sie haben keine Tendenz "sich im Verhältnis zueinander zu exteriorisiren und mit der Zahl die geringste Verwandtschaft aufzuweisen."(Ebd. 88) Die reine Dauer kann als die reine Heterogenität verstanden werden. Der Grund dafür, dass, "sowie man der Dauer nur die geringste Homogenität zuschreibt, man auch alsbald den Raum einschmuggelt." (Ebd.)

Zusammenfassend kann man sagen, dass die als homogen vorgestellte physikalische Zeit aufgrund von Bewegungen (des Zeigers einer Uhr, des Sandes im Stundenglas usw.) gemessen wird. Da sie mit Hilfe von Vorgängen im Raum gemessen wird, wird sie wie eine Dimension des Raumes aufgefasst. "Die homogene Zeit ist weder eine Eigenschaft der Dinge noch eine Bedingung der Möglichkeit ihrer Erkenntnis; sie ist lediglich eine Messoperation, die den Abstand zwischen Ereignissen einteilt und Ausgangspunkte für das Handeln festgelegt."[154] Solch eine Zeitart ist sehr nützlich und unentbehrlich für das alltägliche Leben. Von dieser Art der Zeit unterscheidet Bergson aber die unmittelbar erlebte Zeit, die er "Dauer" nennt und als Sukzession ohne Exteriorität charakterisiert. Die verräumlichte Zeit ist nicht wirklich, wir erschaffen uns gleichsam eine vierte Raum-Dimension und nennen sie im Sinne der Physik "Zeit". Die Dauer ist dagegen die von räumlichen Verhältnissen unabhängige Form des inneren Geschehens (vgl. ZuF 85). Die reine Dauer lässt sich wirklich schwer definieren, weil unsere Vorstellungen meistens an quantitativen Verhältnissen orientiert sind.

Bergson teilt die Ansicht, dass nicht nur die Zeit, von der die Physiker sprechen, sondern auch die Begriffe, die den physikalischen Zeitbegriff voraussetzen, also "Bewegung", "Geschwindigkeit" usw. von uns konstruiert sind. In diesem Zusammenhang wird es notwendig sein, die Frage zu beantworten, wie solche Zeit mit der Bewegung

---

154 Kalokowski, L.: H. Bergson. Ein Dichterphilosoph, München 1985, S. 24.

zusammenhängt, ob es zwischen beiden eine Beziehung gibt. Wir versuchen im nächsten Kapitel diese Frage zu beantworten.

3. Zeit und Bewegung

Der grundlegende Gedanke Bergsons von der Bewegung ist die Ablehnung der Ansicht, dass die Bewegung etwas Teilbares ist. Da man statt der Bewegung selbst den ihr zugrundeliegenden homogenen Raum betrachtet, bekommt man den Eindruck, dass die Bewegung aus Positionen zusammengestellt wäre. Wenn es wirklich so ist, heißt das, die Bewegung aus Unbeweglichem zusammenzusetzen und das Unteilbare zu teilen. Aber "wir müssen uns jede Veränderung und jede Bewegung als absolut unteilbar vorstellen." (DW 162) Die Bewegung als teilbar anzusehen ist die Gewohnheit der Einbildungskraft. Sie legt in der Tat das ununterbrochene Fließen des Aktes fest, obwohl die Bewegung gar nicht aus teilbaren Elementen besteht. Die Bewegung ist im Grunde genommen keine Sache, die sich trennen lässt, sondern ein unteilbarer "Fortschritt".

Die Behauptung, dass die Bewegung im Raume sei, teilt Bergson nicht. "Meistens sagt man, eine Bewegung finde im Raume statt, und wenn man die Bewegung für homogen und teilbar erklärt, denkt man eben an den durchlaufenen Raum, als ob man ihn der Bewegung selbst gleichsetzen könnte." (ZuF 93) Aber: "Le mouvement est donc une *sui generis* indépendante de l'espace."[155] Man wird sich davon überzeugen, wenn man etwas näher zusieht, dass die sukzessive Lage, die das Bewegte annimmt, den Raum in Anspruch nimmt, während die Operation, durch die es von einer Lage in eine andere gelangt, die Dauer beansprucht und "nur für einen bewussten Beobachter Wirklichkeit besitzt, sich dem Raum entzieht." (Ebd.) In der Bewegung sind zwei Elemente zu unterscheiden, der zurückgelegte Raum und

---

155 Giroux, L.: Durée pure et Temporalité. Bergson et Heidegger, Bellamin Montreal 1971, S. 28.

der Akt, durch den dieser Raum zurückgelegt wird, anders gesagt, die sukzessiven Lagen und ihre Synthese. Das erste Element (Raum) ist eine homogene Quantität; "das zweite hat nur in unserem Bewusstsein Wirklichkeit; es ist, wie man will, eine Qualität oder eine Intensität." (ZuF 94) Mit andern Worten: Die Bewegung gibt es nur für das sich erinnernde Bewusstsein. Es ergibt sich hier eine Mischung zwischen der rein intensiven Bewegungsempfindung und der ausgedehnten Vorstellung des durchlaufenen Raumes. Einerseits schreibt man der Bewegung die Teilbarkeit des Raumes zu, und vergisst, dass zwar eine Sache teilbar ist, nicht aber ein Akt, andererseits gewöhnt man sich daran, diesen Akt in den Raum zu projizieren, ihn festzuhalten, "ihn mit einem Worte zu verfestigen: als ob diese Lokalisierung eines Fortschrittes im Raume nicht auf die Behauptung hinausliefe, dass sogar außerhalb des Bewusstseins das Vergangene mit dem Gegenwärtigen koexistiert." (ZuF 95) Nach Bergson sind die Sophismen der eleatischen Schule durch diese Zusammenwerfung der Bewegung mit dem vom Bewegten durchlaufenen Raume entstanden. Wir lassen uns an das berühmte Paradoxon von Achilles und der Schildkröte erinnern. Wenn die Schildkröte dem Achilles in einem bestimmten Augenblick voraus ist, wird Achilles niemals in der Lage sein, die Schildkröte einzuholen. Da die Schildkröte einen Schritt weiter vorne anfing, wird sie sich zu der Zeit, da Achilles dort ankommt, wo die Schildkröte zuvor gewesen war, bereits weiter bewegt haben und zu der Zeit, zu der Achilles diesen nächsten Punkt erreicht, wird die Schildkröte sich wieder weiterbewegt haben, und so weiter *ad infinitum*. Der Irrtum dieser Beweisführung liegt nach Bergson darin, dass die Eleaten "diese Reihe von unteilbaren Akten sui generis mit dem homogenen Raum identifizieren, der ihnen unterlegt wird."[156] Nach

---

156 Bergson erklärt, wie Zenons Beweisführung irreführend ist. "Da nämlich dieser [Raum] teilbar und nach beliebigen Gesetzen wieder zusammensetzbar ist, halten sie sich für berechtigt, die ganze Bewegung Achilles nicht mehr aus Schritten Achilles, sondern aus Schildkrötenschritten wiederzusammenzusetzen: dem Achilles, der die Schildkröte verfolgt, substituieren sie in Wirklichkeit zwei Schildkröten, die dazu verurteilt sind, dieselbe Art von Schritten oder simultanen Akten zu vollführen, so dass sie einander nie erreichen können." (ZuF 95)

ihm ist es wahr, dass jeder Schritt Achilles' ein einfacher und unteilbarer Akt ist und nach einer Zahl dieser Akte Achill die Schildkröte überholen wird, weil jeder einzelne Schritt des Achilles und der Schildkröte als Bewegungen ein Unteilbares und als Räumliches verschiedene Größen sind, "so dass, die Addition für den von Achill durchlaufenen Raum alsbald eine Länge ergeben muss, die die Summe des von der Schildkröte durchlaufenen Raumes und ihres Vorsprunges vor ihm übertrifft." (Ebd.)[157] Zenon übersieht diese Tatsache, indem er die Bewegung Achills und der Schildkröte demselben Gesetz gemäß zusammensetzt. Aber er vergisst dabei, dass nur der Raum "ein willkürliches Dekompositions- und Rekompositionsverfahren gestattet." (ZuF 95–96) Die Bewegung und der Raum werden auf diese Weise vermengt. Bergson stimmt mit seinem Zeitgenossen Evellin überein (vgl. ebd.), "dass die Begegnung der beiden bewegten Körper einen Unterschied zwischen der wirklichen Bewegung und der in Gedanken, zwischen dem Raum an sich und dem ad infinitum teilbaren Raum, zwischen der konkreten Zeit und der abstrakten Zeit in sich schließt (vgl. ebd. 96). Anschließend fragt Bergson, warum man auf eine metaphysische Hypothese zurückgreift, wenn man Intuition der Bewegung in der Dauer außerhalb des Raumes deutlich zeigen kann. Dafür braucht man nicht anzunehmen, dass die Teilbarkeit des Raumes begrenzt ist. Man darf sich den Raum unbegrenzt teilen lassen, vorausgesetzt, dass man eine Unterscheidung zwischen den simultanen Lagen zweier bewegter Körper, die wirklich im Raume sind, und ihren Bewegungen, die keinen Raum einnehmen können, macht, "da sie nichts Ausgedehntes, sondern Dauer, Qualität und

---

[157] L. Kalokowski ist der Meinung, dass die gleiche Verworrenheit wie beim ersten Argument in allen Argumenten Zenons herrscht. "Wenn Zenons Pfeil jeden Augenblick an einem bestimmten Punkt auf seiner Flugbahn wirklich *dagewesen wäre*, würde er in der Tat immer jeden Augenblick bewegungslos gewesen sein; folglich wäre er immer bewegungslos. Doch der sich bewegende Pfeil *ist* niemals an einem bestimmten Punkt. Dies ist einfach zu verstehen, wenn wir, anstatt mit dem Raum zu beginnen, davon ausgehen, dass Bewegung ursprünglicher, nicht reduzierbare Wirklichkeit ist." Aus: Bergson, S. 22–23.

nicht Quantität sind." (Ebd. 96) Bergson versteht die reine Bewegung als ein völlig von dem Raum Getrenntes und sieht den durchlaufenen Raum als das eigentümlich homogene Element der Bewegung an.[158]

M. Florian wirft in diesem Zusammenhang Bergson wie Zenon vor, dass sie die Bewegung verneinen. Dieser Vorwurf ist aber unhaltbar. Bergson erklärt selbst das Paradoxon des Eleaten, um zu zeigen, dass die Bewegung wirklich und unteilbar ist, während der Eleate die Unbeweglichkeit vertritt.[159]

Da für Bergson die Wirklichkeit selbst Bewegung ist, kann es kein Unbewegtes in der Welt geben. Dass etwas für uns unbeweglich erscheinen kann, liegt allein an der Perspektive des erkennenden Menschen. Tatsächlich unterliegt alles Seiende einer Veränderung, die für uns unter Umständen nur nicht erkennbar ist. Zur Verdeutlichung dieses Sachverhaltes führt Bergson die Relativität der Bewegung zweier parallel fahrender Züge für den Betrachter des in dem einen Zuge Sitzenden an: "[J]eder der beiden Züge erscheint dann den Reisenden, die in dem anderen Zug sitzen als unbeweglich." (DW 163) Bergson weist den Irrtum des Zenon aufgrund der Unteilbarkeit des Aktes auf.[160]

---

158 Bergson erklärt in einem Brief 1923 die Leitidee seiner gesamten Forschungsarbeit: "Là où nous voyons ou pensons de l'immobilité; c'est (...) notre perception ou notre conception qui fige le réel; le repos n'est qu'un instantané pris sur une transition; et cette transition est la réalité meme (ce qui n'empêche nullement la réalité, d'etre substantielle, la substantialité étant la continuité et l' indivisibilité de changement) Bergson H.: Mélanges.Textes et publiés et ennotés par Andre Robinet, Paris 1972, S. 1417.

159 Da Florian seine Dissertation im Jahre 1914 geschrieben und deswegen Bergsons "Denken und schöpferisches Werden" nicht kennen konnte, konnte er diesen Vorwurf machen.

160 "Ich vollziehe so eine Reihe von unteilbaren Akten. Mein Lauf ist die Reihe dieser Akte. Soviel Schritte er umfasst, soviel Teile kann ich dabei unterscheiden. Aber du hast nicht das Recht, ihn nach einem anderen Gesetz zu unterteilen, noch anzunehmen, dass er auf eine andere Art gegliedert ist. So vergehen, wie Zenon es tut, hieße zugeben, dass der Lauf willkürlich zusammengesetzt werden kann, genau so wie der durchlaufene Raum. Es hieße glauben, dass der Übergang mit den durchlaufenen Raum identisch wäre. Es hieße, Bewegung und Unbeweglichkeit miteinander koinzidieren lassen und sie infolgedessen miteinander verwechseln." (DW 165, auch S. 211)

Bergsons strenge Unterscheidung der Bewegung vom Raum erscheint uns problematisch. Er unterscheidet zwei verschiedene Räume, einmal den Raum an sich,[161] und zum anderen den Raum für die Dinge. Damit erhält man zwei Ausdehnungen; einmal eine Ausdehnung, in der sich die endlichen Dinge bewegen, während die andere Ausdehnung als Unendliches, Homogenes betrachtet wird.[162] Zur Lösung des Widerspruches macht M. Florian den Vorschlag, am Unterschied zwischen dem Ort, den Bergson bei der Analyse der Bewegung nicht als Eigenschaft der Dinge angesehen hat, und der Größe und Gestalt festzuhalten. Wenn man anerkennt, dass diese drei dem Dinge in allen seinen Augenblicken zugehören, so schwinden alle Schwierigkeiten und Unklarheiten, die in jenem tausendjährigen Streite seit den Eleaten zu Tage getreten sind.[163]

Die Bewegung ist wie die wirkliche Zeit nicht teilbar und auch nicht auf den Raum reduzierbar. Sie ist im wahrsten Sinne des Wortes nur mit der Dauer möglich. In diesem Sinne hat die Bewegung mit der teilbaren, messbaren Zeit wenig zu tun.

In der Beschäftigung mit der mechanistischen Auffassung von Bewegung und Zeit kommt Bergson zu dem Schluss, dass dieselbe nicht von der einen Dauer ausgeht, sondern verschiedene Dauern miteinander vergleicht. Die Gleichheit von zwei Zeitintervallen wird dort so gezeigt, dass zwei identische Körper denselben Raum unter denselben Umständen durchlaufen. Es wird dabei so verfahren, dass alle Versuchsvariablen konstant gehalten werden und allein die Raum-

---

161 Diese Auffassung von Bergson wurde kritisiert, dass der perzipierte, leere und homogene Raum nicht existiert. So sagt z. B. Lindsay "space, according to Bergson, is the conception of anempty homogeneus Medium: it is a principe of differantiatin other than that of qualitative differantiation, and consequently it is a reality with no quality – How can such a reality be the basis of counting und measurement? For clearly it cannot be perceived." Emmens, W.: Das Raumproblem bei H. Bergson, Leiden 1931, S. 51.
162 Bergson sieht bei späteren Werken von dieser Unterscheidung ab. Er sagt: "Der wirkliche Raum ist ein dynamisches Kontinuum und keine homogene Leere, die einem Nichts gleichkäme." (DW 10)
163 Vgl. Florian, M.: Der Begriff der Zeit, S. 28

variable gemessen wird. Ist diese Variable bei sonst identischen Umständen ebenfalls bei beiden Körpern dieselbe, d.h. wurde der gleiche Raum durchschritten, so hat man die Gleichheit der Zeitintervalle festgestellt. Anders formuliert, hält man den homogenen Zeitpunkt fest, an dem die Bewegung anfängt, und konzentriert sich auf den Augenblick, wo die Bewegung aufhört. Dadurch bekommt man auch dieselbe Simultaneität wie am Anfang. Letztendlich misst man den durchlaufenen Raum, das Einzige, was in der Tat messbar ist. Hier handelt es sich nicht um die Dauer, sondern nur um Raum und Simultaneität. Dass etwas nach Ablauf einer Zeit (t) stattgefunden hat, heißt zu verdeutlichen, dass "das Bewusstsein von hier bis da eine Zahl (t) von Simultanitäten einer gewissen Art festhalten wird." (Ebd.) Dieses Intervall der Dauer existiert nicht außerhalb von uns, es ist für uns und kommt dadurch zustande, dass unsere Bewusstseinszustände sich gegenseitig durchdringen. Außerhalb von uns sind nur Raum und Simultaneitäten anzutreffen. Von denen kann man nicht sagen, dass sie objektiv sukzessiv seien, weil wir jede Sukzession durch den Vergleich von Gegenwart und Vergangenheit denken. Zum Beispiel, dass "das Intervall der Dauer selbst vom Standpunkt der Wissenschaft aus nicht in Anschlag gebracht wird, mag [dazu] dienen, dass wenn alle Bewegungen des Weltalls zwei- oder dreimal so schnell erfolgten, weder an unsren Formeln, noch an den Zahlen, die wir dabei verwenden, irgend etwas abzuändern sein würde." (ZuF 98) Für die Geschwindigkeit, so glaubt Bergson, gelangt man zum selben Schlusse, wenn man ihren Begriff analysiert. Die Mechanik gewinnt diesen Begriff dadurch, dass sie erst einmal die Vorstellung einer gleichförmigen Bewegung konstruiert. Zu dieser Konstruktion gelangt man, indem die Bewegung sich "einerseits die Bahn AB eines gewissen bewegten Körpers und andererseits ein physisches Phänomen vergegenwärtigt, das sich unbegrenzt unter identischen Bedingungen wiederholt, z. B. der Fall eines Steines, der immer aus gleicher Höhe auf dieselbe Stelle herabfällt." (Ebd.) Wenn wir auf dieser Bahn AB die abstrakten Punkte D, E, F bezeichnen, die der bewegte Körper in jedem Zeitpunkt erreicht, so werden die Intervalle AD, DE, EF... als untereinander gleich erkannt, so dass man sagen könnte, die Bewegung ist gleichförmig. Die Geschwindigkeit dieser bewegten Körper wird durch die Intervalle gemessen, vorausgesetzt, dass man sich einig ist, als Einheit der Dauer das physische Phänomen zu akzeptieren, das man als Vergleichsterminus gewählt hat. Somit wird die Geschwindigkeit einer gleichförmigen Bewegung definiert, ohne dabei andere Begriffe, nämlich Raum und Simultanität zuhilfe zu nehmen. Bergson kommt bei den Analysen von der gleichförmigen und ungleichförmigen Bewegung zum Ergebnis, dass die beiden sich nur in den bereits durchlaufenen Räumen und in den erreichten simultanen Lagen verwirklichen. Man hat mit der Behauptung Recht, dass "wenn die Mechanik von der Zeit nur die Simultanität ins Auge fasst, sie auch von der Bewegung selbst nur die Unbewegtheit fest hält." (ZuF 100) Die Mathematik kann von in einem bestimmten Augenblick der Dauer erreichten Ergebnissen und von einem bewegten Körper im Raum reden, "keineswegs aber die Dauer und die Bewegung als solche" (ebd.) beschreiben. Sie bezieht sich auf einen äußersten Punkt des Intervalls, selbst wenn die Punkte noch so klein gedacht werden. Die Bewegung ist wie die Dauer eine Leistung des Geistes und kein Ding. Wenn ein Körper die Punkte einer Linie nacheinander einnimmt, hat aber die Bewegung selbst mit dieser Linie nichts gemein. Selbst wenn eine Veränderung der Körperlage verschiedene Momente der Dauer erzeugt, ebenso wie dieselben unter Umständen unterschiedliche Lagen des Körpers zur Folge haben, "so hat doch die Dauer im eigentlichen Sinne keine identischen noch einander äußerliche Momente; denn sie ist ihrem Wesen nach in sich selbst heterogen, ununterschieden und ohne Analogie mit der Zahl." (ZuF 101)

Zusammenfassend kann man sagen, dass die Bewegung bei Bergson als ein Zeichen für die homogene und messbare Zeit gedacht wird. Diese Bewegung wird von den Sinnen perzipiert und in den Raum projiziert. Nach Bergson sind zwei Elemente im Bewegungsbegriff zu unterscheiden. Zum einen das der homogenen Quantität (der durchlaufene Raum) und zum anderen das des Aktes, d.h. die Operation der Bewegung, die von der Dauer beansprucht wird und nur im Bewusstsein Wirklichkeit besitzt. Beim ersten Punkt wird der durchlaufene Raum der Bewegung gleichgesetzt, deswegen ist er homogen und teilbar. Beim zweiten Punkt wird die Bewegung als "Fortschritt" aufgefasst und ist ein psychischer Prozess, deswegen unausgedehnt. Wir begegnen hier einem interessanten Phänomen, der nicht teilbare Akt der Bewegung wird in den teilbaren Raum projiziert.

Im Gegensatz zu Bergson untersucht Dilthey nicht die Beziehung von Zeit und Bewegung. Dilthey nimmt die Sukzession als Aufeinanderfolgen von Veränderungen, die nach ihm als ein Verhältnis, als Folge, als eine Ordnungsform der Natur zugrunde liege. "So bilden wir (...) die Vorstellung, dass in der Natur dieser Zusammenfassung zugleich liege, eine Ordnungsform der Mannigfaltigkeit innerer Zustände zu der Form der Aufeinanderfolge zu entwickeln." (XIX, 211) Unsere Wahrnehmungen haben mit der Gleichzeitigkeit, Aufeinanderfolge, Dauer, Zeitabstand zu tun. Sie sind Verhältnisse, die wir als zeitlich bezeichnen. Sie enthalten eine Sukzession von Veränderungen. Die Vorstellungen der Sukzession sind ohne die Zeit nicht zu denken, wie die Zeit ohne Sukzession nicht zu denken ist. In allen Veränderungen an "inneren oder äußeren" Wahrnehmungen liegt ein Stetiges, Konstantes, nämlich die Anschauung der Zeit. Wenn wir annehmen würden, dass die Bewegung auch eine Art von Veränderung ist, könnten wir sagen, dass Dilthey die Zeit (besonders die physikalische Zeit) als eine Bedingung für die Bewegung hält. Demgegenüber findet man bei Dilthey, genauso wie bei Bergson, eine strenge Unterscheidung von der Zeit, die in der äußeren Natur auftritt, und der wirklichen Zeit (vgl.VII,72). Dilthey lässt die konkrete Zeit nicht dem Naturgeschehen zukommen. Die formale Zeit, die Dilthey als Ordnungsform betrachtet, hat irgendetwas mit der alltäglichen Zeit zu tun. Da bei Dilthey menschliches Leben nicht im Sinne äußerer Gegenstände "in" der Zeit als etwas Äußeres vor sich geht, sondern die Zeit das Leben des Menschen selbst bildet, ist es sinnvoll, einen Blick auf die Frage zu werfen, wie bei Bergson die Zeitlichkeit und das innere Leben zueinander stehen.

4. (Homogene) Zeit und inneres Erlebnis

Es ist eine wichtige Frage für Bergson, ob die homogene Zeit die Struktur des inneren Erlebens adäquat darstellen kann. Er war immer kritisch gegenüber der wissenschaftlichen Einstellung des 19. Jahrhundert, die sich um die Messbarkeit von allem, was messbar ist, bemühte. Gerade in Bezug auf das innere Leben wehrt er sich gegen diese Methode, weil sie über die Intensität und die Dauer einer Empfindung überhaupt nichts sagen kann. Diese lassen sich nicht quantifizieren. Um diese Behauptung zu stützen bzw. näher zu untersuchen, analysiert Bergson die zeitliche Struktur des Erlebens.

Er versucht in "Zeit und Freiheit" zu zeigen, dass die Vermengung von Bewegung, Zeit und Raum uns hindert, sowohl das wirkliche als auch das eigentliche Wesen unser Freiheit zu verstehen. Im ersten Teil behandelt er unsere psychologischen Zustände in Bezug auf die Frage, ob sie wirklich durch Größen oder Zahlen beschrieben werden können. Er kommt zum Ergebnis, dass die Intensität von Gefühlen oder Empfindungen damit nichts zu tun hat. Die psychologischen Empfindungen sind miteinander nicht im quantitativen Sinne zu vergleichen. Es darf z. B. nicht von einem größeren oder kleineren Hass die Rede sein. Die Empfindungen von der Härte oder Weichheit unterscheiden sich nicht entsprechend den Graden irgendeiner Messung. Solche psychologischen Empfindungen oder Zustände sind reine Qualitäten im Gegensatz zu Quantitäten. Diese Tatsache liegt auch unserer abstrakten Vorstellung von der Zeit zugrunde. Quantitatives Denken ist aber die Gewohnheit unseres Verstandes. Er neigt dazu, Qualitäten auf quantitative Unterschiede, das Einmalige auf das Wiederholbare und letztendlich das Abstrakte auf Zeit sowie Raum zu reduzieren.[164] Da Bergson die wirkliche Zeit dem bewussten Leben zukommen lässt, muss man den Dingen selbst eine zeitliche Dimension zuschreiben, um ihre Größe zu verstehen. Das ist die messbare Zeit. Die Zeit existiert nicht in der Materie. Wenn man die

---

164   Vgl. Kalokowski, L.: Bergson, S. 24.

Bewegung eines Zeigers auf einer Uhr verfolgt, misst man nur die Intervalle, die zwischen zwei Punkten liegen, nicht die wirkliche Zeit, die 'Dauer'.

Bergson vertritt die These, dass die homogene Zeit als die Ordnung des Nacheinander nicht in der Lage sei, die Struktur des inneren Erlebens adäquat darzustellen. Denn die Empfindungen und Vorstellungen sowie Gefühle und Gedanken sind nicht voneinander zu isolieren und nicht voneinander klar abzugrenzen. Deswegen kann die zeitliche Struktur des Geistes oder des Erlebens mit den räumlich-materiellen Prozessen nicht ähnlich werden. Die homogene Zeit ist nicht geeignet, um die innere Einheit des Erlebens zu verstehen.

Ein Beispiel gibt Aufschluss darüber, wie wenig die homogene Zeit mit dem inneren Erleben zu tun hat. Wie wir schon gezeigt haben, kann man die Töne der Glocke entweder als sukzessive Schläge zählen, wodurch man bloß eine Abfolge ohne inneren Zusammenhang bekommt, oder man zählt die Töne nicht und beschränkt sich vielmehr darauf, den qualitativen Eindruck zu empfangen, indem man jede Einzelne dieser sukzessiven Empfindungen im Gedächtnis behält, "um sie mit den anderen in organische Verbindung zu bringen und eine Gruppe zu bilden." (ZuF 75) Sobald man die Schläge zählt, löst man sie aus ihrer Verbindung und dadurch verlieren die Töne ihre Qualität. Dies ähnelt einem Musikstück, wobei wird den ersten Ton mit dem Letzten verbinden. Die Töne verbinden sich miteinander. Die Wirkung der einzelnen Töne wird nicht durch die einzelnen Intervalle, sondern in ihrer Ganzheit wirksam. Die Veränderung der Zeitbestimmtheit eines Tones kann die Wirkung des ganzen Musikstücks modifizieren. Dies ist genau der Fall beim Erlebnis. Das gelebte Erlebnis kann die bisherigen Erlebnisse durchdringen und sie sogar verändern. Die Erlebnisse, die schon gelebt und im Gedächtnis aufbewahrt sind, bilden eine Einheit mit den Erlebnissen, die eben gerade gelebt werden. Deswegen schafft jedes Erlebnis, das zu den bisherigen hinzutritt, eine neue Organisation des Ganzen. Bergson nimmt sogar die Wiederholungen nicht als das Wiederholen des Gleichen, sondern sie bringen jedes Mal eine andere Qualität. Da kein

Ereignis zweimal dieselbe Wirkung auslösen kann, ist jeder Augenblick *einmalig, und unwiederholbar*, so dass sich die innere Zeit nicht quantifizieren lässt. Die Dauer hat als qualitative Mannigfaltigkeit mit der alltäglichen Zeit wenig zu tun. Sie ist in sich heterogen und hat mit der Mannigfaltigkeit, die durch die Zahl gebildet und homogen ist, keine Ähnlichkeit. "In meinem Innern vollzieht sich dagegen ein Organisations- oder gegenseitiger Durchdringungsprozess der Bewusstseinsvorgänge, der die wahre Dauer ausmacht." (ZuF 91) Während sich die materiellen Gegenstände im Raum befinden und getrennt voneinander existieren, bilden die Bewusstseinsvorgänge eine innere unteilbare Einheit von den verschiedenen Momenten.

Wir nehmen die reine Dauer nur dann wahr, wenn wir uns auf unsere innere Erfahrung konzentrieren, die Welt der Dinge beiseite lassen und praktische Interessen des Geistes ausschalten, stattdessen eine desinteressierte Haltung einnehmen. Wenn man dies macht, spürt man Vergangenheit und Gegenwart als Ganzes. Als Ganzes verstandene Dauer ist die unteilbare Kontinuität einer Melodie, "in der die Vergangenheit die Gegenwart durchdringt und mit ihr ein unteilbares Ganzes bildet, das ungeteilt und selbst unteilbar bleibt, trotz desjenigen, das sich in jedem Moment hinzufügt, oder vielmehr gerade durch dieses, was sich hinzufügt." (DW 88) Diese Tatsache wird aber durch Intuition erfasst. (Der Begriff der Intuition ist *der* Schlüsselbegriff in Bergsons Philosophie. Er hat in der philosophischen Rezeption seiner Werke des öfteren zu Missverständnissen geführt. Intuitives Erfassen war für viele Rezipienten gleichbedeutend mit Irrationalität. Deshalb ist es von Bedeutung, dem Begriff der Intuition durch ideengeschichtliches Einordnen eine Würdigung zukommen zu lassen, um diesem Vorwurf gegen Bergson zu begegnen. Dem wird an späterer Stelle dieser Arbeit im Kapitel 4.8.1, welches explizit den Begriff Intuition in der Philosophie Bergsons behandelt, nachgegangen.)

Solange wir die Dauer auf andere Weise als durch die Intuition erfassen möchten, reihen wir scharf abgegrenzte Zustände aneinander wie die Perlen einer Kette und es wird dadurch ein Faden notwendig, der sie zusammenhalten soll. Dieser Faden ist aber an sich unbestimmbar und in keiner Weise gleicht er den Perlen. "Die Intuition gibt uns hier die Sache selbst unmittelbar, während die Intelligenz nur die räumliche Transponierung, die Übertragung ins Bildliche erfasst." (DW 89)

Diese grundlegende Unterscheidung der reinen Dauer des inneren Erlebnisses von der homogenen Zeit entspricht zwei Auffassungen des Ichs, nämlich eines oberflächlichen und inneren Ichs. Bergson sagt ausdrücklich, dass unser Ich die Außenwelt oberflächlich berührt. Unsere sukzessiven Empfindungen behalten etwas von der 'reziproken Exteriorität' bei, deren Ursachen objektiv charakterisiert sind; "und aus diesem Grunde spielt sich unser oberflächliches, psychisches Leben in einem homogenen Medium ab, ohne dass uns diese Vorstellungsweise viel Mühe kostet." (ZuF 105) Es taucht hier aber ein Problem auf: Je weiter man in die Tiefe des Bewusstseins eindringt, desto mehr wird der symbolische Charakter dieser Vorstellung unverkennbar. Unser inneres Ich, das fühlt und sich erregt, das liebt und hasst, ist eine Kraft, "deren Zustände und Modifikationen sich aufs innigste durchdringen und eine tiefe Veränderung erfahren, sobald man sie voneinander absondert und in den Raum entfaltet." (Ebd.)

Bergson gibt Antwort auf eine Frage, die man nach dieser Erklärung wohl stellen sollte, nämlich ob diese Unterscheidung, das oberflächliche Ich von dem inneren Ich, wirklich ontologisch zu verstehen ist. Da es zwischen beiden keine ontologische Differenz gibt und beide eine und dieselbe Person bilden,[165] "scheinen notwendig beide auf gleiche Weise zu dauern." (Ebd.) Die konstante Vorstellung der objektiven Ereignisse, die sich wiederholen, werden in unserem oberflächlichen physischen Leben in einander äußerliche Teile zergliedert.

---

165 K. P. Romanos betont die Scheinbedeutung des oberflächlichen Ichs im Gegensatz zum tiefen Ich wie folgt: "Es ist immer das tiefe Ich gemeint, wenn Bergson von der Person spricht oder wenn er die Freiheit als die Determinierung *durch sich selbst* bestimmt. Weil nur das tiefe Ich reine Dauer ist, qualitative Mannigfaltigkeit von psychischen Zuständen, deren jeder allen anderen innerlich ist, Sukzession ohne Quantität oder Exteriorität, kurz *integral*, kann ihm das Attribut der *Ganzheit* zukommen." Aus: Heimkehr. H. Bergsons lebensphilosophische Ansätze zur Heilung von erstarrtem Leben, Frankfurt am/Main 1988, S. 194.

Sie bestimmen also durch die determinierten Momente den dynamischen und ungeteilten Fortschritt unserer Bewusstseinszustände. Die äußeren Wahrnehmungen verändern durch diesen Prozess, vom Objekt bis in die Tiefe des Bewusstseins zu gelangen, ihren Charakter. Dabei spielt unsere gewöhnliche Auffassung der Dauer eine große Rolle, die auf ein allmähliches Eindringen des Räumlichen ins Gebiet des reinen Bewusstseins zurückzuführen ist. Das kann dazu führen, "dass es, um dem Ich die Fähigkeit zu nehmen eine homogene Zeit zu perzipieren, genügen würde, jene oberflächliche Schicht psychischer Tatsachen von ihm abzutragen, die es als Zeitmesser benutzt." (ZuF 105)

Wir versetzen uns im Traum in solche Bedingungen. Denn unsere Körperfunktionen sind im Schlaf verlangsamt. Dadurch ist die Kommunikation zwischen dem Ich und den äußeren Dingen beschränkt. In diesem Fall wird die Dauer nicht von uns gemessen, sondern nur gefühlt, so dass die Dauer aus der Quantität ins Qualitative zurückkehrt. Unsere tägliche Erfahrung müsste uns lehren, "einen Unterschied zwischen der qualitativen Dauer, der nämlich, die das Bewusstsein unmittelbar erfasst und die wahrscheinlich das Tier perzipiert, und der sozusagen materialisierten Zeit zu machen, der Zeit, die durch eine Entfaltung in dem Raum zur Quantität geworden."(ZuF 106)

In diesem Zusammenhang, in dem die homogene Zeit und das innere Erlebnis erörtert worden sind, finden wir eine erstaunliche Annäherung zwischen Bergson und Dilthey, obwohl sie dafür verschiedene Begriffe eingeführt haben. Die Unterscheidung der messbaren Zeit von der Dauer (oder bei Dilthey von der gelebten Zeit) hängt eng mit dem inneren Erlebnis zusammen. Beide Philosophen sind der Meinung, dass die physikalische Zeit die Tiefe des inneren Erlebnisses nicht darstellen kann. Es ist bei Dilthey unumstritten, dass die erste und für alle anderen grundlegende Bestimmung des Lebens in der Zeitlichkeit liegt (vgl.VII, 192). Dilthey spricht, wenn er das Dasein des Menschen meint, von dem Lebensverlauf, "der in der Zeit beginnt und in ihr endet (...); dieses Leben ist zeitlich, räumlich und durch Wechselwirkungen lokalisiert im Zusammenhang des allgemeinen Inbegriffs von Geschehen, der in unsre Erfahrung tritt." (VII, 313f) Da die Zeitlichkeit nicht nur eine Bestimmung unseres eigenen Lebens ist und alles Geschehen in der Natur in der Zeit erfolgt, kommt Dilthey zu der Einsicht, dass Zeit, sofern sie dem menschlichen Leben zukommt, etwas anderes bedeutet als jene Zeit, in der Naturgeschehen geschieht (vgl. VII, 72). Hier ist die Zeit nicht nur die Form, "in" der das Leben geschieht, sondern hier macht die Zeitlichkeit die Substanz des Lebens aus. Abgesehen davon kann das Wesen des Lebens gar nicht dargestellt werden. Im Gegensatz zur formalen Zeit verschmelzen hier Form und Gehalt miteinander. Dies entspricht dem, was Dilthey als konkrete Zeit benennt. Solche konkrete Zeit wird durch das, was geschieht, gemessen, nicht durch andere Mittel (vgl.VI, 221).[166] Die Gegenwart als einzig reale Zeitbestimmung ist immer gegenwärtige Präsenz, die aus dem Inhalt des Erlebens selbst stammt, so dass das in der Präsenz gleichzeitig Gegenwärtige sich zu einer Einheit, dem Erlebnis, gliedert. "Dasjenige, was so im Fluss der Zeit eine Erlebniseinheit bildet, weil es im Lebensverlauf eine einheitliche Bedeutung hat, ist die kleinste Einheit, die wir als Erlebnis bezeichnen können." (VII 73) Die konkrete Zeit im Gegensatz zur formalen Zeit enthält eine innere Gliederung und sammelt bestimmte Einheiten um sich. Diese Einheiten (Erlebnisse) haben ihre Bedeutungen und sie bezeichnen einen Teil des Lebensverlaufes. Sie enthalten auch in sich als Teile die ganze Fülle des Lebens. Das Erlebnis ist ein Teil, das in seiner totalen Realität eine Einheit in sich hat. Es besteht lediglich nicht in der Gegenwart, sondern "enthält schon Vergangenheit und Zukunft in sich in dem Bewusstsein von Gegenwart, da der Begriff der Gegenwart keine Dimension in sich schließt, das konkrete Bewusstsein von Gegenwart also Vergangenheit und Zukunft in sich enthält." (VI 314) Solches Erlebnis kann nicht von der formalen Zeit dargestellt werden. Es kann nur zu der in sich Vergangenheit Gegenwart und Zukunft ein-

---

166 Dilthey schildert die konkrete Zeit an den folgenden Stellen: VII, 72, 193 und VI, 315.

schließenden Zeit in Beziehung gesetzt und verstanden werden. Solche Zeitauffassung wird bei Bergson Dauer genannt, die sogar mehr Eigenschaften als die konkrete Zeit bei Dilthey hat. Man sieht trotz einiger Verschiedenheit zwischen Dauer und konkreter Zeit deutlich die semantische Ähnlichkeit der Begriffe, wenn es um das innere Erlebnis des Menschen geht.

Wir haben bisher die Dauer nebenbei erörtert, weil mehr von der homogenen Zeit die Rede war. Deswegen möchten wir im nächsten Kapitel Bergsons Auffassung der Dauer näher analysieren.

5. Die wirkliche Zeit, die Dauer

5.1. Dauer und Raum

Bergson nimmt in "Essai" den Raum im Gegensatz Zeit als eine Form der Sinnlichkeit an. Dieser Raum als Homogenität steht der Heterogenität der Dauer und der Qualitäten gegenüber. Später in "Materie und Gedächtnis" gibt Bergson die Annahme auf, dass der Raum die apriorische Form der Sinnlichkeit ist. Wenn man mit Kant annimmt, "dass Raum und Zeit die Formen unserer Anschauung seien, dann kommt man dazu, Materie und Geist für gleich unerkennbar zu erklären."[167] Bergson unterscheidet immer das Psychische von dem homogenen Raum oder von der Materie, die den Raum erfüllt. Solch grundlegender Unterschied führt Bergson dazu, dass Geist und Materie von einander streng getrennt werden müssen. Daraus kommen natürlich weitere unterschiedliche Begriffe, nämlich Qualität und Quantität, die miteinander keine Berührungspunkte haben. Bergson bemüht sich im ersten Kapitel des "Essai" darum nachzuweisen, dass die Intensität nicht mit der Größe, wie von manchen behauptet wird, sondern nur mit der Qualität zu tun hat. Wenn man

---

[167] Bergson, H.: Materie und Gedächtnis. Eine Abhandlung über die Beziehung zwischen Körper und Geist, mit einer Einleitung von Erik Oger, Hamburg 1991, S. 210, (Dies wird im Text als 'MuG' zitiert).

die Intensität als Größe akzeptieren würde, dann würde sie auf die Quantität zurückgeführt werden müssen. Wenn das der Fall ist, muss in der reinen Dauer Raum enthalten sein, was von der Definition des Raumes her nicht möglich ist. Die Dauer als Qualität muss völlig frei von der Quantität, also vom Raum sein. Die Dauer hat andere Eigenschaften als der Raum und auch umgekehrt. Während der Raum und die den Raum erfüllende Materie ausgedehnt sind, ist die Dauer als Qualität unausgedehnt.

Bergson nennt den homogenen Raum, im zweiten Kapitel des Essais, sich selbst genügende und unabhängige Wesenheit (vgl. ZuF 79). Die von unseren psychischen Leben stammende Qualität steht im Gegensatz zum homogenen Raum als Quantität. Es fragt sich, ob es zwischen beiden eine Beziehung gibt. Bergson antwortet: Es gibt keine Berührungspunkte zwischen dem Unausgedehnten und dem Ausgedehnten, zwischen Qualität und Quantität. "Eines lässt sich zwar durch das andere auslegen, eines zum Äquivalent des anderen machen; doch (...) wird man anerkennen müssen, dass diese Gleichsetzung rein konventionellen Charakters ist." (ZuF 61, 82)

Bergson meint, dass die reine Dauer bezogen auf den Raum schwer vorgestellt werden kann. "Es fällt uns aber unglaublich schwer, uns die Dauer in ihrer ursprünglichen Reinheit vorzustellen" (ZuF 90), weil nicht nur wir dauern, die äußeren Dinge dauern gleich uns, und "die Zeit (..) gewinnt ganz das Aussehen eines homogenen Mediums." (Ebd.) Da die Zeit sich uns in der internen Welt immer als ein homogenes Medium aufdrängt und "die von unsern Sinnen perzipierte Bewegung (..) gewissermaßen das greifbare Zeichen für eine Homogene und Messbare" ist (ebd. 91), haben wir Schwierigkeiten, die Dauer in ihrer Reinheit zu verstehen. Man muss vor allem sich vor der homogenen Zeit befreien, und muss den Zusammenhang klären zwischen dem Raum und den damit verknüpften räumlichen Verstandesbegriffen, um durch die Dauer das innere Erlebnis intuitiv erfassen zu können.

Bergson versucht in "Materie und Gedächtnis" dieses Problem dadurch zu lösen, dass er nicht mehr den Raum als Form der Sinnlichkeit, sondern nur als Vernunftbegriff annimmt. Dadurch will

Bergson den Sinn vom Raum befreien. Damit gewinnt er die Möglichkeit, die Dauer als intuitives Erlebnis zu deuten. (MuG 183) In "Denken und schöpferisches Werden" behandelt Bergson den Raum als Hervortretung aus dem Innern der Lebensbewegung durch Unterbrechung oder Umkehrung dieser Bewegung (vgl. SE 341–342).[168]

Obwohl Bergsons Dualismus zwischen Dauer und Raum, die miteinander gar nichts zu tun haben sollen, eine Grundthese seiner Philosophie ist, muss Bergson auch eine Mischung zwischen beiden herstellen, weil wir den Raum unserem Leben nicht entziehen können. Unsere Bewusstseinzustände zeigen uns die phänomenale Welt durch den Raum, während die Dauer uns als Strom der Bewusstseinzustände des Werden zeigt. Diese Mischung von Qualität und Quantität ist eine Scheinrealität, welche vom Physiker, 'gemeinen Verstand' und von den Psychologen als konkrete Realität gehalten wird. Sie hat in Bergsons Philosophie keinen Wert; trotzdem ist solche Scheinrealität, die durch das Vordringen des Raumes auf das Gebiet des Psychischen entsteht, notwendig für die Ermöglichung des alltäglichen Lebens. Aus dieser Sicht könnte man sagen, dass diese Scheinrealität doch eine gewisse Realität hat. Denn unsere psychischen Phänomene haben sowohl Qualität als auch Quantität. Sie müssen eigentlich in einer Mischung von Empfindung und Raum, nämlich von Qualität und Quantität bestehen.

Da ein physisches Phänomen Qualität und Quantität hat, kann man es von der Dauer aus qualitativ, vom Raum ausgesehen quantitativ annehmen. Nach Bergson aber entstehen die Bewusstseinzustände in der reinen Dauer, und projizieren sich dann in die homogene Zeit oder den Raum (vgl. ZuF 188).

Im Zusammenhang mit der Verknüpfung der Dauer mit dem Raum taucht im "Essai" und auch in anderen Werke Bergsons die Intuition auf, die ganz anders als Gewöhnliches ist, und die sich gar

---

168 Bergson, H.: Schöpferische Entwicklung, Jena 1912, (dies wird im Text als 'SE' zitiert).

nicht um die Frage kümmert, ob der Raum existiert. Denn alles lässt sich unabhängig von der räumlichen Betrachtung qualitativ erleben (vgl. ebd. 107–108). Um diese Intuition zu erreichen, muss man zwei Wegen folgen: Entweder man muss die Raumschicht und den Verstandesbegriff abtragen oder man wird sich mit der Umgebung des Raumes in die Dauer versenken. Die erste Möglichkeit scheint unmöglich, weil man vom Raume aus nie zur Intuition gelangen kann. "Dies ist der Irrtum derjenigen Philosophen gewesen. Obwohl Sie Psychologen sind durch die Methode, die sie anwenden, sind sie Metaphysiker geblieben durch den Gegenstand, den sie sich setzen. Sie suchen eine Intuition, und durch eine seltsame Inkonsequenz fordern sie diese Intuition von der Analyse, die gerade deren Negation ist."[169]

Aufgrund der Mischung von Qualität und Raum kommt die Frage auf, welchen Einfluss der Raum auf die Dauer hat? Der homogene Raum als Form der Sinnlichkeit, begleitet uns, solange wir mit der Intuition nichts zu tun haben. Wenn wir uns nur auf den homogenen Raum konzentrieren, würde die ganze Seele verräumlichen und materialisieren. Das kann Bergson natürlich nicht akzeptieren. Denn der Raum darf ja nur Schatten sein. Durch den Schatten des Raumes sehen wir das Werden fließen, ohne uns vom Raum berühren zu lassen. Wir folgen mit unseren Gefühlen der Bewegung. Der homogene Raum als verräumlichte Zeit könnte die Dauer beeinflussen. Da dieser Einfluss von Bergson nicht ernst genommen wird, könnte man sagen, dass Bergson, obwohl er in sich manche Widersprüche hat,[170] auf seiner grundlegenden Unterscheidung von Dauer und Raum beharrt.

Die Bewusstseinszustände spielen eine große Rolle zur Klärung

---

169 Bergson, H..: Einführung in die Metaphysik, Jena 1920, S. 19.
170 Zum Beispiel akzeptiert er diese Mischung von Qualität und Raum manchmal als Schein-Realität manchmal als konkrete Realität. Das Psychische, das mit dem vermengenen Raum keine Berührungspunkte haben soll, wird verräumlicht und materialisiert und wieder bald vom Raume aus als unberührt von diesem angesehen wird. Die Frage, ob der Raum mit der Wesensveränderung zu tun hat oder wirklich ein Schatten ist, wird von Bergson nicht klar beantwortet.

der Frage, inwiefern oder ob sie das Verständnis der Dauer ermöglichen oder durch die Wahrnehmung des Raumes es verhindern, und ob es zwischen den Bewusstseinzuständen und der Dauer eine Beziehung gibt? Um auf solche Fragen eine Antwort zu bekommen, möchten wir die Korrelation von Bewusstsein und Dauer darstellen.

5.2. Dauer und Bewusstsein

Bewusstsein wird von Bergson auf verschiedene Weise und in verschiedener Form definiert. Diese Definitionen und Zusammenhänge sind in Bergsons Werk nicht systematisch, sondern kontextbezogen erörtert worden. Bewusstsein wird "*als Intervall der Aktivität, als Aktion* begriffen. Das temporale Cogito, das in der Tat den Kern der Bewusstseinsphilosophie Bergsons ausmacht, schafft das Leben selbst zu einem Bewusstsein um."[171] Bergson sieht das Bewusstsein immer als eine Form des Lebens.[172] Solches Bewusstsein ist nicht isolierbar, sondern es ist vielschichtig durch seine Zusammenhänge und Funktionen.

In "Materie und Gedächtnis" beschreibt Bergson die Rolle des Bewusstseins so: "Bewusstsein bedeutet die mögliche Tätigkeit; und die vom Geiste herausgebildeten festen Formen, die uns sein Wesen verhüllen, sind von diesem Grundprinzip aus aufzulösen." (MuG 36) Auf die Frage, warum wir dem Begriff des unbewussten psychischen Zustandes abgeneigt sind, antwortet Bergson: Weil wir das Bewusstsein als wesentliche Eigenschaft des psychischen Zustandes ansehen, wodurch der psychische Zustand nicht aufhören kann bewusst zu sein, ohne dass seine Existenz aufhört. Aber wenn man annimmt, dass das Bewusstsein nur das charakteristische Merkmal der Gegenwart, d.h. des gegenwärtig Erlebten ist, kann folglich das, was nicht gerade gegenwärtig ist, aufhören, dem Bewusstsein anzugehören, selbst wenn dieses Erlebte in irgendeiner Form existiert. Bewusstsein

---

171 Ey, H.: Das Bewusstsein, Berlin 1967, S. 40.
172 Ebd., S. 41.

ist so Tätigkeit bzw. Wirksamkeit und nicht gleichbedeutend mit Dasein. Der psychische Zustand kann so als unbewusst vorgestellt werden (vgl. MuG 136).

Bergson definiert Bewusstsein ganz umfangreich und er stellt das Bewusstsein mit dem Gedächtnis gleich. Sie bedingen sich gegenseitig. "Ein Bewusstsein, das nichts von der Vergangenheit behielte, das dauernd sich selbst vergäße, würde in jedem Augenblick vergehen und wieder erstehen: Wie anders könnte man das Unbewusste definieren?"[173] Das Bewusstsein als Gedächtnis ist die Aufbewahrung und Anhäufung der Vergangenheit in der Gegenwart. Es ist gleichzeitig auch ein Antizipieren der Zukunft. Die Gleichstellung von Bewusstsein und Gedächtnis ist deswegen ein schwacher Punkt im Denken Bergsons, weil er seinen eigenen Unterscheidungen nicht treu bleibt. Die Gleichstellung, die Bergson in "Geistige Energie" macht, findet man nicht in "Materie und Gedächtnis". Bergson erwähnt hier die Stufen des Bewusstseins, sie erstrecken sich von der reinen Erinnerung, die noch nicht in deutliche Bilder übersetzt ist, bis zur aktuellen Erinnerung. Die beiden Erinnerungsarten unterscheiden sich wiederum von der Wahrnehmung.

Bergson behandelt das Bewusstsein in "Schöpferische Entwicklung" erstmals im Zusammenhang mit der Intuition und dem Intellekt. Die Intuition versteht das Wesen des inneren Lebens, während der Intellekt auf die Materie bezogen ist. Obwohl diese Unterscheidung logisch aussieht und sich unser Verstand ihr zuneigt, birgt sie im Grunde genommen viele Schwierigkeiten, wenn wir sie durch die Erkenntnistheorie rechtfertigen wollen. "Denn, wenn der Intellekt auf die Materie, und die Intuition auf das Leben gestimmt ist, so wird man beide ausschöpfen müssen, um ihnen die Quintessenz ihres Gegenstandes zu entlocken." (SE 183) Das Bewusstsein spaltet sich wegen dieser Unterscheidung in Intuition und Intellekt, weil es für das Bewusstsein nötig ist, sich sowohl auf die Materie anzuwenden,

---

[173] Bergson, H.: Die geistige Energie. Aufsätze und Vorträge, Jena 1928, S. 5, (es wird in folgenden Seiten als 'GE' zitiert).

als auch dem Fließen des Lebens zu folgen. Diese Zweiteilung des Bewusstseins hängt mit der zweifachen Form der Realität zusammen, und "es würde somit die Erkenntnistheorie auf der Metaphysik beruhen." (Ebd.) Das könnte nach Bergson eine Grundlegung für empirische Erforschung sein. Durch das Erkennen der engen Beziehung zwischen Materie und Bewusstsein, z. B. wie das Bewusstsein in der Materie sich verliert und wiederfindet, sich zerlegt und wiederherstellt, kann man eine Vorstellung vom Gegensatz dieser Aktivitäten haben. Man könnte aber auch eine Vorstellung ihres gemeinsamen Ursprungs bilden. "Ja ohne Zweifel wird die Betonung dieses Gegensatzes und dieser Ursprunggemeinschaft beider Elemente auch den Sinn der Entwicklung selbst klarer hervortreten lassen." (SE 183)

Bergson ist davon überzeugt, dass das Bewusstsein sich im gesamten Tierreich nach dem Wahlvermögen erweist, das das Tier in Bezug auf seine Handlung hat. Das Bewusstsein des Tieres wird bemessen vor allem durch den Unterschied zwischen dem, was geschieht und was geschehen könnte. Man könnte von außen gesehen das Bewusstsein als ein Orientierungsinstrument des Tuns ansehen. Durch die Steigerung der Zahl der möglichen Handlungen wird das Bewusstsein sich von seinen physischen 'Mitseienden' auszeichnen. Zum Beispiel wird bei der Erinnerung an denselben Vorgang vorausgesetzt, dass die Wahrnehmung dieselbe ist, das Gehirn von Affe und Mensch höchstwahrscheinlich auf dieselbe Art modifiziert. Trotzdem hat diese Erinnerung im Bewusstsein des Menschen ganz anderes zu bedeuten als beim Affen, weil beim Affen die Erinnerung durch die Wahrnehmung bedingt ist; sie kann nur wieder erinnert werden, wenn eine entsprechende Wahrnehmung diese Erinnerung durch Reproduktion desselben Vorgangs zurückruft. "Der Mensch dagegen ist fähig, die Erinnerung je nach Gefallen, in jedem Moment und unabhängig von der Wahrnehmung heraufzubeschwören. Er beschränkt sich nicht darauf, sein vergangenes Leben nachzuspielen, er stellt es vor und träumt ihm nach." (SE 185)

Bergson schreibt dem Bewusstsein weitere unterschiedliche Eigenschaften zu. Er verwendet z. B. den Begriff "Strom des Bewusstseins."[174] Dieser Strom des Bewusstseins zwingt die Materie ins Organische hinein, ohne aber seine Bewegung durch die Materie verlangsamen zu lassen. "Denn einerseits hat sich das Bewusstsein (...) einschläfern müssen, und hat andererseits die vielen in ihm beschlossenen Tendenzen auf divergierende Organismenreiche verteilen müssen, die diese Tendenzen noch obendrein mehr zu Bewegungen veräußerlicht, als zu Vorstellungen verinnerlicht haben." (Ebd.186) Das Leben kann die Aufmerksamkeit entweder auf seine eigene Bewegung oder auf die Materie richten. Es orientiert sich einmal zur Intuition und ein anderes Mal zur Materie hin. Die Intuition scheint dem Intellekt weitaus vorzuziehen, da in ihr Leben und Bewusstsein immanent bleiben. Demgegenüber scheint sich das auf den Intellekt eingestellte Bewusstsein aus sich selber herauszusetzen. Daraus ergibt sich, dass das Bewusstsein nicht nur ein bewegendes Prinzip der Evolution ist, sondern dass dadurch der Mensch innerhalb der Geschöpfe eine hohe Stellung gewinnt. Bergson drückt den Entfaltungsprozess des Bewusstseins so aus: "Nachdem sich das Bewusstsein um der eigenen Befreiung willen in zwei komplementäre Elemente, in Pflanze und Tier, hat spalten müssen, suchte es einen Ausweg in der zweifachen Richtung von Instinkt und Intellekt: es hat ihn nicht im Instinkt, und im Intellekt nur durch jähen Sprung von Tier zum Menschen gefunden." (SE 189)

Die materielle Welt, die wir wahrnehmen, besteht in der Totalität ihrer Elemente und in ihren gegenseitigen Wirkungen. Das Bewusstsein aber kann sich nicht mit aller Materie in Verbindung setzen und kann auch nicht auf alle Materie gleiche Wirkung haben. Unsere Wahrnehmung beschränkt unser Bewusstsein, das "nur gewisse Teile

---

174 Diesem Begriff wird auch von W. James in seinen berühmten Buch *Principles of Psychology* von 1890 ein Kapitel gewidmet (Vgl. *The Principles of Psychology*, Vol.I,Chapter IX, S.224–290, New York 1950). Diese Metapher vom Strom oder Fluss gehört sowohl Bergson als auch W. James. Beide interpretieren sie aber anders. Während nach Bergson die reale Zeit selbst in ihrem Strömen oder Fließen erfahren werden kann, hält James (vgl. *Essays in Radical Empiricism*, S.25) nur den Wandel von etwas oder den Übergang von etwas zu etwas anderem für erfahrbar, nicht aber den Fluss der Zeit. Vgl. zu dieser Differenz zwischen Bergson und James Gerold E. M.: *W. James. His life and thought*, New Haven/London 1986, S. 152.

und nur gewisse Seiten dieser Teile erfasst. Gerade in dieser Auswahl besteht – soweit die äußere Wahrnehmung in Betracht kommt – das Wesen des Bewusstseins." (MuG 23) Für eine Auswahl braucht man vor allem viele Möglichkeiten, von denen man nur eine wählt und die anderen auslässt. "Bewusst Wahrnehmen heißt wählen, und das Bewusstsein besteht vor allem in diesem praktischen Unterscheidungsvermögen." (MuG 35)

Bergson setzt das Bewusstsein nicht nur mit der Wahrnehmung in Verbindung, sondern verweist auch auf den Zusammenhang des Bewusstseins mit der Erinnerung und den Erinnerungsbildern. Die Wahrnehmung ist nicht nur als ein Kontakt des Geistes mit dem gegebenen Gegenstand zu definieren, sondern sie braucht die Erinnerungsbilder, "welche sie vervollständigen, indem sie sie erklären." (MuG 127) Diese Erinnerungsbilder haben aber wieder mit der reinen Erinnerung zu tun, die das Erinnerungsbild zu konkretisieren beginnt. Bergson veranschaulicht den Zusammenhang zwischen Erinnerung und Wahrnehmung durch ein linienförmiges Schaubild:

Erinnerungsbild
―――――――――――――――――

A   B   O   C   D
(Meine Erinnerung)   (Wahrnehmung)

Wenn man die oben genannten drei Begriffe durch aufeinanderfolgende Abschnitte AB, BC, CD einer geraden Linie AD darstellt, verdeutlicht dies, dass "unser Denken in einer kontinuierlichen Bewegung von A zu D diese Linie durchläuft und dass es unmöglich ist, mit Bestimmtheit zu sagen, wo der [eine] Terminus aufhört und der andere anfängt." (MuG 127) Diese Tatsache wird von Bewusstsein bestätigt. Das menschliche Gedächtnis geht in dieser Reihenfolge vor. Wenn wir eine Erinnerung wachrufen sollen, müssen wir uns durch das Bewusstsein von der Gegenwart loslösen, "um uns erst einmal ganz allgemein in die Vergangenheit, dann in eine bestimmte Region der Vergangenheit zurückzuversetzen." (MuG 127–128)

Solches Bewusstsein hängt in seiner Komplexität eng mit der

Wahrnehmung, dem Gedächtnis und der Erinnerung zusammen. Insofern das Gedächtnis Wahrnehmungen mit Erinnerungen verknüpft und verschiedene Momente in eins zusammenzieht, bildet es "bei der Wahrnehmung den Hauptbestandteil des individuellen Bewusstseins, d.h. die subjektive Seite unserer Erkenntnis der Dinge." (Ebd.19) Wie man selbst bestätigt, braucht man bei der Ansetzung der Wahrnehmung immer 'eine gewisse Zeit', d.h. die Wahrnehmung erfüllt eine gewisse Zeit und bedarf einer Anstrengung des Gedächtnisses, "durch welche die einzelnen Momente ineinander gedehnt und verschmolzen werden." (Ebd.) Durch diese Anstrengung des Gedächtnisses, das in der Praxis von der Wahrnehmung nicht getrennt werden kann, wird das Vergangene in das Gegenwärtige eingeschaltet und viele Momente der Dauer in einer einzigen Schauung zusammengezogen (vgl. MuG 61). Dieses Gedächtnis beinhaltet einerseits den Kern von unmittelbarer Wahrnehmung, die durch die Erinnerung aufbewahrt wird, und zieht andererseits eine Mehrzahl von Momenten in eins zusammen. Die Vergangenheit, die nicht wirklich vergangen ist, wird durch die Erinnerung aufbewahrt. "Unsere Vergangenheit folgt uns, sie wächst unaufhörlich mit der Gegenwart, die sie unterwegs aufnimmt; und Bewusstsein bedeutet Gedächtnis." (DW 185) Es gibt die Vergangenheit nur für das Bewusstsein, solange es sie bemerkt und mit Hilfe der Erinnerung interpretiert. Das Bewusstsein sowohl als Bewährung der Wahrnehmung als auch als Organisator des menschlichen Denkens steht, da die beiden Prozesse eine gewisse Zeit beanspruchen, mit der Dauer in unmittelbarer Beziehung. Weil es Vergangenes festhält und sich im Verlauf der Zeit entwickelt, bereitet es eine Zukunft vor, die von ihm selber mitgestaltet wird (vgl. GE 28). "In diesem Sinne ist für Bergson das Bewusstsein an die Leistung der reinen Erinnerung gebunden. Bewusstsein bedeutet zunächst Gedächtnis, insofern es *Aufmerksamkeit* und *Erwartung* ist. Die eigentliche Leistung des Bewusstseins ist seine Entfaltung in der Zeit."[175]

---

175 Rey, H.: Das Bewusstsein, S. 41.

Jeder Augenblick ist anders als Vergangenes und Kommendes. Deswegen gibt es nicht zwei Augenblicke bei einem Lebewesen, die miteinander identisch wären. Das "Fortleben der Vergangenheit ergibt die Unmöglichkeit für das Bewusstsein, denselben Zustand zweimal durchzumachen." (DW 12) Das Bewusstsein ist nicht in der Lage, zwei aufeinanderfolgende Augenblicke hindurch mit sich selbst identisch zu bleiben. Wenn man annehmen würde, dass das Bewusstsein zwei identische Momente besitzt, wäre es ein Bewusstsein ohne Gedächtnis (vgl. DW 186). Es liegt daran, dass die Dauer in jedem Augenblick etwas Neues hervorbringt und nicht hintereinander das Gleiche wiederholt. Dementsprechend definiert Bergson das Bewusstsein als ein Verlangen nach Schöpfung. "Es schläft ein, wenn das Leben zum Automatismus verurteilt ist; es erwacht sobald die Möglichkeit der Wahl wieder ersteht." (SE 265) Für das Bewusstsein hat die Dauer einen ganz anderen Sinn im Gegensatz zum Mechanismus. Wir nehmen die Dauer wahr als einen Strom, "den man nicht zurückschwimmen kann." (SE 45) Die Dauer ist der Grund unseres Wesens.[176]

Die Beziehung von der Dauer und Gedächtnis und die Identifikation von Bewusstsein mit Gedächtnis legt eine ausführliche Analyse der Zeitmomente in Bergsons Schriften nahe. Dabei soll insbesondere der Bezug von Dauer und Gedächtnis zu den Zeitmomenten geklärt werden.

5.3. Dauer und Gedächtnis

Die Forschung ist sich einig, dass Bergsons "Zeit und Freiheit", obwohl die Schrift einige Ansätze zu einer Erneuerung der geistigen Philosophie gebracht hat, entscheidende Probleme offen lässt. Zum Beispiel die Trennung der Außen- und Innenwelt oder die strenge Individualität des Bewusstseins werden in "Zeit und Freiheit" nicht

---

176 Diese Auffassung Bergsons wird von M. Florian aufgrund seiner Unterscheidung die Dauer des Bewusstseins von der Dauer eines Organismus kritisiert. Vgl. Florian, M.: Der Zeitbegriff, S. 89.

gelöst, obwohl das Buch günstige Ausgangspunkte zur Lösung dieser Probleme beinhaltet. Bergson versucht, die in "Zeit und Freiheit" angedeuteten Probleme in "Materie und Gedächtnis" zu lösen. Es wäre nicht falsch, wenn man sagen würde, dass "Materie und Gedächtnis" eine weiterführende Untersuchung von "Zeit und Freiheit" ist. Da die Untersuchung des Psychischen sich in "Zeit und Freiheit" als nicht hinreichend herausgestellt hat,[177] sieht sich Bergson dazu gezwungen, die Einseitigkeit des Psychischen durch "Materie und Gedächtnis" mit dem Physischen in Einklang zu bringen. Aus dieser Perspektive könnte man "Materie und Gedächtnis" sowohl als eine Ergänzung von "Zeit und Freiheit" als auch deren Umbildung anschauen. Bergson kündigt in der Einleitung von "Materie und Gedächtnis" an, dass seine neue Untersuchung eine Analyse des Verbindungspunktes zwischen Geist und Materie ist. "Wir behandeln (...) das Problem, welches der Gegenstand der vorliegenden Untersuchung ist: das Problem der Beziehung des Geistes zum Körper." (MuG III) Damit zusammenhängend kann man sagen, dass der Ausgangspunkt von "Materie und Gedächtnis" die Bildung einer gemeinsamen Ebene von Außen und Innen ist, welche Bergson in "Zeit und Freiheit" völlig voneinander zu lösen versuchte. "Materie und Gedächtnis" versucht diese Trennung soweit wie möglich zu beseitigen und die Innen- und Außenwelt sich wieder annähern zu lassen.

Ein noch wichtigerer Punkt, der in "Zeit und Freiheit" nicht explizit ausgeführt wird, ist die Annahme der Pluralität von qualitativ verschiedenen Dauern. Die Dauer ist nicht mehr, wie in "Zeit und Freiheit", subjektiv Erlebtes oder nur dem Menschen Zugehörendes, sondern die Dauer zeigt sich auch in der Natur in verschiedener Weise. Die Dauer gehört nicht nur zum Menschen, sondern auch die Welt, die außer mir liegt, hat ihre eigene Dauer. Wir wissen, dass "Millionen von Phänomenen aufeinanderfolgen, während wir ihrer kaum einige zählen können. Nicht nur die Physik sagt uns das, die

---

177 Pflug, G.: H. Bergson. Quellen und Konsequenzen einer induktiven Metaphysik, Berlin 1959, S. 137.

gröbste Erfahrung unserer Sinne lässt es uns erraten; wir ahnen in der Natur Aufeinanderfolgen, welche schneller sind als die unserer inneren Zustände." (MuG 205) Wie soll man diese Dauer begreifen? Unterschiedet sich diese Dauer von der unseren? Bergson antwortet: "Sie ist nicht unsere Dauer, gewiss nicht; aber sie ist ebenso wenig jene unpersönliche homogene Dauer, welche, für alle und jeden gleich, gleichgültig und jeder außerhalb des Dauernden abläuft."[178] (MuG 205–206) Solche homogene Zeit ist ein 'Trugbild der Sprache' und eine Fiktion. Obwohl die Dauer in der Wirklichkeit keinen durchgehenden Rhythmus hat, kann man sich verschiedene langsamere oder schnellere Rhythmen vorstellen, welche dem Grad der Spannungen oder Entspannungen des Bewusstseins entsprechen. Solche Vorstellung der Dauer "ungleicher Elastizität vielleicht fällt unsrem Geiste schwer, der die nützliche Gewohnheit angenommen hat, der wahren, vom Bewusstsein erlebten Dauer eine homogene und selbständige Zeit unter[zu]schieben." (MuG 206) Diese Idee wird von unserem Bewusstsein stillschweigend gebilligt. Bergson gibt ein Beispiel zur Verdeutlichung dieser Überzeugung. Wir erleben während unseres Schlafs, dass wir gleichzeitig zwei verschiedene Personen in uns wahrnehmen, die eine, die einige Minuten schläft, während der Traum der anderen Tage und Wochen beansprucht. So "würde nicht die ganze Weltgeschichte für ein gespannteres Bewusstsein als das unsrige ist, ein Bewusstsein, das der Entwicklung der Menschheit beiwohnen könnte, indem es sozusagen in große Phasen zusammenzöge, in einer sehr kurzen Zeitspanne enthalten sein!" (Ebd.) Abgesehen davon, ob es solches in der Realität gibt, hängen solche Dauervorstellungen von den Bewusstseinszuständen ab.

---

178 Bergson unterscheidet gleichzeitig die von unserem Bewusstsein erlebte Dauer von jener Zeit, von der die Wissenschaft Gebrauch macht. "Die von unserem Bewusstein erlebte Dauer ist eine Dauer mit bestimmtem Rhythmus, ganz verschieden von der Zeit, von welcher der Physiker spricht und welche in einem Gegebenen Intervall eine beliebige Anzahl Erscheinungen in sich aufspeichern kann." (MuG 204)

Gedächtnis bedeutet bei Bergson nicht nur das, was wir im Alltag unter dem Gedächtnis verstehen. "Gedächtnis ist (...) nicht ein Vermögen zur Klassifizierung von Erinnerungen in Fächern oder Eintragung in Listen." (SE 11) Es zeigt sich uns als dauernd Verändernde, lebendig Individuelle und als geistige Realität. Solches Gedächtnis stellt den Schnittpunkt zwischen Geist und Materie dar. Dieses Gedächtnis ist in Bezug auf seine Funktion mit der Dauer in Verbindung gesetzt worden, weil Bergson die Dauer als gedächtnishaft begreift. Die Dauer ist nicht mehr als vom Bewusstsein erlebte Wirklichkeit angenommen, sondern sie hat mit Hilfe des Gedächtnisses zwei weitere Funktionen, nämlich das Bewahrend- und Kumulierendsein. "[U]m mit der Wirklichkeit des Geistes in Berührung zu kommen, muss man sich in den Punkt versetzen, wo ein individuelles Bewusstsein die Vergangenheit fortsetzt und bewahrt in eine Gegenwart hinein, die sich aus der Vergangenheit bereichert und (...) folgt in einer Gegenwart, die lediglich eine Wiederholung der Vergangenheit in anderer Form ist." (MuG 234–235) Bergson expliziert diese Funktionen der Dauer in "Schöpferische Entwicklung" noch deutlicher im Zusammenhang mit der Vergangenheit. "Dauer ist ununterbrochenes Fortschreiten der Vergangenheit, die an der Zukunft nagt und im Vorrücken anschwillt." (SE 11)

Die Dauer als Gedächtnis ist ja vor allem bewahrend. Bergson versteht hier die Zeitmomente als Dauer und in diesem Sinne mit der Vergangenheit gleichgestellt. Sie hat eine Schutzfunktion für das Bewahren des Gelebten gegen Verschleiß und Zerstörung. Hier bedeutet Dauer eher Beständigkeit. "Die Bewusstseinzustände sind mit ihrem Absinken in das Gedächtnis nicht verloren, sondern leben in spezifischer Weise weiter."[179] Die Beständigkeit steht im Gegensatz zum Verschwinden ins Nichts, zum Altern und Vergehen. Nichts geht verloren. So verstandene Dauer zeigt sich als Entwicklung. Sie ist "identisch mit realer Weiterführung der Vergangenheit durch die Gegenwart, identisch mit einer Dauer, die eine Bindekraft

---

179 Pflug, G.: H. Bergson. Quellen und Konsequenzen, S. 183.

(...) ist." (SE 29) Dieses Fortbestehen der Vergangenheit in der Gegenwart ist wahre Dauer, "das Lebewesen scheint also diese Attribute durchaus mit dem Bewusstsein zu teilen." (Ebd.)
Nach dieser Bewahrungsfunktion hat Dauer als Gedächtnis auch Kumulationsfunktion. Diese Kumulation spielt sich in einer Dauer ab, in der es wirklichen Zuwachs gibt. "Eine Dauer, in der die Vergangenheit unteilbar aufbewahrt wird und wächst wie eine Pflanze, wie eine Zauberpflanze, die in jedem Augenblick ihre Form mit der Zeichnung ihrer Blätter und Blüten wiederfindet." (GE 16) Bergson drückt diese kumulierende Funktion der Dauer deutlicher aus: "Unablässig, während seines Vorrückens in der Zeit, schwillt mein Seelenzustand um die Dauer an, die er aufrafft; aus sich selbst sozusagen, rollt er einen Schneeball." (SE 9)

So verstandenes Gedächtnis hängt natürlich mit den Erlebnissen zusammen. Die Erlebnisse, die man lebt, gehen weiter, solange man am Leben ist. Jedes Erlebnis entspricht einem Seelenzustand. Ein Seelenzustand zeigt sich uns als eine komplexe Realität und verändert sich ständig. Durch das Gedächtnis werden diese Seelenzustände bewahrt und bereichert. Diese Fortsetzung vollzieht sich in der Zeit. Darin besteht die Dauer. Sie ist das kontinuierliche Leben eines Gedächtnisses, das "die Vergangenheit in die Gegenwart verlängert, sei es, dass die Gegenwart das unaufhörlich wachsende Bild der Vergangenheit deutlich in sich einschließt, oder sei es, dass sie durch ihre fortgesetzte Änderung in der Qualität die immer schwere Last bezeugt, die man hinter sich schleppt in demselben Maße wie man älter wird. Ohne dieses Überleben des Vergangenen im Gegenwärtigen gäbe es keine Dauer, sondern nur eine Augenblicklichkeit." (DW 201)

Um die Struktur der Beziehung zwischen Dauer und Gedächtnis besser zu verstehen, hat man die verschiedenen Formen des Gedächtnisses zu analysieren.

5.3.1. Die Formen des Gedächtnisses

"Materie und Gedächtnis" ist nicht nur als Bemühung um die Doppelseitigkeit der Realität anzunehmen, sondern bemüht sich auch, den Zusammenhang von Polen zu ermöglichen. Bergson versucht hier, in "Zeit und Freiheit" auseinandergehaltene Realitäten wieder miteinander zu verbinden, während er zugleich die Wesensunterschiede der verschiedenen Pole bewahrt. So könnte nun "die Theorie der reinen Wahrnehmung einerseits, des reinen Gedächtnisses andererseits die Wege bereiten zu einer Annäherung zwischen dem Unausgedehnten und dem Ausgedehnten, zwischen Qualität und Quantität." (MuG 177)

In Bezug auf die Wahrnehmung akzeptiert Bergson zwei Formen des Gedächtnisses, nämlich ein "reflexiv-mechanisches" und ein "spontan-instutives" Gedächtnis, die theoretisch voneinander unabhängig sind. Die erste Form würde in Form von Erinnerungsbildern alle Ereignisse unseren täglichen Lebens registrieren. Die zweite Gedächtnisart bezieht sich auf das Handeln, und "dieses Bewusstsein einer in der Gegenwart aufgespeicherten Vergangenheit von Handlungen ist allerdings auch ein Gedächtnis, aber ein von jenem ersten durchaus verschiedenes Gedächtnis, immer auf Tätigkeit gestellt, in der Gegenwart zu Hause und nur auf die Zukunft gerichtet." (Ebd. 71)

Diese Trennung des Gedächtnisses in zwei getrennte Funktionen verhilft Bergson dazu, die von der positivistischen Schule vorgeschlagene mechanische Erklärung des Gedächtnisablaufes aus der spiritualistischen Form des Gedächtnisses auszuklammern. Dadurch befreit Bergson eine der wesentlich geistigen Funktionen (d.h. die Funktion des instutiven Gedächtnisses) von jeder naturwissenschaftlichen Gesetzmäßigkeit.

Die erste Form des Gedächtnisses steht völlig im Dienst der Wahrnehmung. Das bereichert die Wahrnehmungen, die sich in Erfahrungen wandeln. Diese Form des Gedächtnisses registriert alle Ereignisse unseres täglichen Lebens. Es bewahrt jede Handlung und Gebärde mit Ort und Datum auf. Es ist auf das Handeln und das praktische Leben gerichtet. Man gebraucht dieses Gedächtnis für praktische Zwecke. Die praktische, normale Tätigkeit des Gedächtnisses ist "die Nutzbarmachung vergangener Erfahrung für das gegenwärtige Tun." (MuG 66) Bei diesem Gedächtnis wird die Vergangenheit auf natürliche Weise gespeichert, ohne dabei einen Hintergedanken an die Nützlichkeit oder praktische Verwendbarkeit zu haben. "Es würde die intelligente oder vielmehr intellektuelle Wiedererkennung einer früher erlebten Wahrnehmung möglich machen; es käme uns immer zu Hilfe, wenn wir, um ein bestimmtes Bild zu suchen, den Abhang unseres vergangenen Lebens zurückgehen müssen." (Ebd. 70) Dieses an den Organismus gebundene Gedächtnis ist nichts anderes als aktuelles Gedächtnis. Durch dieses passen wir uns an die gegenwärtige Lage an, und die von uns erlittenen Wirkungen werden mit Hilfe dieses Gedächtnisses von selbst in Rückwirkungen fortgesetzt, welche mehr oder minder angepasste Reaktionen sind.

Die zweite Form des Gedächtnisses hat nichts mit einem Zweck oder einer aktuellen Wahrnehmung zu tun. Sie drückt sich durch die Aktion aus. Obwohl dieses Gedächtnis ein Bewusstsein von in der Gegenwart gespeicherter Vergangenheit von Handlungen ist, ist es aber zu ersteren durchaus verschieden, das erste bezieht sich immer auf die Tätigkeit und ist auf die Zukunft gerichtet. "Von der Vergangenheit bewahrt es nur, in intelligenter Verknüpfung, die Bewegungen, die die Anhäufung des vergangenen Tuns darstellen; es findet in sich die Taten der Vergangenheit nicht als Erinnerungsbilder vor, in denen es sie wieder aufleben lassen könnte, sondern als das streng geordnete System von Bewegungen, die sich aktuell vollziehen." (MuG 71) Diese Art des Bewusstseins stellt nicht mehr unsere Vergangenheit vor. Es spielt mit der Vergangenheit, aber imaginiert sie nicht. Es verdient den Name Gedächtnis nicht deswegen, weil es uns alte Bilder aufbewahrt, "sondern weil es ihre Resultate bis in den gegenwärtigen Augenblick hinein zu nützlicher Wirkung lebendig hält." (MuG 71) Bergson nennt diese Art das wahre Gedächtnis. Es kooperiert mit dem Bewusstsein und hält alle unsere inneren Zustände fest. Es reiht sie aneinander und das gibt den Zuständen ihr 'Datum', lässt jeder Tatsache ihren Platz. Es "bewegt sich wirklich in der endgültigen Vergangenheit und nicht wie das erste in einer Gegenwart, die unaufhörlich von neuem beginnt." (Ebd. 146) Diese zwei Arten von Gedächtnis sind in der Tat nicht voneinander zu trennen.[180] Während das Erste vorstellt, wiederholt das andere. Das Erste kann vom Zweiten vertreten werden. "[J]a es kann sogar das erste zu sein scheinen." (Ebd. 71) Diese Arten von Gedächtnis unterscheiden sich vor allem darin, auf welche Weise Vergangenheit in ihnen aufgespeichert wird. Sie speichert sich in zwei extremen Formen auf, einmal in motorischen Mechanismen, durch die die Vergangenheit nutzbar wird, "so dann in den persönlichen Erinnerungsbildern, die alle ihre Ereignisse mit Umrissen, Farbe und zeitlicher Bestimmtheit einzeichnen." (Ebd. 78) Während die erste Form des Gedächtnisses in der allgemeinen Richtung der Natur liegt, nimmt die zweite, die will, vielmehr die entgegengesetzte Richtung. Die erste hängt von unserem Willen ab; die zweite ist unwillkürlich und im Behalten treu.[181] Da die erste Form des Gedächtnisses sich auf das

---

[180] Bergson verdeutlicht diese Untrennbarkeit der beiden Formen des Gedächtnisses: "Das Gedächtnis des Körpers, das von der Gesamtheit der durch die Gewohnheit organisierten sensorisch-motorischen Systeme gebildet wird, ist also ein quasi momentanes Gedächtnis, dem das eigentliche Gedächtnis der Vergangenheit als Grundlage dient. Da die beiden nicht zwei getrennte Dinge sind, da das erste (...) nur die bewegliche Spitze ist, die durch das zweite in die fortschreitende Ebene der Erfahrung eingeführt wird, so ist es natürlich, dass diese beiden Funktionen sich gegenseitig unterstützen. Einerseits bietet nämlich das Gedächtnis der Vergangenheit den sensorisch-motorischen Mechanismen alle Erinnerungen dar (...). Andererseits aber geben die sensorisch-motorischen Apparate den machtlosen, d.h. unbewussten Erinnerungen die Möglichkeit, einen Körper anzunehmen, sich zu materialisieren, kurz gegenwärtig zu werden." (MuG 147–148)

[181] "Es kann dem ersten nur den einen Dienst regelmäßig und zuverlässig leisten: es kann ihm die Bilder dessen zeigen, was in analogen Situationen vorausgegangen und gefolgt ist, und damit seine Entscheidung erhellen: hierin besteht die Assoziation der Vorstellungen. Die ist der einzige Fall, in dem das rückschauende Gedächtnis dem wiederholenden regelmäßig gehorcht. Überall sonst konstruieren wir lieber einen Mechanismus, der uns in den Stand setzt, bei Bedarf das Bild neu zu zeichnen, denn wir fühlen gar wohl, dass wir auf sein wiedererscheinen nicht mit Sicherheit rechnen können. Das sind die beiden Formen des Gedächtnisses, als extreme, reine Fälle betrachtet." (MuG 78)

aktuelle Handeln des Ichs bezieht und vielen Wahlmöglichkeiten gegenübersteht, ist sie mehr oder weniger von unsrem Willen abhängig. Die zweite ist sozusagen ein Resultat der ersten. Sie wird unfreiwillig aber abhängig von unserem Wählen angehäuft und bewahrt. Man hat hier keine Änderungsmöglichkeit.

Bergson gibt das Auswendiglernen als Beispiel, um die gegenseitige Beziehung zwischen beiden Gedächtnisformen deutlich zu machen. Man kann durch dieses Beispiel deutlich zwei Formen des Gedächtnisses entdecken. Die Gedächtnisleistung der Gedichtwiederholung und die Erinnerung an das Lernen des Gedichts sind zwei unabhängig nebeneinanderstehende Formen des Gedächtnisses. Der Verlust der einen hat keine Rückwirkung auf die andere. Das erste ist eine Gewöhnungsleistung, die noch mit einer mechanischen Erklärung zu verstehen ist, während die andere ein distinkter Akt des Bewusstseins ist, der einer spezifischen Leistung bedarf.

Aufgrund seiner Theorie des Gedächtnisses öffnet Bergson in "Geistige Energie" erstaunlicherweise die Perspektiven der Unsterblichkeit. Bergson behandelt dieses Thema in einem Vortrag, "Foi et Vie", am 28. April 1912 gehalten und in "Geistige Energie" erschienen ist. Bergson beginnt mit der Feststellung, dass das Leben des Geistes unabhängig vom Leib ist, lediglich wird der Leib vom Geist benutzt, "und dass wir bei dieser Sachlage keinen Grund haben zu der Annahme, Leib und Geist seien untrennbar miteinander verbunden." (GE 52) Nach dieser Feststellung fordert Bergson die Philosophie auf, die existenzielle Fragen z. B. "Woher kommen wir?", "Was machen wir hier unten?", "Wohin gehen wir?" zu beantworten zu suchen. Diese Fragen sind unausweichlich für die Philosophie, die sie ganz einfach nicht ignorieren darf. "Wenn die Philosophie auf diese Frage von vitalen Interesse wirklich nichts zu antworten hätte, (...) dann wäre es beinahe angebracht, jenes Wort Pascals zu variieren und zu sagen, die ganze Philosophie sei nicht die Mühe einer Stunde wert." (Ebd.)[182] Die Frage nach der Sterblich- oder Unsterblichkeit

---

182 Vgl. auch hier Ott, E.: H. Bergson der Philosoph moderner Religion, S. 31.

des Menschen ist ebenfalls eine dieser für Bergson existenziellen Fragen. Bergson ist davon überzeugt, dass dieses Problem, trotz der Unmöglichkeit der Lösung durch die Erfahrung, gelöst werden kann. Man hat ja gleichzeitig sowohl ein arbeitendes Gehirn als auch ein fühlendes, denkendes, wollendes Bewusstsein. Wenn die Arbeit des Gehirns dem ganzen Umfang des Bewusstseins entspräche, dann könnte man behaupten, dass es zwischen Gehirn und Bewusstsein eine Äquivalenz gibt. Infolgedessen könnte es so sein, dass "das Bewusstsein der Bestimmung des Gehirns folgte und dass der Tod das Ende von allem wäre: wenigstens würde die Erfahrung nicht das Gegenteil sagen, und dem Philosophen, der das Fortleben behauptet, bliebe nichts übrig, als seine These auf irgendeine metaphysische Konstruktion zu stützen." (GE 53) Wenn aber das Seelenleben über den Umfang des Gehirns hinausgeht, und wie Bergson behauptet, das Gehirn nur einen kleine Teil vom Vorgang des Bewusstseins ist,[183] dann wird die Unsterblichkeit so wahrscheinlich, dass die Beweispflicht der Leugner der Unsterblichkeit eher als dem Bejaher der Unsterblichkeit zufällt; "denn der einzige Grund, den wir für den Glauben an ein Erlöschen des Bewusstseins nach dem Tode haben könnten, ist doch der, dass wir den Körper sich auflösen sehen, und dieser Grund hat keine Bedeutung mehr, wenn die Unabhängigkeit fast des ganzen Bewusstseins vom Körper auch ihrerseits Erfahrungstatsache ist." (Ebd.)

Diese zwei Formen des Gedächtnisses stehen, wie kurz erörtert wurde, im engen Zusammenhang mit der Wahrnehmung und Erinnerung. Wir möchten diese Abhängigkeit etwas näher andeuten.

---

183 Bergson differenziert das Leben und das Bewusstsein vom Gehirn. Sie enthalten mehr, als sich im Gehirn zeigt. Bergson sieht das Gehirn bildlich als Telefonzentrale. Seine Aufgabe ist Verbindungen herzustellen oder aufzuschieben. Vgl. dazu Wrede, O.: Pädagogische Probleme bei H. Bergson, S. 21f.

5.3.2. Wahrnehmung und Erinnerung im Zusammenhang mit dem Gedächtnis

5.3.2.1. Bilder und Wahrnehmung

Bergson beschäftigt sich in "Materie und Gedächtnis" mit der Analyse von Bildern. Dieser Begriff wird bei Bergson in sehr ungewöhnlichem, weiten und unbestimmten Sinne verstanden. Die Bilder umgeben den Menschen, d.h. sie sind Gegenstände, das, was man wahrnimmt. Sie sind sowohl als äußere Dinge als auch als innere Zustände des Bewusstseins zu verstehen. Die Bilder stehen in diesem Sinne sowohl mit der Außenwelt als auch mit der inneren Welt in Beziehung. Bergson will dadurch die gemeinsame Verwandtschaft zwischen beiden Welten, nämlich der inneren und äußeren Welt herstellen. Er stellt im Vorwort von "Materie und Gedächtnis" die falschen Vorstellungen über die Materie im Idealismus wie im Realismus fest. Nach ihm sind beides einseitige Theorien. Es ist der falsche Ansatz der Idealisten, die Materie auf die Vorstellung zu reduzieren, die wir von der Materie haben. Es ist aber genau so falsch von der Realisten, "ein Ding aus ihr zu machen, das in uns Vorstellung erzeugt, das aber von anderer Natur wäre, als diese Vorstellungen." (MuG I) Bergson will von beiden Richtungen abweichen. Er sieht die Materie als eine Gesamtheit von "Bildern". Anschließend gibt er eine Antwort auf die Frage, was die Bilder seien. "Und unter 'Bild' verstehen wir eine Art der Existenz, die halbwegs zwischen dem 'Ding' und der 'Vorstellung' liegt. Diese Auffassung der Materie ist ganz einfach die des gesunden Menschenverstandes." (Ebd.) Das Bild bedeutet mehr als die Vorstellung. Durch diese Definition lehnt Bergson die Vorstellungserklärung der Idealisten ab. Sie gehen davon aus, dass die Vorstellung nur soweit ein Bild sein kann, solange sie perzipiert wird oder bewusst ist. Bergson dagegen ist der Meinung, dass die Gegenstände existieren können, ohne perzipiert und bewusst zu werden. "Für den gesunden Menschenverstand existiert also der Gegenstand an sich (...): er ist ein Bild, aber ein Bild, das an sich existiert." (MuG II). Demgegenüber ist das Bild weniger als ein Ding. Er stellt das Bild nicht mit dem Ding gleich. Wir nehmen die Dinge wahr, wie sie uns erscheinen. Wir können ein Ding nicht ganz vollständig wahrnehmen. Das dadurch zustande gekommene Bild vermag nicht das Ding vollständig im Bewusstsein wiederzugeben. Es gibt immer eine Lücke zwischen dem Ding und der Wahrnehmung des Dinges. Es ist so, "dass der Gegenstand ganz verschieden ist von dem, was man an ihm wahrnimmt, dass er weder die Farbe hat, die das Auge ihm verleiht, noch die Festigkeit, die die Hand an ihm findet. Für ihn sind Farbe und Festigkeit am Gegenstand: keine Zustände unseres Geistes, sondern die konstitutiven Elemente einer von der unseren unabhängigen Existenz."(Ebd. I–II)[184]

Die Bilder können sich uns auf zwei verschiedene Weisen zeigen und auch in zwei verschiedenen Systemen funktionieren.[185] Die erste Seinsweise der Bilder kann als System der Dinge beschrieben werden. "All diese Bilder stehen mit allen ihren elementaren Bestandteilen in Wechselwirkung, nach konstanten Gesetzen, die wir Naturgesetz

---

184 An dieser Stelle würdigt Bergson G. Berkeley, dass er ein großer Fortschritt in der Philosophie geleistet hat, indem er gegen die "mechanical philosophers" feststellt, dass die sekundären Qualitäten mindestens ebensoviel Realität haben wie die primären.
Im Gegensatz zu Bergson macht er keinen Unterschied zwischen der Wahrnehmung und der wahrgenommenen Gegenstand. Er fasst die Realität der Gegenstände und die Wahrnehmungsprozesse im dem Begriff der Idee zusammen. Die Gegenstände der Erkenntnis sind die Ideen. In diesem Sinne Sein heißt Wahrgenommen werden. Vgl. Berkeley, G.: Eine Abhandlung der menschlichen Erkenntnis, verbesserter Nachdruck von 1957 hrsg. von A. Klemmt, Hamburg 1979, S. 19f.

185 Trotz dieser Teilung der Bilder gibt es eine gemeinsame Position zwischen den Bildern. Die offenen und dynamischen Bilder zeigen uns immer den symbolischen und mangelhaften Charakter des Begriffs auf. "Es ist nicht so, dass die Gegenwart der Bilder das Schaffen neuer Begriffe und den unermüdlichen Aufbau geistiger Systeme unmöglich macht (sie würde das eher fördern), der sie daran hindert, sich in sich selbst einzuschließen; das Bild verhindert jedoch die Selbstgefälligkeit des Begriffs und sein Unbeweglichwerden. Die Bilder bedrängen den Begriff, zeigen sein Ungenügen auf und sorgen dafür, dass wir von ihm unbefriedigt bleiben." Barthémely-Madaule, M: Bergson und Teilhard de Chardin. Die Anfänge einer neuen Welterkenntnis, übersetzt von Lorenz Häfliger, Olten 1970, S. 99.

nennen." (MuG I) Diese Bilder wirken aufeinander durch Naturgesetze ein. Da solche Bilder sich dem Naturgesetz unterwerfen, könnte man aus dem aktuellen Eindruck die zukünftigen Bilder erschließen. Da die vollkommene Wissenschaft dieser Naturgesetze uns in den Stand setzen würde "das künftige Geschehen in einem jeden dieser Bilder vorauszusehen und zu berechnen, so muss die Zukunft der Bilder in ihrer Gegenwart enthalten sein und ihr nichts mehr hinzuzufügen haben." (MuG 1) So kann behauptet werden, dass in der Zukunft nichts Neues entstehen kann.

Zum Teil konstituieren diese Bilder gleichzeitig auch das zweite System, das die Gesamtheit unsere Wahrnehmungen der Welt einschließt. Im Gegensatz zur ersten Seinsweise der Bilder gibt es hier ein zentrales Bild, das als festes Bild für die anderen Bilder eine wichtige Rolle spielt, nämlich das meines Leibes. Unser Leib befindet sich immer zwischen den Reizungen der Außenwelt und bewegt sich auf diese Reizungen hin. Da unser Leib als festes Bild im Zentrum steht, kann eine Veränderung unseres Leibes die Veränderung seiner Wahrnehmungsbilder verursachen. Im zweiten System der Bilder gibt es im Gegensatz zum ersten keine Bestimmtheiten. Hier herrscht Unbestimmtheit.[186]

Die im zweiten Sinne verstandenen Bilder bestehen nicht nur aus Wahrnehmungen. Es gibt noch weitere Bewusstseinszustände. Bergson nennt drei Weisen der Bilder, nämlich Wahrnehmung, Affektion, und Erinnerung.

Bergson differenziert die Wahrnehmungen von den Affektionen. Die Wahrnehmung bestimmt sich als ein Akt der Auswahl von Phä-

---

[186] L. Kalokowski macht ebenfalls auf den Unterschied zwischen zwei Systemen der Bilder aufmerksam. Für ihn gehört das erste System der Bilder zur Wissenschaft. Dies wird von Bergson nicht direkt aber latent gesagt. "Jedes Bild jedoch ist ein Teil von zwei für sich selbst und unabhängig voneinander existierenden Systemen; das eine ist die Wissenschaft, und in ihm hat das Bild einen absoluten Wert (das heißt, es ruht angeblich in sich selbst), während es im zweiten System zu dem zentralen Bild, meinem Körper, in Beziehung steht. Ein Idealist leitet das erste aus dem zweiten ab, der Materialist geht umgekehrt vor." Aus: H. Bergson, S. 50.

nomenen aus dem Gesamtbereich der Bilder, d.h. Wahrnehmungen sind vor allem solche Bilder, die ich von außen bekomme, während ich Empfindungen von innen in Bezug auf den Erkenntnisinhalt der Wahrnehmung kenne. Dadurch wird der menschliche Leib einziges Bild, das sowohl die Wahrnehmungen als auch die Empfindungen haben kann. "Jedoch ist eines unter ihnen, das sich von allen anderen dadurch abhebt, dass ich es nicht nur von außen durch Wahrnehmungen, sondern auch von innen durch Affektionen kenne: mein Leib." (MuG 1) Die Wahrnehmung wird außerhalb des Bewusstseins konstituiert, die Empfindung dagegen wird streng in das Bewusstsein zurückgenommen. Die Wahrnehmung ist ein Erfahrungsakt des Bewusstseins. Die Empfindung liefert dem Bewusstsein die Kenntnis eines Zustandes der Innenwelt. Es ist festzustellen, dass die Wahrnehmung außerhalb meines Körpers, die Empfindung dagegen in meinem Körper ist. "Ebenso wie die äußeren Gegenstände von mir dort wahrgenommen werden, wo sie sind, nämlich in ihnen nicht in mir, so werden meine Empfindungszustände dort erlebt, wo sie auftreten, d.h. in einem bestimmten Punkte meines Körpers." (MuG 44)

Bergson ist der Meinung, dass das Verhältnis von Wahrnehmung und Empfindung nicht zu determinieren ist. Nach ihm hat ein Wahrnehmungsakt nicht immer eine Körperempfindung zu enthalten. Die Wahrnehmung ist nicht mehr das Produkt einer ihr zugrunde liegenden Empfindung, sondern sie hängt ausschließlich von den Phänomenen der Außenwelt ab. Die Empfindung ergänzt die Wahrnehmung, konstituiert sie aber nicht (vgl. MuG 38–39).

Wenn es um die Wahrnehmung geht, machen die Realisten wie die Idealisten die gleichen Fehler. Der Realist glaubt daran, dass die Ordnung der Naturerscheinungen auf, von unseren Wahrnehmungen durchaus verschiedenen, Ursachen beruht. Der Idealist betrachtet die Wahrnehmungen als ganze Realität und die Ordnung der Dinge wird bloß als ein Symbol angesehen.[187] Für beide Richtungen sind die

---

[187] Merleau-Ponty bezieht sich in seiner Theorie der Wahrnehmung auch auf Bergsons Kritik der intellektualistischen und konstruktivistischen Wahrnehmungstheorien. Vgl. dazu: Die Struktur des Verhaltens, Berlin/New York 1976, S. 228f.

Wahrnehmungen 'wahre Halluzinationen'. Sie sind nur nach außen projizierte Zustände des Subjekts. "Die beiden Lehrsysteme unterscheiden sich nur darin, dass in dem einen jene Zustände die Realität ausmachen, während sie in dem anderen mit ihr übereinstimmen wollen." (MuG 56) Hinter diesem Irrtum, Wahrnehmungen seien Halluzinationen, steckt noch ein wichtiger Faktor. Es ist die falsche Auslegung der materialen Welt.[188] Beide Systeme verstehen die materiale Welt so, als ob sie unbeweglich und undynamisch wäre. Sie besteht dagegen aus Gegenständen oder Bildern, die sich mit allen anderen Bildern in einer gegenseitigen Wechselwirkung und Bewegung befinden. Unsere reine Wahrnehmung ist unsere Aktivität, die 'sich im Herzen der Dinge abzeichnet'. Da unsere Wahrnehmung aktiv ist und Bewegung zur Folge hat, ist sie auch aktuell. Man wehrt sich gegen diese Ansicht, weil man die Wahrnehmung für eine Art Kontemplation hält und ihr einen rein spekulativen Zweck setzt. Man ist der Meinung, "sie sei auf wer weiß welche uneigennützige Erkenntnis gerichtet: als ob sie nicht dadurch, dass man sie von der Tätigkeit isoliert und so ihre Verbindungen mit dem Wirklichen zerschneidet, völlig unerklärlich und zugleich unnütz würde!" (MuG 56–57)

Infolgedessen hebt Bergson den Unterschied zwischen Wahrnehmung und Erinnerung hervor. Denn die Vergangenheit bedeutet vor allem das, was nicht mehr wirkt. Wenn man von diesem Charakter der Vergangenheit absieht, kann man sie von der Gegenwart nicht unterscheiden. "Dann kann freilich der Unterschied zwischen Wahrnehmung und Gedächtnis nur rein graduell sein, und weder hier noch dort kommt das Subjekt aus sich selbst heraus." (MuG 57) Wenn wir aber den wahren Charakter der Wahrnehmung wiederherstellen und ihre Wurzeln in der Wirklichkeit im Zusammenhang mit der Handlung nachweisen können, dann sehen wir bestimmt den radikalen Unterschied zwischen Wahrnehmung und Erinnerung. "Die Realität

---

188 Bergson nimmt einen doppelten Begriff von Realität an. "Einerseits ist die Gegebenheit der Außenwelt real, die sich dem Bewusstsein als ungeordnete Mannigfaltigkeit präsentiert, zum anderen ist die Vorstellung selbst im Bewusstsein real." Pflug, H.: H. Bergson, S. 140.

wird nun nicht mehr konstruiert oder rekonstruiert, sondern erfasst, durchdrungen, erlebt." (Ebd.) Damit positioniert sich Bergson zwischen Realismus und Idealismus. Er behauptet, dass unsere Wahrnehmungen weder auf einer Konstruktion noch auf einer Rekonstruktion beruhen, sondern die Subjektivität unserer Wahrnehmungen beruht auf unserem Gedächtnis. Er stellt damit zusammenhängend fest, dass die Eigenschaften der Materie nicht von außen, sondern von innen erkannt werden könnten; "wenn es uns gelänge, sie aus dem eigentümlichen Rhythmus der Dauer, in dem unser Bewusstsein besteht, loszulösen." (MuG 57) Dadurch nimmt Bergson an, dass die Wahrnehmung eine gewisse Dauer einnimmt. Aber diese Wahrnehmungen, die wir als aufeinanderfolgende Momente aufnehmen, sind nicht wirkliche Momente der Dinge, wie es bisher angenommen wurde, sondern sie sind vielmehr Momente unseres Bewusstseins. "Theoretisch sollte nun (...), die Aufgabe des Bewusstseins bei der äußeren Wahrnehmung darin bestehen, dass es durch den fortlaufenden Faden des Gedächtnisses momentane Anschauungen der Wirklichkeit miteinander verbände." (MuG 58)

Wenn die Wahrnehmungen nicht wirkliche Momente der Dinge, sondern Momente unseres Bewusstseins sind, dann fragt man sich, wo der Unterschied zwischen Materie und Wahrnehmung liegt. Wir bekommen durch unsere Wahrnehmungen von der Außenwelt verschiedene diskontinuierliche Angaben. Aufgrund dieser Tatsache ist es uns nicht möglich, von der aktuellen Wahrnehmung auf zukünftige Wahrnehmungen zu schließen, weil jedesmal die Wahrnehmungsqualität neu sein wird. Die vom Realismus gewöhnlich verstandene Materie entwickelt sich derart, "dass man durch mathematische Deduktion von einem Moment zum andern übergehen kann." (MuG 58) Da der wissenschaftliche Realismus die Wahrnehmungen als unausgedehnte Empfindung im Bewusstsein einsperrt und die Materie als homogene Veränderungen im Raume betrachtet, kann er die Berührungspunkte zwischen Materie und Wahrnehmung nicht finden. Die Wahrnehmungen des Universums, die qualitativ heterogene Aufeinanderfolgen sind, beruhen darauf, dass "jede dieser Wahrnehmungen sich bereits über eine gewisse konkrete Dauer erstreckt, dass in jeder das Gedächtnis eine ungeheure Mannigfaltigkeit von Erschütterungen so verdichtet hat, dass wir sie alle auf einmal gegenwärtig haben, obgleich sie doch eine auf die andere folgen." (MuG 58) Um von der Wahrnehmung zur Materie zu gelangen, muss man diese unteilbare Zeitdauer zerteilt denken. Dadurch kann man die nötige Menge der Momente unterscheiden, d.h. das Gedächtnis völlig eliminieren. Wenn sich unsere ausgedehnten Empfindungen in dieser Weise auf eine größere Zahl von Momenten verteilten, so würde damit die Materie mehr und mehr homogen werden. Dann braucht man nicht den Raum mit nicht wahrgenommenen Bewegungen und das Bewusstsein mit unausgedehnten Empfindungen gleichzusetzen. Im Gegenteil, eine unausgedehnte Wahrnehmung hätte eine Vereinigung von Subjekt und Objekt zur Folge. "Die subjektive Seite der Wahrnehmung bestünde in der Kontraktion der einzelnen Momente durch das Gedächtnis, und die objektive Realität der Materie verschmölze mit der Menge sukzessiver Erschütterungen, in welche die Wahrnehmung innerlich zerfällt." (MuG 59)

Die bewusste Wahrnehmung beinhaltet nicht das Ganze der Materie. Unsere Wahrnehmung von der Materie ist vor allem mit unseren Bedürfnissen und unserer Aufmerksamkeit verbunden.[189] Zwischen dieser Wahrnehmung der Materie und der Materie selbst gibt es nur einen graduellen Unterschied und nicht etwa einen wesentlichen, weil sich die reine Wahrnehmung der Materie zur Materie wie das Teil zum Ganzen verhält. Bergson will damit sagen, dass die Materie keine andersartigen Wirkungen ausüben kann als die wir an ihr wahrnehmen. Sie hat keine geheimnisvollen Kräfte (vgl. MuG 60).

Bergson untersucht die Funktion des Gehirns bei der reinen Wahrnehmung der Materie. Seine Aufgabe bei der Wahrnehmung soll

---

[189] Bergson meint, dass die bewusste Wahrnehmung ein Stromkreis ist, "in dem alle Elemente, das wahrgenommene Objekt einbegriffen, im Verhältnis gegenseitiger Spannungen stehen wie in einem elektrischen Stromkreis, so dass keine Reizung, die das Objekt ausschickt, sich etwa unterwegs in den Tiefen des Geistes irgendwo verlieren kann: sie muss immer wieder zum Objekt zurück." (MuG 96)

ein Werkzeug der Tätigkeit und nicht eine Vorstellung sein. Man kann von den Tatsachen keine direkte Bestätigung dieser These erwarten, "da laut Definition die reine Wahrnehmung sich auf *gegenwärtige* Objekte richtet, indem sie unsere Organe und Nervensysteme in Bewegung setzt, und sich deshalb alles so vollziehen muss, *als ob* unsere Wahrnehmungen aus unserem Gehirn hervorgingen und alsdann auf einen Gegenstand projiziert würden, der von ihnen absolut verschieden ist." (MuG 63) Wenn die Wahrnehmung ihre notwendige Ursache in der Gehirntätigkeit hätte, so müsste diese Gehirntätigkeit bei der Abwesenheit des Objektes diese Wahrnehmung reproduzieren. Wenn dies der Fall wäre, dann ließe sich das Gedächtnis restlos durch das Gehirn erklären. Die Reproduktion der Wahrnehmung steht aber mehr im Dienst unseres Tuns als unseres Vorstellens. Aus diesem Grund besteht die Funktion des Gehirns bei der Erzeugung der Wahrnehmung darin, "unserem Tun seine Wirkung auf das jeweilige Objekt zu sichern." (MuG 64) Bei der reinen Wahrnehmung versetzt man sich außer sich und erfasst die Realität des Gegenstandes in einer unmittelbaren Anschauung. Der 'zerebrale' Zustand ist für Bergson nicht die Bedingung einer Wahrnehmung. Wenn man unsere Wahrnehmung als einen Teil der Objekte annimmt, dann sollte man die Dinge als an der Natur unserer Wahrnehmung partizipierend ansehen. Die materiale Ausdehnung kann nicht mehr als die zusammengesetzte Ausdehnung des Mathematikers betrachtet werden. Sie ähnelt vielmehr der unteilbaren Extension unserer Vorstellung. Es bedeutet, dass "die Analyse der reinen Wahrnehmung uns in dem Begriff <u>Extension</u> eine mögliche Annäherung zwischen dem Ausgedehnten und Nichtausgedehnten ahnen lässt." (MuG178) Damit zusammenhängend fasst Bergson die reine Wahrnehmung so zusammen: "*In der Materie ist mehr als aktuell Gegebenes, aber nichts Andersgeartetes.*" (MuG 59)[190]

---

190 Bergson unterscheidet die reine Wahrnehmung von der konkreten Wahrnehmung. Die reine Wahrnehmung ist anders als vergangenheitsgetränkte Wahrnehmung. Sie ist die Wahrnehmung eines reifen Bewusstseins, das sich auf die

Es ist zusammenfassend zu sagen, dass unsere Wahrnehmung mehr in den Dingen als im Geiste, eher außer uns als in uns ist. Verschiedene Arten der Wahrnehmung entsprechen ebenso verschiedenen Richtungen der Realität. Das ist die Schlussfolgerung des ersten Kapitels von "Materie und Gedächtnis". Es wird aber später hinzugefügt: "Diese mit ihrem Gegenstande zusammenfallende Wahrnehmung besteht mehr de jure als de facto, sie könnte nur im Augenblicklichen statthaben." (MuG 218) In der konkreten Wahrnehmung spielt das Gedächtnis eine wichtige Rolle und die Subjektivität der Empfin-

---

Gegenwart richtet um sich nach dem äußeren Gegenstand zu formen. Unter dieser Wahrnehmung ist "nicht meine konkrete und komplexe Wahrnehmung zu verstehen, die mit meinen Erinnerungen gesättigt ist und immer eine Dauer aufweist, sondern (...) eine Wahrnehmung, die ein Wesen in meiner Lage haben würde, das lebte, wie ich lebe, das aber von der Gegenwart absorbiert wäre und fähig, durch Elimination des Gedächtnisses in allen seinen Formen von der Materie eine unmittelbare und rein momentane Anschauung zu haben. Bergson nennt die reine Wahrnehmung einen idealen Grenzfall, eine Fiktion. In der Tat ist nur konkrete Wahrnehmung gegeben, die eine tiefgreifende Erstellung des primär Gegebenen bedeutet. Die konkrete Wahrnehmung reproduziert den Rhythmus der materialen Welt nach dem unserer Dauer eigenen Rhythmus. Die Qualitäten sind dadurch verändert und es tritt eine Immobilisierung des Geschehens ein. Diese Wahrnehmung ist überflutet von der Masse der Erinnerungen. Jede Wahrnehmung bereichert die früheren Wahrnehmungen." Vgl. Jurevics, P.: Bergson, S. 56.

Die reine Wahrnehmung ist also der Augenblick, in dem das Bild entsteht und noch nicht von Erinnerungen mitgeprägt ist. Sie hebt als Grenzbegriff die Bedeutung des vorangehenden Seins in der Wahrnehmungssituation hervor. Dies wird auch von Merleau-Ponty so akzentuiert: Bergson wolle mitteilen "dass es in jeder Erkenntnis vorangehendes Sein gibt, das gleichzeitig mit der Wahrnehmung aufkommt. Man konstruiert die wahrnehmenden Wesen vom Universum der 'Bilder' aus; aber diese Welt von 'Bildern' war bereits die Welt eines wahrnehmenden Wesens (...). Bergson will den ganzen Kreis wieder herstellen, ein dem Sein und der Wahrnehmung gemeinsames Milieu beschreiben, nämlich dieses 'Universum von Bildern' an sich, diese unpersönliche Wahrnehmung im 'Man', die keinem Individuum inhärent ist, die an einer ihrer Grenzen das Sein berührt und an der anderen die individuierte Wahrnehmung (das partielle Sein), und er will im Innern meines Selbst diesen Grund des Realen beschrieben, durch den ich tiefe Wurzeln in die Dinge eintauche." Aus: Die Natur. Aufzeichnungen von Vorlesungen am Collége de France 1956–1960, hrsg. und mit Anmerkungen versehen von D. Séglard, München 2000, S. 87f.

dungsqualitäten macht das Bewusstsein möglich, welches am Anfang nur Gedächtnis ist, eine Vielheit von Augenblicken ineinander zu verlängern, um sie in eine einzige Anschauung zusammenzuziehen.

Die Bilder, die wir wahrnehmen, gehen ja nicht verloren. Sie sind im Grunde genommen die Quellen der Erinnerung. Ohne die wahrgenommenen Bilder wäre die Erinnerung nicht möglich. Um die gegenseitige Beziehung zwischen der Erinnerung und der Wahrnehmung (damit aber auch der Bilder) besser verstehen zu können, muss man auf die Erinnerung ausführlich eingehen. In diesem Sinne sind die Fragen berechtigt: Wie hängt die Vergangenheit mit der Erinnerung zusammen? Hat die Erinnerung mit dem Wiedererkennen zu tun. Sind die Erinnerungen in der Tat nichts anderes als abgeschwächte Wahrnehmungen?

5.3.2.2. Erinnerung

Wie wir schon erörtert haben, unterschied Bergson drei Termini; die reine Wahrnehmung, das Erinnerungsbild und die Wahrnehmung selbst. Die Wahrnehmung ist nicht nur als ein bloßer Kontakt des Geistes mit dem Gegenstand zu verstehen. Wahrnehmungen berühren sich immer mit den Erinnerungsbildern, "welche sie vervollständigen, indem sie sie erklären." (MuG 127) Das Erinnerungsbild bezieht sich wieder auf die reine Erinnerung. Unser Denken bewegt sich in einer kontinuierlichen Linie von der Wahrnehmung selbst über die reine Wahrnehmung bis zu dem Erinnerungsbild – und auch umgekehrt von dem Erinnerungsbild über die reine Wahrnehmung zu der Wahrnehmung selbst. Trotz dieser Unterscheidung von drei Termini räumt Bergson ein, dass es unmöglich sei, mit Bestimmtheit zu sagen, "wo der eine Terminus aufhört und der andere anfängt." (Ebd.)

Bergson unterscheidet Erinnerung als solche von den erlernten Erinnerungen. Wir haben Erinnerungen, die sich auf die Ereignisse unseres Lebens beziehen. Sie tragen ein bestimmtes Datum und sie wiederholen sich nie. Es gibt auch Erinnerungen, die man durch Wiederholung der schon gelebten Ereignisse bekommt. Sie sind selten und bilden eine Ausnahme. Demgegenüber bereichert sich das Gedächtnis durch die Registrierung der Tatsachen und Bilder ständig und in jedem Augenblick. "Da aber die erlernte Erinnerungen die nützlicheren sind, werden sie leichter bemerkt." (MuG 72) Man hebt gern diese Art der Erinnerung in den Vordergrund, weil die Anwendung dieser Erinnerungen durch Wiederholung der gleichen Handlung den bekannten Vorgängen ähnlich ist. Bergson stellt die Frage, inwiefern ein Unterschied zwischen der durch Wiederholung zustande gekommenen Erinnerung und dem, was sich seiner Natur nach nicht wiederholt, besteht? Die selbsttätige Erinnerung ist vollständig,[191] "sie behält für das Gedächtnis ihre Bestimmtheit nach Ort und Datum."(MuG 72–73) Die erlernte Erinnerung hebt sich mehr aus der Zeit heraus. Das Auswendiglernen eines Gedichtes ist dafür ein gutes Beispiel (vgl. MuG 69–70). Je besser das Gedicht auswendig rezitiert wird, desto unpersönlicher wird die erlernte Erinnerung. Die Funktion der Wiederholung ist nicht in erster Linie die Umsetzung der erste Erinnerung in die zweite. Ihre Aufgabe besteht darin, die aus der ersten hervorgegangenen Bewegungen nutzbar zu verwenden und die Bewegungen organisch zu verbinden. Es ist auch ihre Aufgabe, eine körperliche Gewohnheit durch einen Mechanismus der Bewegungen zu schaffen. Das Vergangene lebt in zwei verschiedenen Formen fort; einmal in motorischen[192] Mechanismen und zweitens in Erinnerungen. Das Vergangene wird durch das Gedächtnis aufbe-

---

191 "Diese spontane Erinnerung, die hinter der erworbenen Erinnerung steckt, kann gelegentlich plötzlich aufzucken; bei der leisesten Regung des willkürlichen Gedächtnisses aber verschwindet sie." (MuG 77)
192 Über die sensomotorischen Abläufe erhält man die Kontrolle über sein Gleichgewicht, die Körperhaltung und Bewegung. Diese Abläufe beginnen mit der Geburt und vervollständigen sich größtenteils innerhalb von zwei Jahren. Viele Sinneswahrnehmungen werden durch Bewegungen (z. B. der Augen oder der Hände) und motorische Haltearbeit erleichtert oder erst ermöglicht. "Die Integration von Sensorik und Motorik reicht von simplen Reflexen über die Beeinflussung des Ganges, wenn eine Fußsohle den Boden berührt hat, bis zur Meisterung komplexer Willkürbewegungen mit Hilfe eines gut entwickelten Körpergefühls. (...). Rumpf- bzw. Ganzkörperbewegungen, Bewegungen der

wahrt, um die Nutzbarmachung vergangener Erfahrung für das gegenwärtige Handeln zu ermöglichen. Bergson nennt dieser Vorgang Wiedererkennen. Dies vollzieht sich in zwei Weisen: Zum einen im mechanischen Handlungsbedarf, der einen Automatismus gleichkommt; zum anderen in einer geistigen Tätigkeit, die darauf beruht, Vergangenes als Vorstellung von der Vergangenheit auf die Gegenwart zu richten (vgl. MuG 66f.).

Die erste Art des Wiedererkennens ist die automatische Wiedererkennung, die sich motorisch vollzieht. Beim automatischen Wiedererkennen setzen unsere Bewegungen die Wahrnehmung fort, "um nützliche Folgen aus ihr zu entwickeln, und uns damit dem wahrgenommenen Gegenstand zu *entfernen*. (MuG 89, vgl auch Œuvres, 234–235)[193] Diese Wiedererkennung geschieht ohne Konzentration,

---

Gliedmaßen und fein koordinierte Bewegungen der Finger werden dabei von verschiedenen neuronalen Systemen gesteuert und so präzise integriert, dass beispielsweise bei einer Zielbewegung mit der Hand gleichzeitig und automatisch eine neue Körperstellung die Erhaltung des Gleichgewichtes garantiert." Aus: Wörterbuch der Kognitionswissenschaft, hrsg. von G. Strube, Stuttgart 1996, S. 620.

Piaget weist dieser Motorik in der ersten größeren Etappe der Intelligenzentwicklung eine konstituierende Rolle zu. Die sensomotorische Intelligenz wird auf der Basis der Koordination von motorischen und sensorischen Schemata aufgebaut. "Besonders wichtig erweist sich der Schritt zum "aktiven Wiederholen" (zwischen dem dritten und sechsten Monat). Dort wird die Motorik aktiv zur Wiederholung eines Effektes eingesetzt, sie ist nun nicht mehr Reaktion, sondern Aktion, die eine "Reaktion" der Umwelt herbeiführt. Die späteren Stufen der Mittel-Zweck-Verknüpfung und des aktiven Experimentierens kennzeichnen die umweltverändernde Funktion der Motorik noch deutlicher. Mittel und Zweck werden durch ein Arrangement von Objekten in der Umwelt verknüpft, neue Effekte durch neue Anordnungen herbeizuführen versucht." Oerter, R.: Zur Rolle von Motorik und Handlung in der psychischen Entwicklung des Menschen, in: Die Motorische Entwicklung im Kindes- und Jugendalter, hrsg. von K. Willimczik und M. Grosser, Schandorf 1979, S. 23–39, hier S. 25.

Diese sensomotorischen Haltungen werden mit der Zeit entwickelt und bis Ende des Lebens beibehalten. Nach dem Erlangen dieser vergisst man sie nicht. In diesem Sinne meint Bergson, dass die Vergangenheit auch in diesen sensomotorischen Abläufen lebt.

193 Bergson, H.: Œuvres. Textes annotés par A. Robinet, Introduction par H. Gouhier, Paris 1959.

während die zweite Wiedererkennung mit Aufmerksamkeit[194] verbunden ist. Die zweite Art der Wiedererkennung verlangt die regelmäßige Vermittlung durch Erinnerungsbilder. Man ist hier durch die Bewegung zum Gegenstand zurückgeführt, um seine Umrisse genauer zu erfassen.

Bergson unterscheidet das Wiedererkennen von der Erinnerung und versucht den Unterschied zwischen Wiedererkennen und Erinnerung durch die Annahme von zwei Arten des Gedächtnisses zu klären. Das mechanische Wiedererkennen hängt sich vielmehr an die mechanische Gedächtnisform der Gewohnheit an. Er gibt als Beispiel das Durchlaufen eines bekannten Weges für die Erklärung des mechanischen Wiedererkennens an. Nachdem man die Stadt ganz kennen gelernt hat, muss man nicht mehr wie am Anfang seine Aufmerksamkeit auf die Straßen oder bestimmten Merkmale richten. Man findet seinen Weg automatisch. In solchem Wiedererkennen weist sich das mechanische Unbewusstsein und die rein körperliche Komponente aus. Dieselbe ist aber nicht nur rein mechanisch. Hier hat sich eigentlich ein Zwischengebilde zwischen einem rein mechanischen und einem noch bewussten Verhalten realisiert. Durch die

---

194 Bergson definiert die Aufmerksamkeit wie folgt: "Einerseits besteht der Effekt der Aufmerksamkeit darin, dass die Wahrnehmung intensiver und ihre Einzelheiten dinstinkter werden: *materiell* betrachtet ließe sie sich also auf eine gewisse Ausweitung des intellektuellen Zustandes zurückführen. Aber andererseits konstatiert das Bewusstsein einen radikalen *formellen* Unterschied zwischen diesem Zuwachs an Intensität und demjenigen Zuwachs, der auf eine Verstärkung des äußeren Reizes zurückgeht: Er scheint nämlich von innen zu kommen und eine bestimmte *Haltung* des Intellekts zu bezeugen. Aber gerade hier setzt die Unklarheit ein, denn der Begriff einer intellektuellen Haltung ist kein klarer Begriff. Man spricht von einer "Konzentration des Geistes" oder auch von einer "apperzeptiven" Anstrengung, die Wahrnehmung in den Blickpunkt des deutlichen Bewusstseins zu bringen. Einige kommen, indem sie diesen Begriff materialistisch formulieren, zur Annahme einer besonderen Spannung der Gehirnenergie oder sogar eines dem empfangenen Reiz hinzugefügten Aufwandes an zentraler Energie. Aber entweder überträgt man damit einfach eine psychologisch festgestellte Tatsache in die Sprache der Psychologie, die wir unsererseits für noch weniger klar halten, oder es läuft wieder auf eine Metapher hinaus." (MuG 91–92f)

mechanische Komponente gewinnt Bergson seine Erklärung des Wiedererkennens als einer körperlichen Positionierung zu dem wiedererkannten Gegenstand. Das Wiedererkennen steht im engen Zusammenhang mit der Wahrnehmung, und damit auch mit der Gewohnheit (vgl. MuG 88–89).

Es taucht hier die wichtige Frage auf, ob in Fällen des aufmerksamen Wiedererkennens das Auftreten der Erinnerungsbilder durch die Wahrnehmung bedingt ist, oder ob es spontan geschieht? Die Antwort hängt nach Bergson vor allem vom Wesen der Beziehung zwischen Gehirn und Gedächtnis ab. Bergson vertritt die Auffassung, dass das Gedächtnis nicht eine Funktion des Gehirns sein kann (vgl. MuG 90). Deswegen dürfen wir die Erinnerungen nicht in der Herstellung der motorischen Einstellungen des Gehirns suchen. In der ersten Hypothese würden die Störungen des Gedächtnisses, die durch eine Verletzung des Gehirns hervorgerufen werden, daher rühren, dass "die betreffenden Erinnerungen das verletzten Gebiet inne hatten und deshalb mit ihm zerstört wurden." (MuG 91) Dagegen gibt es eine zweite These, die Bergson vertritt. Sie besagt, dass jene Verletzungen nur unsere Tätigkeiten beeinträchtigen. Einmal kann unser Körper wegen dieser Verletzung die nötige Haltung gegenüber dem Gegenstand nicht annehmen. Das andere Mal würden sie der Erinnerung die Verbindung mit der Wirklichkeit der Gegenwart durchschneiden, d.h. "sie würden, indem sie das letzte Stadium jenes Prozesses, in dem sie Erinnerung sich realisiert, das Stadium der Tätigkeit, zugleich ihr Aktuellwerden unmöglich machen. Aber in beiden Fällen würde eine Verletzung des Gehirns nicht eigentlich die Erinnerungen zerstören." (MuG 91) Das Gedächtnis hat nach Bergson keinen materialen Bestand. Es bewahrt die Wahrnehmungsbilder auf, die im Gehirn nicht gespeichert werden (vgl. MuG 93).

Aufgrund der anfänglichen Unterscheidung stellt Bergson einen Irrtum des Assoziationismus[195] fest, indem er zwischen der Wahr-

---

195 In Psychologie und Philosophie bedeutet "Assoziation" die gesetzmäßige Verbindung von Bewusstseinsinhalten. Die Assoziationstheorie bemüht sich die

nehmung und der Erinnerung nur einen Unterschied des Grades und nicht des Wesens annimmt. Der Grund für diesen Irrtum ist die falsche Auffassung des Wesens und Zwecks der äußeren Wahrnehmung. Die Assoziationisten betrachten die Wahrnehmung als Unterweisung, die sich an einen reinen Geist richtet und nur spekulatives Interesse hat. Nach Bergson macht der Assoziationismus den weiteren Fehler, zwischen Empfindungen und reine Erinnerungen nur einen Unterschied des Grades, nicht des Wesens zusehen. Für Bergson gibt es aber einen radikalen Unterschied zwischen beiden. Unsere aktuellen Empfindungen nehmen bestimmte Teile der Oberflächen unseres Körpers ein; bei der reinen Erinnerung gibt es keine Beteiligung des Körpers. Die reinen Erinnerungen aber dürfen, indem sie sich materialisieren, körperliche Empfindungen erzeugen. Aber sobald sie dies machen, werden sie sofort aufhören, Erinnerung zu sein. Ich kann dies wieder als Erinnerung wiedergeben, indem ich zu der Tätigkeit zurückkehre, durch die ich die Erinnerung aus der Tiefe meiner Vergangenheit wachrufe. Durch dieses 'Aktivwerdenlassen' werden sie aktuell, d.h. zu Empfindungen, welche Bewegungen verursachen können. Dagegen sehen die meisten Psychologen in der reinen Erinnerung nur eine abgeschwächte Wahrnehmung, eine Versammlung beginnender Empfindungen. "Da sie so von vornherein

---

Ursachen dieser Verbindung zu finden. Sie behauptet, dass das Auftreten einer Vorstellung, eines Begriffs usw. im Bewusstsein das Auftreten der mit ihnen assoziierten Vorstellungen, Begriffe usw. hervorruft, bzw. dass sie sich wechselseitig ins Bewusstsein rufen. Assoziationen zwischen Bewusstseinsinhalten sind Widerspiegelungen objektiv existierender Zusammenhänge zwischen den Dingen, Systemen, Prozessen usw. der materiellen Welt. Vgl. Philosophisches Wörterbuch, hrsg.von G. Kalus und M. Buhr, Bd.1, Berlin (1971), S. 113.

Die Assoziations-Psychologie bestimmt das gesamte Seelenleben einschließlich der höchsten Denkvorgänge und der sich ergebenden willkürlichen Bewegungen durch Assoziation. "Begründet wurde diese Richtung durch Hartley, Priestley, Hume und Herbart; ihr hervorragendster Vertreter im 19.Jahrhundert ist J. Stuart Mill, in der jüngsten Vergangenheit Ziehen, Ebbinghaus und G.E. Müller. Jetzt ist die Assoziations-Psychologie im allgemeinen aufgegeben, da die Theorie der Assoziation sich als unhaltbar erwiesen hat." Philosophisches Wörterbuch, hrsg. von G. Schischkoff, Stuttgart 1960, S. 36.

jeden Wesenunterschied zwischen Empfindung und Erinnerung verwischt haben, werden sie durch die Logik ihrer Hypothese dahin geführt, die Erinnerung zu materialisieren und die Empfindung zu vergeistigen." (MuG 134) Sie wollen die Erinnerung nur unter der Form des Bildes wahrnehmen, d.h. sie betrachten die Erinnerung schon verkörpert in der beginnenden Empfindung. Durch die Übertragung der Empfindung auf die Erinnerung verliert man das Wesentliche, nämlich die Geistigkeit der Empfindung. Demgegenüber ist die reine Erinnerung unausgedehnt, machtlos und hat an der Empfindung in keiner Weise Teil.

Da die Vergangenheit als Erinnerungsbild aufbewahrt wird, hat sie mit den aktuellen Bildern nichts zu tun. Sobald die Vergangenheit Bild werden sollte, d.h. mit der aktuellen Tätigkeit der Wahrnehmung in Beziehung stehen würde, verlässt die Vergangenheit den Zustand der reinen Erinnerung und verschmilzt mit einem Teil der Gegenwart. "Die zum Bilde vergegenwärtigte Erinnerung unterscheidet sich also gründlich von der reinen Erinnerung. Das Bild ist ein gegenwärtiger Zustand und kann an der Vergangenheit nur teilhaben durch die Erinnerung, aus der es hervorgegangen ist." (MuG 135) Solange die Erinnerungen ohne Nutzen bleiben, sind sie machtlos und frei von jeder Vermengung mit der Empfindung. Wenn dies der Fall wäre, könnten sie mit der Gegenwart freilich keinen Zusammenhang haben. Trotzdem versucht Bergson die reine Erinnerung und reine Wahrnehmung zusammenzubringen. Er nennt die reine Erinnerung Geist und sieht die reine Wahrnehmung als an der Materie teilhabend. Die Beziehung zwischen reiner Wahrnehmung und reiner Erinnerung ist sozusagen eine Beziehung zwischen dem Geist und der Materie. Jede Wahrnehmung nimmt eine gewisse Dauer in Anspruch.[196] Jede Wahrnehmung ist in der Tat ein Ideal, eine Grenze.

---

196 "In der Dauer der (...) Wahrnehmung wird eine Mannigfaltigkeit von den 'momentanen Wahrnehmungen' zu einem konkreten, erlebten Moment zusammengefasst. Dies ist eine Leistung des Gedächtnisses, durch die das Vergangene mit dem Gegenwärtigem zu einer Einheit verdichtet wird. Diese Verdichtung

Sie setzt die Vergangenheit in die Gegenwart fort und nimmt dadurch am Gedächtnis teil. "Indem wir nun die Wahrnehmung in ihrer konkreten Form als Synthese der reinen Erinnerung und der reinen Wahrnehmung, d.h. des Geistes und der Materie nehmen, zogen wir das Problem der Vereinigung von Seele und Leib in seine engsten Grenzen zusammen." (MuG 244)

Bergson behandelt in seinem Werk "Geistige Energie" die Bildung der Erinnerung. Sie ist immer bewusst oder unbewusst ein psychischer Zustand. Es wird behauptet, dass das Gehirn für jede Kategorie von Erinnerungen eine besondere Vorrichtung besitzt, "die dazu bestimmt ist, die reine Erinnerung in beginnende Wahrnehmungen oder Bilder umzusetzen." (GE 115) Nach Bergson ist diese Behauptung widerlegbar, dass jede Erinnerung in der Gehirnrinde ihren eigenen Platz hat. Erinnerung hängt mit dem Bewusstsein zusammen. Unsere Erinnerungen bewegen sich in der Tat vom Bewussten zum Unbewussten, und der Übergang zwischen beiden Zuständen ist so dynamisch und fließend, dass wir keinen Grund haben, sie als wesensunterschiedlich anzunehmen. Bergson behauptet nun, "*die Erinnerung bilde[t] sich niemals später als die Perzeption, sondern gleichzeitig mit ihr.*" (GE 115) Die Erinnerung bildet sich in unmittelbarem Anschluss an die Perzeption. Wenn man die Entstehung der Erinnerung Schritt für Schritt zugleich mit der Perzeption ablehnt, muss man zwangsmäßig akzeptieren: "Entweder die Gegenwart hinterlässt keinerlei Spur im Gedächtnis, oder sie teilt sich in jedem Augenblick (...), von denen eine in die Vergangenheit zurückfällt, während die andere sich in die Zukunft schwingt. Der letztere ist das, was wir Perzeption nennen, und er allein interessiert uns." (GE 117) Solange wir die Dinge vor uns haben, brauchen wir nicht

---

vollzieht sich in verschiedenen dynamischen Formen, in Spannungen und Rhythmen, die auch verschiedene Formen der Dauer ausmachen. So zeigt etwa die von uns in einem bestimmten Ereignis erlebte Dauer einen anderen Rhythmus als die Dauer desselben Ereignisses, wenn dieses in der Psychologie oder der Physik betrachtet wird." Vrhunc, M.: Bild und Wirklichkeit. Zur Philosophie H. Bergsons, München 2002, S. 180–181.

die Erinnerung an diese Dinge. Da das praktische Bewusstsein manche Erinnerung als nutzlos beiseite schiebt, so betrachtet die theoretische Überlegung sie nicht als vorhanden. Die Illusionen, die die Erinnerung als Folge der Perzeption annimmt, entsteht durch diese Überzeugung. Zwischen Perzeption und Erinnerung gibt es scheinbar einen Unterschied der Intensität, nicht aber der Art und Weise. Da die Wahrnehmung als starker und die Erinnerung als schwacher Zustand definiert wird, da die Erinnerung einer Wahrnehmung demnach nur diese Wahrnehmung in abgeschwächter Form sein kann, "deshalb glauben wir, die Erinnerung einer Perzeption könne nicht mit dieser zugleich entstehen und sich nicht mit ihr zugleich entwickeln." (GE 118) Hier widerspricht Bergson sich selbst mit seiner Aussage (vgl. GE 115), dass die Erinnerung sich mit der Perzeption bildete.

Bergson fragt sich anschließend, ob die Erinnerung den Umfang des Bildes verändere. Die Antwort Bergsons ist offenbar: Nein, weil, wenn die Erinnerung der Vergangenheit etwas hinzufügen würde, wäre sie nicht treu. Wenn die Erinnerung von der Vergangenheit etwas beibehalten würde, wäre sie unvollständig. Anschließend versucht Bergson zu erklären, was die Erinnerung sei. Für jede Beschreibung eines psychischen Zustandes braucht man Bilder. Die Erinnerung eines Bildes ist aber kein Bild. Deswegen braucht man bei der Beschreibung der Erinnerung metaphorische Ausdrücke. Die Beziehung zwischen der Wahrnehmung und der Erinnerung ähnelt der Beziehung zwischen dem im Spiegel gesehenen Bild und seinem Gegenstand. Der Gegenstand, der vor dem Spiegel steht, ist <u>aktuell</u>, demgegenüber ist das Bild <u>virtuell</u>. Obwohl das Bild dem Gegenstand bloß gleicht, kann es etwas mit dem zu tun haben, was der Gegenstand macht. "Jeder Augenblick unseres Lebens bietet also zwei Aspekte, er ist aktuell und virtuell, einerseits Wahrnehmung, andererseits Erinnerung. Er spaltet sich zur selben Zeit, wo er eintritt." (GE 121) Diese Spaltung von Perzeption und Erinnerung dauert in jedem Augenblick an; das ist die Totalität dessen, was wir sehen, hören, fühlen. Diese Totalität schließt auch eigentlich ein, was wir sind, was uns umgibt. Wenn wir uns diese Spaltung bewusst machen, dann haben wir das Bewusstsein unserer Gegenwart, die uns gleichzeitig als Wahrnehmung und Erinnerung erscheint. Wir sind uns ja dessen bewusst, dass wir jedes Erlebnis nur einmal erleben dürfen, denn die Zeit fließt nicht rückwärts. Es ist ein seltsamer Prozess in Bezug auf die Erinnerung. Man hat ja Erinnerung, die der charakteristischen Merkmale der Zustände trägt und zeichnet sie sich im Bewusstsein erst ab, sobald ihr Objekt verschwunden ist. Trotzdem, die Erinnerung zeigt uns nicht etwas, wie es war, sondern etwas, das ist. "Sie geht (...) mit der Wahrnehmung, die durch sie reproduziert wird. Wir haben im aktuellen Augenblick eine Erinnerung an diesen Augenblick. Der Form nach ist es Vergangenheit, dem Stoff nach Gegenwart. Es ist eine *Erinnerung des Gegenwärtigen.*" (GE 123)

Dilthey legt auch einen großen Wert auf die Erinnerung. Die Erinnerung kommt bei Dilthey vor allem bei der Analyse der Vergangenheit vor. Er hat sie nicht so ausführlich wie Bergson analysiert. Dilthey behandelt sie als Wegbereiter der Vergangenheit ungeachtet von ihren Verhältnissen von Wahrnehmung und Bewusstsein. Die Vergangenheit ist nach Dilthey nur durch Erinnerung zu erleben.

Ein gemeinsamer Punkt zwischen Dilthey und Bergson könnte die Annahme der Abstufung der Bilder sein. Dilthey nimmt an, dass es zwischen den frisch wahrgenommenen Bildern und deren Erinnerungen und auch zwischen zwei verzeitlichten Erinnerungen eine Differenz gibt. Es erinnert uns an Bergsons Unterscheidung. Er unterscheidet die reine Wahrnehmung von dem Erinnerungsbild und von der reinen Erinnerung. Die Erinnerungsbilder werden durch die eigenen Interessen, durch die Bedeutung und den Zeitverlauf zurückgerufen (vgl. VII, 193). Für die Erinnerung spielt die Bedeutung bei Dilthey eine große Rolle. Man erinnert sich meistens daran, was man für bedeutsam hält. Die durch die Erinnerung aufbewahrte Bedeutung, die von Dilthey als Lebenskategorie bezeichnet wird, hat ihren Sinn für den Lebensverlauf. Durch die Bedeutung erfassen wir unseren Lebensverlauf. Die Erinnerungen verleihen unserem Leben erst Sinn, weil die Bedeutung nur durch die Erinnerung zustande kommt (vgl. VII, 236). Im Gegensatz zu Dilthey vermag Bergson der Erinnerung nicht eine solche Funktion zuzuschreiben.[197] Diese Funktion könnte nach Bergson entweder zu dem Gedächtnis oder zu der Dauer gehören. Ein wichtiger Punkt bei Dilthey ist die Gleichstellung der Geschichte mit der Erinnerung. Die Geschichte wird als die Anhäufung der Erinnerung beschrieben, weil die Erinnerungen der Kategorie der Bedeutung angehören. So ist die Bedeutung, die durch Erinnerung zugänglich ist, die eigenste Kategorie des geschichtlichen Denkens.[198]

Es ist zusammenfassend festzustellen, dass die Vergangenheit mit den aktuellen Bildern nichts zu tun hat. Sie wird als Erinnerungsbild aufbewahrt. Sobald die Vergangenheit Bild werden sollte, d.h. mit der aktuellen Tätigkeit der Wahrnehmung in Beziehung stehen würde, verlässt die Vergangenheit den Zustand der reinen Erinnerung und verschmilzt mit einem Teil der Gegenwart. Obwohl Bergson das Wiedererkennen von der Erinnerung unterscheidet, nimmt er aber die Rolle der Erinnerung besonders bei der zweiten Art des Wiedererkennens an, weil man dabei eine geistige Energie und Aufmerksamkeit braucht. Bergson ist streng gegen die Auffassung, dass die Erinnerung nur die abgeschwächte Wahrnehmung ist. Sie verwischt jeden Unterschied zwischen Empfindung und Erinnerung. Infolgedessen wird die Erinnerung materialisiert und die Empfindung vergeistigt. Die Erinnerung ist mehr als eine Wahrnehmung. Sie ist aber weniger als ein Bild.

---

[197] Dies wird von Bergson in "Denken und schöpferisches Werden" deutlich gemacht, nämlich dass die Erinnerung nicht die Eigentlichkeit der Personalität ausmacht. Die Erinnerungen, "die mehr oder weniger mit (der) Wahrnehmung zusammenhängen und dazu dienen, sie zu interpretieren; diese Erinnerungen haben sich gleichsam von dem Untergrund meiner Persönlichkeit losgelöst und sind von den Wahrnehmungen, die ihnen gleichen, an die Oberfläche gezogen worden; sie hängen mit mir zusammen, ohne doch mein eigentliches Selbst zu sein. Und schließlich fühle ich, wie mit diesen Wahrnehmungen und Erinnerungen mehr oder weniger feste Neigungen, Bewegungstriebe, eine Fülle von virtuellen Handlungen verbunden sind. Alle diese Elemente mit fest umrissenen Formen scheinen mir umso mehr von meinem eigentlichen Selbst verschieden zu sein, als sie sich gegeneinander deutlich abgrenzen." (DW 185).
[198] Vgl. Ballnow, O.F.: Dilthey, S. 109.

Die Erinnerung ist nicht nur mit der Vergangenheit verbunden, sondern auch mit der Gegenwart und Zukunft. Wir haben bisher die Zeitmomente bei Bergson nur nebensächlich erwähnt. Wir möchten nun diese Zeitmomente in Bezug auf die Dauer und im Vergleich mit Dilthey erörtern.

6. Dauer in Bezug auf die Zeitmomente

6.1. Die Vergangenheit

Wenn es bei Bergson um die Analyse der Zeitmomente geht, bemerkt man, dass die Vergangenheit eine wichtige Rolle spielt. Sie ist sozusagen nicht ein ins Nichts Gegangenes, oder nicht Nichts mehr Bewirkendes. Sie ist nicht nur vergangen, sie lebt in uns in der Gegenwart weiter. Die Aufbewahrungsfunktion der Vergangenheit wird von Bergson schon in "Zeit und Freiheit" erwähnt. Er schreibt der Vergangenheit diese Funktion zu, weil "die träge Materie (...) keine Spur der abgelaufenen Zeit aufbewahrt." (ZuF 128) Die Vergangenheit hat eine Realität für das bewusste Wesen. Während die abgelaufene Zeit für ein 'als beharrend angenommenes' System weder Gewinn noch Verlust bedeutet, ist Vergangenheit unumstritten für das bewusste Wesen ein Gewinn. Dies ist eine Feststellung Bergsons gegenüber der These, dass die Zeit eher in der Gegenwart bestünde. Diese These wurde vor allem von Aristoteles und Augustinus zum Ausdruck gebracht.

Bergson behandelt die Vergangenheit im Zusammenhang mit dem Gedächtnis, das wiederum in Beziehung mit dem Bewusstsein und der Erinnerung steht. Dieses Gedächtnis hat vor allem die Funktion des Fortbestandes der vergangenen Bilder. Die Vergangenheit existiert sozusagen mit dem Gedächtnis, das alles Vergangene bereichert und beibehält.[199] Bergson konstruiert eine grundsätzliche Parallelität zwischen dem Gedächtnis und der Wahrnehmung. Sie entspricht

---

[199] L. Kalokowski stellt wegen des Ineinanderseins von Vergangenheit und Gedächtnis unzutreffend fest, dass die Vergangenheit nicht existiert. "Es ist

wiederum dem Unterschied zwischen der Vergangenheit und der Gegenwart. Man sieht diese Parallelität bei der Wahrnehmung: Gedächtnisbilder, die der Fortbestand vergangener Bilder sind, "werden sich fortwährend mit unserer gegenwärtigen Wahrnehmung mischen und sogar an ihre Stelle treten können. Denn sie sind ja nur geblieben, um sich nützlich zu machen; sie vervollständigen jeden Augenblick die gegenwärtige Erfahrung und bereichern sie aus den Schätzen der früher erworbenen." (MuG 53) Die Wahrnehmung ist eine Konstellation der Vergangenheit und der Gegenwart. Die Vergangenheit als Ganzes[200] dauert durch das Gedächtnis fort, und die aktuelle Wahrnehmung, die sich in der Gegenwart ereignet, wird dem Gedächtnis hinzugefügt. Unsere Wahrnehmungen sind *aktuell*, weil sie *aktiv* sind, nicht deswegen, weil sie intensiver als die Erinnerungen wären. In diesem Sinne ist die Vergangenheit nur als Vorstellung anzunehmen. Im Gegensatz zur Vergangenheit ist die Gegenwart die bewegende Vorstellung. Der Unterschied zwischen der Wahrnehmung und der Erinnerung beruht eigentlich auf dem wesentlichen Unterschied zwischen der Vergangenheit, die ihrem Wesen nach das ausmacht, *was nicht mehr wirkt,* und der Gegenwart, die *wirkend* ist.

Die Vergangenheit zeigt sich uns jeweils abhängig von der vorherrschenden Gedächtnisform in unterschiedlicher Weise. Bei der ersten Form des Gedächtnisses, das die Form der Erinnerungsbilder und alle Ereignisse unseres täglichen Lebens registriert, zeigt sich die Vergangenheit als aufbewahrend. Sie hat in diesen Sinne mit der Nutzbarmachung nichts zu tun, solange man nicht in die Vergangenheit zurückgehen und daraus etwas herausholen will. Solche Vergan-

---

zulässig zu sagen, dass – unter der Voraussetzung, dass Zeit wirklich ist – die Vergangenheit nach Bergson nicht existiert, es sei denn im Gedächtnis." Aus: Bergson, S. 24.

200 Bergson versteht die Vergangenheit als Ganzes sowohl die individuelle Vergangenheit in Bezug auf den persönlichen Lebenslauf, aber auch als ein Zeitmoment, das wiederum die Vergangenheit möglich macht und eine feste Einheit zwischen der Gegenwart und der Zukunft bildet. Die Vergangenheit besteht als Ganzes weiter. Vgl. Hellmann, W.: Der Begriff der Zeit bei H. Bergson, S. 127–128, und (DW 176).

genheit ist sozusagen Möglichkeit, die zur Verfügung steht. Sie "würde aus bloßer natürlicher Notwendigkeit aufspeichern. Es würde die intelligente oder vielmehr intellektuelle Wiedererkennung einer früher erlebten Wahrnehmung möglich machen; es käme uns immer zur Hilfe, wenn wir, um ein bestimmtes Bild zu suchen, den Abhang unseres vergangenen Lebens zurückgehen müssen." (MuG 70) Durch die zweite Form des Gedächtnisses bezieht sich Vergangenheit auf die Tätigkeit. Sie ist eigentlich jetzt, in diesem Moment vergangen. Sie steht immer näher zur Gegenwart. Sie ist gerade vergangene Gegenwart. Sie kann auch den gegenwärtigen Wahrnehmungen etwas hinzufügen. Sie wird dann als ein Teil der Gegenwart angesehen. Die aktuelle Gegenwart wird durch die Bilder von der Vergangenheit und durch die Empfindungen mit der Vergangenheit verschmolzen.[201]

Diese Gedächtnisfunktion kann man auf niedrigerem Niveau auch bei den Tieren finden. Die Tiere können wiedererkennen, was sie vorher gekannt haben. Ihr Wiedererkennen ist aber im Gegensatz zum Menschen eher erlebt als gedacht. Nur der Mensch ist dazu fähig, die Vergangenheit in Form eines Bildes wachrufen zu können. Dafür muss man sich vom Gegenwärtigen losreißen.[202] Bergson setzt das sich Hineinversetzen in die Vergangenheit für deren Erreichung voraus. Sie kann von uns nur als vergangen erfasst werden, "wenn wir der Bewegung folgen, in der sie sich zum gegenwärtigen Bild entfaltet, aus dem Dunkeln ins Licht emportaucht." (MuG 129) Es wird vergeblich sein, ihre Spur in irgend etwas Aktuellem oder schon Rea-

---

[201] "Von meiner Vergangenheit wird nur das zum Bilde und folglich zur Empfindung wenigstens zu einer beginnenden, was bei dieser Tätigkeit mitarbeiten kann, sich der Haltung einfügen mit einem Wort sich nützlich machen kann; aber sobald meine Vergangenheit Bild wird, verlässt sie den Zustand der reinen Erinnerung und verschmilzt mit einem Teil meiner Gegenwart zusammen." (MuG 35)
[202] Das gegenwärtige Tun könnte uns hindern, in unsere Vergangenheit zurückzugehen. Man muss demgegenüber versuchen, sich von den Interessen loszulösen. "Wenn unsere Vergangenheit uns (...) fast gänzlich verborgen bleibt, weil sie durch die Erfordernisse der gegenwärtigen Tätigkeit gehemmt wird, wird sie ihre

lisierten zu suchen. Das wäre so, wie die Dunkelheit im Lichte zu suchen.[203] Das macht den wichtigen Unterschied zwischen Vergangenheit und Gegenwart aus.[204]

Während die Vergangenheit "wesentlich machtlos" ist,[205] ist die Gegenwart das, was einen gerade interessiert, was für einen lebendig ist, besser gesagt, was einen zur Tätigkeit anreizt. Damit will aber Bergson nicht sagen, dass die Vergangenheit für uns weniger Bedeutung hat. Er verteidigt die These, dass die Vergangenheit sich aus sich selbst erhält, obwohl sie nicht mehr wirksam ist. Ist das nicht ein Widerspruch? Man muss sich fragen, "ob die Vergangenheit aufge-

---

Kraft, die Schwelle des Bewusstseins zu überschreiten, in all den Fällen wiederfinden, wo wir uns von den Interessen unserer Tätigkeit loslösen, um uns gewissermaßen in das Leben des Traumes zurückzuversetzen." (MuG 149)

203 Dies ist ein großer Fehler der Assoziationspsychologie: "[V]om Aktuellen ausgehend, erschöpft sie sich in vergeblichen Bemühungen, in einem realisierten und gegenwärtigen Zustande das Zeichen seines Ursprungs in der Vergangenheit zu entdecken, die Erinnerung von der Wahrnehmung zu unterscheiden und zu einem Wesensunterschiede zu erheben, was sie von vornherein dazu verurteilt hat, ein bloßer Größenunterschied zu sein." (MuG 129)

204 W. Hellmann macht auf den Widerspruch von Bergsons Erklärung aufmerksam, dass er einmal die Vergangenheit als Vergangenes vernichtet sieht, ein anderes mal aber die Vergangenheit für die Gegenwart voraussetzt. "Vergangenes wird in seiner Eigenständigkeit und als Vergangenes vernichtet, aber nur, weil es im Gegenwärtigen nach einem Akt der Umgestaltung und Verschmelzung aufbewahrt wird, wobei es auf eine – evtl. höhere –, jedenfalls aber neue Stufe erhoben wird. Einer solchen Annahme widerspricht jedoch der Satz: 'Durch die Philosophie können wir uns daran gewöhnen, die Gegenwart niemals von der Vergangenheit zu isolieren, die sie hinter sich herzieht'. Denn realisiert man das Bild des Hinter-sich-herziehens, so steht der damit charakterisierte Sachverhalt sogar zur gegenseitigen Durchdringung und Verschmelzung im Widerspruch." Aus: Der Begriff der Zeit bei H. Bergson, S. 128.

Bergson versucht aber unserer Ansicht nach diesen virtuellen Widerspruch durch die Annahme von zwei Formen des Gedächtnisses zu klären. Aus diesem Grunde finden wir Hellmans Feststellung nicht zutreffend.

205 Trotz dieser Schwäche der Vergangenheit beeinflusst sie unsere aktuellen Entscheidungen, weil "unser Charakter, der bei all unseren Entscheidungen gegenwärtig ist, in der Tat die aktuelle Synthese aller unserer vergangenen Zustände ist. In dieser kondensierten Form existiert unser früheres Seelenleben in sogar noch stärkeren Grade für uns als die äußere Welt." (MuG 140–141)

hört hat zu existieren oder ob sie nicht nur aufgehört hat, nützlich zu sein." (MuG 145) Wenn die Vergangenheit und die vergangenen Dingen nicht mehr nützlich sind, heißt es aber nicht, dass sie ihre Existenz verlieren. Sie verlieren ihre Nützlichkeit, aber nicht notgedrungen ihre Existenz. *"Praktisch nehmen wir nur die Vergangenheit wahr*, die reine Gegenwart ist das Unfassbare Fortschreiten der Vergangenheit, die an der Zukunft nagt." (Ebd.) Der Zeitfluss fließt nach Bergson von der Vergangenheit über die Gegenwart in die Zukunft.

Vergangenheit ⟶ Gegenwart ⟶ Zukunft

Bergson präzisiert die Beziehung zwischen der Dauer und der Vergangenheit in "Denken und schöpferisches Werden". In "Zeit und Freiheit" und in "Materie und Gedächtnis" wurde eigentlich die Vergangenheit mehr als ein Zeitmoment unter Berücksichtigung ihrer Fortbestehensfunktion behandelt. Bergson setzt sie in "Denken und schöpferisches Werden" mit der Dauer in Verbindung. Die innere Dauer erfasst eine Aufeinanderfolge, "die keine Nebeneinanderteilung ist, ein Wachstum von innen her, die ununterbrochene Verlängerung der Vergangenheit in eine Gegenwart hinein, die ihrerseits in die Zukunft eingreift." (DW 44) Da die Vergangenheit durch ihr Weiterbestehen mit der Gegenwart ein Ganzes bildet (vgl. DW 176), beruht die reine Dauer eigentlich auf dieser inneren Einheit von Vergangenheit und Gegenwart. Deshalb kennt die reine Dauer kein gegenseitiges Außereinander. Bei der Vergangenheit bleibt Vorangehendes in gewisser Weise erhalten, und sie dauert fort. Diese Dauer ist "die unteilbare und unzerstörbare Kontinuität einer Melodie, in der die Vergangenheit die Gegenwart durchdringt und mit ihr ein unteilbares Ganzes bildet, das ungeteilt und selbst unteilbar bleibt trotz desjenigen, das sich jedem Moment hinzufügt, oder vielmehr gerade durch dieses, was sich hinzufügt." (DW 88) Bei einer Melodie wird der erste Ton mit dem letzten verbunden. Die Wirkung der einzelnen Töne ist nicht dadurch zu erklären, dass sie nach festgelegten Intervallen aufeinander folgen. Der schon verklungene Ton wirkt in der Erinnerung fort und verbindet sich mit dem nächsten. Die Töne können aber nur eine Ganzheit bilden, wenn sie sich zu einer rhythmischen Komposition verbinden. Man kann also die Töne auf zwei Weisen ordnen. Entweder lassen sich die Töne nacheinander aufreihen, – oder es entsteht eine innere Verbindung.[206]

In diesem Zusammenhang deutet Hellman die absolute Unteilbarkeit der Bewegung oder Veränderung als Wesen der Dauer an. "Denn nicht die in den Momentaufnahmen fixierten Zustände sind bei einer Veränderung wirklich, sondern im Gegenteil: die Kontinuität des Überganges ist es. Und in 'diesem ununterbrochenen Fluss' besteht das Wesen der Dauer."[207] Die Kontinuität der Bewegung oder der Veränderung ist mit der Vergangenheit verbunden, weil die Unteilbarkeit der Veränderung nichts anders als die Erhaltung der Vergangenheit in der Gegenwart ist. Da man von der Tatsache der Unteilbarkeit der Veränderung absieht, ist man der Meinung, dass die Vergangenheit nutzlos ist. In der Tat ist es aber so, "dass unsere entferntste Vergangenheit mit unserer Gegenwart zusammengehört, um mit ihr ein und dieselbe ununterbrochene Veränderung zu bilden." (DW 174) Diese Bildung erfahren wir durch die Philosophie, die uns lehrt, die Gegenwart niemals von der Vergangenheit zu isolieren, die sie hinter sich herzieht. Die Vergangenheit scheint uns so, als ob sie etwas Vernichtetes wäre und für die Erhaltung der Vergangenheit einen Apparat nötig wäre, deren "Aufgabe es wäre, die Teile der Vergangenheit zu registrieren, die fähig sind, im Bewusstsein wieder zu erscheinen."(Ebd.) Wenn man aber die Kontinuität des inneren

---

206 Bergson drückt dies so aus: "Entweder (..) behalte ich jede einzelne dieser sukzessiven Empfindungen im Gedächtnis, um sie mit den andern in organische Verbindung zu bringen und eine Gruppe zu bilden, die mich an eine Melodie oder einen wohlbekannten Rhythmus gemahnt: in diesem Fall *zähle* ich die Töne nicht, ich beschränke mich vielmehr darauf, den sozusagen qualitativen Eindruck zu empfangen, den ihre Zahl auf mich macht. Oder aber ich nehme mir ausdrükklich vor, sie zu zählen, und dann muss ich aus ihrer Verbindung lösen, wobei diese Dissoziierung sich in irgendeinem homogenen Medium vollziehen muss, indem die Töne, ihrer Qualität entkleidet, und sozusagen ausgeleert, identische Spuren ihres Verlaufs zurücklassen." (ZuF 74–75)
207 Hellman, W.: Der Begriff der Zeit bei H. Bergson, S. 127.

Lebens und infolgedessen seine Unteilbarkeit berücksichtigt, dann fühlt man sich nicht dazu gezwungen, die Erhaltung der Vergangenheit zu erklären, sondern im Gegenteil ihre scheinbare Vernichtung.[208]

Die Aufmerksamkeit spielt eine wichtige Rolle sowohl bei der Erhaltung der Vergangenheit als auch beim Unterschied zwischen Vergangenheit und Gegenwart. Die Menschen richten ihre Aufmerksamkeit naturgemäß auf die Zukunft. Sie wollen sich dementsprechend nicht mit der Vergangenheit beschäftigen. "Wir neigen dazu, uns unsere Vergangenheit als etwas nicht Existierendes vorzustellen." (DW 171) Dieser Unterschied zwischen Vergangenheit und Gegenwart ist abhängig von der Spannweite unserer dem Leben zugewendeten Aufmerksamkeit. Unsere Gegenwart hat so viele Spannweite. Wenn man aber die Aufmerksamkeit in ihrer Spannweite nachlässt, wird das, was sie aufgibt, *ipso facto* zur Vergangenheit. Wenn wir uns unserer Gegenwart nicht mehr mit lebendigen Interessen zuwenden, versinkt unsere Gegenwart in die Vergangenheit. Es geht mit der Gegenwart der Individuen genau so wie mit der der Völker: "Ein Ereignis gehört der Vergangenheit an und tritt in die Geschichte ein, wenn es nicht mehr die Politik des Tages interessiert und vernachlässigt werden kann, ohne dass es noch irgendwie spürbar wird. Solange seine Wirkung noch fühlbar ist, gehört es dem Leben der Nation an und bleibt ihm gegenwärtig." (DW 173)[209] In manchen Fällen kommt

---

208 Bergson kritisiert hier wieder wie in "Materie und Gedächtnis" die Ansicht, dass das Gehirn der Erhaltung der Vergangenheit dient. Es wird "behauptet, das Gehirn diene der Erhaltung der Vergangenheit, es speichere Erinnerungen auf wie photographische Klischees, von denen wir dann Abzüge machen (...)." (DW 174–175) Er will damit nicht sagen, dass das Gehirn mit der Vergangenheit nichts zu tun haben darf. Er verweigert sich nur einer solchen Auslegung des Gehirns, die das Gehirn darauf reduziert die Vergangenheit aufzubewahren. Die Tatsachen "vereinigen sich, uns zu beweisen, dass das Gehirn dazu dient, in der Vergangenheit auszuwählen, sie zu vereinfachen, sie nützlich zu machen, aber nicht, sie zu erhalten." (DW 175)
209 Bergson versteht unter Geschichte nicht nur, was wir normalerweise unter dem Begriff 'Geschichte' verstehen. Er nennt auch den Lebensverlauf in Bezug auf das vergangene Leben Geschichte. Es bezieht sich auch auf unsere Vorfahren.

es vor, dass die Aufmerksamkeit jäh auf das lebendige Interesse verzichtet, und alsbald ist für sie die Vergangenheit wieder gegenwärtig. Zum Beispiel bei Personen, die sich unerwartet der Drohung eines plötzlichen Todes gegenüberstehen, bei dem Bergsteiger, der in einen Abgrund stürzt, bei dem Ertrinkenden und Gehängten scheint es, dass eine schnelle Rückwendung der Aufmerksamkeit entstehen kann, "etwas wie eine Änderung in der Orientierung unseres Bewusstseins, das bis dahin der Zukunft zugewendet und von den Notwendigkeiten des praktischen Handelns absorbiert, plötzlich sein Interesse dafür verliert. Das genügt, damit tausend (...) vergessene Einzelheiten wieder auftauchen, dass die ganze Geschichte der Persönlichkeit sich vor ihr in einem bewegtem Panorama abrollt." (DW 174) Bergson entnimmt daraus, dass das Gedächtnis also gar keiner besonderen Erklärung bedarf oder vielmehr es kein besonderes Vermögen gibt, dessen Aufgabe es wäre, die Vergangenheit zu bewahren, "um sie in die Gegenwart wieder einfließen zu lassen." (Ebd.) Unter der Berücksichtigung der so verstandenen Vergangenheit erscheint die Wirklichkeit nicht mehr in einem statischen Zustande, sondern die Vergangenheit "erhält sich in der Kontinuität und der Veränderlichkeit ihres Strebens dynamisch." (DW 178) Die Vergangenheit ist sozusagen wie ein Schatten des Menschen. Sie begleitet uns bis zum Ende des Lebens.[210]

Aus diesem Grund könnte man sagen, dass unsere Vergangenheit uns gegenwärtig bleibt. "Denn was in der Tat sind wir, und was ist unser *Charakter*, wenn nicht die Verdichtung jener Geschichte, die wir seit unserer Geburt, ja – da wir angeborene Anlagen mitbringen – vor unserer Geburt gelebt haben? Zweifellos zwar, wir denken nur mit einem kleinen Teil unserer Vergangenheit; mit ihrer Totalität aber (...) wünschen, wollen handeln wir. Restlos also tut sich unsere Vergangenheit in ihrem Vorstoß und in Form der Strebung kund, obgleich nur ihr geringster Teil Vorstellung wird." (SE 12)

210 Sie beinhaltet alle Augenblicke unseres Lebens und auch das, was dazugehört. "In Wirklichkeit bleibt die Vergangenheit ganz von selbst, gleichsam automatisch erhalten. In ihrer Ganzheit sicherlich folgt sie uns jeden Augenblick nach: Was von frühester Kindheit an wir gefühlt, gedacht, gewollt haben, ist da; hingesenkt zur Gegenwart, die ihm zuwächst, angestemmt gegen das Tor des Bewusstseins, das es aussperren möchte." (SE 11)

Das Weiterbestehen der Vergangenheit in der Gegenwart macht eigentlich das Wesen der Dauer aus. Denn die innere Dauer ist ein kontinuierliches Leben eines Gedächtnisses, das die Vergangenheit in die Gegenwart hineinverlängert. Die Vergangenheit überlebt im Gegenwärtigen, weil die Gegenwart das unaufhörlich wachsende Bild der Vergangenheit in sich einschließt, und weil sie "durch ihre fortgesetzte Änderung in der Qualität die immer schwerere Last bezeugt, die man hinter sich her schleppt, in demselben Maße wie man älter wird." (DW 201) Ohne dieses Überleben der Vergangenheit im Gegenwärtigen könnte es keine Dauer geben, sondern nur eine Augenblicklichkeit.

Die Dauer ist nicht Ablösung von Moment durch Moment. Wenn dies der Fall wäre, dann gäbe es niemals mehr als Gegenwart; keine Verlängerung des Vergangenen ins Jetzige, keine konkrete Dauer. "Denn Dauer ist ununterbrochenes Fortschreiten der Vergangenheit, die an der Zukunft nagt und im Vorrücken anschwillt." (SE 11) So verstandene Dauer heißt eigentlich die Entwicklung, welche eine entscheidende Eigenschaft des Lebens ist, und sie ist auch identisch mit realer Weiterführung der Vergangenheit durch die Gegenwart.

Die Vergangenheit spielt auch eine große Rolle bei Diltheys Zeitlehre. Seine Vergangenheitsauffassung unterscheidet sich von Bergson vor allem dadurch, dass Dilthey die Vergangenheit nur als Zeitmoment betrachtet. Er setzt sie nicht wie Bergson mit der Dauer, die für Dilthey ein fremder Begriff ist, in Verbindung. Dilthey schreibt der Vergangenheit weniger Eigenschaften als Bergson zu. Sie ist für Bergson sowohl ein Zeitmoment als auch ein Prinzip des Werdens in Hinblick auf die Bewegung und Veränderung, während Dilthey die Vergangenheit als *nicht mehr wirkende* bezeichnet. Sie ist für Dilthey nur durch die Erinnerung zugänglich, während sie für Bergson immer im Gegenwärtigen präsent ist. Bei Dilthey ist Gegenwart eine Voraussetzung für die Vergangenheit, weil diese schon erlebte Gegenwart ist. Deswegen hängt die Vergangenheit eher von der Gegenwart ab. Diese Abhängigkeit ist bei Bergson nicht so stark betont. Man hat den Eindruck, obwohl es darüber keine klaren Sätze von Bergson gibt, als ob die Vergangenheit für die Gegenwart eine

Bedingung wäre, weil ohne die Fortdauer der Vergangenheit im Gegenwärtigen die Zeit nicht vorzustellen ist.

Während Dilthey die Vergangenheit durch frische oder ältere Erinnerungen in sich unterteilt, wird dies bei Bergson von den verschiedenen Gedächtnisformen übernommen. Die Unteilbarkeit der Vergangenheit und Gegenwart in Bezug auf die Veränderungen ist für Bergsons Zeitlehre lebenswichtig. Solche Unteilbarkeit wird von Dilthey nicht so stark erwähnt. Dilthey ist aber davon überzeugt, dass das Vergangene nicht ganz vergangen sind. Es lebt durch die Erinnerung in unserer Gegenwart. Für Bergson braucht die Vergangenheit keine Vermittlung, um überhaupt existieren zu können. Sie erhält sich selbst. Wir finden eine spannende Ähnlichkeit zwischen Bergson und Dilthey in der Frage, welche Rolle die Vergangenheit beim Verständnis des Lebens spielt. Die Bedeutung des Lebensverlaufs ist nur durch die Vergangenheit zu verstehen (vgl. VII, 232); das gilt auch für Bergson. Ohne dieses Fortbestehen der Vergangenheit ist unser Leben nicht zu verstehen. Dies gilt auch für die Geschichte. Was die Geschichte sei, heißt vor allem, die Vergangenheit zu verstehen. Bergson betont ganz stark die Bewährungs- und Bereicherungsfunktion der Vergangenheit und damit ihren Vorrang gegenüber anderen Zeitmomenten. Diese aktuelle Präsenz der Vergangenheit wird von Dilthey nicht thematisiert. Der Begriff der Präsenz ist für Dilthey dann wichtig, wenn das Vergangene eine Bedeutung für das gegenwärtige Ereignis hat. Dilthey teilt die Auffassung mit Bergson, dass der Mensch gegenüber dem Vergangenen machtlos ist. Er verhält sich zur Vergangenheit passiv, zur Gegenwart aktiv. Das heißt, da die Vergangenheit schon vergangen ist, ist man nicht in der Lage die vergangenen Vorgänge zu verändern und auf sie irgendwelchen Einfluss zu haben. Demgegenüber steht die Gegenwart unter der Möglichkeit des menschlichen Handelns. Mann kann seine Gegenwart bestimmen, wie man will. Die Hineinreichung der Vergangenheit in die Gegenwart steht vor uns nur als Summe von schon sich realisierten Gegenwarten. Obwohl wir gegenüber der Vergangenheit machtlos sind, heißt das aber nicht, dass sie für und ganz und gar vergangen und damit belanglos ist. Sie lebt in uns mindestens durch unsere

Erinnerungen, die durch unsere gegenwärtige Aufmerksamkeit aus unserer Vergangenheit ausgewählt werden. Da die Vergangenheit bei Bergson mit der Gegenwart eine unteilbare Einheit bildet, wollen wir die Gegenwart, um die Vergangenheitsanalyse zu vervollständigen, in Bezug auf die Dauer zu verstehen versuchen.

6.2. Die Gegenwart

Die Gegenwart ist nach Bergson als Simultaneität zu verstehen. Unsere innere Dauer darf nicht in den Raum verlegt werden und sie darf auch nicht als Simultaneität verstanden werden. Deswegen ist es nicht wahr, dass die äußeren Dinge fortdauern, "sondern vielmehr, dass in ihnen irgend ein nicht auszudrückender Grund vorhanden ist, aus dem wir sie nicht in sukzessiven Momenten unserer Dauer zu betrachten vermögen, ohne eine Veränderung an ihnen zu konstatieren." (ZuF 187–188) Wenn man aber von der Gegenwart spricht, dann denkt man an gewisse Intervalle innerhalb der Dauer. Diese Tatsache ist eine unmittelbare Gewohnheit des Bewusstseins. Was für eine Dauer hat man hier, fragt Bergson. "Es ist unmöglich genau zu fixieren, es ist etwas Fließendes." (ZuF 172) Jetzt z. B. besteht die Gegenwart aus dem Satz, den ich schreibe, aber sie besteht als solche nur solange ich meine Aufmerksamkeit auf den Satz beschränke. Meine Gegenwart ist mit meiner Aufmerksamkeit eng verbunden. Die Aufmerksamkeit, die ich beim Schreiben des Satzes habe, erstreckt sich vom Jetzt über die kommenden Sätze bis zu allen geschriebenen Sätze des Buches; d.h. was jetzt gemacht, geschrieben, gesagt wird, kann nicht von der Vergangenheit unabhängig existieren. In unserer aktuellen Gegenwart, "die die Vergangenheit von Morgen sein wird, [ist] das Bild von Morgen enthalten, obwohl wir nicht imstande sind, es schon festzuhalten." (DW 121)

Da bei Bergson die Gegenwart von der Vergangenheit nicht zu isolieren ist, ist Bergson gegen die Annahme, dass die Gegenwart allein existiert.[211] Wenn es sich um den gegenwärtigen Augenblick handelt, und zwar um eine Art von mathematischem Moment, "der für die Zeit dasselbe wäre, was der mathematischen Punkt für die Linie ist" (DW 171–172), dann ist klar, dass ein solcher Moment eine reine Abstraktion und eine Konstruktion unseres Geistes ist, der keiner wahren Wirklichkeit entspricht. Es ist unmöglich, aus solchen Augenblicken eine Zeit zusammenzusetzen. Es ist genauso unwahrscheinlich, wie man "aus mathematischen Punkten eine Linie zusammensetzen kann." (Ebd.) Wenn man annehmen würde, dass ein solcher Moment allein existiere, wie könnte ein anderer Moment ihm vorausgehen? Die Augenblicke könnten ja voneinander durch ein Zeitintervall getrennt werden, weil die Zeit nach Voraussetzung auf ein Nebeneinander von Augenblicken zurückgeführt werden sollte. "Sie wären also durch nichts getrennt, und infolgedessen würden sie zusammenfallen: zwei mathematische Punkte, die sich berühren, fallen zusammen." (DW 172)[212] Deswegen besteht die Dauer nicht in den Momenten, die nebeneinander gereiht sind. Sie ist nicht die Ablösung von Moment durch Moment. Wenn es so wäre, gäbe es keine Gegenwart als Dauer.

---

211 Bergson greift hier die Philosophen und die generelle Zuneigung der Menschen an, weil sie nur die Gegenwart als wirkliches Zeitmoment annehmen. Man neigt sich dazu, die Vergangenheit als etwas nicht Existierendes vorzustellen, "und die Philosophen fördern noch diese natürliche Neigung. Für sie und für uns besteht allein die Gegenwart durch sich selbst: wenn etwas von der Vergangenheit überlebt, so scheint das nur durch eine Unterstützung möglich, die ihr von der Gegenwart her zuteil wird, gleichsam durch eine Gnade, die die Gegenwart ihr erweist, kurz, wenn wir uns ohne Bild ausdrücken wollen, durch das Eingreifen einer gewissen besonderen Funktion, die man Gedächtnis nennt, und deren Aufgabe es gerade wäre, ausnahmsweise diese oder jene Teile der Vergangenheit zu bewahren, indem sie diese gleichsam aufspeicherte. – Eine ganz gründlicher Irrtum!" (DW 171)
212 Bergson greift dies wieder in "Schöpferische Entwicklung" wie folgt auf: "In Wirklichkeit ist der 'unmittelbar vorangehende' Moment jener, der mit dem gegenwärtigen durch das Intervall alt verbunden ist. Alles, was wir mit ihm sagen wollen, ist also nur, dass der gegenwärtige Moment des Systems durch Gleichungen (...) bestimmt wird; d.h. im Grunde durch gegenwärtige Geschwindigkeiten und gegenwärtige Beschleunigungen. Von nichts anderem also als von Gegenwart ist hier die Rede, einer Gegenwart allerdings, in die ihre *Tendenz* mit einbegriffen ist." (SE 28)

Bergson erwähnt den Gebrauch der Gegenwart von den Wissenschaftlern. Sie operieren immer mit neu eingesetzter Gegenwart, niemals mit der realen, konkreten Dauer, wo Vergangenheit und Gegenwart 'nur Eines bilden'. Um dies zu verdeutlichen, gibt Bergson das Beispiel eines Mathematikers, der den künftigen Zustand eines Gegenstandes nach Ablauf der Zeit[213] (t) berechnen soll. Er zählt den einzelnen (t) Augenblick als etwas, das ein rein Momentanes ist. Die reale Zeit, die während des Intervalls abläuft, wird von ihm nicht berücksichtigt. Der Mathematiker hebt nur einen bestimmten Punkt, einen bestimmten Augenblick und das Ende einer Zeit (t`) hervor. Bei ihm ist von dem Intervall nicht mehr die Rede. Er berücksichtigt nur die Beziehungen und Geschwindigkeiten. Für ihn heißt 'Zahlen', die Tendenzen bezeichnen, die ihm ermöglichen, den Zustand des Systems für einen gegebenen Moment zu berechnen. "Ein gegebener oder richtiger starrer Moment aber bleibt es immer, der in Frage steht, niemals die Zeit, die fließt." (SE 29) Die Welt der Mathematiker ist eine Welt, "die in jedem Augenblick[214] stirbt und wiederaufersteht, jene selbe, an die Descartes dachte, wenn er von "création continuée" sprach." (SE 29) Durch die so verstandene Zeit können wir aber die Entwicklung der Welt nicht erklären. Denn die Entwicklung ist identisch mit realer Weiterführung der Vergangenheit durch die Gegenwart, identisch mit einer Dauer, die eine Kohäsion ist.

---

213 Aristoteles erklärt den Ablauf der Zeit durch das "Jetzt" wie folgt: "Das Jetzt bildet den Zusammenhang von Zeit (...); es hält ja die vergangene und zukünftige Zeit zusammen. Und es ist auch die Grenze von Zeit, stellt es doch des einen Anfang, des anderen Ende dar, nur ist dies nicht so sichtbar wie bei dem Punkt, der ja bleibt. Es teilt der Möglichkeit nach; und sofern es diese Eigenschaft zeigt, ist das Jetzt immer ein anderes, insofern es dagegen zusammenknüpft, ist es immer dasselbe – wie bei den mathematischen Linien: der je angenommene Punkt ist für das Denken nicht derselbe; für den, der die Linie teilt, ist es immer ein anderer Punkt; insofern es aber ein einziger Punkt ist, ist er überall derselbe." Aus: Physik IV 12, 222a 10–20.
214 Bergson untersucht den Augenblick in "Materie und Gedächtnis" weiter. Er fragt sich, was der gegenwärtige Augenblick sei, welcher der Zeit eigentümlich ist. Bergson kennt die Gegenwart als Augenblick. Bergson unterscheidet diesen Augenblick von einem mathematischen Augenblick (vgl. MuG 131f.).

Bergson nimmt eine ideale Gegenwart an, die rein begrifflich als unteilbare Grenze zwischen Vergangenheit und Zukunft genommen wird. Die wirkliche, konkrete und erlebte Gegenwart nimmt notwendigerweise eine gewisse Dauer in Anspruch. Diese Dauer ist "zugleich diesseits und jenseits (...) und dass das, was ich 'meine Gegenwart' nenne, mit einem Fuße in meiner Vergangenheit und mit dem anderen in meiner Zukunft steht." (MuG 132) Er nennt 'den psychischen Zustand' Gegenwart, der eigentlich eine Wahrnehmung der unmittelbaren Vergangenheit und eine Bestimmung der unmittelbaren Zukunft sein soll. Da die Vergangenheit, insofern sie wahrgenommen wird, Empfindung und Zukunft, Tätigkeit oder Bewegung ist, ist meine Gegenwart also zugleich "Empfindung und Bewegung; und da meine Gegenwart ein unteilbares Ganzes bildet, muss diese Bewegung sich dieser Empfindung anschließen und sie als Handlung fortführen." (MuG 132) Es ist daraus zu schließen, dass die Gegenwart aus einem kombinierten System von Empfindungen und Bewegungen besteht. "Die Gegenwart ist ihrem Wesen nach sensorischmotorisch." (Ebd.) Es bedeutet, dass "meine Gegenwart im Bewusstsein besteht, das ich von meinem Körper habe." (MuG 133) Da ich in einem gegebenen Augenblick nur ein einziges System von Bewegungen und Empfindungen habe, erscheint mir meine Gegenwart als ein absolut bestimmtes Ding, das sich von der Vergangenheit unterscheidet. Die Gegenwart stellt eigentlich den aktuellen Zustand meines Werdens dar, "was in meiner Dauer gerade in der Bildung begriffen ist."(Ebd.)[215] Sie besteht sozusagen in der Aktualität der Materie. Da diese sich immer verändert, verändert sich unsere Gegenwart. Deswegen ist jeder Augenblick einzigartig für die Dauer.[216]

---

215 Bei der ursprünglichen Dauer sind Gegenwart und Zeitfolge überhaupt noch nicht unterschieden und können nicht unterschieden werden. Es ist eine Zeit, die jenseits der teilbaren Zeitstrecke eine reale Dauer hat. Vgl. Kümmel, F.: Über den Begriff der Zeit, Tübingen 1962, S. 17.

216 "Da nach unserer Ansicht Materie, insofern sie im Raume ausgedehnt ist, als eine Gegenwart, die unaufhörlich wiederbeginnt, definiert werden muss, ist umgekehrt unsere Gegenwart die Materialität unseres Daseins, d.h. ein System von Empfindungen und Bewegungen, nichts anderes." (MuG 133)

Hellmann vertritt die These, dass die von Bergson als Dauer verstandene Zeit nichts als Gegenwart sei. Diese These ist eine mutige Behauptung, weil man im Hinblick auf Bergsons Zeitlehre der Dauer nicht irgendeinen Zeitmoment zuschreiben kann. Wenn es möglich wäre, müsste es nicht Gegenwart, sondern Vergangenheit sein. "Die von Bergson als Dauer verstandene Zeit ist (..) in letzter Konsequenz – Gegenwart, diese freilich nicht mehr als eine Modifikation der Zeit neben der Zukunft und vor allem neben der Vergangenheit verstanden, sondern als der Sinn und die Erfüllung der Zeit schlechthin."[217] Demgegenüber betont Kümmel die Unmöglichkeit der Annahme, dass die Dauer als Schnittpunkt betrachtet werden kann. Die Gegenwart der Dauer ist kein bloßer Schnittpunkt, sondern die Zeit selbst, die sich von ihrem Inhalt qualitativ bestimmt. "Innerhalb der gegenwärtigen Dauer als einer realen Erstreckung ist keine Teilung möglich, weil alle ihre (inhaltlichen) Momente sich wechselseitig durchdringen und darin ihre Dauer allererst konstituieren. Man kann diese Dauer nicht verkürzen oder dehnen, ohne dass die Qualität damit eine ganz andere würde."[218] Kümmels Feststellung sieht treffend aus, weil Bergson der Dauer die qualitative Mannigfaltigkeit zuschreibt. Sie hat einen heterogener Charakter. Sie unterscheidet sich von der homogenen Mannigfaltigkeit, die durch die Zahl gebildet ist und einen additiven Charakter hat. Man kann der reinen Dauer nur die reine Heterogenität zuschreiben (vgl. ZuF 88).

Wenn man wie Bergson die Gegenwart nur als Grenze zwischen Vergangenheit und Gegenwart versteht, bedeutet der gegenwärtige Augenblick nicht viel. "Wenn wir uns diese Gegenwart als sein werdend denken, ist sie noch nicht; und wenn wir sie als Seiend denken, ist sie schon vergangen." (MuG 145) Nach Bergsons Ansicht besteht die konkrete von Bewusstsein wirklich erlebte Gegenwart größtenteils in der unmittelbaren Vergangenheit. Die reine Gegenwart ist das Fortschreiten der Vergangenheit, die sich auf die Zukunft orientiert.

---

217 Hellmann, W.: Der Begriff der Zeit, S. 129.
218 Kümmel, F.: Über den Begriff der Zeit, S. 17.

Im Gegensatz zu Bergson definiert Dilthey die Gegenwart als Erfüllung eines Zeitmomentes mit Realität (vgl. VII, 193). Im Erleben erfährt man die Zeit als rastloses Voranrücken der Gegenwart. Einzig realer Zeitmoment ist die Gegenwart. Dieser Auffassung wird von Bergson nicht zugestimmt. Für die Gegenwart gilt das jetzige Gefühl im Gegensatz zu der Erinnerung und der Vorstellung, welche die Zukunft einschließt. Dilthey setzt die Gegenwart mit der aktuellen Beurteilung über etwas in Verbindung. Die Welt besteht unabhängig von uns. Ihr wird "aus dem einzelnen Tatbestand in mir der Wert von Gegenwart zugeteilt." (XIX, 214)

Im Unterschied zu Bergson glaubt Dilthey, dass die Gegenwart nicht zu erfahren ist. Bergson ist der Meinung, dass die Gegenwart als die Gegenwart der Dauer innerlich erfahrbar ist. Während Dilthey der Gegenwart das Fortrücken zukommen lässt, welches die Eigenschaft der Zeit ist, schreibt Bergson dies eher der Vergangenheit zu. Dilthey und Bergson stimmen miteinander darin überein, dass die Gegenwart aus dem gegenwärtigen Bewusstsein, das man von seinem 'Körper' hat, besteht (vgl. MuG 133, XIX 214). Eine weitere Übereinstimmung von beiden Philosophen ist die Feststellung, dass die Gegenwart von der Vergangenheit nicht zu isolieren ist. Da die Vergangenheit gar nicht ganz vergangen und in der Gegenwart präsent ist, darf man sie nicht als funktionslos denken. Sie reicht durch die Erinnerung in die Gegenwart hinein. Bergson braucht natürlich die Erinnerung nicht als Vermittler zu akzeptieren, weil bei ihm die Vergangenheit schon immer mit uns ist.[219] Eine wichtige Feststellung, die es bei Bergson nicht gibt, ist die Abhängigkeit der Zukunft von der Gegenwart. Zukunft existiert nur deswegen, weil jemand in der Gegenwart etwas hofft, fühlt usw.(vgl. XIX 211). Dilthey führt einen

---

219 G. Deuleuze. formuliert Bergsons Zeitlehre wie folgt: "Die Vergangenheit koexistiert mit der Gegenwart, die sie gewesen ist; die Vergangenheit bewahrt sich als allgemeine (achronologische) Vergangenheit; die Zeit teilt sich in jedem Augenblick in Gegenwart und Vergangenheit auf, in vorübergehende Gegenwart und sich bewahrende Vergangenheit." Aus: Das Zeit-Bild. Kino2, Frankfurt am Main 1991, S. 113.

neuen Begriff ein, welcher *Korruptibilität* heißt, der Bergson unbekannt ist. Dilthey versteht darunter die Hinfälligkeit und Zerbrechlichkeit des menschlichen Daseins. Sie ist also der Ausdruck der Endlichkeit des Menschen, welche sich in einem gegebenen Augenblick durchsetzt. Dies und überhaupt die Endlichkeit der Zeit im Zusammenhang mit Dasein wird von Bergson nicht analysiert, sogar gar nicht ausdrücklich erwähnt. Das ist ein schwacher Punkt der Bergsonschen Zeitlehre, wie M. Horkheimer mit Recht festgestellt hat. "Die menschliche Zeit (..) ist begrenzt. Die gelebte Dauer hat es an sich, im Gegensatz zur göttlichen Schöpferkraft, zu der Bergson sie aufbläht, eine Ende zu haben."[220]

Nach dieser Feststellung kommen wir zu dem letzten Zeitmoment, nämlich der Zukunft.

6.3. Die Zukunft

Die Zukunft tritt, wie im Allgemeinen akzeptiert wird, als eine Möglichkeit auf, die noch nicht realisiert ist. Bergson schenkt der Zukunft weniger Beachtung im Vergleich mit der Vergangenheit und der Gegenwart. Bergson erörtert sie abhängig von der Gegenwart und auch manchmal von der Vergangenheit.

Die Zukunft kommt meistens in Bezug auf das Vorhersehen in Frage. Bergson lehnt die Annahme ab, dass die Ereignisse vorherzusehen seien. Da das Leben mittels der Dauer immer etwas Neues hervorbringt (dies wird später ausführlich erklärt), ist es unmöglich zu sagen, dass das Zukünftige vorherzubestimmen sei. Es ist an der Zukunft nur vorhersehbar, "was der Vergangenheit gleicht, oder was aus Elementen, die denen der Vergangenheit gleichen, wieder zusammengesetzt werden kann." (SE 34) Dies ist der Fall bei den naturwissenschaftlichen Vorgängen, bei denen sich die gleichen Gesamt- oder

---

220 Horkheimer, M.: Zu Bergsons Metaphysik der Zeit, in: Zeitschrift für Sozialforschung, hrsg. v. M. Horkheimer, Jahrgang III (1934), Paris 1935, S. 321–343, S. 331.

Elementarphänomene wiederholen können. Die Gewohnheit des menschlichen Verstandes ist die Einschließung der zukünftigen durch jetzige Ereignisse. Man sieht immer, nach A kommt B, und verallgemeinert durch die Deduktion, dass in Zukunft auch nach A immer B kommt. Man löst instinktiv von einer Situation das heraus, was schon Bekanntem ähnelt. Aufgrund des Grundsatzes "Gleiches erzeugt Gleiches" sucht man immer das Gleiche. "Dies ist die Voraussicht der Zukunft durch den gesunden Menschenverstand." (SE 35) Wenn im Universum sich immer das Gleiche wiederholt (vgl. ebd.), wie die mechanistische Erklärung der Natur behauptet, dann würde die Zeit überflüssig, sogar irreal. Es liegt im Wesen aller mechanistischen Erklärungen, dass Zukunft und Vergangenheit als Funktionen der Gegenwart für berechenbar gehalten werden. Mittels dieser Haltung wird behauptet, dass alles gegeben sei. Nach dieser Behauptung, so stellt Bergson fest, wären Vergangenheit, Gegenwart und Zukunft für einen übermenschlichen Geist in einem Blick offenbar. "Entsprechend haben alle die Forscher, die an Universalität und unbedingte Gültigkeit der mechanistischen Erklärungen glaubten, bewusst oder unbewusst derartige Hypothesen geschaffen." (SE 45) Sie sprechen von der Zeit, die aber nur als Wort ausgesprochen wird. Sie denken nicht an ihr Wesen. Sie bemächtigen sich sozusagen der Zeit in ihrer Eigenschaft als Wirkungskraft. Sie ist nicht, wo sie nicht wirkt. Sie schreiben die Dauer der Dinge nur der Schwäche des Geistes zu, der nicht alles auf einmal erkennen kann. "Für unser Bewusstsein hat die Dauer einen ganz anderen Sinn. Hier nehmen wir die Dauer wahr als einen Strom, den man nicht zurückschwimmen kann. Hier ist sie der Grund unseres Wesens (...)." (SE 45)

Bergson kritisiert in diesem Sinne auch die Zeitauffassung des Finalismus. Nach dem Finalismus sind die Dinge und Wesen eine bloße Verwirklichung eines ein für allemal festgelegten Programms. Wenn es aber nichts Unvermutetes, keine Erfindung und keine Schaffung im Alltag gibt, dann wird die Zeit auch überflüssig. Beim Finalismus wird wie beim Mechanismus vorausgesetzt, es sei alles gegeben. In diesem Sinne ist Finalismus nur ein umgekehrter Mechanismus. "Er ersetzt den Impuls der Vergangenheit durch die Anziehungskraft der Zukunft, (....). In Leibniz' Lehre schrumpft die Zeit zu einer verworrenen, vom menschlichen Standpunkt abhängigen Vorstellung zusammen, (...)." (SE 46) Bergson ist der Meinung, dass man dem Leben keinen Zweck, im menschlichen Sinne des Wortes, zuschreiben kann. Der Satz, welcher sowohl vom Mechanismus als auch vom Finalismus geteilt wird, 'alles sei gegeben', heißt eigentlich auch, dass "die Zukunft [sich] von der Gegenwart ablesen lässt."(SE 57) Das heißt wiederum, dass das "Leben in seiner Bewegung, in seiner Totalität nicht anders verfährt als unser Verstand, (...) der sich, seiner Natur nach, stets außerhalb der Zeit stellen muss." (Ebd.) Bergson fügt dazu hinzu, dass die teleologische Bedeutung, wie Leibniz meinte, niemals als Vorwegnahme der Zukunft angesehen werden kann. Die Vorwegnahme der Zukunft könnte bedeuten, dass sie ein Sehen der Vergangenheit im Licht der Gegenwart ist. Damit zusammenhängend kritisiert Bergson auch die Theorie der Zweckursachen, weil sie nicht weit genug geht, wenn sie sich damit begnügt, Verstand in die Natur zu legen. Sie geht zu weit, "wenn sie eine Präexistenz der Zukunft in der Gegenwart unter der Form von Ideen annimmt." (SE 58) Die zweite These ist eine Folge der ersten. Bergson schlägt vor, dass eine neue Wirklichkeit an Stelle des Intellektes eingesetzt werden muss. Erst dann erscheint uns die Zukunft als Weitung der Gegenwart. Die Zukunft ist nicht mehr in der Gegenwart als vorgestellter Zweck enthalten, "und [die Zukunft] wird dennoch, einmal verwirklicht, die Gegenwart ebenso gut, ja besser erklären, als sie selbst sich aus der Gegenwart erklären ließ; sie wird ebenso sehr, ja mit großem Recht als Zweck angesehen werden dürfen wie als Resultat." (SE 59) Unser Intellekt hat die Fähigkeit, die Zukunft von seinem gewohnten Standpunkt aus abstrakt zu betrachten, weil der Intellekt eine Abstraktion von den Dingen vollzieht, indem er nach der Ursache der Dinge forscht. Bergson stellt fest, dass die dynamische Auffassung der Kausalitätsbeziehung den Dingen eine der unsrigen ganz analoge Dauer zuschreibt. Stellt man sich das Verhältnis zwischen Ursache und Wirkung in dieser Weise vor, so wird man annehmen, dass "in der äußeren Welt die Zukunft ebenso wenig mit der Gegenwart solidarisch ist, als sie es für unser eigenes Bewusstsein ist." (ZuF 177)

Dieses Kausalitätsprinzip schließt in sich zwei wiedersprechende Auffassungen von der Dauer ein, sowie zwei unverträgliche Bilder von der Präformation der Zukunft im Schoß der Gegenwart. Falls man sich die physischen und psychischen Phänomene in gleicher Art und Weise und folglich auf unsere menschliche Art dauernd vorstellt, dann existiert die Zukunft nur mehr in Gestalt einer Vorstellung in der Gegenwart. "Der Übergang von der Gegenwart zur Zukunft nimmt den Aspekt einer Willensanstrengung, die nicht immer zur Verwirklichung der gedachten Vorstellung führt." (ZuF 178) Wenn man aber umgekehrt die Dauer als die eigentümliche Form unserer Bewusstseinszustände ansieht, dann dauern die Dinge nicht wie wir, sollte man den Dingen eine mathematische Präexistenz der Zukunft innerhalb der Gegenwart zugestehen.

Bergson verteidigt von "Zeit und Freiheit" bis "Schöpferische Entwicklung" die These, dass die Präformation der Zukunft unmöglich ist. Dies ist für Bergson sehr wichtig, weil die Dauer als Ganzes immer etwas Neues schafft. Aus diesem Grund ist die Zukunft nicht vorherzubestimmen. In diesem Zusammenhang muss man das Verhältnis von Möglichem und Wirklichem analysieren, um besser zu verstehen, dass die Zukunft nicht vorherzubestimmen ist. Bergson behandelt dieses Thema in einem Aufsatz, der im Jahr 1930 in der schwedischen Zeitschrift "Nordisk Tidskrift" publiziert worden ist. Bergson stellt dort zum ersten Mal fest, dass die Wirklichkeit ein ungeteiltes Wachstum, eine fortschreitende Erfindung, kurz Dauer ist. Diese Wirklichkeit kennt keine Leere. Sie hat wie die Dauer eine konkrete Ausdehnung, die aber nicht als unendlich teilbarer Raum verstanden werden kann. Die Lehren, die die radikale Neuheit eines jeden Augenblicks der Entwicklung verkennen, bringen viele Missverständnisse hervor. Ein Gedanke von vielen ist, dass das Mögliche *weniger* ist als das Wirkliche, und deswegen geht die Möglichkeit der Dinge ihrer Existenz voraus. "Sie seien deshalb im Voraus vorstellbar; sie können vor ihrer Verwirklichung gedacht werden. Das umgekehrte ist jedoch die Wahrheit." (DW 119) Wenn wir die geschlossenen Systeme nicht berücksichtigen, die mathematischen Gesetzen unterworfen sind, wenn wir die Welt des Lebens und die Welt des

Bewusstseins ins Auge fassen, dann finden wir, dass das Mögliche gegenüber dem Verwirklichten ein Mehr aufweist, da das Mögliche das Wirkliche mit "einem zusätzlichen Geistesakt" ist. Derselbe Geistesakt wirft dieses Wirkliche, wenn es einmal da ist, in die Vergangenheit zurück. Dies zu erkennen, hindert uns allein unsere Denkgewohnheit (vgl. ebd.). Die Möglichkeit, die ihrer Wirklichkeit nicht vorausgeht, wird ihr vorausgegangen sein, sobald die Wirklichkeit aufgetaucht ist. Bergson ist der Meinung, dass das Mögliche das Spiegelbild des Gegenwärtigen im Vergangenen ist. Wenn man das Mögliche als die Voraussetzung des Wirklichen annimmt, dann gesteht man zu, dass die Verwirklichung "irgend etwas der einfachen Möglichkeit hinzufügt: das Mögliche wäre von vornherein dagewesen wie ein Gespenst, das auf die Stunde seines Erscheinens wartet; es wäre also Wirklichkeit geworden durch Hinzufügung von irgend etwas." (DW 121) Die Realität ist aber gerade im Gegenteil, dass das Mögliche die entsprechende Wirklichkeit in sich einschließt und ein gewisses Etwas, "das sich hinzugesellt, dass das Mögliche die kombinierte Wirkung der einmal erschienenen Wirklichkeit ist und einer Rückwärtsspiegelung." (Ebd.)[221] Daraus folgert Bergson, dass die der Mehrzahl der Philosophen immanente und unserem Geist natürliche Vorstellung einer Möglichkeit, die sich durch die Erwerbung von Existenz realisiert, eine reine Illusion ist.

Nur der Künstler, sagt Bergson, kann gleichzeitig das Mögliche mit dem Wirklichen schaffen. Bergson fragt sich, ob dasselbe von der Natur zu sagen ist. Kann man die Welt, die viel reicher als irgendein Werk des größten Künstlers ist, nicht als ein Kunstwerk annehmen?

---

221 G. Deleuze bringt zum Ausdruck, dass es Bergson bei seinen Überlegungen zum Verhältnis des Möglichen und Wirklichen nicht um eine begriffliche Differenzierung geht, sondern um das Bestehen auf einem existentiellen Sachverhalt. Bergson lehnt die Rede vom Möglichen deswegen ab, weil sie der begrifflichen Einheitsbildung folgt. Nach Deleuze wird das Mögliche durch die begriffliche Fassung seiner Form in seiner Identität konstituiert. Die Mannigfaltigkeit der Existenz ergibt sich für das Mögliche daher als das Unbegriffene, als ein "pures Auftauchen, reiner Akt und Sprung (...), der stets hinter unserem Rücken geschieht." Aus: Differenz und Wiederholung, München 1962, S. 267.

Ist das nicht absurd, wenn man behaupten würde, dass die Zukunft sich im Voraus abhebt, dass die Möglichkeit vor der Wirklichkeit existiere. Bergson räumt noch einmal ein, dass die zukünftigen Zustände eines geschlossenen Systems von materiellen Punkten berechenbar und in seinem gegenwärtigen Zustand sichtbar sind. Aber dieses System ist aus dem Ganzen isoliert und abstrahiert.[222]

Bergson stellt fest: Wenn wir dem Möglichen seinen rechtmäßigen Platz geben, dann wird die Entwicklung ganz anders als die Verwirklichung eines Programms aussehen und sich die Pforten der Zukunft ganz weit öffnen,[223] und "ein unbegrenztes Feld eröffnet sich der Freiheit." (DW 124) Der Fehler der Lehren[224] liegt darin, dass sie nicht sahen, was ihre Behauptung beinhaltete. Wenn es um die Inde-

---

222 "Man nehme die konkrete und vollständige Welt mitsamt dem Leben und dem Bewusstsein, das sie einschließt; man betrachte die ganze Natur, die Schöpferin neuer Arten mit ebenso originellen und ebenso neuen Formen wie die Zeichnung eines (..) Künstlers; man halte sich innerhalb dieser Arten an die Individuen, Pflanzen oder Tiere, deren jedes seinen eigenen Charakter hat (...)." (DW 123)

223 Bergson behandelt dieses Thema in "Zeit und Freiheit" in Bezug auf den Determinismus und sucht eine Antwort, ob zukünftigen Handlungen – und damit aber auch die Zukunft – determinierbar sind. Er hält die Behauptung der Deterministen, dass Handlungen vorherzusehen sind, für sinnlos (vgl. ZuF S. 152f). Er verteidigt die Wahlfreiheit des Menschen (vgl. ebd. S. 146f). Bergson unterscheidet die wissenschaftlichen Vorhersagen von der Vorhersehbarkeit des Aktes eines Willens. "Wir geben (..) ohne weiteres zu; eine derartige [wissenschaftliche] Vorhersage hat aber keinerlei Ähnlichkeit mit der eines Willensaktes. [Es] sind die Gründe, die das Vorhersagen eines astronomischen Phänomens ermöglichen sogar dieselben, die uns daran verhindern, einen der freien Aktivität entspringenden Vorgang im voraus zu bestimmen. Steht doch die Zukunft der materiellen Welt, obwohl sie mit der Zukunft eines bewussten Wesens gleichzeitig ist, in keinerlei Analogie mit ihr." (Ebd. 160f) Und die freie Handlung vollzieht sich nur in der ablaufenden Zeit und nicht in der abgelaufenen. Trotzdem betont Bergson, dass es keine klare Definition der Freiheit gibt. "Die Freiheit ist somit eine Tatsache, und es gibt unter den Tatsachen, die man konstatiert, keine, die klarer wäre. Alle Schwierigkeiten des Problems und das Problem selbst entspringen daraus, dass man bei der Dauer dieselben Attribute wie bei der Ausdehnung finden, eine Sukzession durch eine Simultaneität interpretieren, und die Vorstellung der Freiheit in einer Sprache wiedergeben will, in die sie sich offenbar nicht übertragen lässt." (ZuF 182)

224 Bergson sagt hier nicht, welche Lehren gemeint sind. Er greift meistens aber Materialisten, Idealisten und u.a. Mechanismus, Finalismus an.

terminiertheit und Freiheit ging, verstanden sie unter Indeterminiertheit einen Wettstreit unter Möglichkeiten, während sie unter Freiheit eine Wahl der Möglichkeiten verstanden haben. Für diese Auffassung von Freiheit besteht die Möglichkeit ohne erst durch die Freiheit geschaffen worden zu sein; eine Wirklichkeit ist so eine bloß durch Neuordnung von Bestehendem geschaffene Disposition von Möglichkeiten. Eine solche Auffassung muss letztendlich auf eine Vorhersehbarkeit und Berechenbarkeit des Daseins schließen. Bergson kam danach zum Schluss dazu, dass das Wirkliche das Mögliche schafft nicht das Mögliche das Wirkliche.

Bergson erklärt durch diese Feststellung, wie das Wirkliche das Mögliche schafft, eine Schöpfung von unvorhersehbarem Neuem. Er beklagt, dass die Philosophie in Wahrheit niemals diese fortgesetzte Schöpfung von unvorhersehbarem Neuem offen anerkennt. Die Alten, sagt er, die mehr oder weniger Platoniker waren, lehnen diese Realität ab, weil sie sich das Sein als für alle Mal vollständig und vollkommen in einem unveränderlichen System der Ideen vorstellten: "die Welt, die vor unseren Augen abrollt, konnte dem also nichts hinzufügen; sie war im Gegenteil nur eine Verminderung oder Entartung; ihre aufeinanderfolgenden Zustände maßen den zu- oder abnehmenden Abstand zwischen dem, was ist, einem in die Zeit projizierten Schatten, und dem, was sein sollte, der in der Ewigkeit thronenden Idee; sie bezeichneten Schwankungen eines Defizits, die wechselnde Form einer Leere." (DW 124) Sie sahen die Zeit als etwas, was alles verdorben hatte. Die Modernen möchten die Zeit zu einem reinen Scheindasein reduzieren. Sie nahmen die Zeit als eine verworrene Form des Rationellen an. Bergson versteht das Wirkliche aber nicht wie die Platoniker. Das Wirkliche unterscheidet sich vom Ewigen dadurch, dass an die Stelle der Ewigkeit der Ideen die Ewigkeit der Gesetze tritt. Sie lösen sich in diesen Gesetzen auf. Die Tatsache ist, dass die Zeit unmittelbar gegeben ist. Solange man nicht ihre Nichtexistenz oder "ihre Perversität beweist, stellen wir einfach fest, dass es in ihr ein tatsächliches Hervorquellen von unvorsehbar Neuem gibt." (DW 125) Die Philosophie wird dabei gewinnen, wenn sie in der beweglichen Welt der Phänomene die Wirklichkeit als etwas Absolutes erfasst. Wir fühlen uns fröhlicher, weil wir die Wirklichkeit, die vor unseren Augen schöpferisch entsteht, anschauen. Die Wirklichkeit erscheint uns jenseits der Festigkeit und Eintönigkeit, als eine unaufhörlich wieder entstehende Neuheit.

Aufgrund der Tatsache, dass das Wirkliche das Mögliche schafft, taucht die Frage auf, warum nicht alles auf einmal gegeben sein kann, wie auf dem kinematographischen Film. Je mehr man auf diesen Punkt eingeht, desto klarer wird, dass die Zukunft daran gebunden ist, der Gegenwart nachzufolgen, statt mit ihr in eins gegeben zu sein, weil die Zukunft in der Gegenwart noch nicht völlig determiniert werden kann. So verstandene Zeit ist mehr als Zahl, und sie besitzt für das in die Zeit eingesenkte Bewusstsein absoluten Wert und Realität, und dies muss so sein, "weil sie unaufhörliches Schaffen von Unvorsehbarem und Neuem ist, (...)." (SE 342)

Die so verstandene Dauer darf nicht die Sache der Materie sein. Es wäre eine falsche Schlussfolgerung in Bezug auf die Dauer, wenn man die Vergangenheit nur als Totes und als nicht mehr zu Schöpfung Gehörendes sehen würde. Wenn man annimmt, dass die künftige Folge doch am Ende einmal eine vergangene Folge sein wird, und deswegen die künftige Dauer dieselbe Behandlung wie das Vergangene erfährt, dann steht die Zukunft schon jetzt vor uns zum "Aufrollen fertig". Dieser Gedanke ist für Bergson jedoch ein großer Fehler. Die Zukunft ist nicht als aufgerollter Zeitmoment da. Sie bringt sozusagen immer Unerwartetes. Sie überrascht uns. Der Maßstab für die Vergangenheit darf nicht für die Zukunft benutzt werden, weil die Vergangenheit vor uns als abgelaufene Zeit liegt, während die Zukunft für uns noch nicht ablaufende Zeit ist.

Die Zukunft ist für Dilthey grundsätzlich als Potential, als Plan und als Möglichkeit von Vorstellungen angenommen. Sie hat keine Realität. Sie zeigt sich im Grunde genommen im Wünschen, Erwarten, Hoffen, Wollen usw. Im Gegensatz zu der Vergangenheit, die das Unabänderliche ist, verhält man sich zu der Zukunft aktiv, und man fühlt sich frei. Man hat hier unendliche Möglichkeiten (vgl. VII, 193–194). Diese Feststellung Diltheys erinnert uns an Bergsons Ansicht, dass die Zukunft nicht vorherzubestimmen und nicht zu präformieren ist. Während Bergson diese Ansicht gegen Mechanismus und Finalismus in Bezug auf das Kausalitätsprinzip verteidigt, untersucht Dilthey die Zukunft unabhängig von den naturwissenschaftlichen Theorien. Der Grund dafür ist Diltheys Ablehnung der Zeitlehre der Naturwissenschaften für sein Zeitdenken. Bergson setzt sich gründlich mit der naturwissenschaftlichen Zeitlehre auseinander, welche Auseinandersetzung bei Dilthey fehlte. Offensichtlich genügt weder Dilthey noch Bergson die wissenschaftliche Zeitlehre.

Die Zukunft findet bei Dilthey weniger Aufmerksamkeit als Vergangenheit und Gegenwart, genauso bei Bergson. Dilthey setzt die Zukunft mit der Realisierung der Selbstbestimmung gleich. Die Zweckbestimmung und freie Wahl sollen mit der Realisierung von Zukünftigen etwas zu tun haben. Bergson bringt auch – aber nicht ausführlich – die Zukunft mit der Freiheit in Verbindung. Er ist fest überzeugt davon, dass die mechanische und die finalistische Erklärung der Evolution nicht zu akzeptieren sind. Diese Theorien zerstören die Neuheit und damit ist die Zeit vernichtet. Durch diese Ablehnung von beiden Theorien ermöglicht Bergson eine freie Sphäre für die Menschen, die sich nicht unter das Kausalitätsprinzip unterwerfen lassen.

Dilthey bezieht die Zukunft auf die Vergangenheit. Um einen Plan zu verwirklichen, braucht man die Vergangenheit, die dadurch in ihrer Bedeutung für die Zukunft präsent ist. Ein Vorhaben ist nicht unabhängig von dem vergangenen Leben. Nach Dilthey ist es nicht möglich, einen Plan für die Zukunft zu entwickeln, ohne die eigene Vergangenheit zu berücksichtigen (vgl. VII, 233). Die Zukunft tritt als die Richtung in Erscheinung, wohin die Vergangenheit als Fortdauer im Gegenwärtigen vorläuft. In diesem Sinne bilden Vergangenheit, Gegenwart und Zukunft eine Einheit.

Wir versuchten bisher die Dauer unabhängig von ihrem schöpferischen Charakter zu analysieren. Sie ist ja nicht nur die wirkliche Zeit, sondern sie hat gleichzeitig eine schöpferische Kraft, die auch mit der Entwicklung zu tun hat. Wir wollen daher auf diesen schöpferischen Charakter der Dauer eingehen.

7. Dauer und schöpferisches Werden in der Natur

Bergson macht einen grundlegenden Unterschied zwischen der homogenen Zeit und der Dauer (vgl. ZuF 91, 86, 88, 90, 92f.). Durch die sukzessiv homogene Zeit ordnen wir unseren Alltag. Sie ist sukzessiv und ihre Teile unterscheiden sich in nichts voneinander. Sie ist sozusagen ein Maßstab für die Ereignisse. Ein grundlegender Ausgangspunkspunkt Bergsons ist die Frage, ob man mit der homogenen Zeit das Entstehen des Neuen und das Vergehen der Dinge in der Natur beschreiben kann, und ob diese homogene Zeit die Ordnung des inneren Erlebens adäquat darstellen kann. Obwohl wir uns ständig verändern und mit der Zeit immer etwas anders aussehen, fühlen wir aber, dass wir dieselbe Person waren und sind. Dieses Bewusstsein des Ichs bildet eine Einheit in der Zeit. "Die *verräumlichte* Zeit freilich, in der die Ereignisse eine endlose, homogene Linie bilden, ist dem Leben des Geistes fremd. Beobachten wir uns selbst: In der gelebten Zeit ist jeder Augenblick einzigartig. Keine Minute gleicht der nächsten."[225] Ein Ereignis kann nur einmal erlebt werden. Es gibt keine Wiederholung im Leben noch in der Zeit. Jede Sekunde bringt mit sich etwas Neues hervor, das noch nicht erlebt worden und nicht vorhersehbar ist. Wir wissen ganz genau, dass es in der Zeit keine Wiederkehrung gibt und jeder Augenblick einmalig ist.

Wir erfahren diese Realität in unserem Leben. Wenn dies so ist, dann wird die Behauptung falsch, dass man vorhersagen, sogar berechnen kann, was die Zukunft bringt. Bergson versucht von Anfang an zu zeigen, dass diese Behauptung unwahr ist. Mit der Zeit werden viele neue Tatsachen und damit neue Möglichkeiten geschaffen, die wir sehen und erleben. Wir sind uns dessen bewusst, dass wir uns selbst verwirklichen. Wir sind kein Spielzeug der Natur oder der äußeren Bedingungen. Jeder Augenblick unseres Lebens zeigt uns eine Art der Schöpfung, die man nur bemerken kann, wenn man seine Aufmerksamkeit auf das Leben richtet.

---

225 Kather, R.: Die gelebte Zeit und schöpferisches Werden, S. 22.

Dieser schöpferische Charakter der wirklichen Zeit zeigt sich nicht nur in unserem inneren Leben, sondern auch in der Natur. Entstehen und Vergehen sind ohne die Dauer nicht zu erklären.[226] In diesem Zusammenhang taucht die Frage auf, wie diese wirkliche Zeit sich in der Natur realisiert. Das nächste Kapitel wird versuchen, die Antwort auf diese Frage zu suchen.

7.1. Dauer und schöpferische Entwicklung des Lebens

Um Bergsons Ideen zur Dauer und schöpferische Entwicklung des Lebens nachvollziehen zu können, ist es nicht ohne Belang, seine Auffassung vom Lebensbegriff im allgemeinen kennenzulernen.

Nach Bergson ist es notwendig, dass das Leben im Gegensatz zu den Evolutionstheorien Darwins und H. Spencers gänzlich anders betrachtet werden muss als die tote Materie. Die Naturwissenschaft liefert von ihr mechanische und finale Erklärungen (dies wird in den nächsten Seiten ausführlich erklärt). Bergson stellt dieser Erklärungsweise die philosophische Deutung entgegen. Er spricht von der Philosophie des Lebens, "der wir uns zubewegen. Sie erhebt den Anspruch, Finalismus und Mechanismus gleichermaßen hinter sich zu lassen." (SE 56) Bergson macht eine scharfe Unterscheidung zwischen den Naturwissenschaften und der Philosophie, zwischen der naturwissenschaftlichen und philosophischen Betrachtungsweise der Natur und des Lebens. Die philosophische Betrachtungsweise erfasst das Organische, ohne es vorher zu mechanisieren (vgl. SE 99). Das Organische wird in seinen verschiedenen Formen durch den 'élan vital' hervorgetrieben. Der 'élan vital' treibt die Entwicklung weiter

---

226 P. Wust wirft Bergson vor, dass er das Sein für das Werden geopfert hat. "Bergson hat in seinem an sich berechtigten Kampf gegen den Intellektualismus *alles Sein in den Schmelztiegel des Werdens* geworfen, so dass nun das Sein vor lauter Vielheit vollständig auseinanderzubrechen droht. Das Sein wird eine weiche molluskenhafte Masse ohne Halt und Rückgrat. Sein Absolutes ist eine Unmöglichkeit in sich, weil ihm jedes Formgerippe fehlt." Aus: Die Auferstehung der Metaphysik, S. 178.

bis hin zum Menschen. Diese Entwicklung lässt sich nicht vorherbestimmen. Daher verfehlen sowohl mechanistische als auch finalistische Erklärungsversuche das Wesen des Lebendigen. Das Leben wird nicht durch den Intellekt verstanden. Der Intellekt besitzt eine natürliche Verständnislosigkeit für das Leben (vgl. SE 170). Während der Intellekt die Dinge von außen erfasst, führt die Intuition uns in das Innere des Lebens (vgl. SE 181). Der Lebensbegriff Bergsons ist im Sinne des Alltagslebens aufzufassen, weil im Alltagsleben dieselbe Bevorzugung der räumlichen Zeitvorstellung vorliegt wie in den Wissenschaften. Bergson will die Metaphysik dem Leben nähern. Es ist nur dann möglich, wenn die Metaphysik sich von der räumlichen Zeit abwendet und sich der unräumlichen Zeitauffassung (Dauer) zuwendet. Die Intuition der Dauer ist sehr wichtig, sogar "unser alltägliches Leben wird davon erwärmt und erleuchtet." (SE 147) Die intuitive Erkenntnis der Wirklichkeit, die wiederum mit dem Bewusstsein der Dauer verbunden ist, lässt uns das Leben lebendiger werden. Bergsons Lebensphilosophie reicht noch in den Bereich des Religiösen und des Mystischen hinein. Dies wird nicht das Thema dieser Arbeit sein. Nach dieser kurzen Bestimmung des Lebensbegriffs bei Bergson möchten wir wieder zur Ausgangsfrage, wie die wirkliche Zeit sich in der Natur realisiert, zurückkehren.

Es ist ein wichtiges Merkmal von Bergsons Philosophie, dass das Universum sich immer in einem unaufhörlichen Werden und Vergehen befindet. Dieses Werden und Vergehen beinhaltet eigentlich alle Veränderungen von Formen, die Schöpfung von Neuem und alle Bewegungen in der Natur. Das Universum wandelt sich nach Bergson permanent in einer qualitativen Form, die sich in der Dauer ereignet. Das ganze Universum ist im eigentlichen Sinne des Wortes ein unaufhörlicher qualitativer Wandel, der immer etwas Neues hervorbringt. Dieser Wandel, der die Entwicklung des Lebens enthält, ist ohne Zeit nicht zu denken.[227] Was Bergson in der Zeit entdeckt, "ist

---

227 Ähnliche Gedanken über die Beziehung zwischen der Entwicklung und der Zeit findet man auch bei Whitehead. Er denkt, dass es Zeit gibt, weil es Entwicklung

die Bedingung der Möglichkeit des Neuen, und zwar des Neuen nicht im Sinne einer Steigerung des Bisherigen, sondern gerade unvorhersehbaren Abweichungen vom Bisherigen."[228] Mit der Zeit ist hier die Zeitform der Dauer gemeint, nicht die gemessene Zeit, weil dieses Werden und die Entwicklung des Lebens nicht durch irgendwelche materialen oder idealen Systeme erklärbar sind. Das Wesen des Lebens ist nur in Verbindung mit der Dauer zu verstehen.

Die Entwicklung ist eine kontinuierliche Weiterführung der Vergangenheit durch die Gegenwart; sie ist sozusagen identisch mit der Dauer. "Die Entwicklung ist identisch mit realer Weiterführung der Vergangenheit durch die Gegenwart, identisch mit einer Dauer, die eine Bindekraft ("trait d'union") ist." (SE 29) Wenn man seine Aufmerksamkeit auf diese Kontinuität des Lebens wendet, dann sieht man die organische Entwicklung eines Bewusstseins sich nähern, "wo die Vergangenheit gegen die Gegenwart drängt und aus ihr eine neue, eine all ihren Vorläufern inkommensurable Form hervorbrechen lässt." (SE 33)

Bergson versteht den Entwicklungsbegriff anders als Mechanismus und Finalismus. Er entwickelt seine Gedanken über die Entwicklung des Lebens durch die Auseinandersetzung mit dem Finalismus und dem Mechanismus. Das Leben bildet sowohl kein mechanisches Ganzes, wie die Mechanisten glauben, als auch keine Verwirklichung eines Planes im Sinne des Finalismus.

Dem Leben darf kein Ziel zugeschrieben werden (vgl. SE 57). Wenn man von einem Zweck spricht, dann nimmt man an, dass man sich ein vorherbestehendes Vorbild vorstellt, das noch verwirklicht wird. Das heißt aber, dass alles schon gegeben ist, heißt, dass sich von der Gegenwart auf die Zukunft schließen lässt und das Leben, anstatt fortzuschreiten und zu 'dauern', sich in seiner Bewegung verhält wie

---

gibt. Und Entwicklung gibt es nur, solange eine innere Prozessualität des Seins ist. Er meint mit *"process"* die interne und nicht erfahrungszugängliche Konstitutionsdynamik alles Seienden. Vgl. Process and Reality. An Essay in Cosmology, edited by D. Ray Griffin and D. W. Sherburne, New York/London 1979.

228 Strube, C: Die Modernität der Zeit-Thematik, in : Synthesis Philosophica 24 (2/1997), Zagreb 1997, S.495–505, S. 499.

der zum Leben verhältnismäßig starre und in seinem Bild vom Leben unvollkommene, weil unbewegliche, Verstand. Mechanismus wie Finalismus lehnen es ab, dass im Fluss der Dinge oder in der Entwicklung des Lebens eine unvorhersehbare Schöpfung möglich ist. Der Mechanismus fasst von der Wirklichkeit nur die Gleichförmigkeit und Wiederholung ins Auge. "Ihn beherrscht das Gesetz, dass in der Natur nur Gleiches aus Gleichem entstehe." (SE 51) Der Mechanismus erklärt nicht, wie neue Organismen in der Evolution entsteht. Er kümmert sich vor allem um die Erhaltung des Entstandenen. Die Lebewesen können sich nur dadurch erhalten, indem sie sich an die Umweltbedingungen anpassen können. Darauf wurde die Evolutionstheorie selbst aufgebaut, ohne dabei eine Erklärung der Lebensprozesse zu geben. Die Evolutionstheorie versucht vor allem das Verhältnis zwischen dem Lebewesen und den Umweltbedingungen zu erklären. Für sie ist auch wichtig, wie die Anpassungsprozesse der Lebewesen an ihre Umwelt stattfinden. Die Entwicklung des Lebens ist "ganz etwas anderes als eine Reihe von Anpassungen an zufällige Umstände (...)." (SE 108) Sie vernachlässigt dabei aber die innere Strukturierung des Lebens und auch überhaupt das Leben selbst. Sie ist erst dann wirksam, wenn die Entwicklung einer neuen Art stattgefunden hat. Demgegenüber will Bergson die Evolutionstheorie auf eine Theorie des Lebens gründen. Ihre erste Aufgabe soll in der Erklärung der Lebensprozesse bestehen.

Das Leben hat in Bergsons Philosophie eine besondere Stellung. Das Leben bringt unaufhörlich neue Organismen hervor. Das beruht auf einer ursprünglichen Schwungkraft. Das Leben birgt in sich eine schöpferische Kraft,[229] "die auf divergierenden Linien immer neue Formen erschafft." (SE 107) Das Leben ist ohne seine Schöpfungskraft undenkbar. Wenn man dem Leben diese Kraft entziehen würde, gäbe es keine schöpferische Entwicklung. Die schöpferische Ent-

---

[229] "Chez Bergson il est clairement dit que l'est spirituel. Il l'est essentiellement par le fait qu'il s'oppose â la matiere." Frieden-Markevitsch, N.: La Philosophie de Bergson, Fribourg 1982, S. 147.

wicklung ist nur durch diese Kraft des Lebens möglich. "Und die Entstehung des Neuen und insbesondere des Komplexeren bliebe ein unerklärtes Spiel von Zufällen."[230] Das heißt, ohne die Lebensschwungkraft könnte man das Werden und Vergehen nicht erklären. Wenn man sie leugnet, dann müsste man alles durch Zufall erklären. Im Weltbild des Mechanismus[231] ist kein Platz für einen inneren Drang des Lebens. Damit ist eine Entwicklung des Seienden über komplexe Strukturen "zu immer höheren Bestimmungen" (SE 107) ausgeschlossen.

Wenn es um Leben geht, machen sowohl Mechanismus als auch Finalismus den gleichen Fehler. Beider Irrtum besteht in einer "zu weit getriebenen Anwendung gewisser, unserem Intellekt natürlichen Begriffe." (SE 50) Der Mechanismus erklärt die Welt und unsere Handlungen durch das Kausalitätsprinzip. Dieser nimmt in der Tat kein von den Gesetzen abweichendes Neues an. Alles, was neu ist, wird nach den Naturgesetzen hervorgebracht. Die Natur überrascht uns nicht. Die Zukunft ist sogar für sie vorhersagbar. Die Entwicklung des Lebens ist ein Prozess, der sich aus sich selbst heraus entfaltet. Die Finalisten wiederum geraten in Bedrängnis, indem sie den Lebensprozessen ein Ziel,[232] einen Zweck und eine Ende zuschreiben. Bergson bezweifelt, dass man die Natur als eine ungeheure Maschine denken kann, die von den mathematischen Gesetzen beherrscht wird, "oder ob man in ihr die Verwirklichung eines Planes

---

230 Vrhunc, M.: Bild und Wirklichkeit, S. 101.
231 Der Mechanismus sieht die Entwicklungsbewegung als eine Reihe von Anpassungen.
232 Wenn das Leben einen Plan haben sollte, müsste es "je im Maß seines Vorrückens eine immer höhere Harmonie offenbaren." Demgegenüber ruht die Einheit des Lebens ausschließlich auf der Schwungkraft, die es in der Bahn der Zeit vorwärts treibt, dann liegt die Harmonie nicht im Künftigen sondern im Vergangenen." (SE 109) Dem Leben darf kein Plan beiwohnen. Was dem Leben beiwohnt, ist besser als ein Plan, der sich verwirklicht. Denn "ein Plan ist das einem Werk vorgezeichnete Endziel: er schließt die Zukunft ab, deren Form er umreißt. Vor der Entwicklung des Lebens dagegen bleiben die Tore der Zukunft breit offen. Schöpfung ist sie, die sich kraft einer Ursprungsbewegung folgt und folgt ohne Ende." (SE 110)

sieht – in beiden Fällen folgt man nur zwei Tendenzen des Geistes bis ans Ende, die einander ergänzen, und ihren Ursprung in derselben Notwendigkeit des Lebens haben." (SE 51) Dem Lebensprozess ein Ziel zuzuschreiben ist der Entwicklung des Lebens fremd und entzieht ihm seine schöpferische Kraft. Die Entwicklung des Lebens richtet sich nicht nach irgendwelchem Ziel oder Finale. Wenn die Entwicklung des Lebens planbar wäre, bliebe sie nur äußerlich.

Bergson ist fest davon überzeugt, dass, wenn man sich von dem Finalismus und Mechanismus befreien kann, uns die Wirklichkeit als ständiges "Hervorsprudeln" von neuen Formen erscheint und so die reine Verstandestätigkeit des Mechanismus und Finalismus die reine Gegenwart gar nicht fassen kann, da alles in Erscheinung tretende augenblicklich aus der Gegenwart in die Vergangenheit tritt und erst in diesem flüchtigen Moment dem Verstand zugänglich wird. Für Bergson kann das nur so sein, weil er den Verstand als rückwärts gewandt auffasst (vgl. SE 53).

Unser inneres Leben, das mit realen Dauer verbunden ist, kann deshalb nicht durch den Verstand begriffen werden. Die reale Dauer ist jene, "die sich in die Dinge einbeißt und ihnen das Mal ihrer Zähne zurücklässt." (SE 52) Wenn alles in der Zeit ist, dann wandelt sich alles auch von innen her. Die gleiche konkrete Wirklichkeit wiederholt sich nie. Wiederholung ist also nur im Abstrakten möglich. Das Gefühl, das wir von unserer Entwicklung, von der Entwicklung aller Dinge in der reinen Dauer besitzen, ist da und immer präsent. Bergson entwirft eine Philosophie des Lebens, die beweglich und aktiv ist. Sie erhebt den Anspruch, "Finalismus und Mechanismus gleichermaßen hinter sich zu lassen, wobei sie indes, wie schon gesagt, diesem letzteren näher steht als jenem." (SE 56)

Bergson kritisiert aufgrund seiner Kritik an Mechanismus und Finalismus die Evolutionstheorie. Er stimmt mit der Evolutionstheorie in manchen Punkten überein, so z. B. dass sich die an ihre Umwelt nicht anpassenden Lebewesen ausgemerzt werden. Aber Darwin macht einen Fehler, indem er behauptet, dass die Entstehung einer neuen Art nur durch die Anpassung an die Umweltbedingungen möglich ist. Damit vertritt Darwin nach Bergson die mechanistische

Erklärung der Natur. Die Evolutionstheorie ist unzureichend für die Erklärung der Entstehung der Arten. "Zu einer zufälligen Variation, sie sei so winzig sie wolle, gehört die Wirksamkeit einer Unmenge kleiner physikalischer und chemischer Ursachen. Und eine Summierung zufälliger Variationen, wie sie vonnöten ist, um ein kompliziertes Gebilde hervorzubringen, fordert Beiträge von sozusagen unzähligen infinitesimalen Ursachen." (SE 62) Wie sollte die Behauptung der Evolutionstheorie möglich sein, dass die Arten durch durchaus zufällige Ursachen gleichartig zustande kommen und in gleicher Ordnung an verschiedenen Punkten von Raum und Zeit wiederkehren. Darwin glaubt daran, dass für die Entstehung der Arten nur die Häufung unmerklicher Variationen verantwortlich sein sollte. Diese Ansicht wird von vielen Naturforscher akzeptiert. Aber "kein Mensch wird das behaupten, und selbst der Darwinist wird sich auf den Hinweis beschränken, dass gleiche Wirkungen aus verschiedenen Ursachen entspringen können und dass mehr als ein Weg zum selben Orte führt." (SE 62) Bergson erklärt aber die Evolutionstheorie niemals für nichtig, sondern er legt auf sie als wissenschaftliche Theorie Wert, obwohl sie von der Wirklichkeit nur eine Teilansicht aufnimmt. In diesem Sinne gibt Bergson den Neo-Darwinisten Recht, wenn sie behaupten, nicht das Verhalten sei Ursache einer Entwicklung, sondern die im Individuum angelegten Besonderheiten.

Bergson bewertet die Theorie von Lamarck eher zurückhaltend. Er stimmt aber mit seiner Annahme einer schöpferischen Kraft in der Entwicklung der Arten überein. Er hat diese These weiterentwickelt, und damit überspitzt. Bergson wehrt sich gegen die Naturerklärung von Lamark, wenn er die Natur als einen gesetzmäßig determinierten Zusammenhang sieht. Solche Naturerklärung beinhaltet nach Bergson, dass das Leben in sich die potentielle Form von den Dingen enthält, die sich unter bestimmten Bedingungen zur Erscheinung bringt.[233] Solche Entwicklungstheorie wird von Bergson nicht akzeptiert. Während er

---

[233] M. Vrhunc stellt mit Recht fest, dass Lamarcks Theorie von der inneren Lebenskraft einen Einfluss auf Bergson ausgeübt hat. "Lamarck versteht die Entwicklung der Arten von einfachen zu komplexeren Formen als Wirkung dieser inne-

die finalistischen Vorstellungen von Lamarck und Spencer ablehnt, knüpft er eher an Darwin an, weil er die Gesamtentwicklung nicht als Schritt in eine Richtung versteht und alle Dinge in ihrer gesamten Entwicklung das gleiche Gewicht haben. Der Umstand, dass die Evolutionstheorie mit der natürlichen Auslese nicht auf dem Wege einer finalistischen Vorsehungs-Theorie zu vereinbaren ist, könnte Bergsons Ablehnung der Teleologie in der Natur und im Leben sowie seine Ankündigung an die Darwinistische Tradition unterstützen.[234]

Das Leben bildet in der Richtung seiner Entwicklung eine innere Einheit,[235] die die mannigfaltigen Formen von Qualitäten und einen kontinuierlichen Fortschritt beinhaltet. Das Leben befindet sich immer in einem Wandel, der das Werden und Vergehen, d.h. Veränderungen als Schöpfungskraft verursacht. Die Wesenszüge des Lebens sind niemals verwirklicht, sie sind immer auf dem Weg einer neuen Verwirklichung. Diese neue Verwirklichung ereignet sich in der Zeitform der Dauer. Die Zeit zeigt sich sozusagen im Leben, d.h. in der Schöpfungskraft des Lebens. "Wo immer Leben ist, liegt auch ein Buch, dem die Zeit sich einschreibt." (SE 23)[236] Man kann nichts Ähnliches in dem Bereich des Lebens finden (vgl. SE 27). Diese Schöpfungskraft des Lebens ist nicht selbst gleich bleibende, sondern sich in verschiedenen Formen der Natur zeigende Einheit.[237] Sie ist sozusagen die Einheit im kontinuierlichen Wandel. "Das Leben (...)

---

ren Kraft, die allerdings, anders bei Bergsons élan vital, nicht als unvorhersehbare schöpferische Kraft verstanden wird." Aus: Bild und Wirklichkeit, S. 102 Anm.
234 Vgl. Ebd., S. 103 Anm.
235 Diese Einheit ist im Grunde genommen ein einziger Impuls, der sich in die verschiedenen Entwicklungsreihen verteilt. Trotz dieser Verteilung bleibt sie aber so, wie sie war. "Etwas war, das wuchs, etwas, das sich kraft einer Reihe von Anfügungen entwickelte, die ebenso viele Schöpfungen waren. Und diese Entwicklung selbst ist es, die alle diejenigen Tendenzen zur Trennung trieb, die nicht über einen gewissen Punkt hinauswachsen konnten, ohne unversöhnbar zu werden." (SE 59)
236 Dazu als Kommentar vgl. Meckauer, W.: Der Intuitionismus und seine Elemente bei H. Bergson, S. 21 und Gerrard, T.: Bergson and Finalisme, in: Catholic World (1913), S. 374.
237 Bergson erklärt diese Einheit folgendermaßen: "Die Einheit entstammt einer vis a tergo: am Ausgangspunkt, als Impuls ist sie gegeben, nicht als Lockung ans

ist von Ursprung an die Fortsetzung eines einzigen und selben Impulses, der sich an die verschiedenen Entwicklungsreihen verteilt hat." (SE 59) Jede Form des Lebens, die neu erschienen ist, ist in der Tat eine neu Offenbarung des Lebens. Bergson behauptet, dass "die Spontaneität des Lebens sich in ihr durch kontinuierliche Schöpfung von Form nach Form offenbare." (SE 92)[238] Nicht nur die Entwicklung des Lebens ist eine ewige Schöpfung, sondern auch die Begriffe, die deren 'Verständnis für eine Intelligenz ermöglichen', und Worte, die ihrer Ausdrückbarkeit dienen. Die Einheit des Lebens ist kein Geheimnis, das immer sichtbar und bemerkbar ist. Sie ist das Wesen unserer Welt. Sie spaltet und entwickelt sich in verschiedenen Formen. Es gibt nach Bergson "nur eine allgemeine Bewegung des Lebens, die auf divergierenden Linien immer neue Formen erschafft." (SE 107) Diese Entwicklungsbewegung des Lebens muss aber anders als Mechanismus und Finalismus angesehen werden, weil sie unabhängig von den Gesetzen etwas zustande bringt und uns immer überrascht. Das Hervortreten der divergierenden Linien darf nicht als eine Anpassung an äußere Bedingungen verstanden werden, sondern muss vielmehr als Erzeugung von qualitativer Verschiedenheit und als Kristallisierung der Heterogenität angesehen werden.

Bergson nimmt auch an, dass die Entwicklung nicht nur in einer

---

Ende gesetzt. Mehr und mehr, indem sie sich mitteilt, spaltet sich die Schwungskraft. Mehr und mehr, je weiter es vorschreitet, zerfasert sich das Leben in Manifestationen, die sich zwar, dank der Gemeinsamkeit ihres Ursprungs in gewisser Hinsicht ergänzen, die eben aber darum nicht weniger antagonistisch, nicht weniger unversöhnlich bleiben." (SE 109)

238 Die Freiheit dieser Spontaneität des Lebens kann aber, so sagt Bergson, nicht vollständig sein. Sie muss einen gewissen Raum der Vorbestimmtheit lassen. "Ein Organ wie das Auge z. B. würde sich hiernach durchaus vermöge einer kontinuierlichen Variation in bestimmter Richtung herausgebildet haben. Ja, wir sehen nicht ein, wie man die Gleichheit der Augenstruktur bei verschiedenen Arten, die keineswegs die gleiche Geschichte haben, anders erklären will. Von Eimer [ein Darwinist] trennen wir uns erst, wenn er behauptet, physikalische und chemische Ursachen reichten aus, dies Resultat zu gewährleisten. Haben wir doch gerade umgekehrt am Beispiel des Auges gesucht, dass, wenn hier "Ontogenese" vorliegt, dann auch eine psychologische Ursache, die eingreift." (SE 92)

Vorwärtsbewegung besteht. Es könnte bei der Entwicklung eine Entgleisung oder einen Rückfall geben. "In Wirklichkeit aber gibt es Arten, die stehen bleiben, ja die rückläufig sind. Nicht eine Vorwärtsbewegung nur ist die Entwicklung. Häufig bemerkt man ein Treten auf der Stelle, häufiger noch Entgleisungen oder Rückfall." (SE 109) Es hat so zu sein, weil dieselben Ursachen, die die Entwicklungsbewegung spalten, "auch [bewirken], dass das Leben, wie hypnotisiert von den eben erschaffenen Formen, von sich selbst abirrt." (Ebd.)

Die Genese der Menschheit in dieser Entwicklungsbewegung ist nicht prädestiniert. Der Mensch ist nicht als der Zusammenstrom der Gesamtentwicklung, die sich in verschiedenen Formen vollzieht, zu definieren. Die Entwicklungsbewegung ist nicht befreit von Zufällen. Die schon angenommenen divergierenden Formen sind eigentlich zufällig, abhängig von bestimmten Orten und bestimmten Ursachen.[239] Trotzdem hat die Entwicklung des Lebens einen bestimmten Sinn. Alles geht vor sich, als ob ein breiter Strom von Bewusstsein in die Materie eingedrungen wäre, der sich durch eine unendliche Vielzahl von Möglichkeiten auszeichnet, die sich in eins durchdringen. "Dieser Strom zwingt die Materie ins Organische hinein; nicht aber, ohne dass seine Bewegung durch sie unendlich verlangsamt, unendlich zerteilt worden wäre." (SE 186) Demgegenüber erscheint das Bewusstsein nicht allein als bewegendes Prinzip der Entwicklung. Der Mensch gewinnt darüber hinaus eine besondere Stellung innerhalb der bewussten Geschöpfe. "Zwischen ihm und dem Tier herrscht nicht mehr ein Unterschied des Grades, sondern des Wesens." (SE 187)

In diesem Zusammenhang kritisiert Bergson die Einteilung des Lebens in drei Stufen (pflanzlich, tierisch, verstandesmäßig), die seit

---

[239] "Groß also ist der Anteil des Zufalls an der Entwicklung. Zufällig größtenteils sind die angenommenen oder besser, erfundenen Formen. Zufällig, abhängig von den an einem bestimmten Ort und in einem bestimmten Moment getroffenen Hindernissen [ist] die Zerlegung der Urtendenz in die oder jene sich ergänzenden, und die divergierenden Entwicklungslinien schaffenden Tendenzen. Zufällig die Stillstände und Rückläufigkeiten; zufällig im allerhöchsten Grade die Anpassungen." (SE 259)

Aristoteles gemacht worden ist. Es sei ein großer Irrtum, dass man sie als Stufen einer einzigen in Entwicklung begriffenen Tendenz annimmt. Sie sind in der Tat die drei verschiedenen Richtungen einer Aktivität, die sich während ihrer Entwicklung gespalten hat. "Der Grundirrtum, der seit Aristoteles weitererbend die meisten Philosophen über die Natur irre geführt hat, besteht in der Auffassung des pflanzlichen, des instinktiven, des verstandesmäßigen Lebens als dreier Stufen einer und derselben in Entwicklung begriffenen Tendenz; während sie doch die drei divergenten Richtungen einer Aktivität sind, die sich im Gang ihres Wachstums gespalten hat." (SE 140)[240] Diese Ansicht Bergsons wird von der modernen Biologie nicht unterstützt. Das Verständnis des Verhältnisses der Lebewesen untereinander wird durch die Evolutionstheorie völlig verändert. Nach dem alten Verständnis ist der Mensch, "in leiblicher wie in seelischer Hinsicht, ein Glied in der 'Kette der Lebewesen.'"[241] Dies gilt nicht mehr, so die heutige Naturwissenschaft. "An die Stelle der 'Kette der Lebewesen' trat das Bild des 'Lebensbaumes'. Alle Lebewesen haben sich aus einer Urform entwickelt. Da der Strom des Lebens nirgends mehr unterbrochen wurde, sind sie alle miteinander verwandt. Ausgehend von einer Stammform bilden sich durch Variationen zahlreiche Verzweigungen. Den Hauptstamm des Lebensbaumes bilden die nach-

---

240 M. Scheler stellt den Geist als neues Prinzip eines solchen Aufbaus des Lebendigen vor. Vgl. Die Stellung des Menschen im Kosmos, Bern/ München 1975[8].
241 Kather, R.: Ordnungen der Wirklichkeit. Die Kritik der philosophischen Kosmologie am mechanistischen Paradigma, Würzburg 1998, S. 483.
Die Metapher 'Kette der Lebewesen' wird auch von Leibniz verwendet. Die Seelenlehre des Aristoteles war für Leibniz' Metapher eine Vorbereitung. "Obwohl Aristoteles die Vielzahl möglicher Einteilungen der Natur erkannte, ordnete er in "De Anima" die Organismen gemäß ihren seelischen Rang in einer aufsteigenden scala naturae. Diese Leiter führt von den Organismen, die wie die Pflanzen auf vegetative Seele beschränkt sind, bis zur vernünftige Seele des Menschen. (...). Ausdrücklich formuliert ist der Gedanke der 'Kette der Seienden', die vom Urgrund des Kosmos bis in die seinsferne Materie hinabreicht, bei den Neuplatonikern Plotin und Proklos. Lange vor Darwin war über viele Jahrhunderte die hierarchische Verschachtelung und damit der Zusammenhang aller Strukturen, vom Unbelebten bis zum Menschen, ein zentrales Thema der Philosophie." Aus: Ebd., S.144.

einander auftretenden großen Einteilungen der Lebensformen."[242]

Die Entwicklung des Lebens, sagt Bergson, findet nicht ohne Hindernis statt. Es gibt einen Gegensatz zwischen dem Leben als Ganzem und den Formen. Obwohl das Leben als Ganzes Bewegtheit ist und immer fortwährend dauert, nehmen seine einzelnen Formen diese Bewegtheit auf, aber bleiben hinter ihr zurück. "Zerlegt sich eine Tendenz im Lauf ihrer Entwicklung, so sucht jede der besonderen entstehenden Tendenzen alles das aus der Urtendenz zu bewahren und zu entwickeln, was mit der Arbeit, zu welcher sie selbst sich spezialisiert hat, nicht unvereinbar ist." (SE 124) Während die Entwicklung des Lebens dauernd vorwärts schreitet, wollen die einzelne Formen auf ihrer Stelle marschieren. Die Entwicklung als Ganzes würde, so weit irgend möglich, "geradlinig verlaufen; jede Einzelentwicklung aber ist ein in sich kreisender Prozess." (SE 133)[243] Diese Tatsache zeigt sich in den unzähligen Formen, die das Leben hervorbringt. Die einzelnen Formen streben danach, eine so 'niedrige Kraftsumme als möglich einzusetzen'. Das Leben, seinem Wesen nach, d.h. als Übergang von Art zu Art angeschaut, ist stetig wachsende Tat (vgl. SE 134).

Die Entwicklung des Lebens als Wirklichkeit erscheint uns als ein stetiges Werden, unbeachtet ob sie Materie oder Geist ist. Sie wird oder 'entwird', "sie ist nie ein fertig Gewordenes." (SE 266) Dieses Werden wird nicht durch den Intellekt verstanden. Unser Intellekt stellt dieses radikale Werden als eine Reihe von Zuständen vor, die

---

242 Kather, R.: Was ist Leben? Philosophische Positionen und Perspektiven, Darmstadt 2003, S. 82.
In diesem Zusammenhang wäre ein Hinweis auf die Theorie der Lebensformen von A. Schütz, der seine Theorie im Anschluss an Bergsons Philosophie entwickelt, sinnvoll. Vgl. Theorie der Lebensformen. Frühere Manuskripte aus der Bergson-Periode, hrsg. und eingleitet von I. Srubar, Frankfurt am Main 1981.
243 Bergson gibt ein Beispiel zum Verständnis dieses Kreises wie folgt: Einzelentwicklung ist ein in sich kreisender Prozess. "Wie vom Wind aufgejagte Staubwirbel drehen sich die Lebewesen um sich selbst, in der Schwebe gehalten vom großen Odem des Lebens. So also sind sie verhältnismäßig starr, ja ahmen das Unbewegliche so vortrefflich nach, dass wir sie eher als *Dinge* denn als *Fortschritte* behandeln; ganz vergessend, dass diese beharrende Form selbst nichts anders, als die Nachzeichnung einer Bewegung ist." (SE 133)

sich nicht verändern und nicht neu gestalten. Der Intellekt "anerkennt kein Unvorhersehbares. Er verwirft jede Schöpfung." (SE 168) Ungeachtet dessen, dass unser Zustand durch äußere Bedingungen wechselt, verändern wir uns innerlich, aber auch äußerlich, ohne Unterlass. Abhängig von unseren praktischen Interessen nehmen wir vom Werden nur Zustände, von der Dauer nur Momente wahr; "und selbst wo wir von Dauer und Werden reden, ist was wir meinen, ganz etwas anderes." (SE 277)

Die Auffassung der konkreten Entwicklung des Lebens, im Gegensatz zu jener abstrakten Vorstellung, bezieht jegliches Werden in den einen konkreten Begriff des Werdens ein und ist so als Abfolge von Veränderungen unmittelbar mit der Dauer verbunden. Denn die unteilbar kontinuierliche Veränderung ereignet sich im Schatten der Dauer. Sie erhält sich immer im Zusammenhang mit der Dauer. Denn das Wesen der Dauer besteht in einem ununterbrochenen Fluss. Sie bedeutet ein kontinuierliches Werden (vgl. DW 187). Wenn man der Bewegung ihre Beweglichkeit, der Veränderung ihr Fließen, der Zeit ihre Dauer zurückgibt, dann wird sich die Dauer als das offenbaren, was sie wirklich ist, nämlich fortdauernde Schöpfung, ununterbrochenes Hervorquellen von Neuem (vgl. DW 28). Das Wirkliche sind nicht die von uns in Momentaufnahmen fixierten Zustände der Veränderung, sondern die Veränderung selbst.

Diese Auffassung Bergsons ist im Grunde nicht zu beweisen.[244] Man kann sie sowohl leugnen als auch akzeptieren. Es ist aber wichtig und bleibt bei Bergson unbeantwortet, *was* das Wesen dieser Schöpfungskraft ist. Wie sollte man sie sich vorstellen? Darf man sie

---

244 L. Kalokowski ist der Meinung, dass "die Lebensschwungkraft nach wissenschaftlichen Kriterien wahrscheinlich nicht in ein empirisches Konzept umgestaltet werden kann. Demgegenüber meint Bergson, dass sie aber nicht leer ist in dem Sinne, "wie [das] für okkulte Qualitäten gilt: Sie weist auf eine Art von wie vage auch immer definierte Intentionalität im evolutionären Prozess hin, und man kann vernünftigerweise nicht die Auffassung vertreten, dass das Bild des nur von mechanischer Elimination geregelten organischen Prozesses sich nicht oder ausschließlich terminologisch von der Sichtweise eines absichtgesteuerten Universums unterscheidet." Aus: Bergson, S. 72–73.

als Gott interpretieren, wie mancher Bergson Kritiker sagt? Ist sie im Sinne eines Pantheismus das Wesen des Universums? Hat sie eine Ende? Man kann noch weitere solche Fragen stellen. Noch wichtiger ist die Frage, wofür es bei Bergson keine klare Erklärung gibt, wie das Verhältnis zwischen der Einheit der Entwicklung des Lebens und der Vielfalt der divergierenden Formen verstanden werden soll. Auf der einen Seite muss diese Einheit der Entwicklung des Lebens sich vermittels der Dauer beibehalten,[245] auf der anderen Seite soll dieselbe Einheit die Grundursache aller Dinge sein. Wenn es bei Bergson um die Einheit geht, dann geht es vor allem um die Einheit der Zeiterfahrung, um die heterogene Einheit der Dauer oder auch um die Einheit, "die aus einem lebendigen Impuls entsteht. Diese Einheit des Impulses führt nicht zur Einheit einer Form, in der sich der Impuls verwirklichte."[246] Denn der lebendige Impuls wird als immer Neues und Eigenständiges zur Erscheinung Bringendes definiert, der immer wieder wiederständiges Leben in Bewegung setzt (vgl. SE 109). Wenn wir mit aller Vorsicht sagen dürften, dass für Bergson die Dauer gleichzeitig die schöpferische Entwicklung des Lebens ist, dann hätten wir vielleicht weniger Schwierigkeiten für das Verständnis dieser Schöpfungskraft des Lebens. Es gibt bei Bergson die Tendenz, die Dauer einer allgemeinen Existenz- bzw. Entwicklungsform anzuneh-

---

[245] Bergson ist dagegen, dass die Begriffe Einheit und Vielheit der Lebensschwungskraft zuzuschreiben sind. Nach seiner Meinung sind sie "Kategorien der leblosen Materie, *die Lebensschwungskraft* aber sei weder reine Einheit noch reine Vielheit; und niemals, wenn die Materie, der sie sich mitteilt, sie in der Lage der Wahl zwischen beiden bringe, werde diese Wahl eine endgültige sein: unaufhörlich wird sie von einer zur anderen überspringen." (SE 265) Es ist wirklich keine leichte Aufgabe diese Feststellung Bergsons zu verstehen. Wenn die schöpferische Entwicklung des Lebens keine Einheit, die ihre Existenz ausmacht, hätte, wie sollte man die Vielfalt von verschiedene Formen erklären und verstehen? Die Vielheit darf nur von der Einheit abgeleitet werden. Bergson stellt selbst fest, dass die Entfaltung in der Dauer eine Einheit haben sollte. "Die Entfaltung in der Dauer (gleicht) in gewisser Hinsicht der Einheit einer fortschreitenden Bewegung, in anderer Hinsicht aber einer Vielheit von Zuständen, die sich entfalten (...)." (DW 187)
[246] Mirjana, V.: Bild und Wirklichkeit, S. 104.

men. Wenn wir die Dauer verstehen, können wir auch einigermaßen diese schöpferische Kraft des Lebens verstehen, weil "die Dauer Leben heißt",[247] das Leben unendlich schöpferisch und erfindungsreich ist, und unaufhörlich neue Formen hervorbringt. Man muss aber immer im Auge behalten, dass die Grenzen dieser Begriffe meistens bei Bergson durcheinandergeraten sind. Mann kann zwischen diesen Begriffen keine Grenze und keine Trennlinie ziehen.

Die Annahme einer Vielheit von Prozessen, Prozessstrukturen und der Einheit der Dauer sieht zunächst widersprüchlich aus. Bergson benutzt der Begriff der Dauer überwiegend im Singular (*Durée,*), trotzdem betont er mehrmals, dass es mehrere Formen der Dauer gebe und dass diese Formen der Dauer sowohl als eine Vielheit –von Prozessstrukturen – als auch als eine Einheit aufzufassen seien. In diesem Sinne ist die Dauer nicht nur als Werden oder Vergehen, nur als Verändern oder nur als Aufbewahren zu verstehen. Es gibt keine feste Charakteristik der Dauer (vgl. MuG 206). Die Dauer ist ein offenes Phänomen. Wenn die Dauer in sich prozessual, eine unaufhörliche Veränderung und ein Übergang ist, ist die Frage sehr berechtigt, ob wir die Zeit als Einheit oder als Vielheit verstehen sollen. Darauf gibt es aber keine klare Antwort. Jede Antwort muss sich irgendwie auf eine begriffliche Perspektive beziehen, die selbst wieder die Ganzheit der prozessualen Dimension einseitig reduzieren muss. Bergson ist streng gegen den Zwang der strukturellen Einseitigkeit begrifflicher Perspektivierungen sowie auch mathematischer und sprachlicher Darstellungen. Bergson setzt sich genau aus diesem Grund mit der Relativitätstheorie Einsteins in *"Durée et Simultanéité"*[248] auseinander. Für einen sich bewegenden Körper gibt es unterschiedliche Zeiten, welche jeweils ihr eigenes Bezugsystem haben. Die jeweils eigene Zeit, die durch den durchlaufenen Raum fließt, bildet eine vierte Raumdimension. Diese stellt als Raum-Zeit eine

---

247 Deleuze, G.: Bergson zur Einführung, hrsg. und übersetzt von M. Weinmann, Hamburg 1989, S. 120.
248 Bergson, H.: Durée et Simultanéité. A Propos de la Théorie D'Einstein, Paris 1926³.

neue Einheit dar. Sie kann aber nicht unabhängig von den Raumdimensionen betrachtet werden. Für Bergson war es nicht schwer, die von Einstein ausgedrückte Vielheit der Dauer hinzunehmen, und sie war für ihn auch nichts Neues. Man muss hier aber sofort auf einen wichtigen Unterschied zwischen Einstein und Bergson hinweisen: Die genannte Vielheit ist für Bergson im Gegensatz zur messbaren Raum-Zeit eine qualitative und nicht eine quantitative Vielheit. Nach Bergson ist es ein entscheidender Mangel bei Einstein, dass er die Raum-Zeit als numerisch darstellbare, messbare und quantitative Vielheit auffasst. Wenn man die Zeit so versteht, begreift man ohnehin nicht ihre Wirklichkeit, d.h. ihre prozessuale Qualität, als Veränderung, als Übergang. Natürliche Folge von diesem Verständnis ist die Reduktion der Zeit auf die vierte Dimension des Raumes, auf eine Begleiterscheinung räumlicher Verhältnisse. Diese Reduktion kommt dadurch zustande, dass die Zeit und die Bewegung nur aus der Beobachterperspektive wahrgenommen werden. Bergson schlägt demgegenüber vor, den Ablauf der Zeit und damit die Bewegungen als innere Erfahrung, nämlich aus der Vollzugsperspektive zu verstehen. Eine Bewegung und ihre Zeit sind nur im Vollzug wirklich. Ein bloßer Beobachter kann nur aus einer bestimmten Perspektive etwas konstruieren, "worin sich wiederum seine begrifflichen Entscheidungen spiegeln."[249] Den fiktiven Beobachter der Relativitätstheorie will Bergson durch einen real erlebenden Analytiker, der aus diesem Erleben seiner Bewegung- und Zeiterfahrung heraus reflektiert, ersetzen.

Bergson will in "Durée et Simultanéité" zeigen, dass die Zeit nicht eine Erfindung der theoretischen Spekulation ist, sondern dass sie unsere Wahrnehmungen, unser Erleben insgesamt durchdringt. Da die Zeit eine das Leben durchdringende Wirklichkeit ist, ist sie auch in sich eine Vielheit. Grundanliegen von "Durée et Simultanéité" ist

---

249 Hentschel, K.: Interpretationen. Fehlinterpretationen der speziellen und der allgemeinen Relativitätstheorie durch Zeitgenossen A. Einsteins, Basel/Boston/Berlin 1990, S. 446f.

die These, dass verschiedene Formen der Dauer gleichzeitig existieren und jede von ihnen ihre eigene Prozessform aufweist. Dabei entstehen viele Verknüpfungen, Übergänge und Durchdringungen verschiedener Art. Wir sind in der Lage, diese verschiedenen Formen der Dauer zu perzipieren.[250] Diese Wahrnehmung der Dauer als ein inneres Zeitbewusstsein ist aber mit der Zeitmessung nicht vergleichbar, denn die Dauer und Simultaneität (*Durée et Simultanéité*) gehören zu verschiedenen Welten. Die Dauer gehört zu einer Welt des erlebenden Bewusstseins, und damit zur Welt des erlebenden und handelnden Menschen. Die andere Welt ist die der messenden und berechnenden Beobachtung, und damit die Welt insbesondere der mathematisch-experimentellen Wissenschaften. Die Begriffe, mit denen wir unser Wissen formulieren, gewinnen nur im Kontext dieser gegensätzlichen Welten ihre jeweilige Bedeutung.

7.2. Der *élan vital* (die Lebensschwungkraft)

Dieser Begriff *élan vital*[251] spielt eine zentrale Rolle in Bergsons Philosophie. Er wurde gleichzeitig aber wegen seiner Unverständlichkeit kritisiert. Er führte auch zu Vorbehalten gegenüber Bergsons Philosophie. Viele Kritiker haben in ihm eine geheimnisvolle Kraft gese-

---

250 "Quand nous sommes assis au bord d'une riviére, l'écoulement de l'eau, le glissement d'un bateau ou le vol d'un oiseau, le murmure ininterrompu de notre vie profonde sont pour nous trois choses différentes ou une seule, à volenté. Nous pouvons intérioriser le tout, avoir affaire à une perception unique qui entraîne, confondus, les trois flux dans son cours; ou nous pauvons laisser extérieurs les deux premiers et partager alors notre attention entre le dedans et le dehors ; ou, mieux encore, nous pouvons faire l'un et l'autre à la fois, notre attention reliant et pourtant séparant les trois écoulements, grâce au singulier privilége qu'elle possédé d'être une et plusieurs. Telle est notre premiére idée de la simultanéité. Nous appelons alors simultanés deux flux extérieurs qui occupent le même durée parce qu'ils tiennent l'un et l'autre dans la durée d'un même troisiéme, le nôtre: cette durée n'est que la nôtre quand notre conscience ne regarde que nous, mais elle devient également la leur quand notre attention embrasse les trois flux dans un seul acte indivisible." Bergson, H.: Durée et Simultanéité, S. 67–68.
251 Den größten Einfluss auf die Entwicklung dieses Begriffs bei Bergson dürfte wohl sein Lehrer E. Boutroux gehabt haben mit seinem Gedanken der *Kontin-*

hen.[252] Dieser *élan vital* ist öfters als eine Begriffschöpfung, bei der es an Erklärungswert mangelt, angegriffen worden. Der Begriff wird als eine leere 'okkulte Qualität' abgespeist, "die uns, wenn wir das Leben verstehen wollen, an genau dem gleichen Platz stehenläßt, an dem wir ohne sie gewesen sind."[253] Er hat in der Tat die Entwicklungsgeschichte des Lebens zu erklären. Bergson gründet seine Philosophie auf diese 'Lebensschwungkraft', ohne dabei eine überzeugende Erklärung und Beschreibung dafür zu geben.[254] Vielleicht deswegen betont Bergson die Unverständlichkeit der Lebensschwungskraft für den Intellekt. Sie ist durch die Intuition zu verstehen.

Die Dauer war in "Zeit und Freiheit" eher als Bewusstseinstat-

---

genz der Naturgesetze und seinem Begriff der *schöpferischen Macht* (puissance créatrice). Er hatte sich vor allem gegen den Naturalismus und die ihm verwandten Richtungen gewandt, die dem Geistigen Eigensein und Eigenkraft absprachen. Vgl.Boutroux, E.: De la Contingence des Lois de la Nature, S. 133f.

252 Zum Beispiel M.Horkheimer, M.Heidegger und M.Scheler haben Bergsons Ausgangspunkt und seinen zentralen Begriff von Lebensschwungkraft kritisiert. (vgl. die in dieser Arbeit angegebene Literaturangabe in den Anmerkungen)

253 Kalokowski, L.: Bergson, S. 71.

254 Mansche Kritiker stellen fest, dass der Begriff élan vital vor Bergson schon gebraucht worden ist. Bergson hat ihn nur übernommen und anders erklärt. Zum Beispiel nach Lowejoy ist Robinet der frühere Verkünder des *élan vital*. "Das eigentlich Reale in der Natur ist seiner [Bergson] Ansicht nach nicht Materie, sondern activité und das Schauspiel der Evolution besteht in der Offenbarung der expansiven sich zu immer größerer Vielfalt entfaltenden Energie, des schöpferischen Dranges, der puissance activée." Loweyoj, A.O.: Die große Kette des Wesens. Geschichte eines Gedankes, Frankfurt am Main 1985, S. 338–339.
Bergson erwähnt in "Schöpferische Entwicklung", dass Seáilles die Doppelthese entwickelt, dass die Kunst der Natur fortsetze, und das Leben Schöpfung sei. Anschließend schreibt er, dass er diesen Gedanken annimmt und fragt; "ist aber notwendig, [die] Schöpfung mit dem Verfasser als eine Synthese von Elementen zu verstehen? Wo die Elemente vorher existieren, ist auch die aus ihnen zu vollziehende Synthese virtuell gegeben, da sie nur eine ihrer möglichen Anordnungen ist: eine übermenschliche Intelligenz, würde sie unter all den übrigen möglichen, die sie umgaben, im voraus gewahren können. Ganz im Gegenteil nehmen wir an, dass im Reich des Lebens die Elemente keine reale und gesonderte Existenz besitzen. Sie sind nur die mannigfachen Ansichten des Geistes von einem unteilbaren Prozess. Und dies ist der Grund, warum hier der Fortschritt radikale Unberechenbarkeit und Inkommensurabilität mit allem früheren, kurz warum er Dauer ist." (SE 35 Anm.)

sache dargestellt. Sie schließt dort eigentlich die Bewusstseinsphänomene, nicht die Totalität der Ereignisse ein. Bergson erweitert den Wirkungskreis der Dauer in "Denken und schöpferisches Werden" und in "Schöpferische Entwicklung" stufenweise. Die Dauer darf nicht mehr nur zu dem Bewusstseinsleben gehören. Sie erweist sich als das Kennzeichen nicht nur des individuellen menschlichen Bewusstseins, sondern ebenso des Lebens. Bergson macht die Dauer so umfangreich, indem er sie mit der Bewegung und Veränderung in Verbindung setzt. Da die Bewegungen und Veränderungen die allgemeine Wirklichkeit der Welt sind, wird die in ihnen innewohnende Dauer ein allgemeines Grundprinzip des Werdens und Entwerdens. Die so verstandene Dauer mündet schließlich in den Lebensbegriff. Durch diesen Prozess breitet Bergson uns darauf vor, dass die Gesamtentwicklung und die Wirklichkeit selbst zeitlich sind. Die Entwicklung, Existenz – und Lebensprozesse sind durch die Wirklichkeit der Zeit zu denken. Sie sind als in der Zeit sich verwirklichende.

Der *élan vital* ist vor allem als eine Art der Energie zu verstehen, die sich in unendlichen Gabelungen und in zahlreichen Formen zeigt, indem er permanent Neues hervorruft. Bergson schreibt ihm schöpferische Kraft zu.[255] Dadurch bekommt er auch die Fähigkeit zur qualitativen Differenzierung. "Diese Schwungkraft, die in den verschiedenen Entwicklungsreihen, an die sie sich verteilt, fortlebt, ist tiefere Ursache der Variationen; derer zum mindesten, die sich regelmäßig vererben, die sich summieren, die neue Art schaffen." (SE 93)[256] Die Ursachen der Teilung von diesen verschiedenen Entwick-

---

[255] "Der vitalistische Philosoph H. Bergson schrieb dem schöpferischen Aspekt der Evolution den élan vital zu. Für ihn war der Evolutionsprozess nicht von einem transzendentalen Gott ersonnen, sondern spontan und schöpferisch. Diese Auffassung von Evolution als einen allumfassenden spontanen Schöpfungsprozess teilt auch die neu darwinistische Theorie (...). Was Bergson dem élan vital zuschreibt gilt bei M. Jacques für 'die Unerschöpflichkeit des Zufalls'." Scheldrake, R.: Die Wiedergeburt der Natur. Wissenschaftliche Grundlagen eines neuen Verständnisses der Lebendigkeit und Heiligkeit der Natur, Bern/München 1993, S. 88.

lungsreihen und Variationen trägt das Leben in sich.²⁵⁷ Denn das Leben ist selbst eine Tendenz, "und Wesen einer Tendenz ist es, sich in Garbenform zu entwickeln, und so durch die bloße Tatsache ihres Wachstums divergierende Richtungen zu schaffen, zwischen denen ihre Schwungkraft sich teilt." (SE 105) Die verschiedenen Arten der Lebewesen und die vielfältige Formen des Lebens entstehen aus seiner eigenen, d.h. aus der transzendentalen Kraft der Dauer, die immer neue Formen hervorbringt, nicht aber aus externen vorgegebenen Bedingungen, obwohl sie dabei eine gewisse Rolle spielen.

Bei der Entwicklung des Lebens sind die Gabelungen zahllos, münden aber mehrmals in Sackgassen. Das Leben kämpft unaufhörlich um die Selbstverwirklichung. Es gibt dabei zwei Richtungen, so wie im Fall der Dauer. Während die Dauer sich ständig in Vergangenheit und Gegenwart spaltet, spaltet sich der *élan vital* auch auf zwei Bewegungen auf, nämlich zum einen "das Abspannen, das Absinken in die Materie, zum anderen das Anspannen, das Aufsteigen in die Dauer. Es ist zu beobachten, dass die auseinanderstrebenden Linien, (...) sich treffen und überlagern, zumindest sich genau entspre-

---

256 Trotz solcher Erklärungen Bergsons wirft Cassirer ihm vor, dass seine Philosophie des Lebens auf einer Einheitsphilosophie beruht. "Das Leben als solches mag sich, als absolutes Sein, zugleich in sich selber spalten; es mag in die drei schlechthin divergierenden Richtungen der pflanzlichen Dumpfheit, des tierischen Instinkts, des menschlichen Intellektes auseinandergehen, – so genügt es doch für eine Metaphysik des Lebens niemals, dieses Auseinander einfach festzustellen und darzustellen. Denn die Metaphysik, die Philosophie des Lebens, steht als Philosophie unter einer neuen Einheitsförderung." Cassirer. E.: Nachgelassene Manuskripte und Texte, hrsg. von John M. Krois und O. Schwemmer, Bd.1: Zur Metaphysik der symbolischen Formen, Hamburg 1995, S. 46.
257 Bergson wiederholt diese Gedanke in "Die beide Quellen der Moral und der Religion." (Es wird als MR zitiert) wie folgt: Wir werden sagen: "nicht das mechanische Wirken äußerer Ursachen, sondern ein innerer Antrieb, der von Keim zu Keim durch die Individuen hindurchgeht, trägt das Leben, in einer gegebenen Richtung, zu einer immer höheren Differenzierung." (MR 110) Die beide Quellen der Moral und der Religion, Olten 1980.
Dies fand nach der Erscheinung eine Große Interesse. Zum Beispiel bezeichnet J. Maritian dieses Buch als "eines der reinsten uns ergreifendsten Zeugnisse über das Leben des Geistes." Aus: Bergsons Metaphysik und Moral, Phil. Jahrbuch der Görresgesellschaft 1948, S. 194.

chen."²⁵⁸ Bergson vergleicht diese Eigenschaft der Lebensschwungkraft mit der Explosion einer Bombe. Das gleiche geschieht genauso bei der Zersplitterung des Lebens in Individuen und Arten. "Sie entstammt, wie wir glauben, zwei Ursachenreihen: dem Wiederstand, den das Leben von Seiten der toten Materie erfährt, und der – dem labilen Gleichgewicht mehrerer Tendenzen verdankten – Explosivkraft, die das Leben in sich trägt." (SE 104) Diese Explosivkraft des Lebens als Entwicklungsbewegung braucht aber, um sich selbst zu verwirklichen, einen Spielraum, nämlich die Zukunft. "Vor der Entwicklung des Lebens dagegen bleiben die Tore der Zukunft breit offen. Schöpfung ist sie, die sich kraft einer Ursprungsbewegung folgt und folgt ohne Ende." (SE 110) Die Entwicklung des Lebens, die als gemeinsame Eigenschaft der Lebewesen zu kennzeichnen ist, darf nicht als eine harmonische Konvergenz der verschiedenen Formen des Lebendigen angesehen werden. "Die Entwicklung aber, von der wir reden, vollzieht sich niemals im Sinn der Zusammenlegung, sondern der *Zerlegung*, niemals im Sinn der Konvergenz, sondern der Divergenz von Kräften." (SE 123) Die Entwicklung erzeugt die Harmonie nicht durch die gegenseitige Anpassung und Ergänzung. Die Harmonie ist vielmehr von Anfang an lückenlos. "Sie entstammt einer ursprünglichen Identität. Sie rührt daher, dass der in Garbenform entfaltete Entwicklungsprozess Elemente, die sich zuerst bis zur Verschmelzung ergänzten, im Maß ihres gleichzeitigen Wachstum auseinander treibt." (Ebd.)

Die verschiedenen Arten und Formen der Lebewesen existieren in verschiedenen Formen der Dauer. Die schöpferische Entwicklung und damit zusammenhängendes Werden werden in der Dauer erfasst. Da die Zustände der materialen Welt wie unsere Bewusstseinphänomene dauern, müssen sie mit der wirklichen Dauer in irgendeiner Weise in Verbindung stehen. Man kann also, wenn die Dauer als schöpferische Evolution verstanden wird, sagen, dass in derselben Wirklichkeiten und Möglichkeiten geschaffen werden.²⁵⁹ Da die 'bis-

---

258 Delleuze, G.: Bergson zur Einführung, S. 121.

herige Philosophie' die Dauer nicht als Wirklichkeit, die in der Tat die Schöpfung ist, anerkennt und diese Schöpfung auf die Ebene 'des künstlerischen Machens' projiziert, kann man die großen metaphysischen Probleme, die bisher gestellt worden sind, nicht lösen. Man kann diese Probleme nur überwinden, indem man diese Wirklichkeit anerkennt.

Die Wirklichkeit als offener Prozess erscheint in der Art ihres Seins nicht in einem statischen Zustande, sondern sie bewegt sich in der Kontinuität und der Veränderlichkeit dynamisch. Durch diesen Charakter der Wirklichkeit kommt alles in Bewegung. Alles ist belebt in uns und alles beseelt sich um uns. Ist das Leben als ganzes von diesem Charakter durchdrungen, so sind wir in der Lage an philosophische Probleme in der Weise heranzugehen wie es diese Probleme selbst erfordern. Dadurch nämlich, dass alles von dem *élan vital* durchdrungen und getragen wird, kann nur diejenige Schau der Wirklichkeit die Wirklichkeit erkennen, die selber von diesem *élan* getragen wird.[260]

Wird das Leben in dieser Weise vom *élan* getragen, so werden alle Dinge *sub specie durationis* wahrgenommen. Dadurch versenken wir uns in die wahre Dauer, welche nicht endlich oder vergänglich ist,[261] sondern unaufhörlich fortschreitet. Und je mehr wir in die Dauer

---

259 Man ist in diesem Sinne nach Bergson mit der Schwierigkeit konfrontiert, zwischen zwei Polen zu unterscheiden, nämlich zwischen der "Aufeinanderfolge in der wahren Dauer, und der Nebeneinanderstellung in der räumlichen Zeit, zwischen einer Evolution und einem Abrollen, zwischen der radikalen Neuheit und einer neuen Kombination von bereits Existierendem, und endlich zwischen der Schöpfung und der einfachen Wahl, dass man diese Unterscheidung nicht von zuviel Gesichtspunkten aus gleichzeitig beleuchten kann." (DW 32)

260 "Ein großer Elan trägt die Wesen und die Dinge mit sich fort. Von ihm fühlen wir uns emporgehoben, fortgerissen, getragen. Wir leben mehr, und dieser Zuwachs an Leben bringt die Überzeugung mit sich, dass große philosophische Rätsel gelöst werden dürfen, weil sie aus einer erstarrten Schau des Wirklichen hervorgehen und nur der gedankliche Ausdruck einer gewissen künstlichen Abschwächung unserer Vitalität sind." (DW 179)

261 M. Horkheimer kritisiert in diesem Sinne Bergson, dass Bergson der Dauer keine Grenze sieht. Vgl. Zu Bergson Metaphysik der Zeit, S. 330.

eintauchen, desto mehr versetzen wir uns wieder in die Richtung des transzendentalen Prinzips, "an dem wir teilhaben und dessen Ewigkeit nicht eine Ewigkeit der Unveränderlichkeit, sondern eine Ewigkeit des Lebens ist: wie könnten wir anders darin leben und uns bewegen? *In ea vivimus et movemur et sumus.*" (DW 179) Mit der Ewigkeit ist hier nicht die begriffliche Ewigkeit, die eine Ewigkeit des Todes ist, sondern eine Ewigkeit des Lebens gemeint (vgl. DW 211).

Unser inneres Leben ist all das gleichzeitig, eine Mannigfaltigkeit von Qualitäten, ein kontinuierlicher Fortschritt, eine Einheit in der Richtung. Dies bedeutet wie unsere Dauer 'ein kontinuierliches Werden' (vgl. DW 187). Je mehr wir unseres Fortschreitens in der reinen Dauer bewusst werden, desto mehr fühlen wir, wie die verschiedenen Teile unseres Wesens ineinander eingehen und wie "unsere gesamte Persönlichkeit sich in einem Punkte oder besser in einer Spitze zusammenfasst, die sich – sie ohne Unterlass aufreißend – in die Zukunft einbohrt. Hierin bestehen so Leben wie freies Handeln." (SE 206)[262] Wenn man auf das Werden schaut, erscheint die Dauer als das eigene Leben der Dinge. Leben und Dauer sind am Werden beteiligt. Dies ist die in allem grundlegende Realität. "Wer sich im Werden niederlässt, dem erscheint die Dauer als das eigene Leben der Dinge, als die Grund-Realität." (SE 320)[263] Die Dauer bezieht sich nicht nur auf die Schöpfung, die wir in unserem Alltag wahrnehmen, sondern

---

[262] R. Palgan stellt fest, dass die Augenblicke sehr selten sind, die uns in einem solchen Grade ergreifen. Sie decken sich mit unseren wahrhaft freien Handlungen. Vgl. Die Weltanschauung H. Bergsons, S. 21f.

[263] Bergson wirft in diesem Zusammenhang der Ideenphilosophie vor, dass sie nur die Form des Verstandes als Realität akzeptiert und damit Dauer und Werden zur bloßen Herabminderung der Ewigkeit macht. "Jede Form also nimmt Raum ein, wie sie Zeit einnimmt. Die Ideenphilosophie aber geht den umgekehrten Weg. Sie geht von der Form aus. Sie sieht in der Form das Wesen der Realität selbst. Nicht auf Grund einer von der Realität aufgenommenen Ansicht, gewinnt sie die Form; sie setzt die Form in der Ewigkeit: und Werden und Dauer sind bloße Herabminderungen dieser unbeweglichen Ewigkeit. Die derart gesetzte, die von der Zeit unabhängige Form aber ist nicht mehr die der Wahrnehmung verwurzelte: sie ist ein Begriff." (SE 321)

sie schließt auch alle Ereignisse und Dinge in unserem Universum ein. Das Universum dauert auch als Ganzes. Die Dauer bildet eine Einheit. "Es muss also die Dauer des Universums eins sein mit der Breite von Schöpfung, die in ihr Raum findet." (SE 342) Die Dauer erkennen wir als Schöpfung, wenn wir uns die reale Dauer vergegenwärtigen. Wir können auch erkennen, dass, "wenn das Entwerdende dauert, dies nur aufgrund seiner Einheit mit dem Werdenden möglich sein kann. Die Notwendigkeit eines ununterbrochenen Wachstums des Universums, eines Lebens der Realität, (...) tut sich auf." (SE 346)

Werden und Entwerden dauern in uns und im Universum unaufhörlich in jeder Sekunde. Das Leben ist kein Abgeschlossenes. Die Schöpfung ist kein Wunder; "wir erfahren sie uns, sobald wir frei handeln." (SE 253) Wir erfahren aber diese Schöpfung nicht durch den Intellekt, sondern durch die Intuition.

Was man unter Intuition versteht und wie sie mit der Dauer und Schöpfung zusammen hängt, wollen wir versuchen, als nächstes zu klären.

8. Die Intuition

8.1. Die Geschichte des Intuitionsbegriff bis Bergson

Vorerst möchten wir auf die Definition und die verschiedene Auffassungen von Intuition eingehen. Unter Intuition versteht man im Allgemeinen "das unvermittelt unmittelbare Gewahren eines Wesens, eines Wertes oder das unvermittelt unmittelbare Innesein eines Handlungszieles."[264] Dieser Begriff wurde in der Geschichte der Philosophie von Philosoph zu Philosoph anders verstanden und interpretiert. Platon macht einen Unterschied zwischen dem analytischen und dem intuitiven Denken. Nach Platon genügt der Intellekt nicht für ein wirkliches Verstehen. Um wirkliches Verstehen zu erreichen, braucht man "die Kraft einer inneren Gewissheit, in der sich etwas so zeigt, wie es ist."[265] Analog zum Denken unterscheidet Platon eine intuitive von einer analytischen Erkenntnis. Die intuitive Erkenntnis erfasst die Realität mit einem 'Schlage'. Diese intuitive Erkenntnis "lässt (..) sich doch in keiner Weise, wie andere Kenntnisse, in Worte fassen, sondern in dem es, vermöge der langen Beschäftigung mit dem Gegenstande und dem Sichhineinleben, wie ein durch einen abspringenden Feuerfunken plötzlich entzündetes Licht in der Seele sich erzeugt und dann durch sich selbst Nahrung erhält."[266] Aristoteles glaubt anders als Platon, dass es für jede Wissenschaft nur einen korrekten Aufbau gibt, nämlich den 'natürlichen'.[267] Für Aristoteles ist die noetische Intuition jene Sicht, deren Bedingung eine natürliche

---

[264] Eley, L.: Handbuch der Philosophischen Grundbegriffe, hrsg. von H. Königs, H. C. Baumgartner und C. Wild, Band III, München 1973, S. 748.

[265] Kather, R.: Eine kleine Geschichte der Intuition. Von Platon zu Einstein, in: Zeit und Ewigkeit. Die Vieldimensionalität menschlichen Erlebens, Würzburg 1992, S. 106.

[266] Platon: Sämtliche Werke, Band III 7. Brief, hrsg. von U. Wolf, übersetzt von Schleiermacher und Hieronymus und F. Müller, Hamburg 1994, S. 545–546.

[267] Scholz, H.: Mathesis Universalis. Abhandlungen zur Philosophie als strenger Wissenschaft, hrsg. von H. Hermes und H. Kambartel, Basel 1961, S. 34.

Begriffsordnung ist. Bei Aristoteles kommt die Intuition eher in der Lebenspraxis in Frage. Der Mensch ist intuitiv in der Lage, "die Gesamtsituation abzuschätzen und die Gunst der Stunde zu nutzen. Klugheit fordert das untrügliche Gespür für die Elemente, die das Handeln in einer einmaligen Situation bestimmen."[268] Plotin hält die intuitive Erkenntnis nur im Reich des rein Geistigen für möglich, während das an die Gegenstände gebundene Erkennen des Menschen notwendigerweise diskursiver Natur ist. Plotin versucht die Intuition als den allein dem Geist eigenen Erkenntnisakt dadurch zu verdeutlichen, dass er auf die Verwandtschaft mit der einzig vergleichbaren Wahrnehmungserkenntnis, nämlich der des Sehens,[269] hinweist, "obwohl er zugleich um die Unzuverlässigkeit dieses Vergleichs weiß, denn im entscheidenden Punkt differenzieren sinnliches Schauen und intuitives Erkennen."[270] Unsere Seele verliert ihre aktuelle Identität beim Akt des sinnlichen Sehens, weil sie sich an das Schauobjekt veräußert, während der Geist alles zugleich denkt. Plotin schreibt die intuitive Erkenntnis, die auch Selbsterkenntnis ist, dem Geist zu. Die Seele ist nicht in der Lage, die schlagartige Intuition in ihrer Reinheit zu sehen. Wenn aber Plotin der Seele, die in welthafter Zeitlichkeit gefangen ist, die Möglichkeit der intuitiven Erkenntnis abspricht, dann bedeutet dies, dass die Intuition nicht höchste 'Verwirklichung geistigen Seins' ist. Plotin unterscheidet das intuitive Denken vom diskursiven Denken. Darauf baut er seine Intuitionslehre auf. Thomas von Aquin sieht die intuitive Erkenntnis als erstes Prinzip des reinen Geistes.

Descartes wollte sich eigentlich von der traditionellen Bedeutung der Intuition fernhalten. Es ist ihm aber nicht gelungen, weil er auch den Intuitionsbegriff im antiken Rahmen einer Methodenlehre näher bestimmt hat. Seine Bemerkungen über die intuitive Gotteserkenntnis zeigt uns, dass er sich von der traditionellen Bedeutung der Intui-

---

268 Kather, R.: Eine kleine Geschichte der Intuition, S. 107.
269 Plotin: Schriften, übersetzt von R. Harder, Band IV, Leipzig 1937, S. 4.
270 Historisches Wörterbuch der Philosophie, Band IV, S. 526.

tion nicht befreien konnte. Descartes bewertet die intuitive Erkenntnis als das so leichte und distinkte Begreifen des reinen und aufmerksamen Geistes, so dass über das, was wir erkennen, weiterhin kein Zweifel übrig bleibt. Er sieht aber die Intuition nur als Anfangsgrund des Wissens. Durch die Intuition kann man aber nicht die Wahrheit erreichen. Spinoza entwickelt seinen Begriff der Intuition unabhängig von der cartesianischen Lehre. Er ordnet sie in die Theorie der stufenweise fortschreitenden Erkenntnis ein. Er unterscheidet die Sinneserkenntnis von den anderen Erkenntnisarten (cognitio secundi generis). Dieser Erkenntnisakt ist aber mangelhaft, weil sie auf unserer Affektion beruht und keine sichere Erkenntnis vermittelt. Die wahre Erkenntnis ist für Spinoza nur die rationale Erkenntnis, weil sie auf wahren Ideen beruht. Die Erkenntnis des individuell Seienden, die sich auf den durch imaginatio und ratio gewonnenen 'Allgemeinbegriffen' aufbaut, wird von Spinoza als 'scientia intuitiva' bezeichnet. Sie schreitet von der adäquaten Idee der formalen Wesenheit einiger Attribute Gottes fort zu der adäquaten Erkenntnis der Wesenheit der Dinge.[271] Leibniz schließt sich eher als Spinoza an die cartesianische Lehre an. Er wollte eine Analyse unserer Begriffe zur Erstellung eines 'Gedankenalphabets' durchführen. Dies führt Leibniz zur Auseinandersetzung mit der Intuition. Alle Begriffe lassen sich von den ursprünglichen Begriffen (notiones primitivae)[272] herleiten, die als distinkte Begriffe nur durch die intuitive Erkenntnis zu verstehen sind. Die ursprünglichen Wahrheiten, die in ursprünglichen Begriffen fundieren, werden durch die Intuition erkannt. D. Hume entwickelt seinen Intuitionsbegriff unter dem Einfluss von J. Locke vermittelt durch Leibniz. Er beschreibt sie als unmittelbare Erkenntnis der rein logischen und mathematischen Axiome. Diese sind die Relationen der Ähnlichkeit, des Widerspruchs und der Qualitätsgrade. Die demonstrative Erkenntnis, welche auf Erfahrung beruht, ist mittelbare Vernunfterkenntnis. Beide Erkenntnisarten sehen aber davon ab,

---

271 Vgl. Spinoza: Die Ethik, Hamburg 1955, S. 90.
272 Vgl. Leibniz: Die philosophischen Schriften, hrsg. von C. L. Gebhart, Band IV, Hildesheim 1960, S. 423.

ob das Erkenntnisobjekt der Erfahrung gegeben ist oder nicht.[273] Kant hält aber die Gegenüberstellung von symbolischer und intuitiver Vorstellungsart, die von Leibniz und von seinem Nachfolger angenommen worden ist, für falsch, weil nach ihm die symbolische Art nur eine Art der intuitiven ist. Kant hält einen intuitiven Verstand nur denkbar, wenn alle menschliche Anschauung wesentlich sinnlicher Natur, somit rein passiv und rezeptiv wäre und infolgedessen in hohem Maße von Zufall abhänge.[274] Käme dem Menschen trotz seines Intellekts die Fähigkeit der Intuition zu, so wäre allein diese fähig ihm eine Metaphysik zu geben: Aber Kant hält diese Intuition für unmöglich. Kant schreibt diese Fähigkeit, die "vom Synthetisch-Allgemeinen zum Besonderen geht",[275] dem göttlichen Intellectus zu.

Intuition spielt in Husserls Philosophie eine wichtige Rolle. Die Intuition ist für die Phänomenologie nicht nur unvermittelte Unmittelbarkeit, sondern unvermittelt unmittelbarer *Akt*, der als dieser sein *im* Akt Gemeintes zur Gegebenheit bringt. Husserl versteht sie als der *jemeinige* Akt, der das Vermeinte zur Selbstgegebenheit bringt. Er hält die noetische Intuition nur dann für möglich, "wenn das Begründen sich einzig *von seiten des Wesens* vollzieht, wenn das Wesen Vorausgesetztes, aber als Vorausgesetztes nicht selber Gesetztes seitens des Individuums ist. Die eidetische Intuition erblickt das *vorausgesetzte* Wesen, welches als dieses nicht gesetztes seitens des Individuums ist."[276] Die Intuition ist nach Husserl als Sehen das Prinzip aller Prinzipien, das heißt, "*dass jede originär gebende,* was sich uns *in der 'Intuition' originär, (...), darbietet, einfach hinzunehmen sei, als was es sich gibt,* aber auch *nur in den Schranken, in denen es sich da gibt.*"[277] Die Intuition ist daher ein unvermittelt unmittel-

---

273 Vgl.Hume, D.: A treatise of human nature, edited by L. A. Selby-Bigge, sek.I. Firstedition 1888, reprinted London 1955, S. 69f.
274 Vgl. Kant: Kant's Werke, Akademische Ausgabe, Band V, Berlin 1923, S. 406.
275 Ebd.
276 Eley, L.: Handbuch der Philosophischen Grundbegriffe, S. 751.
277 Husserl, E.: Ideen zu einer reinen Phänomenologie und phänomenologischen Philosophie, hrsg. von W. Biemel, Husserliana Bd. III, Den Haag 1950, S. 52.

bares Sehen, das seine eigene Bedingung in eben der unvermittelt unmittelbaren Schau hat. Sie ist auch Evidenz im Gegensatz zum Bewussthaben, das a priori leer vermeinend, indirekt und uneigentlich ist. Intuition ist "die ganze ausgezeichnete Bewusstseinsweise der Selbsterscheinung, des Sich-selbst- darstellens, des Sich-selbst-gebens einer Sache, eines Sachverhalts, einer Allgemeinheit, eines Wertes usw."[278]

Nach dieser geschichtlichen Erklärung wollen wir jetzt auf Bergsons Intuitionslehre, die ja in der gesamten Bergsonschen Philosophie eine besondere Stellung hat, eingehen.

8.2. Das Wesen der Intuition

Die Intuition ist ein wichtiger Begriff für Bergsons Philosophie.[279] Sie ist nicht nur reiner Begriff, sondern hat auch verschiedene Dimensionen in Bezug auf Erkenntnis, Dauer und Intellekt.[280]

Wie kam Bergson zum Begriff der Intuition? Diese Frage hängt vor allem von der Grundhaltung Bergsons gegenüber der Wissenschaft und Philosophie seiner Zeit ab. Er betont und klagt immer, dass die Wissenschaft und Philosophie die Bedeutsamkeit der Tatsache der Zeit nicht gerecht behandelten, indem sie die Zeit vernichtet hätten. Der Grund dafür ist nach ihm, dass Philosophie und Wissenschaft sich mit der Behandlung ihrer traditionellen Begriffe begnügten und auf die Realität selbst nicht blickten. Anstatt dessen will Bergson ein einfaches, tieferes, vorurteilloses Sehen entwickeln. Bergson nennt diese direkte Schau des Geistes Intuition. "Die Intuition leistet, was Intelligenz niemals kann: Sie bringt uns in die Welt,

---

278 Husserl, E.: Cartesianische Meditatioenen und Pariser Vorträge, hrsg. von S. Strasser, Husserliana Bd.I, Den Haag 1950, S. 92–93.
279 Vgl. zur Bergsonschen Fassung der Intuition die ausführliche Darstellung von W. Meckauer, in: Der Intuitionismus und seine Elemente bei H. Bergson, Leipzig 1917.
280 J. Benda weist darauf hin, dass Bergson sechs verschiedene Arten von Intuition allein in der "Evolution Créatrice" und in der "Introduction á la Métaphysique" vertrete. Aus: Le Bergsonisme ou une philosophie de la mobilité, Paris 1912.

wie sie ist, ohne auf utilitaristische Erwägungen Rücksicht zu nehmen."[281]

Da der Mensch soziales Wesen und sein Verstand auch dem soziales Leben verhaftet ist, fällt es ihm schwer, sich auf sein eigenes inneres Leben zurückzuziehen. Wenn man dies nicht macht, kann man auch seine eigene Dauer nicht erfassen, d.h. zur Intuition nicht gelangen.[282] Nur der Mensch vermag aufgrund seiner Freiheit die Fähigkeit zur Intuition zu haben.[283] Sobald er sich von den sozialen und kulturellen Hindernissen befreit, ist er fähig, die Dauer in ihrer Wirklichkeit zu erfassen.

Die Intuition wird von Bergson in den früheren Schriften in wenigen Stellen benutzt. Er gibt die Begriffserklärung zur Intuition erstmals in "Einführung in die Metaphysik", dann auch in "Schöpferische Entwicklung". Da danach seine Intuitionsauffassung stark kritisiert wurde, gab Bergson eine noch ausführlichere Erklärung zur Intuition im zweiten Teil seiner Einleitung für den Aufsatzband "Denken und Schöpferisches Werden". Damit zusammenhängend entwickelt Bergson seinen Intuitionsbegriff unterschiedlich. Am Anfang wurde er als ein Ideal der Introspektion gedacht, d.h. als eine vollzogene Erfassung des Subjekts durch sich selbst. Später wurde er mit der Dauer in Verbindung gesetzt, weil das Ich, das Subjekt in der Dauer gegeben und durch sie konstituiert ist. Aufgrund dessen wird die Intuition bei Bergson immer als ein Erfassen der Dauer verstan-

---

281 Kalokowski, L.: H.Bergson, S. 36.
282 "Der Verstand geht gewöhnlich aus von Unbewegten und rekonstruiert recht und schlecht die Bewegung durch nebeneinander gesetzte unbewegliche Punkte. Die Intuition geht von der Bewegung aus (...). Die Intelligenz hat es für gewöhnlich nur mit den Dingen zu tun und versteht darunter etwas Statisches und macht aus der Veränderung ein Akzidenz, das sich den Dingen als etwas Äußerliches noch hinzufügt. Für die Intuition ist die Veränderung das Wesentliche." (DW 47)
283 P. Jurevics stellt in diesem Zusammenhang fest, dass der Gegenstand der Intuition nur ein freier Mensch sein kann. "Das freie ich, das sich mit der Dauer identifiziert, – also mit einer qualitativen Mannigfaltigkeit, die fortwährend in Wandlung begriffen ist. Eine derartige Realität, unzugänglich für eine mit starren Begriffen operierende Methode, kann in der Tat nur ein Gegenstand der Intuition sein." Aus: Bergson, S. 93-94.

den. Er versteht die Intuition, wie die Dauer, als ein Erfassen einer komplexen Mannigfaltigkeit in einer lebendigen Einheit.[284] Wie sollte man die Intuition verstehen, die zum Verständnis des inneren Lebens beiträgt? Bergson definiert sie als *Geist*, der nicht von der Materie geschluckt wird, "der gleichsam überschießt und seine Aufmerksamkeit aus sich selbst richtet." (DW 97) Die Intuition bezieht sich vor allem auf die innere Dauer. Sie ist die direkte Schau des Geistes durch den Geist (vgl. DW 44). In diesem Sinne hat die Intuition keinen mysteriösen Charakter. Sie verlangt auch kein besonderes neues Vermögen, das man nicht hat.

Die absolute Realität kann erst dann erfasst werden, wenn wir uns in die Dauer hineinversetzen, d.h. wenn wir uns auf unser inneres Leben vertiefen und unsere Aufmerksamkeit auf das Werden, was wir wirklich sind, konzentrieren. So verstandene Dauer kann nur durch die Intuition verstanden werden. In diesem Sinne unterstützen sich die Dauer und die Intuition gegenseitig. Die Intuition, die ihr Ziel erreicht hat, fällt mit der Dauer zusammen, weil der Unterschied zwischen Dauer und Intuition dadurch beseitigt wird, dass die Intuition ihren Gegenstand, d.h. die Dauer ganz erfasst. Wenn die Intuition ihr Ziel vollständig erreicht, dann hat man nicht mehr den Unterschied zwischen dem erkennenden Subjekt und seinem Gegenstand. Subjekt und Objekt werden dasselbe. Dadurch erreicht die Intuition das Absolute. Absolut ist ein Synonym der Vollkommenheit (vgl. EM 3). Die Intuition soll einerseits der Weg heißen, der zu dieser Vollkommenheit führt. Andererseits bedeutet sie aber auch die Verwirklichung dieser Vollkommenheit, weil das Ziel des Weges von dem Weg selbst nicht zu trennen ist.

---

284 Bergson hebt die Intuition in "SE" als ein Aspekt des universalen Lebensschwungkraft hervor. "Die Intuition stellt eine Weise dar, mit dem ewig schöpferischen Quell des Seins, der letztlich Gott selbst ist. Die Intuition ist es, mit der wir fähig sind, den göttlichen Impuls in der Evolution wahrzunehmen und zu erkennen, und dieses spezifische Verstehen ist es, aufgrund dessen wir der Funktion der Intuition im Leben des Kosmos gewahrt werden" Kalokowski, L.: Bergson, S. 45.

Die Intuition erstreckt sich von der Materie bis zur mystischen Gottesschau. Wenn man durch sein ganzes Leben in sich selbst konzentriert und alle Kraft seines Seins in einem Punkt zusammenzieht, dann kann die Spannung seiner Dauer riesig gesteigert werden und somit ein Berühren des tiefsten Urgrundes des ganzen Seins geschehen.[285] Es wäre dann die mystische Intuition, die Bergson als höchste Art der Intuition annimmt und in "Die beide Quellen der Moral und der Religion" ausführlich behandelt.

Bergson weist in "Materie und Gedächtnis" die verschiedenen Arten der Intuition auf, wie es verschiedene Spannungsstufen der Dauer gibt. Aber die verschiedenen Arten der Intuition haben denselben Gegenstand, nämlich Dauer. "Ohne Zweifel vermag die Intuition sehr viele verschiedene Grade der Intensität anzunehmen." (DW 146) Er gibt ein Beispiel zur Deutlichkeit dieser Feststellung in "Einführung in die Metaphysik", dass man, um aus einzelnen Buchstaben einen Vers zu rekonstruieren, zuerst eine Intuition des Sinnes des Verses haben muss (vgl. EM 17–18). Diese Spannungsweite der Intuition ist nach Bergson notwendig; wenn es sie nicht gäbe, würde sich die Intuition nur in der höchsten Höhenlage bewegen.

Diese Spannungsweite der Intuition hängt mit der Anstrengung der Intuition zusammen. Der Anstrengung der Intuition entspricht die hemmende oder steigende Kraft des Wollens. Bergson vergleicht die Intuition in Bezug auf ihre Reinheit mit dem Dämonischen des Sokrates. Sie verhielt sich im spekulativen Gebiet so wie das Dämonische im praktischen Leben. "Wie der Dämon des Sokrates sich verhielt, der in einem bestimmten Augenblick den Willen des Philosophen hemmte und ihn eher von einer Handlung zurückhielt (...). Es scheint mir, dass die Intuition sich oft auf spekulativem Gebiet genau so verhält wie der Dämon des Sokrates im praktischen Leben; zum mindesten beginnt sie in dieser Gestalt, wie sie sich auch weiterhin in dieser Art am reinsten offenbart." (DW 126) Diese Intuition erschließt uns den Zugang zu einem tiefen Grunde des Seins, "zu dem

---

285 Vgl. Juravics, P.: Bergson, S. 94.

Leben, und beansprucht, es allein erkennen zu können."[286] Sie hat die Fähigkeit, uns dem Ziele der Erkenntnis, der Wahrheit näher zu bringen.

Nach Bergson macht die Intuition das Wesentliche der Philosophie aus, obwohl sie im allgemeinen, wie er selber sagt, als wankend und schwach bezeichnet werden kann. Er versucht von Anfang an, durch seine ganze Lehre die Inkommensurabilität zwischen seiner einfachen Grundintuition und den Ausdrucksmitteln zu beseitigen. Seine ganze Arbeit besteht sozusagen darin, diese flüchtige Intuition zu erklären. Sie ist aber nicht durch die Analyse zu erschöpfen.

Die von Bergson als Maßstab vorgeschlagene intuitive Methode ist nicht bloße Annahme. Nach ihm ist sie als Möglichkeit im Bereich des menschlichen Geistes bewiesen worden. Bergson sieht diese Möglichkeit der Intuition in der ästhetischen Fähigkeit des Menschen. Im Gegensatz zu einem durchschnittlichen Menschen, der nur eine Anhäufung der voneinander getrennten Gegenstände erblickt, hat der Künstler die Fähigkeit, durch die ästhetische Intuition diese Getrenntheit zu überwinden, sich in die Gegenstände zu versenken. Man kann sich in das Innere des Gegenstandes nur durch die Sympathie versetzen. Diese Anstrengung der ästhetischen Intuition ermöglicht uns, die gewöhnliche Wahrnehmung und deren Schranke niederzureißen und das Wesen der Dinge zu erfassen. Wir können nur durch die ästhetische Intuition unsere individuelle Begrenztheit überwinden. In ähnlicher Weise kann die philosophische intuitive Erkenntnis ihren Gegenstand direkt erfassen und durch solche Sympathie in direkte Gemeinschaft mit ihm kommen. Die philosophische Intuition ist nichts anders als dieser innere Kontakt mit der Wahrheit selbst, sogar "die Philosophie ist dieser Elan." (DW 144)

Trotz verschiedener Eigenschaften, die man noch zählen kann, stellt Bergson fest, dass die Intuition empirisch nicht zu definieren ist.

---

286 Ingarden, R.: Intuition und Intellekt bei H. Bergson, in: Jahrbuch für Philosophie und phänomenologische Forschung, hrsg. von E. Husserl, Band 5, Halle 1922, S. 285–462, hier S. 393.

Bergson lehnt es ab, eine einfache und analytische Definition zu geben.[287] Die Intuition wird sich "nur durch die Intelligenz mitteilen können." (DW 58)[288] Obwohl die Intuition durch die Intelligenz mitteilbar ist, braucht unsere Intelligenz die Intuition, um sich zu korrigieren und sich wieder zu besinnen. "Sobald wir intuitiv das Wahre erfasst haben, besinnt sich unsere Intelligenz wieder, korrigiert sich und formuliert intellektuell ihren Irrtum. Sie hat von der Intuition den Anstoß bekommen; sie ermöglicht nur die nachträgliche Kontrolle." (DW 80) Die Intelligenz kann aber das Absolute nicht begreifen. Es ist richtig, dass ein Absolutes nur in einer *Intuition* gegeben werden kann, während alles übrige zum Bereich der *Analyse* gehört. "Wir bezeichnen hier als Intuition die *Sympathie*, durch die man sich in das Innere eines Gegenstandes versetzt, um mit dem, was er Einzigartiges und infolgedessen Unaussprechliches an sich hat, zu koinzidieren." (DW 183) Es gibt bestimmt eine Wirklichkeit, "die wir alle von innen her durch Intuition und nicht durch einfache Analyse erfassen, das ist unsere eigene Person in ihrem Fluss durch die Zeit." (DW 184) Es wäre ein großer Fehler, wenn man die Intuition mit der Analyse gleichsetzte. Es ist auch ein großer Irrtum der Philosophen, die eine Intuition behaupten möchten, aber in einer seltsamen "Inkonsequenz erwarten sie diese Intuition von der Analyse, die gerade deren Negation ist." (DW 195)

---

287 Bergson wirft hier den philosophischen Empiristen vor, dass sie den Gesichtspunkt der Intuition mit der Analyse, die nach Bergson die Negation der Intuition ist, verwechseln, genauso wie derjenige, der das Original in der Übersetzung sucht. "Man endingt so notwendigerweise in der Negation, aber bei näherem Zustand bemerkt man, dass die Negationen nur einfach bedeuten, dass die Analyse keine Intuition ist, was sich von selbst versteht. Von der ursprünglichen und übrigens unklaren Intuition, die der Wissenschaft ihren Gegenstand liefert, geht diese sofort zur Analyse über, die in Bezug auf diesen Gegenstand die Gesichtspunkte bis ins Unendliche vermehrt." (DW 195) Vgl. auch dazu Le Senne, R.: L'Intuition Morale d'après H. Bergson, in: Revue Philosophique, Paris 1941, S. 218–243.

288 L. Kalokowski hat Bergson so verstanden, dass er meinte, die Intuition sei gar nicht mitteilbar, im Gegensatz zu Bergsons Aussage, die Intuition sei in Grenzen mitteilbar.

Die Intuition bedeutet die Wahrnehmung der Dauer, der Bewegung, des Werdens. Sie ist immer auf die Dauer und damit auch auf das Leben gerichtet. Sie vollzieht sich im Leben und damit lässt sie sich allein zusammen mit der Zeit und damit mit dem Werden denken. Das, worauf sich die Intuition richtet, ist kein *zeitloses* Ganzes, sondern ein sich *in der Zeit* Konkretisierendes. Die Intuition ist nicht durch äußerliche Umstände zu bestimmen. Sie realisiert sich durch das Sichversenken in ihr Objekt, durch Mitleben und Zusammenfallen mit dem Objekt.

Bergson ist der Meinung, dass der Mensch neben der Erkenntniskraft des Verstandes noch eine andere Erkenntniskraft, nämlich Intuition besitzt. Um dies zu verstehen, muss sich die Erkenntnistheorie am Leben orientieren.

Wir wollen jetzt einen Blick darauf werfen, wie die Erkenntnis mit der Intuition zusammenhängt.

8.3. Die Intuition und Erkenntnis

Bergson stimmt mit Kant überein, dass alle Erkenntnis nur durch Anschauung und Erfahrung möglich ist. Aber er versteht unter Anschauung nicht die äußere Wahrnehmung, sondern eine Besitzergreifung des Geistes durch sich selbst. Bergson behauptet, dass unsere Erkenntnis weder subjektiv noch relativ ist. Sie ist nicht subjektiv, weil unsere Erkenntnis mehr von den Dingen als von uns abhängt, und nicht relativ, weil zwischen der Erscheinung und dem Ding die Beziehung des Teiles zum Ganzen, nicht die Beziehung des Scheines zur Wirklichkeit, besteht.

Der Begriff Sympathie ist ein Schlüsselbegriff zum Verständnis von Bergsons Erkenntnisphilosophie. Bergson bezeichnet sie als Bindeglied zwischen der intuitiven Erkenntnis und ihrem Gegenstand.[289] Das erkennende Subjekt setzt sich mit dem Objekt nur durch die Sympathie, die Bergson als Intuition beschreibt, in Verbindung. Ich

---

289 Vgl. Chevalier, J.: Bergson, Paris 1926, S. 65.

versetze mich dadurch sozusagen in das Innere eines Gegenstandes, um mit dem, was er Einzigartiges hat, zusammenzufallen (vgl. DW 182).[290] "Wenn die Intuition eine absolute Erkenntnis sein soll, so muss sie eine Art Sympathie, ein 'Sichhineinversetzen' in und ein 'Zusammenfallen' mit dem Gegenstande sein."[291] Diese Tatsache, so meint Bergson, bildet die Grundlage unserer Erkenntnis überhaupt. Diese Annäherungsmöglichkeit, die durch die solidarisch-sympathische Verbindung mit den Objekten zustande kommt, wird von Bergson immer wieder hervorgehoben und auf die Möglichkeit und Notwendigkeit der Intuition hingewiesen. Bergson versteht solche Intuition im Gegensatz zum Intellekt als allgemeine Erkenntnismöglichkeit, als "ein im gleichen Sinn orientiertes Suchen, das sich das Leben (...) zum Gegenstand wählt." (SE 182) Die Aufgabe der Intuition ist es nicht, den Intellekt zu ersetzen; dessen Erkenntnisbereich erkennt Bergson vollkommen an; nein, es ist gerade ihre Aufgabe die Grenzen dieses Bereichs zu erkennen und abzustecken. Die Intuition hat, nachdem sie den Rahmen der Verstandesmöglichkeiten abgegrenzt und beschränkt hat, die Mittel aufzuzeigen diesen Rahmen wieder zu sprengen, d.h. der Erkenntnis mächtig zu werden, die dem 'reinen Intellekt' allein nicht zugänglich ist, dieser Aufgabe wird die Intuition nur in beschränktem Maße (in Verstandesrelationen) gerecht. Was die Intuition anstelle einer Gewissheit liefern kann, ist allein eine "Ahnung" und ein "Gefühl" (vgl. SE 182).

Der Intellekt wird so in Bergsons Erkenntnistheorie nicht verneint, sondern in seinem Rahmen als notwendig erkannt. Bergson

---

290 C. Hilpert lehnt eine solche Möglichkeit ab. Die menschliche Erfahrung könne nicht in Dinge eindringen. Sie könne lediglich die Erscheinung der Dinge erfassen. Leben und Materie bleiben solcher Intuition verschlossen, so dass sie auch nicht das Absolute rühren könne. Aus: Die Unterscheidung der intuitiven Erkenntnis von der Analyse bei Bergson, S. 89f.
M. Merleau-Ponty nimmt in diesem Sinne die Intuition nicht als neuen Erkenntnisakt an und hält es für einen Irrtum Bergsons, dass das meditierende Subjekt mit dem Gegenstand seiner Meditation zu verschmelzen vermöge. Vgl. Phänomenologie der Wahrnehmung, Berlin 1966, S. 87.
291 Ingarden, R.: Intuition und Intellekt bei H. Bergson, S. 378.

akzeptiert den Intellekt als eine Form der Erkenntnis. Wenn Intellekt und Instinkt[292] Erkenntnisse in sich bergen sollten, so ist Erkenntnis im Fall des Instinktes eher unbewusst, im Falle des Intellekts eher gedacht und bewusst. So ergibt sich, dass "diese angeborene Erkenntnis im ersten Fall auf *Dinge*, im letzten auf *Beziehungen* gehen." (SE 153) Der Intellekt als etwas Angeborenes ist die Erkenntnis einer Form, Instinkt die Erkenntnis eines Stoffes.[293] Wenn man sich auf den Standpunkt des Erkennens statt des Handels stellt, sieht man, dass Intellekt und Instinkt zwei "divergierende Erkenntnisarten"(SE 155) sind. In diesem Zusammenhang machen Erkennen und Handeln nur verschiedene Aspekte ein und desselben Vermögens aus. Denn "wenn der Instinkt vorzüglich ein Vermögen zur Benützung der Natur – organisierter Werkzeuge ist, so muss er die angeborene (wiewohl freilich virtuelle und unbewusste) Kenntnis sowohl dieses Werkzeuges wie das Objekt seiner Anwendung in sich bergen." Instinkt also ist angeborene Erkenntnis einer *Sache*. Intellekt dagegen

---

292 Nach Bergson ist es unmöglich, eine vollständige Beschreibung des Instinkts zu machen. Nach ihm sind Instinkt und Intellekt voneinander nicht scharf zu unterscheiden. Denn alle konkreter Instinkt ist mit Intelligenz gemischt, während "jeder reale Intellekt von Instinkt durchtränkt ist. Überdies lassen weder Intellekt noch Instinkt strenge Definitionen zu; sie sind Tendenzen, nicht fertige Dinge." (SE 141) Trotzdem gibt Bergson einige Definitionen: "Vollendeter Instinkt ist das Vermögen der Anwendung ja des Aufbaus organischer Werkzeuge." (Ebd. 145) "Instinkt ist (...) angeborene Erkenntnis einer Sache." (Ebd. 155) Bergson ist aber gegen die Auffassung, dass der Instinkt mit der Intellekt gleichzusetzen ist (vgl. SE 179–180).

293 Bergson erklärt diese Feststellung mit einem Beispiel. Er zeigt auch, dass der Intellekt genauso wie der Instinkt eine ererbte und folglich angeborene Funktion ist. "Nur dass dieser angeborene Intellekt, obwohl ein Vermögen des Erkennens, keinen einzelnen Gegenstand kennt. Wenn das neue geborene zum ersten Mal die Brust seiner Amme sucht, so eine –zweifellos unbewusste – Kenntnis eines nie gesehenen Gegenstands bekundend, so wird gerade, weil diese angeborene Erkenntnis einen bestimmten Gegenstand betrifft, entschieden werden müssen, dass es sich hier um Instinkt handelt und nicht um Intellekt. Nicht die angeborene Kenntnis irgend eines Gegenstandes also bringt der Intellekt mit. Und dennoch, besäße er kein natürliches Wissen, er besäße auch nichts Angeborenes. Was also von Erkenntnis bleibt ihm? Ihm, der keinerlei Dinge kennt? – Neben den Dingen stehen die *Beziehungen*." (SE 152)

ist die Fähigkeit, anorganische, d.h. künstliche Werkzeuge zu verfertigen." (Ebd. 155)[294]

Da der Instinkt die Materie einschließt, ist das Wissen des Instinkts nach Bergson gewissermaßen nichtwissendes Wissen. Es veräußerlicht sich in bestimmten Umständen, statt sich zu verinnerlichen. Während die intellektuelle Erkenntnis die Fähigkeit hat, Schlüsse zu ziehen, lässt sich instinktmäßige Kenntnis in kategorischen Sätzen formulieren. Im Gegensatz zur Schlussfolgerung aus Prämissen, die deduktiv aus der Erfahrung auf das zu Schließende fortschreitet, die aus den Bedingungen auf das Bedingte schließt, die nur hypothetisch ausdrückbar ist, bestimmt die instinktmäßige Erkenntnis die einzelne Gegenstände in ihrer Stofflichkeit selbst. "Sie sagt 'dieses Ding ist'." (SE 154) Die formale Erkenntnis des Intellekts hat vor der materialen Kenntnis des Instinkts den Vorteil, dass sie sich füllen kann, weil sie leer ist. Deswegen bleibt sie nicht auf das Nützliche beschränkt, obwohl sie im Grunde genommen um praktischer Nützlichkeit willen auf der Welt erschienen war (vgl. SE 156).

Die instinktive Kenntnis hat ihre Wurzel in der Einheit des Lebens. Sie braucht nur erweitert und vertieft zu werden, damit sie die zeugende Kraft des Lebens erkennen kann. Man hat aber festzustellen, dass die instinktive Erkenntnis noch keine intuitive Erkenntnis ist. Die instinktive Erkenntnis ist spezialisiert zu besonderen Handlungen. Sie orientiert sich eher auf die Praxis. Deswegen hat der Instinkt keine Fähigkeit, die vollständige Erkenntnis der Realität zu geben. Der Instinkt, damit auch die Intuition kann erst dann eine Erkenntnis werden, wenn sie die Analyse und Reflexion des Intellektes in Anspruch nimmt,[295] sonst verstummt sie in der Innerlichkeit

---

294 Im ähnlichen Sinne betont Cassirer die Bedeutung des Werkzeugs für die geistige Existenz des Menschen. "Das Werkzeug gehört nicht mehr, wie der Leib und seine Gliedmaßen, unmittelbar dem Menschen zu: es bedeutet ein von seinem unmittelbaren Dasein Abgelöstes – ein Etwas, das in sich Bestand hat, einen Bestand, mit dem es selbst das Leben des Einzelmenschen weit überdauern kann." Aus: Form und Technik, in: Symbol, Technik, Sprache, Aufsätze aus den Jahren 1927–1933, hrsg. von E. W. Orth und J. M. Krois, Hamburg 1985, S. 64.
295 Vgl. Vrhunc, M.: Bild und Wirklichkeit, S. 120.

des bloßen Fühlens, das sich weder begreifen noch ausdrücken lässt.

Bergson bezeichnet die Intuition in Bezug auf die Erkenntnis als metaphysische Funktion des Denkens, nämlich die intime Kenntnis des Geistes durch sich selbst. Gegenüber diesem geistigen Bereich stellt Bergson die Intelligenz, die dazu geschaffen ist, die Materie zu erkennen. Sie ist unfähig, bis zum innersten Wesen des Objekts vorzudringen. Diese Unterscheidung, die Bergson manchmal zwischen Intellekt und Instinkt oder zwischen Intellekt und Intuition macht, darf aber gemäß Bergsons Erkenntnistheorie nicht dazu führen, dass die Intuition die einzige echte Erkenntnisquelle sei, obwohl sie den anderen Erkenntnisformen überlegen ist. Bergson versucht zu zeigen, dass der Intellekt, der uns in die Materie einführt, und die Intuition, die uns in das Wesen des Lebens als Ganzes versetzt, keine Gegensätze bilden, sondern sie brauchen sich gegenseitig und ergänzen sich. Man kann sich weder mit der intellektuellen noch mit der intuitiven Erkenntnis begnügen. Trotz der Klarheit und Deutlichkeit der intellektuellen Erkenntnis, fehlt bei ihr die grundlegende Erklärung, wie der Mensch als erkennendes Subjekt mit der Zeitlichkeit und Lebensströmung zusammenhängt. Entgegengesetzt verhält es sich mit der intuitiven Erkenntnis: Sie lässt den Menschen seine Zeitlichkeit erfahren, Klarheit und Deutlichkeit lässt sie aber vermissen, solange sie ohne ihre Partnerin, die intellektuelle Erkenntnis, auftritt.

Aufgrund der Natur der Intuition und des Intellekts entwickelt Bergson in "Schöpferische Entwicklung" den Begriff der philosophischen Intuition. Es ist so zusammenzufassen, dass die Philosophie zur absoluten Erkenntnis von der Gesamtheit des Seins strebt. Diese Gesamtheit enthält zwei verschiedene Seinssphären. Die sind das Leben, das als werdende Realität verstanden wird und die tote Materie, die als entwerdende Realität gefasst wird. Der Intellekt kann diese Erkenntnis von der Gesamtheit des Seins nicht geben, weil er eine bloße Tendenz aus der ganzen Mannigfaltigkeit von Entwicklungstendenzen und selber ein Entwerden ist. Dies kann nur von einem Insichaufnehmen von allen Tendenzen des Seins, d.h. nur eine das All umfassende Metaphysik, die sowohl die Intuition als auch den Intellekt einschließt, geschaffen werden. Aufgrund der philosophischen Intuition definiert Bergson das Philosophieren als unmittelbares, intuitives Erfassen der Welt.[296] In diesem Sinne soll die Intuition "die Fülle aller Erscheinungen als Totalität in einem Blick umspannen und ungeteilt aufnehmen in das Reich des Wissens."[297] Bergson wird wegen dieser Intuitionslehre mehrmals angegriffen. Der Haupteinwand gegen ihn ist die Unmöglichkeit des Daseins der Intuition. Es darf solche Intuition, die als unmittelbare, vom Intellekt freie Realität wäre, nicht geben. Bergson sah solche Einwände voraus und antwortete auf manche von ihnen. Er ist der Meinung, dass der Intellekt allein nicht die Realität begreifen kann. Man kann den Verstand, der begrenzt ist, nicht mit die Hilfe des Verstandes überholen. Er sperrt uns in den Kreis des Gegebenen. Die Realität ragt aber darüber hinaus. "Das Wesen des Intellekts ist es, uns in den Kreisen des Gegebenen einzusperren. Die Tat aber durchbricht diesen Kreis." (SE 197) Wenn man mit dem Verstand über die Grenzen der Erkenntnis reflektiert, dann kommt man zum Ergebnis, dass es unmöglich ist, den Verstand zu überschreiten. Die Wirklichkeit fordert uns aber immer auf vorwärts zu gehen. Die Kriterien der Möglichkeit einer Erfahrung und Handlung können nur diese Erfahrung und diese Handlung selbst sein (vgl. SE 197).[298]

Die Begriffe wie Intuition, Instinkt, Intellekt, Erkenntnis sind bei Bergson aufeinander bezogen. Um die Beziehung zwischen Intuition und Erkenntnis besser zu verstehen, sollte man den Zusammenhang zwischen Instinkt und Intellekt in Bezug auf die Intuition darstellen.

8.4. Instinkt und Intellekt in Bezug auf die Intuition

Es ist eine berechtigte Frage, woraus die Intuition stammt. Wie bringt Bergson das Verhältnis zwischen Instinkt, Intellekt und Intuition in

---

296 Vgl. Rickert, H.: Die Philosophie des Lebens. Darstellung und Kritik der philosophischen Modeströmungen unserer Zeit, Tübingen 1920, S. 23.
297 Kroner, R.: Henri Bergson, in: Logos. Internationale Zeitschrift für Philosophie und Kultur, hrsg. von G. Mehlis, Band I (1910/11), S. 125–151, S. 125.
298 Vgl. Juravics, P.: Bergson, S. 100.

Verbindung? Bergson nennt die Intuition den selbst bewusst gewordenen Instinkt,[299] der fähig ist, "über seinen Gegenstand zu reflektieren und ihn ins Unendliche zu erweitern." (SE 181)[300] Bergson lässt Instinkt und Intellekt beim Zustandekommen der Intuition beteiligt sein. Es wäre für uns hilfreich, um die Intuition besser zu verstehen, wenn man Instinkt und Intellekt genau definieren könnte. So "lassen [aber] weder Intellekt noch Instinkt strenge Definitionen zu; sie sind Tendenzen, nicht fertige Dinge." (SE 141) Instinkt und Intellekt sind nicht in ganz reinem Zustand vorzufinden, weil aller "konkrete Instinkt mit Intelligenz gemischt, und jeder reale Intellekt von Instinkt durchtränkt ist." (Ebd.)

Der Instinkt und der Intellekt haben aber eine gemeinsame Quelle, nämlich das Leben (vgl. SE 140). Sie sind in entgegengesetztem Sinne ausgerichtet, Intellekt auf die Materie, Instinkt auf das Leben. Sie sind dennoch zwei divergierende Entwicklungen eines und desselben Prinzips, das sich im ersten Fall in sich selbst immanent bleibt, im anderen Fall, sich aus sich selbst heraussetzt und in Benützung der toten Materie aufgeht. "Vollendeter Instinkt ist das Vermögen der Anwendung ja des Aufbaus organischer Werkzeuge, vollendeter Intellekt, das Vermögen der Verfertigung und Benützung anorganischer Werkzeuge." (SE 145)[301]

---

299 Bergson gibt weniger Ansatzpunkt für das Erklären des Verhältnisses zwischen Instinkt und Intuition. "Bergson says comparatively little explicitly about the relations between instinct und intuition, but he does make clear that intuition is a development of instinct." Lacey, A. R.: Bergson, S. 150, London/New York 1989.
300 Vgl dazu Lavelle, L.: La Pensée religieuse de Bergson, in : Revue Philosophique, S. 143 und Rideau, E. : Le Dieu de Bergson, S. 11f.
301 Bergson betont mehrmals die Fähigkeit der Verfertigung und Benützung anorganischer Werkzeuge des Intellekts, als ob der Intellekt nur dazu fähig wäre. "Homo faber. Mit einem Wort also: Der Intellekt, auf das hin angesehen, was seine ursprüngliche Haltung zu sein scheint, ist ein Vermögen, künstliche Gegenstände, insbesondere Werkzeug herstellende Werkzeuge zu verfertigen, und diese Anfertigung ins Unendliche zu vermannigfaltigen." (SE 144) Diese Hervorhebungsart des Intellekts wird von R. Richter folgendermaßen kritisiert: "Bergson ist mit seiner Geringschätzung der *ratio* als Erkenntnisorgan zu weit gegangen

Das intelligente Wesen trägt etwas in sich, womit es sich selbst überwachsen kann. "Weniger weit indes wird es sich überwachsen, als es begehrt, weniger weit auch, als es selber vermeint. Denn der rein formale Charakter des Intellekts beraubt ihn des stofflichen Ballasts, dessen er bedürfte, um auf den Gegenständen fuß zu fassen, die für die Spekulation vom ungeheuersten Interesse wären." (SE 156) Demgegenüber würde der Instinkt diese nötige Stofflichkeit besitzen. Er ist dafür aber unfähig, seinen Gegenstand in solchen Formen zu suchen. Infolgedessen formuliert Bergson den grundlegenden Unterschied zwischen Instinkt und Intellekt: "Es gibt Dinge, die einzig der Intellekt zu suchen vermag, die er jedoch aus sich selbst heraus niemals finden wird. Diese Dinge finden könnte nur der Instinkt; er aber wird sie niemals suchen."(SE 156) Dementsprechend stellt Bergson die weitere tiefgreifende Strukturverschiedenheit zwischen Instinkt und Intellekt fest, dass Instinkt und Intellekt zwei radikal verschiedene Bewusstseinsformen in sich einschließen. Folglich taucht die Frage auf, in welchem Grade der Instinkt bewusst ist. Es gibt unzählige Abstufungen und Unterschiede des Instinkts und dessen Bewusstheit. "Die Pflanze z. B. hat (...) Instinkte: zweifelhaft aber ist, ob diese Instinkte von Empfindung begleitet sind. Ja, auch beim Tier findet sich kaum ein zusammengesetzter Instinkt, der nicht in einem Teil seiner Maßnahmen wenigstens, unbewusst wäre." (SE 148) Aufgrund dessen betont Bergson ganz deutlich, dass der Intellekt mehr auf Bewusstsein, der Instinkt mehr auf Unbewusstheit eingestellt werden kann.

Im Gegensatz zu dem Instinkt ist der menschliche Intellekt eng mit der Sprache verbunden. Obwohl das Wesentliche des menschlichen Intellekts das unbegrenzte Vermögen der Zerlegung nach beliebigen Gesetzen und der Zusammensetzung zu beliebigen Systemen

---

und hat seine denkerische Funktion zu bloßer Handlungsarbeit verurteilt, ja, zu mechanistischer Materialität gemacht, die wir in der Bedeutung für die Geschichte des Geistes und der Menschheit doch im weiten Maße anerkennen und positiv bewerten müssen." Richter, R.: Intuition und intellektuelle Anschauung bei Schelling und Bergson, Eschenhagen 1929, S. 51.

ist, bleibt diese Charakterisierung mangelhaft, weil das Individuum hier ausschließlich im abgesonderten Zustand gefasst wird. In der Tat lebt der Mensch in einer Gesellschaft. Der Mensch verbindet sich in dieser Gesellschaft mit anderen Intelligenzen. Es ist fast unmöglich, eine Gesellschaft vorzustellen, deren Glieder sich nicht durch Zeichen verständigen. Die Gesellschaften der Insekten haben auch ihre Sprache, "welche, wie die der Menschen, den Notwendigkeiten des Zusammenlebens angepasst sein müssen." (SE 162) Man braucht die Sprache, um seine Rolle in der Gesellschaft zu gewährleisten. Die Sprache ermöglicht uns von dem, was wir wissen, zu dem überzugehen, was wir nicht wissen. Die Zeichen der Sprache müssen auf eine Unendlichkeit von Dingen ausdehnbar sein. "Die Tendenz ihrer Zeichen, von Objekt auf Objekt überzuwandern, bildet den Wesenszug der menschlichen Sprache. (...) Was die Zeichen der menschlichen Sprache charakterisiert, ist nicht sowohl ihre Allgemeinheit, wie ihre Beweglichkeit: Das instinktive Zeichen ist ein *angewachsenes*, das intelligente ein *bewegliches* Zeichen." (SE 163) Von Ding zu Ding geschaffene Beweglichkeit der Worte ermöglicht ihnen, sich von den Dingen aus auf die Ideen zu erstrecken. Eine ganz aus sich herausgetretene und zur Rückwendung auf sich selbst unfähige Intelligenz hätte dies der Sprache nicht verleihen können. Eine auf sich reflektierte Intelligenz ist solche, die außer dem praktisch nützlichen Aufwand noch einen "Kraftüberschuss" hat. "Der Möglichkeit nach ist sie ein Bewusstsein, das sich selbst zurückerobert hat. Noch aber musste die Möglichkeit Tat werden. Und ohne die Sprache wäre der Intellekt vermutlich an stoffliche Dinge geschmiedet geblieben, deren Betrachtung ihm vorteilhaft war." (SE 164)

Unser Intellekt richtet sich zuerst auf die Materie, er denkt nämlich mehr praktisch. Er hat aber nicht nur diese sondern auch andere Fähigkeiten. Er kann seine natürliche Richtung aufgeben und sich auf sich selbst zukehren. Ohne diese Aufgaben zu erledigen, kann er nicht die wahre Kontinuität, die reale Bewegtheit und die schöpferische Entwicklung denken.

Der Intellekt behandelt alle Dinge mechanistisch. Der seine natürliche Richtung nicht verändernde praktische Intellekt bestimmt sich durch eine natürliche Verständnislosigkeit für das wirkliche Leben, während der Instinkt sich nach der Form des Lebens gestaltet. Der Intellekt stellt das Werden als eine Reihe von Zuständen vor, deren jeder in sich homogen ist und sich nicht verändert. Er anerkennt kein Unvorhersehbares. "Er verwirft jede Schöpfung. Dass bestimmte Vorderglieder eine bestimmte, als Funktion dieser Glieder berechenbare Konsequenz nach sich ziehen, das ist es, was ihn befriedigt." (SE 168) Der Intellekt erklärt das Unvorhersehbare und das Neue durch deren Zurückführung auf bekannte oder frühere Elemente (deswegen fühlt sich der Intellekt in der Vergangenheit wohl). Der Intellekt erkennt das restlose Neue genau so wenig, wie das radikale Werden. Der Intellekt versäumt hier einen wesentlichen Aspekt des Lebens. Der Intellekt deckt seine Unzulänglichkeit sofort auf, sobald er an das Lebendige rührt. "Denn ob es nun darauf ankomme, das Leben des Körpers oder das Leben des Geistes zu behandeln, immer verfährt er mit der Schärfe, der Starrheit, der Brutalität eines Werkzeuges, das zu solchem Gebrauch nicht geschaffen ist." (SE 169–170) Durch den so verstandenen Intellekt kann man das wirkliche Leben nicht verstehen. Der Instinkt sieht aber die Dinge organisch. Diesem Instinkt kommt das virtuelle Bewusstsein zu. Es gibt eine Kraft, die dem Leben innewohnt, die gezwungen ist, zwischen Instinkt und Intellekt zu wählen. Wenn der Instinkt, der auch Sympathie ist, durch den Intellekt vertieft und erweitert werden könnte, würde er uns den Schlüssel des Lebensgeschehens geben. Das Leben, d.h. "das durch die Materie geschleuderte Bewusstsein" (SE 186), kann seine Aufmerksamkeit entweder auf seine eigene Bewegung oder auf die Materie richten, die es 'durchquerte'. "Es orientierte sich so im Sinn der Intuition einerseits, des Intellekts andererseits. Auf den ersten Blick nun scheint die Intuition dem Intellekt weitaus vorzuziehen, da in ihr Leben und Bewusstsein sich selbst immanent bleiben." (SE 186) Die Entwicklung des Lebewesens aber zeigt uns, dass das Leben auf dem Wege der Intuition nicht weiterkommt. Die Intuition muss sich zum Instinkt verengen, um einen winzigen Ausschnitt des Lebens umspannen zu können, sie muss das Leben berühren, ohne es zu sehen.

Der auf die Materie gerichtete Intellekt kann sich aus diesem Zwang befreien. Da der Intellekt sich an die äußeren Gegenstände anpasst, gelangt er dazu, von einem Ding zum anderen überzugehen, die Schranken zu beseitigen, die ihm entgegenstehen, und sich ins Unendliche zu erweitern. Der so frei gewordene Intellekt vermag sich "nach innen zurückzuwenden, und die ihm noch schlummernden Möglichkeiten der Intuition zu wecken." (SE 187) Aus diesem Gesichtspunkt gewinnt der Mensch innerhalb der bewussten Geschöpfe eine höhere Stellung. Nachdem sich das Bewusstsein um der eigenen Befreiung willen in zwei komplementäre Elemente, "in Pflanze und Tier, hat spalten müssen, suchte es einen Ausweg in der zweifachen Richtung von Instinkt und Intellekt: es hat ihn nicht im Instinkt, sondern im Intellekt nur durch jähen Sprung vom Tier zum Menschen gefunden. (SE 189)

Bergson stellt ganz deutlich fest, dass die Intuition über den Intellekt hinauswächst. Trotzdem bleibt doch der Intellekt bestimmend. "Ohne den Intellekt wäre sie, als Instinkt, an die besonderen, ihr praktisch wichtigen Gegenstände geschmiedet geblieben, und wäre durch ihn zu Ortsbewegungen veräußerlicht worden." (SE 182–183)[302]

Die Funktion des menschlichen Intellekts ist das Handeln und das Wissen um das Handeln. Er soll auch mit der Realität in Kontakt treten. Dadurch wird er verstehen, was das Leben ist. Bergson lehnt in diesem Sinne die Schilderung des Intellekts von Platon ab. Seine Funktion ist nicht mehr, sagt Bergson, "leere Schatten vorübergleiten zu sehen, nicht mehr, jenseits seiner selbst gewandt, das aufglühende Gestirn zu schauen. Er hat anderes zu leisten." (SE 196)

Der Intellekt zielt zunächst auf handwerkliche Verfertigung[303] ab.

---

302 Vgl. auch dazu Millot, A.: L'intérêt pédagogique de la doctrine de Bergson, in: Revue Philosophique, S. 320.
303 Sie besteht vor allem darin, "die Form eines Dinges aus einem Stoff zu schneiden. Oder mit anderen Worten, eine auf handwerkliches Verfertigen eingestellte Intelligenz ist eine solche, die niemals von der gegebenen Form der Dinge halt macht, sie niemals als endgültig ansieht, die im Gegenteil jeden Stoff für willkürlich zurecht schneidbar hält." (SE 161)

Er wendet sich ausschließlich an die anorganische Materie, ohne sich um das Leben, das sie formte, zu kümmern. Aufgrund dieser Tatsache entgeht ihm, was das Reale an Fließendem birgt und ganz und gar, was dem Lebendigen an wirklichem Leben eignete. "Unser Intellekt, wie er aus der Hand der Natur kommt, hat das anorganisch Starre zum entscheidenden Gegenstand." (SE 158) Unser Intellekt stellt deutlich nur Diskontinuierliches vor, weil man in der Materie nur Diskontinuierliches findet. Wir haben aber immer mit bewegten Dingen zu tun. Unsere Handlungen bearbeiten unzweifelhaft die bewegten Körper. Die Beweglichkeit und deren Fortschreiten sind der Kern des Lebens aber auch der Natur. Von dieser Beweglichkeit kehrt sich unser Intellekt ab, weil er kein Interesse daran hat,[304] sich mit der Beweglichkeit zu befassen. Die Bewegung ist die Realität selbst, und die Bewegungslosigkeit ist nur scheinbar und relativ. Unser Intellekt stellt nur die Bewegungslosigkeit vor (vgl. SE 160). In der Tat kann auch die Kontinuität des Lebens nicht vom Intellekt gedacht werden. Dies kann nur durch die Intuition verstanden werden.

Trotz ihrer scheinbaren Überlegenheit ist die Intuition in ihrem Zustandekommen, in ihrer Nachprüfung und in ihrer Mitteilung vom Intellekt abhängig. Bergson definiert die Intuition einmal als eine Rückwendung des Intellekts gegen sich selbst. Es ist eine Verkehrung gegen seine eigene Richtung, die eher vom Instinkt angeregt wird, der zwar nicht zum Bereich des Verstandes gehört, aber auch nicht außer dem Ganzen des Geistes liegt (vgl. SE 179). Zum anderen definiert Bergson die Intuition als einen selbst bewusst gewordenen Instinkt, der fähig ist, über seinen Gegenstand zu reflektieren und ihn ins Unendliche zu erweitern (vgl. SE 181). Es sind zwei sich widersprechende Definitionen, weil im ersten Fall der Intellekt vom Instinkt zur Intuition angeregt wird. Im zweiten Fall ist der Instinkt, der mit Verstandesfähigkeiten ausgestattet wird, die Intuition selbst.

---

304 Bergson behandelt die Bewegung in "Zeit und Freiheit" in Bezug auf die Paradoxien von Zenon, um zu zeigen, dass die Bewegung nicht teilbar ist. Bergson meint hier (im Text) mit der Beweglichkeit eher das unaufhörliche Werden in der Natur als die Bewusstseinsanalyse der Bewegung.

Bergson geht auf diesen Widerspruch nicht ein und gibt keine Erklärung, wie er möglich wird. Trotz diesem ungeklärten Widerspruch wehrt Bergson sich streng dagegen, dass seine Intuition als eine Art von Instinkt oder Gefühl verstanden wird. Er sagt im Gegenteil, dass seine Intuition Reflexion ist. "Wir verlieren kein Wort über denjenigen, der meint, dass unsere Intuition Instinkt oder Gefühl wäre. Keine Zeile von dem, was wir geschrieben haben, legt solche Auffassung nahe, und in allem, was wir geschrieben haben, liegt die Behauptung des Gegenteils, nämlich dass unsere Intuition Reflexion ist." (DW106)[305]

Solche Intuition ist aber nicht leicht zugänglich. Sie ist erst dann zugänglich, wenn man die Bedingungen dafür erfüllt oder die nötige Grundlage vorhanden ist. Diese fundamentale Grundlage wird durch die Intelligenz konstruiert. Die Intelligenz ist aber in reiner Form nicht vorzufinden. Man kann in ihr immer mehr oder weniger die Instinktspuren auffinden, wie auch im Instinkt etwas vom Intellekt aufzufinden ist. Zum Beispiel begegnen wir bei der Biene, bei der der Instinkt seine höchste Ausprägung findet, schon Spuren des Intellekts, weil ihre Handlungen verstandgemäß sind. Sie verhält sich so, als ob sie wirklich intelligent wäre.

Die Intelligenz kann nichts Neues schaffen. Sie kombiniert und trennt; sie verknüpft und koordiniert, aber sie erschafft nichts. "Sie bedarf eines Stoffes, und dieser Stoff kann ihr nur von den Sinnen und dem Bewusstsein geliefert werden." (DW 152) Die Intuition kann erst dann ein Wirkungsfeld finden, wenn die Gedankenarbeit der Intelligenz vorweg schon geleistet ist.[306] Die Intelligenz ist nicht nur als Arbeitsgrundlage für die Intuition wichtig, sondern ist auch bei der Entstehung der intuitiven Erkenntnis als Wegweiser beteiligt. Neben solcher Eigenschaften hat der Intellekt noch eine wichtige Funktion, nämlich die Überprüfung der Intuition, weil sie sich nicht selbst überprüfen kann. Diese Überprüfung wird durch Dialektik

---

305 Vgl. dazu Rolland, E.: La Finalité morale dans le Bergsonisme, S. 140.
306 Vgl. Goldstein, J.: Henri Bergson und Sozialwissenschaft, in: Archiv für Sozialwissenschaft und Sozialpolitik 31 (1910), S. 1–22, S. 5.

durchgeführt. "Die Dialektik ist notwendig zur Nachprüfung der Intuition." (SE 242) Denn sie ist es, welche die Übereinstimmung unseres Denkens mit sich gewährleistet. Die Dialektik ist nicht nur zur Nachprüfung der Intuition notwendig, sondern auch für ihre Mitteilung. Sie ist notwendig, "damit die Intuition sich in Begriffen breche und anderen Menschen mitteile." (SE 242) Die Intuition ist mehr als eine Idee; sie wird sich jedoch, um sich mitzuteilen, der Idee bedienen (vgl. DW 58). Das Angewiesensein der Intuition bedeutet aber nicht, dass sie das Ergebnis oder die Synthese dieser Erkenntnis ist (vgl. ebd.). Die Intuition unterscheidet sich "davon, wie der Bewegungsantrieb sich vom Weg unterscheidet, den das bewegte Ding durchläuft, wie die Spannung der Feder sich unterscheidet von den sichtbaren Bewegungen des Pendels." (DW 225).

Die Intuition zur Methode der Philosophie zu erheben, kann unserer Ansicht nach auf zweierlei Art betrachtet werden. Die Intuition als Methode anzunehmen, rationalistisch gesehen, bedeutet, von der Objektivität und von der Allgemeingültigkeit der Methode abzusehen. Denn die Intuition muss sich, um zu wissenschaftlichen Theorien zu führen und um irgendwelche Vorstellungen erzeugen zu können, an irgend eine Begriffsbildung und Kategorien anschließen. Anders gesagt muss die Intuition auf andere Weise, nämlich stets mittels nicht-intuitiver Elemente formuliert werden. Man kann Bergsons Begriff von Intuition als eine Deutung der Welt, als begrifflich gestaltetes Erlebnis verstehen, anstatt sie mit dem ganzen Universum in Beziehung zu setzen. Bergsons Intuition will die Wirklichkeit der Welt oder des Kosmos ergreifen, ohne in ihm irgendwelche Bestimmung zu setzen. Die Folge dessen ist, dass sie eine ununterschiedene Vielheit von Gedanken, Inhalten und Formen in einer nicht geklärten Einheit versinken lässt. Da dieser Charakter der Intuition nicht objektiv bestimmt werden kann, bringt Bergsons Versuch viele Schwierigkeiten mit sich, die Intuition als Methode zu begründen.

Auf der anderen Seite kann die Intuition als das innerste Prinzip der Welt und des Lebens verstanden werden. Das analytische Denken und der Intellekt können die Welt nicht als Ganzes erkennen. Sie gehen vom Einzelnen zum Ganzen. Intuition erfasst dagegen die

Realität als Ganzes und dann analysiert sie das Einzelne von dieser Realität ausgehend. Bergson beharrt in diesem Sinne auf seiner These, dass nur das intuitive Denken die Welt in ihrer lebendigen Ganzheit verstehen lässt. Demgegenüber begreift das analytische Denken die Realität 'im Nacheinander isolierter Beobachtungen und einzelner Gesetze'. Einstein hat auf ähnliche Weise die Mängel der wissenschaftlichen Methode bei der Konstruktion der Wirklichkeit festgestellt. "Physik ist ein in Entwicklung begriffenes logisches Gedankensystem, dessen Grundlage nicht durch eine induktive Methode aus den Erlebnissen herausdestilliert, sondern nur durch freie Erfindung gewonnen werden kann. Die Berechtigung (Wahrheitswert) des Systems liegt in der Bewährung von Folgesätzen an den Sinneserlebnissen, wobei die Beziehung der letzteren zu ersteren nur intuitiv erfassbar ist."[307] Um die Mannigfaltigkeit der Sinneseindrücke zu ordnen, braucht man ein konsistentes Begriffssystem. "Dieses Begriffssystem lässt sich nicht durch Induktion aus den Phänomenen entwickeln (...), sondern muss gleichsam in seinen Sprung – oder, wie Einstein sagt, durch Intuition – aufgefunden werden."[308] W. Heisenberg lässt die Intuition ins Spiel kommen, wenn es um die Frage geht, ob die Realität der Natur durch eine andere Erkenntnishaltung, die der naturwissenschaftlichen Methode fremd ist, anders angesehen wird, ob der tiefere Zusammenhang des Lebens nicht nur durch die Gesetze, sondern durch die Intuition anders verstanden werden kann. "Die intuitive Schau der tiefen Zusammenhänge der Natur bedeutet für Heisenberg die Erkenntnis der Welt der Werte, über die die Naturwissenschaften schweigen."[309]

Es wäre falsch, wenn man die Intuition völlig verneint, genauso wie die Auffassung, die die Intuition als einzigen Maßstab der Wirklichkeit annimmt. Obwohl die Intuition in der Philosophie der Gegenwart eher nicht als Erkenntnisquelle angenommen wird, wird

---

307 Einstein, A.: Aus meinen späten Jahren, Stuttgart 1979, S. 105.
308 Kather, R.: Spinozas Einfluss auf Ethik und Anthropologie A. Einstens, in: Studia Spinoza 9 (1993), S. 275–294, S. 278.
309 Kather, R.: Eine kleine Geschichte der Intuition, S. 116.

sie z. B. für die Physik unersetzbar. So gibt etwa Einstein zu, dass er zur Entdeckung der Relativitätstheorie durch die Intuition gekommen sei.[310] Er sagt: "Höchste Aufgabe der Physiker ist also das Aufsuchen jener allgemeinsten elementaren Gesetze, aus denen durch reine Deduktion das Weltbild zu gewinnen ist. Zu diesen elementaren Gesetzen führt kein logischer Weg, sondern nur die auf Einfühlung in die Erfahrung sich stützende Intuition."[311] Die intuitive Erkenntnis muss aber, wie Bergson sagt, durch den Intellekt kontrolliert und überprüft werden. Diese Notwendigkeit wurde vor Bergson von Goethe erwähnt. "Obwohl für Goethe die Intuition das höhere Vermögen ist, braucht sie (...) Intellekt, um präzise Berechnungen anzustellen. An der Intuition findet das intellektuelle Streben nach Erkenntnis seine Grenze; die Erkenntnis wiederum weiß sich auf die strukturierende und begrenzende Kraft des Intellekts angewiesen."[312]

Die Intuition zeigt sich uns in unserem Alltag, in der Kunst, in der Philosophie, aber auch in der Naturwissenschaft. Sie hat aber ihre Grenzen und innerhalb ihrer Grenzen wird sie fruchtbar. Wenn sie aber beansprucht, für alle Menschen 'wegweisend' zu sein, wird sie ihre Grenzen überschreiten und damit 'verführend'.

Wir möchten jetzt auf Bergsons Kritik an Kant eingehen und sehen wie und warum er Kant kritisiert, ob seine Kritik gerechtfertigt ist und welche Folgen diese Interpretation für das Zeitverständnis der Gegenwart haben könnte bzw. bereits gehabt hat.

---

310 Vgl. Einstein, A.: Mein Weltbild, hrsg. von C. Seelig, Frankfurt a. M./Berlin/Wien 1981, S. 109.
311 Ebd., S. 110f.
312 Kather, R.: Ebd., S. 115.

V. KAPITEL: Bergsons Kritik an Kant

Man kann Bergsons Kritik an Kant im allgemeinen an drei Punkten, nämlich als Metaphysik-, Erkenntnis- und Raum – Zeittheorie erfassen.

1. Kants Metaphysiktheorie und deren Kritik durch Bergson

Bevor wir mit dem Thema anfangen, möchten wir kurz auf die Metaphysiklehre Kants eingehen, um Bergsons Position gegen Kants Metaphysik besser zu verstehen.

Die Schlussfolgerung der "Kritik der reinen Vernunft" ist, dass Metaphysik im dogmatischen Sinne, nämlich als apriorische Erkenntnis der Dinge an sich, nicht möglich ist. Wir erkennen die Dinge durch die Formen der Anschauung. Eine alle Erfahrung übersteigende Metaphysik ist eine Illusion der natürlichen Dialektik unserer Vernunft. Die Metaphysik als Wissenschaft ist nur als System der apriorischen Voraussetzungen, Bedingungen der Erfahrung selbst, als 'Transzendentalphilosophie' möglich. Solche kritische Metaphysik ist eine sichere, fest begründete Vernunftwissenschaft, das System der allen Wissenschaften zugrunde liegenden apriorischen Grundsätze und Begriffe, der synthetischen Urteile a priori als eines organischen, innerlich zusammenhängenden Ganzen, welches allein Metaphysik möglich macht. Aller Metaphysik muss Erkenntniskritik, Kritik der reinen Vernunft vorangehen.[313] Ihre Analyse führt uns auf die 'ersten materialen Grundsätze der menschlichen Vernunft', die in der Tat unerweislich sind, aber die Anfangsgründe aller anderen Wissenschaften enthalten. Sie sind für unseren Verstand unmittelbare Augenscheinlichkeiten. Kant stellt fest, dass die metaphysischen Sätze von aller Erfahrung unabhängig und wahr sein müssen.

---

313 Eisler, R.: Kant Lexikon, Berlin 1930, S. 334.

In diesem Zusammenhang stellt Kant seine kritische Frage, ob die Metaphysik a priori im Gebiet der materialen Erkenntnis möglich ist. Die Antwort lautet: Die Metaphysik muss in erster Linie eine Wissenschaft von den *Grenzen der menschlichen Vernunft* sein. Die "Kritik der reinen Vernunft" legt ausführlich dar, dass die drei Disziplinen der Metaphysik, nämlich Psychologie, Kosmologie und Theologie, auf Fragen beruhen, die das Vermögen der menschlichen Vernunft übersteigen. Infolgedessen führt der unkritische Gebrauch des Verstandes unausweichlich in den dialektischen Schein und macht das Gebiet der Metaphysik zu einem Kampfplatz von 'endlosen Streitigkeiten'. Deswegen nennt Kant solche Metaphysik, die 'ohne vorangehende Kritik' durchgeführt wird, 'Dogmatismus'. Kant fordert für seine Zeit die 'Wiedergeburt' der Metaphysik durch eine gründliche und vollendete Kritik der Vernunft.[314] Solche Kritik verhalte sich zur gewöhnlichen Schulmetaphysik gerade wie 'Chemie zur Alchemie', oder wie 'Astronomie zur wahrsagenden Astrologie'. Die Transzendentalphilosophie, die Kant "Kritik der reinen *theoretischen* Vernunft" nennt und nicht das Übersinnliche berührt, sei also eine Halle oder der Vorhof der eigentlichen Metaphysik. Die Transzendentalphilosophie bleibe als allgemeine theoretische Metaphysik der eigentlichen speziellen theoretischen Metaphysik vorgeordnet. Deswegen wird sie von Kant als "Ontologie" charakterisiert, weil sie die Lehre von den Gegenständen unserer Erkenntnis überhaupt oder vom Seienden als Solchem vor aller Spezifizierung enthält. Diese erkenntnistheoretisch reflektierte Ontologie lehrt, im Gegensatz zu allen Formen des Dogmatismus, dass nur die Gegenstände der Erfahrung, nämlich solche, die in Raum und Zeit als den Formen unserer Anschauung, sinnlich gegeben werden können. Kritische theoretische Metaphysik müsse sich also immer auf Gegenstände der Erfahrung beziehen.

Trotz dieser kritischen, aber nicht völlig verneinenden Haltung Kants, nennt Bergson Kant den größten Gegner und Zertrümmerer

---

314 Kant: KdrV, B 21f.

der Metaphysik. Kant habe die Möglichkeit der Metaphysik geleugnet und sie für eine leere Spekulation und eine unsinnige Beschäftigung gehalten. Bergson will dagegen das Recht der Metaphysik erweisen, indem er die 'Bodenlosigkeit' der Kantischen Beweisführung für die Unmöglichkeit der Metaphysik zu zeigen versucht. Bergson schreibt sogar seiner Philosophie die neue Konstitution der Metaphysik zu. Nach seine Überzeugung soll die unmittelbare Erfassung der Realität die Absicht der Metaphysik sein.

Bergsons Kritik an Kant bezieht sich auf seine Aussage, dass wir keine Möglichkeit hätten, die Realität unmittelbar an sich zu begreifen. Wir könnten die an sich seienden Dinge als sinnliche Mannigfaltigkeit, als zusammenhanglose, ungeordnete Daten von Empfindungen nur durch den Intellekt und durch dessen Kategorien erfassen. Wenn wir die Grenzen unserer menschlichen Erkenntnis überschritten und wenn wir wagten, "eine Behauptung über die Realität aufzustellen, so spring[e] unmittelbar auch die entgegengesetzte Behauptung hervor" (SE 209), die dieselbe Beweiskraft hätte. Jeder solche Versuch führe uns zu unlösbaren Antinomien. Die Antinomien zeigten uns, dass eine klare Auskunft über die Realität unmöglich sei. Also sei es unmöglich, dass die menschliche Vernunft durch ihre Erkenntnisvermögen die absolute Realität zu fassen bekomme. Kant wolle zeigen, dass es eine Ungleichartigkeit von Intellekt und metaphysischer Wirklichkeit gibt. Das sei ein Grund, warum Kant Metaphysik für unmöglich hält. Jede metaphysische Erkenntnis laufe immer nur auf die Feststellung zweier gleich möglicher, entgegengesetzter Behauptungen hinaus. Die Metaphysik sei durchtränkt von, lebt und stirbt in Antinomien. Solche Antinomien hinderten uns, die Möglichkeit einer absoluten Realität zu erfassen. Bergson ist der Meinung, dass der Ursprung der Antinomien in der Annahme einer in ihren Teilen total zusammenhangslosen Materie liegt. Diese Annahme wird verfälscht, sobald man ein vollständiges Zusammenfallen von Materie und Raum voraussetzt. Diese Antinomien können verschwinden, wenn man durch eine Bemühung der Intuition zum Unmittelbaren zurückgeht und sich in das Innere der fließenden Realität begibt.

Bergson nennt als weiteren Grund seiner Ablehnung der Kantischen Metaphysik, Kants Verneinung der Existenz der transzendentalen Fähigkeit des Menschen. Bergson fasst für ihn die tiefsten und wichtigsten Grundgedanken der "Kritik der reinen Vernunft" so zusammen: Wenn Metaphysik möglich wäre, so müsste sie nur durch die Intuition, nicht durch die Dialektik erfasst werden. Die Dialektik führt uns zu einander wiedersprechenden Standpunkten. Bei der Dialektik sind sowohl Thesis als auch Antithesis gleich zu beweisen oder zu verneinen. Der Aufbau der metaphysischen Wirklichkeit würde nur durch eine höhere Intuition, die Kant intellektuelle Anschauung nennt, durch eine direkte Wahrnehmung der metaphysischen Wirklichkeit möglich sein. Das klarste Ergebnis der kantischen *Kritik*, betont Bergson, besteht in dem Nachweis, dass man in den Bereich des Transzendentalen nur durch eine direkte Schau eindringen könnte. Eine Lehre auf diesem Gebiet hat nur soweit Wert, als sie eine direkte Wahrnehmung enthält. Man bekommt diese Wahrnehmung, man zerteilt sie und setzt sie wieder zusammen. Man wendet sie hin und her nach allen Richtungen. "So wird man doch niemals mehr aus ihr herausziehen können, als was von vornherein in ihr war; soviel in ihr steckte, soviel wird man in ihr wiederfinden, und das Raisonnement wird uns nicht einen Schritt *über das* hinausführen, was man zuerst wahrgenommen hatte." (DW 159–160) Kant hat das ins helle Licht gestellt. Nach Bergsons Ansicht ist es der größte Dienst, den Kant der spekulativen Philosophie erwiesen hat. Kant hat festgestellt, dass eine Metaphysik nur durch die Anstrengung der Intuition möglich wäre. Einschränkend fügte er allerdings dazu, dass diese Intuition unmöglich sei (vgl. ebd. 160).

Warum hält Kant die Metaphysik für unmöglich?, fragt Bergson. Weil er sich eine Intuition der Wirklichkeit an sich vorstellte, wie Plotin und andere, die sich auf die metaphysische Intuition berufen, sie sich vorgestellt haben. Sie haben unter der Intuition eine Erkenntnisfähigkeit verstanden, die sich sowohl von unserem Intellekt als auch von unseren Sinnen unterscheide. Sie haben daran geglaubt, "dass die Abwendung vom praktischen Leben die Abwendung vom Leben überhaupt bedeute." (DW 160)

Bergson versucht zu erklären, warum Kant und seine Anhänger so gedacht haben. Sie sind davon überzeugt, dass unsere Sinne und unser Bewusstsein uns unmittelbar die Bewegung erfassen lassen. Sie haben angenommen, dass wir mit unseren Sinnen und unserem Bewusstsein die Veränderungen in den Dingen und in uns wahrnehmen können. Es ist für sie ganz deutlich, dass es auf dem Gebiet der Spekulation unlösbare Widersprüche gebe, wenn wir die gewöhnlichen Gegebenheiten unseres Bewusstseins und unseres Sinnes verfolgen. Dann kamen sie zum Schluss, dass "der Widerspruch der Veränderung selber innewohnte, und dass man, um sich ihm zu entziehen, die Sphäre der Veränderung verlassen müsse, um sich über die Zeit zu erheben." (Ebd.) Das sei, nach Bergson, der Grundgedanke derjenigen, die mit Kant die Möglichkeit der Metaphysik leugneten. In der Tat sei die Metaphysik aus den Argumenten des Eleaten Zenon mit Blick auf die Veränderung und Bewegung hervorgegangen. Er wies darauf hin, dass eine Annahme von Bewegung und Veränderung zu Widersprüchen führe. Das Resultat dieser von Parmenides und Zenon begründeten Skepsis gegenüber der Dynamik des Geschehens ist der sich bis heute durchsetzende Wunsch, das Wahre im Bereich des Statischen zu finden. Dieser Wunsch beeinflusste das Denken der letzten zweieinhalbtausend Jahre und bewirkte ein Ungleichgewicht in der Berücksichtigung des philosophischen Denkens zugunsten des Festen, Unbeweglichen, Statischen, Unveränderlichen.

Anschließend fügt Bergson weitere Gründe Kants hinzu, weshalb er die Metaphysik für unmöglich gehalten hat. Kant meinte, "dass unsere Sinne und unser Bewusstsein sich in einer wirklichen Zeit betätigen, (...) in einer Zeit, die sich unaufhörlich verändert, in einer Dauer, die dauert." (DW 161) Das ist der erste Grund. Zweitens hat er sich von der Relativität unserer gewöhnlichen Sinneserfahrung und unseres Bewusstseins Rechenschaft abgelegt. Deshalb hielt er die Metaphysik "durch eine ganz andersartige Intuition als die unserer Sinne und unseres Bewusstseins für unmöglich, denn von dieser Intuition glaubte er beim Menschen keine Spur anzutreffen." (DW 161)[315] Bergsons Unterscheidung lässt die Frage entstehen, inwiefern sein Begriff der Intuition sich von der Intuitionsauffassung anderer Philosophen unterscheidet. Ist die Frage hier berechtigt, ob ein Philosoph die Fähigkeit besitzt, die wir Intuition nennen möchten? Es geht auch darum, durch eine gewisse Verschiebung der Aufmerksamkeit zu einer ausgedehnten Wahrnehmung der Wirklichkeit zu gelangen. Man wendet sich hier von dem ab, was uns praktisch im Universum interessiert, und richtet sich auf das, was in praktischer Hinsicht zu nichts dient. Soll man sich in eine andere Welt versetzen, z. B. in die Welt der platonischen Ideen, in eine unbewegte, ewige, außerzeitliche Welt? Bergsons Antwort ist Nein. Er ist der Meinung, dass die Intuition sich auf unsere eigene Erfahrung, auf die Veränderung, auf die Zeit, auf die Dauer, in der unser Wesen besteht, richtet. Bergson betont aber gleich, dass dies eine schwere sogar mühsame Anstrengung verlangt. In Verbindung mit dem Gedanken der Dauer zeigt sich, dass die Intuition eine geistige Erfahrung ist, deren Gehalt freilich durch das rationale Denken niemals ausgeschöpft werden kann. Bergson will, dass wir uns in das Innere des Gegenstandes hineinversetzen, um mit der erzeugenden Kraft des Lebens (dem Lebensstrom) eins zu werden. Nur dadurch kann man die wirkliche Zeit begreifen. Sie ist ein Strom von wechselnden, ungleichartigen Qualitäten, ohne das geringste Verhältnis zu der messbaren, wissenschaftlichen Zeit. Durch diese unräumliche Zeitauffassung kann die Metaphysik eine neue Beziehung zum Leben gewinnen. Das Wesentliche für die Philosophie ist die durch eine einfache Rückwendung innerhalb des gewöhnlichen Bewusstseins erreichte Intuition der eigentlichen Dauer. Diese Intuition der Dauer hat Lebensbedeutung; sogar "unser alltägliches Leben wird davon erwärmt und erleuchtet." (DW 147)

Durch diese intuitive Auffassung der Zeit streitet Bergson wider

---

315 "Il n'y aurait de métaphysique que si nous avions avec le supra-sensible un contact analogue à celui que l'intuition sensible soutient avec la diversité empirique. Or, cette intuition n'existe pas. Mais la métaphysique, si elle pouvait être, serait intuitive. C'est le mérite de Kant de l'avoir proclamé (...)." Barthélemy-Madaule, M.: Bergson adverse de Kant, Paris 1966, S. 86.

aktuelle wissenschaftliche Thesen, die Assoziationspsychologie und den Determinismus.

Bergson wirft Kant vor, dass er das platonische Gedankengut übernommen habe. Bergson sieht eine Ähnlichkeit zwischen Kant und dem Platonismus, weil sein Streben, jede mögliche Erfahrung in vorher bestehende Formen zu gießen, eigentlich einem verwandelten Platonismus gleich kommt. Nach Bergson bemüht sich Kant in der *KrdrV* die platonischen Ideen vom Himmel auf die Erde zurückzuholen. *"Kurz, die ganze Kritik der reinen Vernunft läuft auf die Behauptung hinaus, dass der Platonismus, der illegitim ist, solange die Ideen Dinge sind, legitim wird, wenn die Ideen zu Beziehungen werden, und dass die fertige Idee, nachdem man sie einmal vom Himmel auf die Erde herabgeholt hat, genau wie Platon es wollte, der gemeinsame Grund für das Denken und für die Natur ist. Aber die ganze Kritik der reinen Vernunft beruht auch auf dem Postulat, dass unser Denken unfähig ist, über die platonische Art des Philosophierens hinauszukommen."* (DW 222) Dies bedeutet, dass jede mögliche Erfahrung in präexistente Formen gegossen werden müsste, um Existenz zu gewinnen. Dass diese Vorstellung mit Bergsons Idee der schöpferischen Kraft kollidieren muss, dürfte klar sein. Eine Philosophie, die auch nur an eine platonische Ideenlehre angelehnt ist, schließt eine unendliche schöpferische Kraft, wie es der *élan vital* Bergsons ist, aus.

Bergson kritisiert Kant, dass er den Metaphysiker und den Wissenschaftler beim Worte nimmt und Wissenschaft und Metaphysik bis an die äußerste Grenze des Symbolischen[316] treibe, wohin sie übrigens von selbst gelangen, sobald der Verstand eine Unabhängigkeit voller Gefahren für sich in Anspruch nimmt (vgl. DW 220). Aufgrund der Tatsache, dass er die wurzelhafte Verbindung zwischen

---

316 Bergson schildert etwas näher, was er mit dem Symbolischen gemeint hat. "Aber auch diese Metaphysik [der modernen Philosophie], wie auch diese Wissenschaft, hat um ihr reiches inneres Leben einen dichten Schleier von Symbolen gewoben und oft vergessen, dass, wenn auch die Wissenschaft zu ihrer analytischen Entwicklung die Symbole nicht entbehren kann, es doch die Hauptaufgabe der Metaphysik ist, mit den Symbolen zu brechen." (DW 219)

Wissenschaft und Metaphysik durch den "intuitiven Verstand" verkannt hat, wird es nicht schwer, eine These darauf aufzubauen, dass unsere Wissenschaft ganz relativ und unsere Metaphysik ganz künstlich ist. Da er die Unabhängigkeit des Verstandes überspitzt und "die Metaphysik und die Wissenschaft um ihr inneres Schwergewicht gebracht hat, (...), stellt sich ihm die Wissenschaft mit ihren Beziehungen nur noch als eine oberflächliche Form dar und die Metaphysik mit ihren Dingen als eine oberflächliche Materie." (DW 220) Bergson meint, dass Kant unserer Wissenschaft und unserer Metaphysik harte Schläge versetzt hat, von denen sie sich bisher nicht erholt haben.

Unser Geist neigt dazu, dass er in der Wissenschaft eine bloße relative Erkenntnis und in der Metaphysik eine reine Spekulation sehen will. Wenn die Metaphysik sich auf den Begriffen, die wir schon gehabt haben, aufbauen will und wenn sie in einer geistreichen Anordnung von fertigen Ideen besteht, kurz, wenn sie etwas anderes ist, als die beständige Ausweitung unseres Geistes, "die immer erneute Anstrengung, über unsere gegenwärtigen Ideen hinauszukommen und vielleicht auch über unsere einfache Logik, so ist es zu evident, dass sie künstlich wird, wie alle Werke des reinen Verstandes." (DW 221)

Wenn man die "Kritik der reinen Vernunft" genauer liest, sagt Bergson, bemerkt man, dass das, was Kant unter der Wissenschaft versteht, eine Art von *Universalmathematik*[317] ist, während für Kant die Metaphysik ein kaum überarbeiteter *Platonismus* sei. Die Aufgabe der Kritik der reinen Vernunft bestehe darin, diese Mathematik zu begründen, nämlich zu bestimmen, was zur Intelligenz und was zum Objekt gehört, damit eine lückenlose Mathematik sie miteinander

---

317 Bergson fasst die Lehre einer Universalmathematik als eine Erbschaft des Platonismus auf. "In der Tat ist der Traum einer Universalmathematik bereits eine Erbschaft des Platonismus. Die Welt der Ideen wird zu einer Universalmathematik, wenn man annimmt, dass die Idee in einer Beziehung oder einem Gesetz besteht und nicht mehr in einer Substanz: Kant hat diesen Traum einiger modernen *Philosophen* für Wirklichkeit gehalten; noch mehr, er hat geglaubt, dass jede wissenschaftliche Erkenntnis nur ein losgelöstes Fragment oder vielmehr ein Provisorium der Universalmathematik wäre." (DW 221)

verbinden könne. Dass sich jede mögliche Erfassung in die schon festgelegten Formen unseres Verstandes einfügen muss, ist nur möglich, indem unser Verstand selbst die Natur organisiert und sich in ihr wiederspiegelt (sofern man nicht eine prästabilierte Harmonie annehmen will) (vgl. DW 222). "Daher die Möglichkeit der Wissenschaft, die ihre ganze Wirksamkeit ihrer Relativität verdankt, und die Unmöglichkeit einer Metaphysik, weil diese nichts weiter zu tun findet, als an Phantomen von Dingen die Begriffsarbeit, die die Wissenschaft ernsthaft vollzieht, zu parodieren." (DW 222)

Bergson findet Kants Auffassung von der wissenschaftlichen und metaphysischen Erkenntnis nicht zutreffend. Bergson hatte festgestellt, dass "die Kritik der reinen Vernunft" auf dem Postulat beruht, dass *unser Denken unfähig ist, über die platonische Art des Philosophierens hinauszukommen*, d.h., dass jede mögliche Erfahrung in bereitliegende Formen gegossen werden muss (vgl. ebd.). Das ist aber ein wichtiger Punkt: Wenn die wissenschaftliche Erkenntnis so verstanden werden muss, wie Kant sie verstanden hat, dann gibt es eine einfache, präformierte und selbst präformulierte Wissenschaft in der Natur, von der Aristoteles meinte, "von dieser den Dingen immanenten Logik lassen die großen Entdeckungen Punkt für Punkt die schon im voraus skizzierte Linie aufleuchten." (Ebd.) Wenn die metaphysische Erkenntnis so verstanden werden muss, wie es Kant gewollt hat, dann reduziert sie sich auf die Möglichkeit zweier Grundpositionen. Sie manifestiert sich in willkürlichen und immer sich verändernden Stellungnahmen zwischen zwei von Ewigkeit her formulierten Lösungen; sie lebt und sie stirbt an den Antinomien. In der Tat "stellt sich weder die moderne Wissenschaft in dieser einlinigen Einfachheit dar, noch auch die Metaphysik in diesen unreduzierbaren Antinomien." (DW 222f.) Die moderne Wissenschaft ist weder einheitlich noch einfach. Bergson stellt fest, dass die Wissenschaft nicht durch regelmäßige Einschachtelung von Begriffen fortschreitet, die gleichsam vorherbestimmt wären, sich genau ineinander einzufügen (vgl. DW 223). Auf der anderen Seite liefert uns die Metaphysik der Moderne nicht derartige radikale Lösungen, so dass sie in unreduzierbaren Antinomien endigen müssten. "Ohne Zweifel wäre dem so, wenn es kein Mittel gäbe, die Thesis und Antithesis der Antinomien zu derselben Zeit und auf derselben Ebene anzuerkennen." (DW 223) Nach Bergson bestehe aber Philosophie darin, dass man sich durch eine Anstrengung der Intuition in das Innere der Wirklichkeit versetzt. Demgegenüber nimmt die *Kritik* von dieser Wirklichkeit nur von außen her zwei entgegengesetzte Ansichten, Thesis und Antithesis, auf. Man kann sich gar nicht vorstellen, wie das Weiße und das Schwarze sich gegenseitig durchdringen, wenn man nicht das Graue gesehen hat. Aber wenn man das Graue gesehen hat, dann begreift man ganz leicht, wie dieses vom doppelten Gesichtspunkt des Weißen und des Schwarzen aussehen wird. "Die Lehren, die auf der Intuition gründen, entgehen der kantischen Kritik genau in dem Maße, wie sie intuitiv sind; und diese Lehren bilden das Ganze der Metaphysik, vorausgesetzt, dass man nicht die in Thesen erstarrte und tote Metaphysik heranzieht, sondern die lebendige der Philosophen." (DW 223f.)

Kant hat richtig gesehen, so formuliert Bergson, als er sagte, dass keine dialektische Anstrengung des Denkens uns jemals zu einem Jenseits führen werde, und dass eine wirksame Metaphysik notwendigerweise eine intuitive Metaphysik sein müsste. Er fügte gleich aber hinzu, dass diese Intuition uns fehle, und diese Metaphysik unmöglich sei (vgl. DW 147). Kant hat die fundamentale Bedeutung der Intuition für eine Metaphysik richtig gesehen, aber er hat die Existenz einer solchen Fähigkeit beim Menschen bestritten,[318] und deshalb die Konstitution der Metaphysik für unmöglich gehalten. Bergson hingegen schreibt diese Fähigkeit dem Menschen zu und hält deshalb die Metaphysik für möglich. Er wendet dazu ein, dass eine Metaphysik, die auf Intuition beruht, nicht möglich wäre, wenn es keine andere Zeit und keine andere Veränderung als solche im Sinne der kantischen Auffassung geben würde, "an die wir von Natur aus

---

318 Bergson verteidigt gegen diese Auffassung Kants die These, dass um zu dieser Intuition zu gelangen, "es nicht notwendig [ist], sich aus dem Bereich der Sinne und des Bewusstseins hinaus[zu]versetzen." (DW 147) Kant war im Irrtum, "wenn er das glaubt." (Ebd.)

gebunden scheinen, denn unsere gewöhnliche Wahrnehmung vermag nicht aus der Zeit hinauszutreten, noch etwas anderes als Veränderliches [zu] erfassen." (Ebd.) Kant sieht aber in der potentiellen Intuition ein Erkenntnisvermögen, das von den Sinnen und dem Bewusstsein radikal unterschieden ist. Wie es bei Kant möglich ist, und wie Bergson auf die Erkenntnistheorie Kants reagiert, wird das Thema des nächsten Kapitels sein.

2. Bergsons Kritik an Kants Erkenntnistheorie

Es ist schon erwähnt worden, dass wir nach Kant keine Möglichkeit haben, die Realität an sich unmittelbar zu begreifen. Von dieser Realität an sich können wir nichts wissen. Wir sind an unseren Intellekt gebunden. Die Realität als 'Dinge an sich' setzt nach Kants Auffassung die Grenzen unserer Erkenntnis. Kant behauptet, dass wir diese 'Dinge an sich' überhaupt nicht erkennen können. Bergson erhebt die Frage, wie Kant dazu kommt, dass es die 'Dinge an sich' gibt. Kants Erkenntnistheorie "setzt Dinge an sich, von denen sie behauptet, sie seien uns gänzlich unerkennbar: mit welchem Recht aber behauptet sie dann ihre Existenz, und sei es auch nur als 'problematische'?" (SE 210) Die Erkenntnis der Materie ist nicht relativ, "wie der Kantische Idealismus annimmt. (...). Relativ ist sie nicht, weil zwischen der 'Erscheinung' und dem 'Ding' nicht die Beziehung des Scheines zur Wirklichkeit, sondern einfach des Teiles zum Ganzen besteht." (MuG 229) Bergson fragt sich, wie Kant behaupten kann, dass die unerkennbare Realität in unserem Wahrnehmungsvermögen sinnlich Mannigfaltiges projiziere, das sich in diesem Vermögen einfüge. Darf man nicht aus dieser Feststellung verstehen, dass uns die Realität zum Teil bekannt ist? "Wenn die unerkennbare Realität ein 'Mannigfaltiges der Empfindung' in unser Wahrnehmungsvermögen wirft, das sich diesem Vermögen genau anzuschmiegen vermag, muss sie uns dann nicht eben dadurch wenigstens zu einem Teile bekannt sein?" (SE 210) Es gebe somit keinen begreifbaren Zusammenhang zwischen Kants Auffassung des Wirklichen und seiner Erkennbarkeit, kein gemeinsames Maß zwischen dem Ding an sich und der sinnlichen Mannigfaltigkeit, woraus sich unsere Erkenntnis aufbauen könne. "Faßt man speziell den Kantischen Realismus ins Auge, so findet man zwischen dem Ding an sich, d.h. dem Wirklichen, und der sinnlichen Mannigfaltigkeit, aus der sich unsere Erkenntnis aufbaut, keine begreifliche Beziehung, keinerlei gemeinsames Maß." (MuG 230)

Die sinnliche Mannigfaltigkeit liefert uns den Stoff der Erkenntnis. In diesem Sinne hängt unsere Erkenntnis mit Form und Stoff zusammen. Es ist bekannt, dass Kant eine sehr scharfe Unterscheidung zwischen Stoff und Form unserer Erkenntnis macht. Was sollte man unter Stoff und Form der Erkenntnis verstehen? "Die Philosophen scheiden zwischen Stoff und Form unseres Erkennens. Stoff ist ihnen alles, was die Wahrnehmungsvermögen in ihrem Rohzustand liefern, Form die Gesamtheit der Beziehungen, die sich zwischen diesen Stoffen herstellen, um ein systematisches Erkennen aufzubauen." (SE 153) Die Form gehört bei Kant zum Verstand. Diese Form besorgt die Einheit, Ordnung und Gestaltung für die sinnliche Mannigfaltigkeit und regelt die Beziehungen in ihr. Unser Intellekt hat die Aufgabe, die Rahmen, die in jeder Erfahrung vorausliegen, zu schaffen. Sie hat sich in die jede Erfahrung einzufügen. Stoff ist die sinnliche Mannigfaltigkeit, die die Realität in unsere Wahrnehmungsvermögen projiziert. Der Stoff, der durch die Wahrnehmung erschlossen ist, ist für Kant der dem Menschen einzig zugängliche und stellt die eine Seite der menschlichen Erkenntnis dar. Demgegenüber steht der Intellekt mit seinen Formen.

Bergson beschäftigt sich mit der Frage, ob die Trennung zwischen Form und Stoff zurecht besteht, ob Stoff und Form der Erkenntnis wesensmäßig voneinander verschiedener Seinsart sind. Bergson findet diese Trennung falsch, weil die sinnliche Anschauung und der von ihr beigebrachte Erkenntnisstoff durch und durch vom Intellekt durchsetzt wird. Der Intellekt könnte also anders als bei Kant verstanden werden und zwar so, dass der Intellekt sich nur aus praktischen Gründen biogenetisch herausbildet und dass seine Formen nur

Produkte der Anpassung an die Materie sind. Wenn man Intellekt so versteht, so ergibt sich zwischen Intellekt und sinnlicher Anschauung kein Wesensunterschied. Form und Stoff der intellektuellen Erkenntnis stehen durch ihre gegenseitige Ergänzung in innerem Zusammenhang. Man muss hier die Schlussfolgerung ziehen, dass die von Kant errichteten Schranken zwischen dem Stoff der Erkenntnis und ihrer Form fallen müssen. "Gibt es zwei Anschauungen verschiedener Ordnung – deren zweite überdies durch Umkehrung der Richtung der ersten gewonnen wird – und ist es diese zweite, der sich der Intellekt von Natur zukehrt, so existiert zwischen diesem Intellekt und dieser Anschauung selbst kein Wesenunterschied. Die Schranken zwischen dem Stoff der Sinneserkenntnis und ihrer Form, wie zwischen den 'reinen Formen' der Sinnlichkeit und den Kategorien des Verstandes müssen fallen." (SE 362–363) Stoff und Form der intellektuellen Erkenntnis erzeugen sich gegenseitig in wechselseitiger Anpassung. Wobei der Intellekt sich nach der Körperlichkeit und die Körperlichkeit sich nach dem Intellekt gestaltet.[319]

Kant konnte diese Doppelheit der Anschauung nicht zugeben,

---

319 G. Vollmer versucht bei Kant die Fragen zu beantworten, ob es synthetisch-apriorische Aussagen gibt, und woher die apriorischen Anschauungsformen und Begriffe kommen, welche die Form der Erkenntnis ausmachen. Nach ihm hat Kant diese Fragen zu beantworten versucht, ist dabei aber über Andeutungen nicht hinausgegangen. Die evolutionäre Erkenntnistheorie kann eine Antwort geben. "Danach gibt es Strukturen der menschlichen Erkenntnisfähigkeit, die den grundlegenden Umweltbedingungen (z. B. der Dreidimensionalität) Rechnung tragen. Diese Strukturen sind ein Produkt der Evolution, sie gehören zur genetischen Ausstattung, zum kognitiven 'Inventar' des Individuums, sind also vererbt oder angeboren im weiten Sinne. Sie sind deshalb nicht nur unabhängig von aller (individuellen!) Erfahrung, sondern sie liegen vor aller Erfahrung, sie machen Erfahrung (z. B. dreidimensionalen Erfahrung) überhaupt erst möglich. Sie sind zwar nicht denknotwendig, aber erfahrungskonstitutiv. In diesem Sinne gibt es also ein synthetisches Apriori. Es bestimmt zwar unsere Wahrnehmungen und Erfahrungen, nicht aber unsere Erkenntnis. (...). Dieses synthetische Apriori kann also auch durch die von der Erfahrung ausgehende theoretische Erkenntnis widerlegt werden! (....). Wir können subjektive und objektive Bestandteile der Erkenntnis nicht mehr klar trennen, wie es Kants System tut. Aber welches Argument (...) garantiert uns denn, dass eine solche Trennung überhaupt möglich

meint Bergson. Wenn er es getan hätte, hätte er in der Dauer den Stoff der Wirklichkeit sehen müssen, und folglich hätte er den Unterschied zwischen der substantiellen Dauer der Dinge und der verräumlichten Zeit sehen müssen, hätte auch "im Raum selbst und der ihm immanenten Geometrie einen ideellen Grenzpunkt sehen müssen, auf den hin die stofflichen Dinge sich entwickeln, bis zu dem aber sie nie wirklich entwickelt sind. Kein größerer Gegensatz als dies zum Buchstaben, ja vielleicht zum Geist der Kritik der reinen Vernunft." (Ebd.) Ohne Zweifel wird uns in ihr die Erkenntnis als eine immer offene Liste, und die Erfahrung wird als Drängen von Vorgängen bestimmt, das sich unendlich fortsetzt. Diese Vorgänge legen sich nach Kant unaufhörlich auf einer Ebene auseinander; sie sind außer einander. Sie sind somit außerhalb des Geistes (vgl.ebd.). Von einer Erkenntnis von innen her, die beim Hervortauchen selbst ergriffen wird, "statt sie aufgetaucht hinzunehmen, das also hinabschürfte unter Raum und verräumlichte Zeit, ist niemals die Rede. Und dennoch, unterhalb dieser Ebene ist es, wo unser Bewusstsein uns hinstellt; dorthin, in die wahre Dauer." (SE 363)

Der Stoff der Erkenntnis wird vom Intellekt durchsetzt. Wenn es so ist, so ist dieser Stoff als solcher seiner Herkunft nach für Kant außerintellektuell. Das ist ein wichtiger Punkt. Denn damit legt Kant fest, dass die Erkenntnis nicht restlos in Verstandesbegriffen aufzulösen ist.[320] Bergson stellt aber fest, dass Kant die weiteren Konsequenzen einer solchen Einsicht nicht gezogen hat. Er hätte sehen können, dass er mit einer solchen Auffassung einen ganz neuen Weg in die

---

ist. Ein solches Argument kann offenbar nicht einmal Kant liefern (Wohl deshalb vermerkt er diesen Einwand nur in Parenthese). (...). Die Anschauungsformen und Kategorien passen auch als subjektive, uns eingepflanzte Anlagen auf die Welt, so dass 'ihr Gebrauch mit den Gesetzen der Natur genau stimmt', einfach deshalb, weil sie sich in *Anpassungen* an diese Welt und an diese Gesetze evolutiv herausgebildet haben. Auch die angeborenen Strukturen machen so verständlich, dass wir zutreffende und zugleich erfahrungsunabhängige Aussagen über die Welt machen können." Aus: Evolutionäre Erkenntnistheorie, Stuttgart 1990[5], S. 127–128f.

320 Trotz dieser Feststellung Kants, behauptet Bergson, dass Kant sich nicht ganz von der Kartesianischen Philosophie befreien konnte. "Das Wesenselement der

rationalistische Philosophie der Tradition gebahnt hat,[321] der auf den außerintellektuellen Stoff mehr Wert legt und versucht, mit der höchsten Anstrengung der Intuition in den Stoff einzudringen. Mit diesem Einbruch "bahnte er den Weg zu einer neuen Philosophie, die sich im außerintellektuellen Stoff der Erkenntnis durch eine höchste Anstrengung der Intuition niederlassen würde." (SE 360) Wenn das Bewusstsein mit jener Materie zusammenfalle, und wenn sie gleichartige Bewegtheit und gleichartigen Rhythmus annehmen, könnte man im eigenen Bewusstsein die beiden entgegengesetzten Bewegungsrichtungen nachvollziehen, so dass es gelingt, die beiden Regionen der Realität, nämlich Körper und Geist von innen her zu begreifen, statt sie von außen zu apperzipieren.[322] Falls wir im Verlauf dieses Prozesses den Intellekt von selber emportauchen und vom Ganzen des Geistes gefesselt sähen, würde die intellektuelle Erkenntnis uns so erscheinen als das, was sie ist, als begrenzt aber nicht als relativ. Dies ist die Richtung, die der Kantianismus einem neuerstandenen Kartesianismus hätte weisen können. Kant selbst aber hat sie nicht eingeschlagen (vgl. ebd.).

Er will deshalb sie nicht einschlagen, weil er meint, dass, wenn die Erkenntnis auf einen außerintellektuellen Stoff weist, so habe dieser Stoff entweder eine dem Intellekt entsprechende oder eine geringere Ausdehnung als der Intellekt selbst. Bei einer solchen dem Intellekt

---

Kartesianischen Philosophie, das Descartes Nachfolger aufgegeben hatten, führte er – aber modifiziert, aber in eine andere Ebene verlegt – wieder in die Philosophie ein." (SE 360)

321 "Bergson considère cette direction où Kant »ne s'engage pas « comme celle d'un cartésianisme revivifié. Nous y voyons, nous, surtout la prejektion du bergsonisme; et la perspective ouverte sur ce Kant aurait pu être serait, gageons-le, bien obscure à quiconque ne serait pas familier de la pensée bergsonienne." Barthelemy-Madaule, M : Bergson adversaire de Kant, S. 84.

322 "Wenn das Bewusstsein mit dieser Materie zusammenfiele, wenn es den gleichen Rhythmus und die gleiche Bewegtheit annähme – könnte es dann nicht durch zwei Anstrengungen entgegensetzter Richtung, – bald sich aufschwingend und bald sich sinken lassend – die beiden Formen der Wirklichkeit, Körper und Geist von innen her ergreifen, statt sie von außen wahrzunehmen? Sollte uns nicht diese Doppelanstrengung das Absolute – im Maße des Möglichen – nachleben lassen?" (SE 360)

zugewiesenen dominierenden Rolle kommt es für Kant nicht mehr in Frage, den Intellekt aus seiner Bindung an die Materie herauszulösen. "Hiernach also kann er nicht mehr daran denken, den Intellekt aus dem Stoff herauszuschneiden, noch – und eben deshalb – die Genesis des Verstandes und seiner Kategorien nachzuzeichnen." (SE 361) Die erwartete Folge davon ist, dass Kant den Verstand und seinen Rahmen als fertig gegeben hinnimmt und dass er diese innere Beziehung zwischen dem Verstand und dem ihm bietenden Stoff nicht anerkennt. Das Gleichgewicht zwischen beiden stammt vom Intellekt, der dem Stoff seine Form einprägt. "Verstand selbst und Verstandesrahmen mussten fertig, wie sie waren, hingenommen werden. Zwischen dem unserem Intellekt dargebotenen Stoff und diesem Intellekt bestand keinerlei Verwandtschaft. Die Übereinstimmung beider rührte daher, dass der Verstand dem Stoff seine Form aufdrückte." (SE 361) Damit setzt Kant die intellektuelle Form der Erkenntnis als absolut, wobei er auf die Herstellung ihrer Genesis völlig verzichtet. Aufgrund dieser Einstellung besteht keine Ansicht mehr, zum Stoff der Erkenntnis in seiner ursprünglichen Reinheit, d.h. zum Ding an sich zu gelangen. Und zwar derart, "dass nicht nur die intellektuelle Form der Erkenntnis als ein ewiges Absolutes gesetzt und auf Herstellung ihrer Genesis verzichtet werden musste, sondern dass auch der Stoff dieser Erkenntnis selbst zu sehr durchsetzt von Intellekt erschien, als dass man hoffen durfte, ihn in seiner ursprünglicher Reinheit zu erreichen. Er war nicht 'Ding an sich', war nur dessen Brechung in unserer Atmosphäre." (Ebd. vgl. Auch Œuvres,798)[323]
Wenn die Aufdeckung der Genesis des Intellekts uns deutlich macht,

---

[323] Da die Formen und die Kategorien des Verstands bei Kant a priori sind, ist Bergsons Vorwurf nicht treffend, Kant habe auf die Herstellung ihrer Genesis verzichtet. Sie sind ja a priori da und nicht durch irgendwelche Erfahrung zu erlangen. Es gibt aber bei Kant keine klare Antwort, woher diese kommen (vgl. Vollmer, S.127f). Kants Anliegen war nicht die Genesis der Formen und Kategorien des Verstandes, sondern die Frage zu beantworten, wie ein synthetisches Apriori möglich ist. Es ist für Kant klar, da sie a priori und vor aller Erfahrung sind, dass die Frage keinen Sinn mehr macht, wie sie entstanden sind. Die Antwort wäre einfach; sie sind angeborene Eigenschaften des Menschen. Bergson

dass seine Erkenntnis und seine Form aus bestimmten Bedürfnissen heraus gebildet worden sind, dann wird es ganz klar, dass man den Intellekt nicht mehr als unabhängiges, rein spekulatives Vermögen für die Erkenntnis annehmen kann.[324] Unter diesen Umständen, dass der Intellekt und seine Formen nicht unabhängig sind, muss es eine besondere Erkenntnis geben, um nicht in einen totalen Relativismus zu verfallen, die vom Intellekt frei und nicht mehr dessen Produkt sein soll. Bergson nennt diese die intuitive Erkenntnis, die sich durch die Einfühlung mit dem lebendigen Universum realisiert. Sie ist auch der Ausdruck des schöpferischen Weltgeschehens und damit ein Bestandteil der Realität selbst. Wenn die Form des Intellekts von der Handlung und deren Determinationen abhängig ist, ist sie erklärbar und determiniert, und dadurch kann die Erkenntnis nicht von ihr abhängen. "Die Erkenntnis hört auf, Produkt des Intellekts zu sein, um in gewissem Sinn, integrierender Bestandteil der Wirklichkeit zu werden." (SE 157) Dadurch ist die intuitive Erkenntnis kein Determiniertes, sondern Ausdruck der schöpferischen Kraft.

Nach Bergson kam Kant in seiner Erkenntnistheorie zum Ergebnis, dass es drei Alternativen der Erkenntnistheorie gebe, unter denen man eine wählen kann. "Entweder der Geist richtet sich nach den Dingen, oder die Dinge richten sich nach dem Geist, oder schließlich es muss zwischen beiden eine mysteriöse Übereinstimmung angenommen werden." (SE 210) Sie alle drei haben aber einen gemeinsamen Punkt, dass sie voraussetzen, dass sich auf der einen Seite eine in

---

hätte aber Recht, wenn er meinte, dass die Genesis der Formen des Verstandes geklärt werden müssen.

324 Bergson erklärt es ausführlich: "Und endlich – wenn unser Intellekt nur darum verfährt, wie er verfährt, weil er vereinheitlichen will und diese Vereinheitlichung nur darum sucht, weil er ihrer bedarf, dann wird unser Erkennen von gewissen Forderungen unseres Geistes abhängig, die zweifellos auch ganz andere hätten sein können als sie wirklich sind. Und für einen anders gebildeten Intellekt wäre die Erkenntnis eine andere. Frei von jeder Stütze ist hier der Intellekt geworden; so stützt sich auch alles auf ihn. Und weil man den Verstand zu hoch erhoben hat, endet man damit die Erkenntnis, die uns gibt, zu niedrig zu stellen. Denn diese Erkenntnis wird im selben Moment relativ, wo der Intellekt etwas Absolutes wird." (SE 157)

Teile geteilte Welt, auf der anderen Seite sich der Intellekt befindet. Kant hat diese Spaltung nicht überwunden und hat auch nicht gesehen, dass man eine andere Einstellung zum Weltverständnis haben könnte.[325] Er habe auch übersehen, dass der menschliche intuitive Geist das Wesen der Realität begreifen und die Grenzen der begrifflichen Verstandeswelt übersteigen kann. Kant hält solch eine Erkenntnisquelle für unmöglich. Es käme bei Kant nie in Frage, dass der Mensch direkt in das Seiende sympathisch durch die Intuition eindringen kann. Dass es solches Hinaussteigen aus der Sphäre des Intellekts als eine Eigenschaft des Geistes, der sich in der Intuition äußert gebe, hielt er für unmöglich. Kant ist auch nicht auf die Idee gekommen, dass es eine vierte Alternative gibt. "Einmal deshalb nicht, weil er an kein Überragtwerden des Verstandes durch den Geist glaubte; zum anderen nicht – und im Grunde sagt das dasselbe – weil er der Dauer keine absolute Existenz zuschrieb, da er die Zeit auf gleiche Stufe mit dem Raum stellt." (SE 210f.) Die Lösung besteht aber in der Annahme, dass der Intellekt eine wesentliche Sonderfunktion des Geistes ist und dass seine Intention auf die Materie gerichtet ist; ferner, "dass weder die Materie die Form des Intellekts bestimme, noch der Intellekt seine Form der Materie aufdrücke, noch endlich beide, Materie und Intellekt, durch wer weiß welche, prästabilierte Harmonie aufeinander angelegt seien – sondern dass beide, Intellekt und Materie, sich einander mehr und mehr angepasst haben, um endlich bei einer gemeinsamen Form haltzumachen." (Ebd.) Nach Bergson hat sich diese Anpassung auf natürliche Weise vollzogen, weil Materie und Intellekt nichts anders als dieselbe Umkehrung ein und derselben Bewegung sind, die gleichzeitig die Intellektualität des Geistes wie die Materialität der Dinge erschafft (vgl. SE 211).

Man kann Bergsons Anliegen so zusammenfassen, dass er Materie und Intellekt einerseits, Leben und Intuition andererseits zusammen-

---

[325] Auch wirft Bergson Kant in diesem Zusammenhang vor, dass er nicht gesehen habe, dass im Bereich des Lebens nicht die gleiche Kausalität herrschen kann wie im Bereich der Materie. Dagegen steht Kants 'Kausalität durch Freiheit'. Vgl. Bredow, G.: Das Sein der Freiheit, S. 90f.

bringe und er die Auseinanderreißungen und konstruierten Alternativen Kants als künstlich und grundlos ansehe.
Ähnliche Kritik übt Bergson auch an Kants Zeitlehre. Für uns ist diese Kritik angesichts unseres Themas wichtig und wird uns ermöglichen, Bergsons Zeitlehre aus einer anderen Perspektive zu verstehen.

3. Bergsons Kritik an Kants Zeitlehre

Die Kritik Bergsons an Kants Zeitauffassung ist wesentlich für das Verständnis seiner Idee der menschlichen Freiheit. Ohne dieselbe ist letztere nicht nachvollziehbar.

Bergson sieht jegliche menschliche Handlung als Bestandteil eines Beziehungsgeflechts, das vom menschlichen Verstand, möchte er es fassen, allein in seine einzelnen Bestandteile zerlegt, als räumlich nebeneinandergestellte Einzelphänomene betrachtet werden kann. Die konkrete Dauer des psychischen Zustandes, in der eine Handlung sich vollzieht, wandelt sich so im Intellekt zu einer "symbolischen" Dauer (ZuF 197), da derselbe allein quantitativ, sukzessive verfährt. Die Kritik Bergsons an Kants Auffassung der Zeit setzt also an der Wurzel des Kantischen Denkens an: einer Kritik der reinen Vernunft.

Wirkliche Dauer und wirkliche Bewegung sind, nach Bergson, für den Intellekt unerkennbar. Die Wissenschaft schaffe sich deshalb eine eigene "angebliche Erscheinungswelt" (ZuF 193), in der alle Phänomene, die sich nicht in die Sprache des Intellekts übersetzen lassen, unerkennbar bleiben. Möglich sei dies nur, weil die Zeit als homogen angenommen werde. Diese Überzeugung habe ihre letzte Konsequenz in der Auffassung von der menschlichen Freiheit.

Freies Handeln ist für Bergson nicht ausgeschlossen. Menschliche Freiheit lasse sich aber nicht definieren. Bergson argumentiert: Wollen wir eine freie Tat als solche definieren, dann lässt es sich nicht umgehen, die einzelne Tat in ihre Parameter aufzuspalten. Dies kann aber aufgrund der Qualität unseres Intellekts nur sukzessive erfolgen, d.h. wir übersetzen eine Simultaneität in eine Sukzession, eine dynamische Einheit in eine räumliche Nebeneinanderstellung von Einzelphänomenen. Die Homogenität der Zeit, die Kant konstatiert, führt also zu einem folgenschweren Missverständnis des Menschen über sich selbst. Eine solche Determination des Menschen durch den Intellekt, so die letzte Schlussfolgerung Bergsons, habe zur Folge, dass, aufgrund der Identität von unmittelbarer Anschauung und diskursiven Verstand, durch die Gewöhnung an die determinierte Erklärung seiner selbst, er selbst sich dadurch zu einem determinierten Wesen verändere (vgl. ZuF 195). Das dynamische Leben mutiere zu einem "künstliche[n], der Rekonstruktion zugängliche[n] Ich" und "derselbe Mechanismus, durch den wir uns anfangs unser Verhalten erklärten, wird es schließlich beherrschen." (ZuF 195)

Dies sei als Hintergrund zur Kritik Bergsons an der homogen aufgefassten Zeit Kants festgestellt. Zunächst soll im Einzelnen auf die Argumentation Bergsons eingegangen werden.

Wie wir schon gesehen haben, waren Zeit und Raum für Kant die Formen unserer sinnlichen Anschauung. Beide haben den gleichen Ursprung und Rang (vgl. ZuF 192).[326] Wir nehmen durch diese Formen die uns als sinnlich gegebenen Dinge wahr.[327] Sie sind die apriorischen Formen unserer Sinnlichkeit.

Kants Irrtum liegt nach Bergson darin, dass er die Zeit als ein homogenes Medium angenommen hat. Er habe nicht bemerkt, dass die wirkliche Dauer sich aus Momenten, die einander innerlich sind, zusammensetzt, und dass, wenn die Dauer die Gestalt eines homoge-

---

[326] "Kant établit entre le tepms et l'espace un parallélisme qui joue pour le tepms homogène, mais que n'est pas un véritable parallélisme, car le temps homogène est de l'espace. Ainsi les deux séries n'en font en réalité qu'une. Cependant, même composé d'élément spatiaux (homogénéité juxtaposition, etc.) et d'une durée hétérogène, ce qu'on appele communément le temps est réel à titre de mixte. Mais il convient de discerner qu'il est un mixte et Kant ne l'a point fait. Il a donc failli à une analyse critique du temps". Barthelemy-Madaule, M.: Bergson adversaire de Kant, S. 38.

[327] Bergson wirft Kant vor, dass er den wahren Charakter der Wahrnehmung verkennt, weil Kant die Wahrnehmung nur als eine theoretische Erkenntnisleistung sähe. Nach Bergson sind unsere Wahrnehmungen primär eine Handlung, die in diesem Handlungssinn pragmatisch reflektiert werden muss.

nen Mediums annehmen sollte, sie sich damit im Raum ausdrücken müsse. "So läuft gerade die Unterscheidung, die er zwischen Raum und Zeit aufstellt, im Grunde darauf hinaus, die Zeit mit dem Raume, und die symbolische Repräsentation des Ich mit dem Ich selbst zu verwechseln." (ZuF 191) Kant halte das Bewusstsein für unfähig, die psychischen Tatsachen anders als in der Nebeneinanderreihung wahrzunehmen und vergisst dabei, dass ein Medium, in dem die Tatsachen nebeneinander gereiht und voneinander unterschieden sind, Raum und nicht mehr Dauer sei. (vgl. ebd.). Kant komme dadurch zum Ergebnis, dass dieselben Zustände sich in den Tiefen des Bewusstseins genauso wiederholen können, "wie sich dieselben physischen Phänomene im Raume wiederholen." (Ebd.) Dies folge zumindest implizit aus seiner Analogie der Kausalität von äußerer und innerer Welt.

Die Verräumlichung der Zeit setzt eine Reproduzierbarkeit der inneren Zustände voraus. Kant habe damit den freien Menschen auf ein Ich reduziert, das einerseits seinem Wesen nach der Erkenntnis unzugänglich sei, andererseits als "Materie der Erkenntnis" der Kausalität unterworfen und somit dem Verstand zugänglich sei. Bergson stellt dagegen die Betrachtung des freien Menschen, welche in Momenten der Innerlichkeit zu seinem eigenen Grund gelangen kann und so der Unzulänglichkeit der kausalen Interpretation des Ichs inne werden kann. Die klare Distinktion von erkennendem Subjekt und äußerem, erkennbarem Objekt kommt, so Bergson, allein durch eine solche Fehlinterpretation des inneren Zustandes des Menschen und dadurch einer Verräumlichung der Zeit Zustande. Einer Verabsolutierung der Erkennbarkeit der Objekte stünde dann nur noch das dogmatische, platonische Vorurteil entgegen, den Dingen könne nicht auf den Grund gegangen werden, sie seien als Dinge an sich nicht erkennbar.

Wenn die Zeit wie der Raum ein homogenes Medium wäre, könne die Wissenschaft sie, wie das beim Raum der Fall ist, in ihren Besitz bringen.[328] Bergson versucht zu beweisen, dass die Dauer und die Bewegung der mathematischen Erkenntnis unzulänglich sind. Diese Erkenntnisart verstehe eigentlich von der Zeit nur die Simultanität und von der Bewegung nur die Unbewegtheit. Nach Bergsons Auffassung ist dieser Punkt den Kantianern und auch ihren Gegnern entgangen. "In dieser angeblichen Erscheinungswelt, die für die Wissenschaft hergerichtet ist, sind alle Beziehungen, die sich nicht in Simultanität, d.h. ins Räumliche, übersetzen lassen, wissenschaftlich unerkennbar." (ZuF 193) Der zweite Punkt, warum die Zeit nicht als ein homogenes Medium angenommen werden könne, ist die Möglichkeit, dass in einer homogen gedachten Dauer sich dieselben Zustände wieder einstellen könnten. "Die Kritik der reinen Vernunft" komme zum Ergebnis, dass die Kausalität die notwendige Determination einschließt und damit alle Freiheit unbegreiflich werden würde. Kant habe aber vorgezogen, statt daraus zu folgern, dass die wirkliche Dauer heterogen ist, "die Freiheit jenseits der Zeit zu

---

328 E. Cassirer kritisiert Bergson, dass er nur den Raum homogen nennt, während er die wirkliche Zeit als heterogen annimmt, und dadurch die Einheit zwischen Zeit und Raum zerfällt. Bergsons Fehler ist nach Cassirer die Verweigerung der Möglichkeit, dass der Raum auch heterogen gedacht werden kann, während Bergson für Zeit dies macht und die homogene Zeit von der wirklichen Zeit unterscheidet." Auch für ihn scheint in diese Analyse der Zeit und der verschiedenen Zeitstufen noch unvermerkt eine *räumliche* Anschauung und ein räumliches Schema einzumischen. Im Raume müssen wir uns, (...) für eine einzelne Richtung derselben entscheiden. Wir müssen nach vorwärts oder rückwärts, nach rechts oder links, nach oben oder nach unten schreiten. Aber im Hinblick auf die zeitlichen Richtungen gibt es nur scheinbar ein gleiches starres 'Auseinander'. Hier besteht vielmehr eine Vielfachheit, deren Elemente sich auch indem sie sich voneinander unterscheiden, noch immer wechselseitig durchdringen: hier herrscht, um es mit Bergsons (...) Worten zu sagen *"une multiplicité de fusion ou de pénétration mutuelle."* Die beiden Sehstrahlen – der eine, der von der Gegenwart in die Vergangenheit zurück – und der andere, der in die Zukunft hinausführt – ergeben erst in ihren Ineinander, in ihrer unmittelbaren "Konkreszenz" die Eine konkrete Gesamtanschauung der Zeit. Freilich – auch diese Konkreszenz darf niemals nach der Analogie räumlicher Verhältnisse als einfache Koinzidenz oder Kongruenz gedacht werden. Immer handelt es sich vielmehr um (...) eine stete 'Auseinandersetzung' zwischen ihnen. Aber dieser Kampf kann und darf nicht mit dem Sieg des einen und mit der Niederlage des anderen enden. Denn beide sind eben dazu bestimmt, fort und fort gegeneinander zu wirken, und erst in diesem Gegensatz das lebendige Kleid der Zeit und des geschichtlichen Bewusstseins zu weben." Aus: Philosophie der symbolischen Formen. Dritter Teil, Phänomenologie der Erkenntnis, Tübingen 1954², S. 220–221.

verlegen und eine unübersteigliche Schranke zwischen der Erscheinungswelt zu errichten, die er völlig unserem Verstande ausliefert, und der Welt der Dinge an sich, zu der er uns den Zutritt verwehrt." (ZuF 193) Diese Unterscheidung und diese Schranken sind nach Bergson leichter zu übersteigen. Wenn die Momente der wirklichen Dauer unter der Beobachtung eines aufmerksamen Bewusstseins einander durchdrängen statt nebeneinander zu treten, wenn diese Momente unter sich eine Heterogenität bildeten, innerhalb dieser Heterogenität die Vorstellung ihre notwendige Determiniertheit verlöre, dann "wäre das vom Bewusstsein erfasste Ich eine freie Ursache, und wir würden uns selbst absolut erkennen; und andererseits wären die physischen Phänomene, eben weil dies Absolute sich ohne Unterlaß in sie hineinmengt und, sich selbst mit ihrem Stoff erfüllend, sie durchdringt, nicht in dem Maße, als man es behauptet, dem mathematischen Denken zugänglich." (ZuF 194)

Bergson stimmt aber mit Kant überein, dass der Raum ein homogenes Medium und von der Materie, die ihn erfüllt, unterschieden sei. Er gesteht zu, dass der homogene Raum eine Form unserer Sinnlichkeit ist. Der dem Menschen eigentümliche homogene Raum ermöglicht uns, unsere Begriffe zueinander zu exteriorisieren und die Objektivität der Dinge zu enthüllen. Dieser Raum hat eine doppelte Auswirkung, einerseits in der menschlichen Sprache, andererseits bei der Enthüllung der von uns unabhängigen, in sich geteilten und damit verdinglichten Welt. Durch diese Auswirkungen des Raumes ist das soziale Leben ermöglicht. "So bedeutet sie [die Anschauung des homogenen Raums] durch ihre doppelte Wirksamkeit, indem sie einerseits die Sprache begünstigt und andererseits uns eine von uns selbst scharf unterschiedene äußere Welt darbietet, deren Perzeption allen Intelligenzen gemeinsam ist, eine Ankündigung und Vorbereitung des sozialen Lebens." (ZuF 194) Daraus kann man folgern, dass Raum und verräumlichte Zeit als homogene Medien auf die vitalen Interessen gerichtet sind. Bergson ist der Auffassung, dass Kant die homogene aber auch die wirkliche Zeit völlig verkannt hat, und so dem Raum und der Zeit einen Charakter der Uninteressiertheit zuschreibt.[329] Der homogene Raum und die homogene Zeit "sind die

Schemata unserer *Wirksamkeit* auf die Materie. Der erste Irrtum, der darin besteht, aus diesem homogenen Raum und dieser homogenen Zeit Eigenschaften der Dinge zu machen." (MuG 210)
Aufgrund dieser Tatsachen kann man sagen, dass der homogene Raum und die homogene Zeit die Prinzipen des Teilens und des Festmachens sind, die durch das praktische Handeln, und nicht durch reine Erkenntnis, in die Realität eingeführt werden. Homogener Raum und homogene Zeit haben mit der wahren Zeit und 'wahren Ausdehnung', die wir unmittelbar wahrnehmen, nichts zu tun. Der so verstandene Raum und die so verstandene Zeit sind nicht in der Lage, die Vitalität unserer Interessen darzustellen. Wenn man Raum und Zeit als die Formen der Anschauung betrachtet, dann kann man Materie und Geist keine Erkennbarkeit zusprechen. Diese idealistische Auffassung schreibt ebenso wie der Realismus, der beide als angeschaute Wirklichkeiten auffasst, Raum und Zeit "mehr ein spekulatives als vitales Interesse zu." (MuG 210) Bergson ist der Meinung, dass alle Schwierigkeiten in diesem Bereich aus der Annahme der Homogenität von Zeit stammen. Diese Annahme der Homogenität heißt, das Kontinuierliche zu zerteilen, und die Realität, nämlich das Werden zu fixieren.

Bergson nennt die Gründe, warum Kant die wirkliche Dauer nicht erreicht hat. Vor allem hat Kant die Zeit als homogenes Medium anerkannt und sie mit dem irrealen Medium Raum gleichgestellt. Das ist aber eine Unmöglichkeit, die noch unbegreiflicher wird, wenn Kant versucht, die schöpferische Zeit an den Endpunkt ihrer eigenen Entwicklung zu setzen, den sie in der Tat nicht erreichen wird. Da Kant dies tat und die Realität der Zeit dadurch herabsinken ließ, konnte er die absolute Existenz der Dauer und damit

---

329 "Der naive Realismus macht aus dem Raume ein reales Medium, (...); der Kantische Realismus sieht in ihm ein ideales Medium, (...); aber für beide ist dieses Medium zuerst gegeben als die notwendige Bedingungen dessen, was in ihm wohnen soll. Und geht man nun dieser gemeinsamen Hypothese auf den Grund, so findet man, dass sie darauf hinausläuft, dem homogenen Raume einen Charakter der Uninteressiertheit beizulegen." (MuG 230)

den Stoff des Universums nicht erreichen. Kant kommt deshalb nicht auf den Sinn der Dauer, weil er der Dauer keine absolute Existenz zuschreibt und die Zeit a priori auf gleiche Stufe mit dem Raum stellt (vgl. SE 210f).

Diese Auffassung Kants sei der grundlegende Irrtum, der weitere Irrtümer verursacht hat. Kant habe die wahre Zeit verkannt, und damit zusammenhängend habe er die Möglichkeit einer intuitiven Metaphysik geleugnet, weil dem Menschen, wie Kant sagt, die dafür notwendige Intuition fehlt. Bergson räumt ein, dass dem tatsächlich so wäre, wenn Kants Auffassung von Zeit und Veränderung zutreffen würde. Eine solche Auslegung kommt, nach Bergson, aus dem Willen, eine technische Einwirkung auf die Dinge zu fundieren (vgl. DW 147). Aufgrund dieser Feststellung kritisiert Bergson die Kantische Ich- Auffassung. Kant hat das lebendige Ich mit dem verräumlichten Ich gleichgestellt (vgl. ZuF 191). Aber das von Kant favorisierte, gestaltlose, unveränderliche Ich gibt es nicht. Solches Ich, wenn es es wirklich gäbe, darf mit dem psychologischen Leben nichts zu tun haben, dessen Stoff die reale Zeit ist. "Setzte unser Dasein sich aus getrennten Zuständen zusammen, deren Synthese ein unwandelbares 'Ich' zu stiften hätte, es gäbe für uns keine Dauer. Denn ein Ich, das sich nicht wandelt, dauert nicht, und ebenso wenig dauert ein psychologischer Zustand (...)." (SE 10) Ich ändere mich ständig und auch damit mein inneres Leben. Wenn wir diese Wirklichkeit leugnen oder nicht genug darauf Acht geben würden, würde ein unmöglicher Fall eintreten; die Dauer hörte auf zu fließen. Kant habe diese Dauer, die gleich als schöpferische Kraft in uns ist, missgedeutet, indem er sie in gesonderte Vermögen aufteilte und verräumlichte.

Kant gesteht nicht zu, dass es zwischen der Zeitlosigkeit und der zu gesonderten Momenten zerfaserten Zeit ein Mittleres gibt. Da es keine Anschauung gibt, die uns ins Zeitlose tragen würde, so ergibt sich, dass alle Anschauungen sinnlich sind. Bergson fragt sich, ob es zwischen dem physikalischen Dasein und dem zeitlosen Dasein, wovon der metaphysische Dogmatismus spricht, ein begriffliches und logisches gibt, und ob es einen Platz für das Bewusstsein und für das Leben haben kann. Bergson meint, es gebe ein solches. "Dies spüren wir, wenn wir uns in die Dauer hineinbegeben und nun, statt Momente zur Dauer zu verknüpfen, von der Dauer zu den Momenten vorschreiten." (SE 364) Es ist die zeitlose Intuition, auf welche die Kantianer sich konzentrierten, um den Kantischen Relativismus zu entkommen. Diese Intuition ist aber nicht ganz und gar zeitlos. Sie ist eine Erfahrung jenseits der verräumlichten Zeit, die die einzige konkrete Dauer sucht, "in der sich ein radikales Neuwerden des Ganzen ohne Unterlass vollzieht." (SE 365)

In diesem Zusammenhang taucht die Frage auf, ob Bergson Kant zurecht kritisiert hat. Man muss zugestehen, dass Bergson bei seiner Kritik oberflächlich blieb. Bergson hat z. B. Kant vorgeworfen, dass er "die Metaphysik für unmöglich gehalten [hat]." (DW 159) Kant war jedoch gegen die bestimmte Form der überlieferten Metaphysik, deren Dogmatismus und Methodik er abgelehnt hat.[330] Kant beabsichtigt in seinem der theoretischen Metaphysik gewidmeten Hauptwerk, die Grenzen, Methoden und Quellen der Metaphysik neu herauszustellen, um eine neue Grundlegung der Metaphysik zu schaffen.[331] Man kann sagen, dass die ganze Kantische Philosophie Folge der Auseinandersetzung mit der Metaphysik ist. Kant betont mehrmals, wie wichtig und unerfüllbar die Metaphysik für uns ist. "Metaphysik ist vielleicht mehr wie irgend eine andere Wissenschaft durch die Natur selbst ihren Grundzügen nach in uns gelegt und kann gar nicht als das Produkt einer beliebigen Wahl oder als zufällige Erweiterung beim Fortgange der Erfahrung angesehen wer-

---

[330] Kant wendet sich gegen die These, dass er die Möglichkeit der Metaphysik leugnet. "Ich bin so weit entfernt, die Metaphysik selbst, objektiv erwogen, für gering oder entbehrlich zu halten, dass ich vornehmlich seit einiger Zeit, nach dem ich glaube, ihre Natur und die ihre unter den menschlichen Erkenntnissen eigentümliche Stelle einzusehen überzeugt bin, dass sogar das wahre und dauerhafte Wohl des menschlichen Geschlechtes auf ihr ankomme." Aus: Kants Werke. Briefe von und an Kant, hrsg. von E. Cassirer, Band 9, Berlin 1918, S. 57.

[331] M. Heidegger versucht in "Kant und das Problem der Metaphysik" diese neue Grundlegung zu erklären. Nach Heidegger ist es schon richtig, "dass die Grundlegung der Metaphysik als eine Kritik d.r.V. durchgeführt wird." Aus: Kant und das Problem der Metaphysik, Bonn 1929, S. 13.

den."³³² Solche Aussagen von Kant sind häufig nachzuweisen. Es ist wohl zu sagen, dass bei Kant nicht um die Vernichtung der Metaphysik, wie Bergson meinte, geht. Kant sagt gerade das Gegenteil, dass der Metaphysik gänzlich zu entsagen unmöglich sei, weil "der Geist des Menschen metaphysische Untersuchungen niemals gänzlich aufgeben werde."³³³ Die wahre Metaphysik soll nach Kant ihre Grenze kennen und die Vernunft nicht verleugnen.³³⁴ Kant versteht die wahre Metaphysik als kritische Metaphysik, welche eher dazu dient, "Irrtümer abzuhalten, als die Erkenntnis zu erweitern, [dies] tut ihrem Werte keinen Abbruch, sondern gibt ihr vielmehr Würde und Ansehen durch das Zensoramt, welches die allgemeine Ordnung und Eintracht, ja den Wohlstand des wissenschaftlichen gemeinen Wesens sichert."³³⁵

Kant hielt die Intuition und die durch sie gewonnene absolute Erkenntnis für unmöglich, was, wie dargestellt wurde, von Bergson scharf kritisiert wurde. Kant ist der Meinung, dass wir nur die Erkenntnis der Dinge und nicht ihr inneres Wesen erlangen können. Die Dinge an sich bleiben für uns unerkennbar. Die Dinge an sich können nur durch die intuitive Erkenntnis begriffen werden. Bergson betont gegenüber Kant, dass der Mensch zu der intuitiven Erkenntnis bzw. zu der Intuition fähig sei. Bergson meint mit gewissem Recht, dass sie mindestens im Fall der Selbsterkenntnis möglich sein sollte. Kant verneint dies aber ausdrücklich, obwohl er in seiner vorkritischen Zeit diesen Standpunkt schon vertreten hatte, dass der Mensch für die Sphäre der Selbsterkenntnis keine absolute Intuition besitzt. Bergson greift das Kantische Verhältnis von Ding an sich und Erscheinung an und wirft ihm vor, dass Kant die gesamte Realität in bloßen Schein auflöse und er somit das Dasein der Dinge leugne. Für

---

332 Kant: Kants Werke, Schriften von 1783–1788, Band IV, S. 108.
333 Ebd., S. 122f.
334 Die wahre Metaphysik "kennt die Grenzen der menschliche Vernunft und unter anderen diesen Erbfehler, den sie nie verleugnen kann, dass sie schlechterdings keine Grundkräfte a priori erdenken kann und darf (...)." Kants Werke, Band IV, S. 511.
335 Kant: KdrV, B 879.

Kant sind aber die realen Dinge überhaupt kein Schein und er hat niemals die Existenz der Dingen bezweifelt. Kant wehrt sich gegen solche Anschuldigungen, dass er die Dinge nur als Anschein akzeptiere.[336] Da dem Menschen die Ausweitungsmöglichkeit seiner Anschauung über den Bereich des ihm Gegebenen und damit eine Bereicherung des Umkreises der menschlichen Erkenntnis nicht möglich ist, hält Kant die Intuition und die durch sie mögliche absolute Erkenntnis für unmöglich. Bergson hatte Kant deswegen angegriffen, weil er eine freiwillige Schranke zwischen die Dinge und unsere Wahrnehmungen gesetzt habe. Wenn man die intuitive Erkenntnis für möglich halten würde, dann sollte man Bergsons Kritik Recht geben. Wenn dies nicht der Fall ist, wie bei Kant, könnte man diese Schranke als Notwendigkeit des menschlichen Verstandes verstehen.

Bergsons Kritik an Kants Zeitlehre ist unter den von uns genannten Einschränkungen zutreffend. Kant hat ja die Zeit als homogenes Medium angesehen und mit dem Raum gleichgestellt. Nach Bergson macht Kant einen großer Fehler, indem er zwei Formen des Homogenen akzeptiere. Es gibt nur eine homogenes Medium, nämlich die Raumvorstellung, die Zeit wird davon abgleitet. Kant konzentriert sich nur auf die verräumlichte Zeit und lässt die wirkliche Dauer nicht emportauchen. Die Zeit ist nicht nur als sinnliche Anschauung und als vorgegebene Form zu verstehen. Sie ist auch als Dauer fließendes Prinzip des Universums, was von Kant völlig übersehen worden ist. Kant hat sozusagen die Zeit für die mathematische Wissenschaft geopfert. Da er dem Menschen die intuitive Erkenntnisfähigkeit entzogen hat, konnte er nicht in der Lage sein, die wirkliche

---

336 Er sagt ganz deutlich, dass die Dinge nicht bloßes Scheinen sind. "Da ich also den Sachen, die wir uns durch Sinne vorstellen, ihre Wirklichkeit lasse und nur unsere sinnliche Anschauung von diesem Sachen dahin einschränke, dass sie in gar keinem Stücke (...) etwas mehr als bloße Erscheinung jener Sachen, niemals aber die Beschaffenheit derselben an ihnen selbst vorstellen, so ist dies kein der Natur von mir eingedichteter durchgängiger Schein und meine Protestation wider solche Zumutung ist so bündig und einleuchtend, dass sie sogar überflüssig scheinen würde." Aus: Kants Werke, Band IV, S. 42f.

Zeit, die Grundprinzipien aller Dinge ist, wahrzunehmen. Kant hat die homogene Zeit und den homogene Raum verkannt, indem er ihnen den Charakter der Uninteressiertheit für alle Praxis zuspricht. Das war ein großer Irrtum. Die wirkliche Zeit ist in erster Linie auf die Vitalität gerichtet. Sie kann in die Realität nur in Hinblick auf praktisches Handeln und nicht auf reine Erkenntnis eingeführt werden. Homogene Zeit und homogener Raum haben mit der wahren Zeit und konkreten Ausdehnung, die den Dingen eigen sind und uns sich unmittelbar offenbaren, nichts zu tun. Kant versteht die Zeit immer als apriorische Form unseres Verstandes, anstatt sie mit dem Werden in der Natur zu verschmelzen.

SCHLUSSBEMERKUNG

Die Arbeit unternimmt eine vergleichende Untersuchung der Zeitlehre von W. Dilthey und H. Bergson im Ausgang der Kantischen Zeitanalyse. Diese Untersuchung hat gezeigt, dass es viele Gemeinsamkeiten aber auch Unterschiede zwischen Diltheys und Bergsons Zeitlehre gibt. Wenn man kurz die Hauptmerkmale der Gemeinsamkeiten und Unterschiede unserer Philosophen erwähnen sollte, kann man sie folgendermaßen formulieren: Sie bilden einen Widerspruch gegen die Kantische Zeitanalyse im Namen der traditionellen Zeitauffassungen. Bei der Entwicklung ihrer Zeitlehre spielt auch die Kritik an der wissenschaftlichen Zeitanalyse eine wichtige Rolle. Beide setzen die Zeit mit der inneren Erfahrung und damit mit dem Leben in Beziehung. Sie heben den Erlebnischarakter der Zeit statt deren sukzessiven Charakter hervor. In diesem Sinne unterscheiden sie die wirkliche Zeit, welche dem Leben zukommt, von der objektiven Zeit. Sie sind der Meinung, dass die qualitative Zeit nicht auf die quantitative Zeit zurückzuführen ist. Sie lehnen die Transzendentalität der Zeit ab. Die Zeitlichkeit macht für beide die Grundlage der menschlichen Existenz aus. Beide wollen das Reich des geistigen Lebens durch die innere Erfahrung der Zeit begründen. Der Grundunterschied ist die schöpferische Eigenschaft der Zeit bei Bergson. Für Dilthey ist die Zeit am Werden der Natur nicht beteiligt, d.h. sie ist nicht das Prinzip des Werdens und Vergehens. Die Zeit wird bei Bergson nicht nur als wirkliche oder objektive Zeit verstanden, wie bei Dilthey, sondern sie nimmt als Dauer an der Entwicklung des Universums teil. Dilthey unternimmt im Gegensatz zu Bergson keine ausführliche Analyse der Zeit, d.h. er analysiert sie nicht in Bezug auf Gedächtnis, Wahrnehmung, Gehirn usw. Sie bewerten auch die Zeitmomente unterschiedlich, z. B. die Gegenwart repräsentiert für Dilthey die Realität der Zeit, während für Bergson die Vergangenheit mehr Gewicht als Gegenwart und Zukunft zu haben scheint.

Die weiteren Gemeinsamkeiten und Unterschiede werden nun ausführlich aufgrund der Fragen, die in der Einleitung gestellt wor-

den sind, aufgezählt. Dabei wird die Reihenfolge nicht berücksichtigt, vielmehr werden die gestellten Fragen als Zusammenfassung beantwortet.
1. Die Analyse der Zeitlehre hat eine unersetzbare Stellung in W. Diltheys und H. Bergsons Philosophie. Man kann besonders für Bergson sagen, dass ohne die Zeitanalyse seine Philosophie nicht so viel Einfluss auf das nachfolgende Denken hätte haben können. Er widmet seine Philosophie von Anfang bis Ende dem Verständnis des realen Charakters der wirklichen Zeit (der Dauer). Obwohl der Begriff der Zeit bei Dilthey ein zentraler Begriff für das Verständnis des (inneren) Lebens ist, finden wir bei ihm nicht wie bei Bergson eine vollständige Analyse. Leider blieb seine Zeitanalyse unvollständig.
2. Bergson und Dilthey setzen ihre Philosophie des Lebens und der Freiheit dem Positivismus und Materialismus entgegen. Ihre Zeitlehren positionieren sich vor allem gegen die Kantische und wissenschaftliche Zeitanalyse. Bergson bezieht sich aber im Gegensatz zu Dilthey ausdrücklich auf die antike Zeitlehre z. B. auf Platon, Aristoteles und Zenon. Bergson entwickelt seine Zeitlehre durch die Auseinandersetzung mit diesen Philosophen. Dies tut Dilthey nicht. Sie stimmen aber darin überein, dass eine wissenschaftliche Zeitanalyse vor allem den qualitativen Charakter der Zeit vernachlässigt und nur die Sukzessivität der Zeit hervorhebt. Über Kant urteilen sie ungefähr ähnlich, dass er die existenzielle Bedeutung der Zeit für das menschliche Leben unterschätzt habe und er übersehe, dass die Zeit in der Tat die reale Manifestation des Lebens ist.
3. Dilthey nimmt gemäß der üblichen Auffassung drei Zeitdimensionen an. Die Gegenwart wird von ihm als erfüllte Realität des Lebens verstanden. Das Fortrücken der Zeit lässt immer mehr Vergangenheit zurück und rückt vorwärts in die Zukunft. Allein die Gegenwart schließt im Leben die Vorstellung der Vergangenheit in der Erinnerung und die Vorstellung der Zukunft in der Phantasie und in der Aktivität, welche unter der Möglichkeit sich Zwecke setzt, ein. Somit ist die Gegenwart von Vergangenheit erfüllt und trägt in sich die Zukunft. Diese Zeitverhältnisse

bestimmen "das Reich des Lebens". Die Geschichte wird im Ablauf der Zeit als Realisierung des Lebens definiert.

Die Unterschiede von Gegenwart, Vergangenheit und Zukunft können bei Dilthey wie folgt schematisiert werden:

Vergangenheit	Gegenwart	Zukunft
Kategorie der Bedeutung	Kategorie des Wertes	Kategorie des Zweckes
Bewusstseinszustand (passiv)	Lebenszustand (aktiv)	Vorstellung von Möglichkeiten
Erinnerung der Erlebnisse	Wirklichkeit des Daseins	Bilder der Erwartung
Bereuen	Realität	Hoffnung

4. Die Zeitlichkeit ist für Dilthey die erste existenzielle Bestimmung des Menschen. Diese Zeitgebundenheit ist mit dem Schicksal der Endlichkeit des Menschen verknüpft. Der Gedanke der Endlichkeit des Menschen muss aufgrund der "Korruptibilität" des Lebens immer präsent sein. In diesem Sinne bestimmt die Zeit nicht nur den bloßen Ablauf, sondern auch "den Gehalt unseres Daseins". Die Realisierung des Lebens ist der oberste Zweck des Menschen.
Die Begriffe von "Fortwirken und Präsenz" hängen mit dem Lebensverlauf des Menschen zusammen. Mit dem Fortwirken meint Dilthey das Verhältnis der Vergangenheit zu jener Gegenwart, in der wir leben. Dieses Verhältnis ist aber nicht nur ein bloß unbewusstes Fortwirken, sondern es ist charakterisiert als Präsenz des Erinnerten. Die Präsenz wird von Dilthey als das Einbezogenwerden von Vergangenem in unser Erleben bestimmt. Bei Bergson hat die Vergangenheit eine ähnliche Funktion, sie ist nämlich immer gegenwärtig. Für Bergson aber muss man sich nicht an etwas erinnern, um sich die Vergangenheit zu vergegenwärtigen. Vergangenheit existiert durch sich selbst. Sie ist immer da. Sie braucht keinen Vermittler.

5. Dilthey stellt die konkrete (wirkliche) Zeit der phänomenalen Zeit (Zeit für Naturgeschehen) gegenüber, welche bei Bergson der Gegenüberstellung von verräumlichter und realer Zeit entspricht. Bei der konkreten Zeit sind Form und Substanz vereint, während bei der phä-

nomenalen Zeit Form und Substanz getrennt bleiben. Diese wirkliche Zeit wird nicht durch Uhren gemessen, sondern sie wird *erlebt*. Demgegenüber ist die phänomenale Zeit ein System von Verhältnissen und Sukzessionen. Sie ist eindimensionales Kontinuum und äußerliche Form der Dinge. Diese kommt den Naturwissenschaften zu. Die wirkliche, *erlebte* Zeit wird den Geisteswissenschaften zugeschrieben. Die wirkliche (konkrete Zeit) ist im Gegensatz zur phänomenalen weder messbar noch definierbar. Man muss in diesem Zusammenhang bemerken, dass Dilthey den sukzessiven Charakter der Zeit nicht leugnet. Er legt aber darauf nicht so viel Wert, weil sie mit dem inneren Erlebnis der Zeit wenig zu tun hat.

6. Abgesehen von mancherlei Übereinstimmung Diltheys mit Kant (z. B. räumt er ein, dass Kants Philosophie die Grundlage seiner Entwicklung bildete) kann man sagen, dass er starker Gegner der Kantischen Zeitlehre und Transzendentalphilosophie ist. Er sieht die Kritik an Kant als eine unabdingbare Aufgabe an, um die Realität der geistigen Welt zu rechtfertigen.

Nach Dilthey ist die Zeit ein *Erlebnis*, nicht eine Vorstellung oder Anschauung. Kants großer Irrtum sei, so Dilthey, die Annahme eines zeitlosen Zustands, durch welchen nicht zu erklären ist, wie die Zeitmomente zustande kommen. Kant sehe die Zeit als "bloße Erscheinung" und so sei es nicht möglich, die Realität des Lebens zu verstehen, weil diese nur durch ihre Zeitlichkeit zu begreifen ist. Die Realität des Lebens ist die einzige Wahrheit, hinter dem Leben gibt es kein Zeitloses, wie von Kant gefordert.

Diltheys Kritik an Kant schließt auch die Wahrnehmung ein. Kant hat die innere und äußere Wahrnehmung nicht so zerlegt, dass sich die Realität der Zeit als ein Zeitverlauf im Gegensatz zur Phänomenalität der Räumlichkeit ergeben hat. Dies hat Kant zu weiteren Irrtum geführt, indem er den Begriff der Erscheinung auf die innere Erfahrung ausgedehnt hat. Er hat übersehen, dass die innere Erfahrung von der empirischen Erfahrung sehr verschieden ist.

Dilthey gibt Kant Recht, wenn er meint, dass Dauer und Folge in der Zeit uns als Eigenschaft psychischer Zustände anhaften. Dilthey sagt, dass Kant die Zeit aus Unzeitlichem entstehen lässt, indem er an die Transzendentalität der Zeit glaubte. Diese enthält in sich aber eine falsche Transzendenz. Diltheys Kritik an Kant ist natürlich nicht immer zutreffend. Seine Behauptung, dass er die Zeit aus Unzeitlichem ableite, ist nicht begründbar. Dilthey erklärt nicht, wie und warum Kant dies tut und ob Kant überhaupt so denkt. Aus Kants Annahme der transzendentalen Idealität der Zeit kann man nicht folgern, dass Kant die Zeit von Unzeitlichem abgleitet hat. Diltheys Vorwurf, dass Kant die Realität der Zeit nicht akzeptiere, scheint unzutreffend. Er nimmt die subjektive Realität der Zeit an und schreibt ihr die empirische Realität als Bedingung der menschlichen Erfahrung zu.

Nach Diltheys Kritik an Kant geht unsere Arbeit mit der Zeitanalyse von Bergson weiter, welche den überwiegenden Teil der Arbeit ausmacht.

7. Bergson versucht in seiner ganzen Philosophie eine Methode festzulegen und an einem wesentlichen Punkt die Möglichkeit ihrer Anwendung aufleuchten zu lassen. Sein entscheidendes Anliegen ist, zu zeigen, dass Dauer und Raum, Bewusstsein und Materie, Leib und Seele, Gedächtnis und Gehirn nicht gleichzusetzen sind, sondern dass sie so verschieden sind wie "das Kleid und der Nagel, an dem es hängt".

Bergson vertritt seit Beginn seines Philosophierens die These, dass die Zeit nicht direkt mit der Zahl zu tun hat und die Zeit nicht unmittelbar zu messen ist. Das Zählen hat immer mit dem Raum zu tun. Jedes Zählen oder Addieren ist eo ipso eine Verräumlichung. So ist die Zeit als homogenes Medium, worin unsere Bewusstseinszustände so wohlunterschieden aufeinanderfolgen, in dem man unterscheidet und zählt, nichts anderes als Raum.

8. Bergson macht einen Unterschied zwischen der Zeit und dem, was er die wirkliche Zeit oder Dauer nennt. Die Zeit, die im alltäglichen Leben verwendbar und besonders in der Wissenschaft benutzt wird, ist eine entstellte und vermengte Dauer, die sich in

ihren eigenen Gegensatz verwandelt hat. Hier wird die wahre Zeit durch ein räumliches Schema dargestellt. Das Wesen solcher Zeit besteht darin, dass sie eigentlich so etwas wie eine vierte Dimension des Raumes und so ein ganz und gar quantitatives Gebilde ist. Solche Zeit ist messbar. Sie ist dadurch messbar, dass sie den Charakter des Fließens eingebüßt hat. Sie besteht aus einer Sukzession von Gleichzeitigkeiten. Die Wissenschaft macht ebenso Gebrauch von der Messbarkeit der Zeit.

Eine ähnliche Unterscheidung, wie sie Bergson zwischen homogener Zeit und der Dauer macht, finden wir bei Dilthey, der der Meinung war, dass die Zeit, sofern sie dem menschlichen Leben zukommt, etwas anders bedeutet, als jene Zeit, in der das Naturgeschehen erfolgt. Wenn es um Leben geht, spricht Dilthey von einer "wirklichen Zeit" oder von "konkreter Zeit". Dilthey definiert die Zeit des Naturgeschehens als eine Linie, "die aus gleichwertigen Teilen bestünde". Abgesehen davon, was die Zeit erfüllt, besteht die Zeit aus gleichwertigen Teilen ein und derselben Linie. Demgegenüber ist die Zeit beim menschlichen Leben nicht nur äußere Form, sondern macht die Zeitlichkeit des Lebens selbst aus. Für Dilthey hat die messbare und von der Wissenschaft gebrauchte Zeit keinen Wert gegenüber der Zeit, die innerlich *erlebt* wird. Während Bergson die homogene Zeit als verräumlichte Zeit akzeptiert, lässt Dilthey die Zeit, die in der Natur geschieht, mit dem Raum nicht in Verbindung kommen. Für Bergson spielt bei der Entwicklung der homogenen Zeit der Raum eine wichtige Rolle, während bei Dilthey in diesem Sinne von Raum gar nicht die Rede ist. Wichtig ist, dass diese grundsätzliche Unterscheidung von messbarer und unmessbarer Zeit von beiden Philosophen gemacht wird. Es ist festzustellen, dass beide Philosophen die herrschende physikalische Zeitauffassung vermeiden und sie für begrenzt halten, und eine neue Zeitlehre, die auf dem menschlichen Leben beruht, gründen.

9. Bergson macht einen Unterschied zwischen zwei Formen der Dauer (hier wird Dauer als allgemeine Bestimmung der Zeit verstanden), deren eine "von jeder Beimischung frei ist", während die

andere mit der Raumvorstellung zu tun hat. Die letzte Art von Dauer ist nichts anders als das, was er unter Verräumlichung der Zeit versteht.

10. Auf den Unterschied zwischen der Erfahrung der Dauer und der Erfahrung der physikalischen Zeit lässt sich die Unterscheidung zweier Aspekte des Ichs, eines oberflächlichen und eines inneren, zurückführen. An der Oberfläche zeichnen sich deutlich voneinander unterschiedene Bewusstseinsphänomene ab, die sich getrennt betrachten lassen und quantitativ bestimmt sind. Das innere Ich weist keine diskreten Inhalte auf, es gleicht einem kontinuierlichen Fluss. Wenn man die für das oberflächliche Ich typische Zeitvorstellung auf das innere Ich überträgt, wird dessen Wesen verfälscht. Diese Ich-Spaltung wird von Dilthey nicht thematisiert. Er unterscheidet nur die innere von der empirischen Erfahrung.

11. Bergson analysiert auch die Beziehung zwischen Bewegung, Veränderung und Zeit. Die Bewegung, wie die wirkliche Zeit, ist nicht teilbar und nicht auf den Raum reduzierbar. Die Bewegung ist im wahrsten Sinne des Wortes mit der Dauer möglich. In diesem Sinne hängt die Bewegung nicht von der messbaren Zeit ab. Im Gegensatz zu Bergson untersucht Dilthey nicht die Beziehung von Zeit und Bewegung. Dilthey nimmt die Sukzession als Aufeinanderfolge von Veränderungen, die nach ihm als ein Verhältnis, als Folge, als eine Ordnungsform der Natur zugrunde liegt. Unsere Wahrnehmungen haben mit der Gleichzeitigkeit, Aufeinanderfolge, Dauer, Zeitabstand zu tun. Sie sind Verhältnisse, die wir als zeitlich bezeichnen. Sie enthalten eine Sukzession von Veränderungen. In allen Veränderungen an "inneren oder äußeren" Wahrnehmungen liegt ein Stetiges, Konstantes, nämlich die Anschauung der Zeit. Dilthey sieht diese formale Zeit als Ordnungsform, die mit der alltäglichen Zeit zu tun hat.

12. Bergson stellt fest, dass die homogene Zeit als die Ordnung des Nacheinander nicht in der Lage sei, die Struktur des inneren Erlebens adäquat darzustellen. Denn die Empfindungen und Vorstellungen sowie Gefühle und Gedanken sind nicht vonein-

ander zu isolieren und nicht voneinander klar abzugrenzen. Deswegen kann die zeitliche Struktur des Geistes oder des Erlebens den räumlich- materiellen Prozessen nicht ähnlich werden. Die homogene Zeit ist nicht geeignet, um die innere Einheit des Erlebens zu verstehen. In diesem Zusammenhang finden wir eine erstaunliche Annäherung zwischen Bergson und Dilthey, obwohl sie dafür verschiede Begriffe benutzt haben. Die Unterscheidung der messbaren Zeit von der Dauer (oder bei Dilthey von der gelebten Zeit) hängt eng mit dem inneren Erlebnis zusammen. Beide Philosophen sind der Meinung, dass die physikalische Zeit die Tiefe des inneren Erlebnisses nicht darstellen kann und darf. Das innere Erlebnis kann nur zu der, Vergangenheit, Gegenwart, und Zukunft in sich schließenden, Zeit in Beziehung gesetzt und verstanden werden. Solche Zeitauffassung wird bei Bergson Dauer genannt, die sogar mehr Kraft und Eigenschaften als die konkrete Zeit bei Dilthey hat. Man sieht deutlich trotz einiger Verschiedenheit zwischen Dauer und konkreter Zeit die Ähnlichkeit derselben, wenn es um das innere Erlebnis des Menschen geht.

Wie muss man diese Dauer verstehen? Ist sie überall gleichwertig? Ist sie als Prinzip, als Ursache des Universums zu verstehen? Bergson nimmt die Pluralität von qualitativ verschiedenen Dauern an. Durch diese Annahme versucht er den Einfluss der Dauer zu erweitern. Die Dauer ist nicht nur subjektiv Erlebtes oder nur dem Menschen Zugehörendes, sondern die Dauer zeigt sich auch in der Natur in verschiedener Weise. Die Dauer gehört nicht nur zum Menschen, sondern auch die Welt, die außer mir liegt, hat ihre eigene Dauer. Die Dauer kann nicht nur als von einem Bewusstsein erlebte Wirklichkeit angenommen werden, sondern sie hat mit Hilfe des Gedächtnisses zwei weitere Funktionen, nämlich das Bewährend- und Kumulierendsein.

13. Die mittels der Dauer gegenwärtige Vergangenheit lebt in zwei verschiedenen Formen fort; einmal in motorischen Mechanismen und zweitens in Erinnerungen. Das Vergangene wird durch das Gedächtnis aufbewahrt, um die Nutzbarmachung vergangener

Erfahrung für das gegenwärtige Handeln zu ermöglichen. Bergson nennt diesen Vorgang Wiedererkennen. Die Vergangenheit hat mit den aktuellen Bildern nichts zu tun. Sie wird als Erinnerungsbild aufbewahrt. Sobald die Vergangenheit Bild werden sollte, d.h. mit der aktuellen Tätigkeit der Wahrnehmung in Beziehung stehen würde, verlässt die Vergangenheit den Zustand der reinen Erinnerung und verschmilzt mit einem Teil der Gegenwart.

Dilthey hält auch die Erinnerung für sehr wichtig. Er hat sie aber nicht so ausführlich wie Bergson analysiert. Dilthey behandelt sie als Wegbereiter der Vergangenheit, ungeachtet ihres Verhältnisses zu Wahrnehmung und Bewusstsein. Die Vergangenheit ist nach Dilthey nur durch Erinnerung zu erleben. Ein gemeinsamer Punkt zwischen Dilthey und Bergson könnte die Annahme der Abstufung der Bilder sein. Dilthey nimmt an, dass es zwischen den frisch wahrgenommenen Bildern und deren Erinnerungen und auch zwischen zwei verzeitlichten Erinnerungen eine Differenz gibt. Es erinnert uns an Bergsons Unterscheidung, worin die reine Wahrnehmung von dem Erinnerungsbild und von der reinen Erinnerung getrennt ist.

Bei Dilthey spielt die Erinnerung für die Bedeutung eine große Rolle. Man erinnert sich meistens daran, was man für bedeutsam hält. Die durch die Erinnerung aufbewahrte Bedeutung, die von Dilthey als Lebenskategorie bezeichnet wird, hat ihren Sinn für den Lebensverlauf. Durch die Bedeutung erfassen wir unseren Lebensverlauf. Im Gegensatz zu Dilthey vermag Bergson der Erinnerung nicht eine solche Funktion zuzuschreiben. Diese Funktion könnte bei Bergson dem Gedächtnis zugehören. Ein wichtiger Punkt bei Dilthey ist die Gleichstellung der Geschichte mit der Erinnerung. Die Geschichte wird als die Anhäufung der Erinnerung beschrieben, weil die Erinnerungen der Kategorie der Bedeutung angehören. So ist die Bedeutung, die durch Erinnerung zugänglich ist, die eigenste Kategorie des geschichtlichen Denkens.

Wir finden eine spannende Ähnlichkeit zwischen Bergson und

Dilthey bei der Behandlung der Frage, welche Rolle die Vergangenheit beim Verständnis des Lebens spielt. Die Bedeutung des Lebensverlaufs ist für Dilthey nur durch die Vergangenheit zu verstehen, das gilt auch für Bergson. Ohne dieses Fortbestehen der Vergangenheit bleibt unser Leben unverständlich. Dies gilt auch für die Geschichte. Geschichte verstehen heißt vor allem, die Vergangenheit zu verstehen.

14. Die Vergangenheit existiert nicht deswegen, meint Bergson, weil die Erinnerungen existieren, sondern sie erhält sich aus sich selbst. Sie besteht weiter. Das Weiterbestehen der Vergangenheit in der Gegenwart macht eigentlich das Wesen der Dauer aus. Denn die innere Dauer ist ein kontinuierliches Leben eines Gedächtnisses, das die Vergangenheit in die Gegenwart hineinverlängert. Die Vergangenheit überlebt im Gegenwärtigen, weil die Gegenwart das unaufhörlich wachsende Bild der Vergangenheit in sich einschließt. Ohne dieses Überleben der Vergangenheit im Gegenwärtigen könnte es keine Dauer geben, sondern nur eine Augenblicklichkeit. Die Dauer ist nicht Ablösung vom Moment durch Moment. "Denn Dauer ist ununterbrochenes Fortschreiten der Vergangenheit, die an der Zukunft nagt und im Vorrücken anschwillt". So verstanden ist Dauer gleichbedeutend mit Entwicklung, welche eine entscheidende Eigenschaft des Lebens ist, und realer Weiterführung der Vergangenheit durch die Gegenwart.

Die Vergangenheit spielt auch in Diltheys Zeitlehre eine unabdingbare Rolle. Seine Vergangenheitsauffassung unterscheidet sich von der Bergsons vor allem dadurch, dass Dilthey die Vergangenheit nur als Zeitmoment betrachtet. Er setzt sie nicht wie Bergson mit der Dauer, die für Dilthey ein fremder Begriff ist, in Verbindung. Dilthey schreibt der Vergangenheit weniger Eigenschaften als Bergson zu. Sie ist für Bergson sowohl ein Zeitmoment als auch ein Prinzip des Werdens in Hinblick auf die Bewegung und Veränderung, während Dilthey die Vergangenheit als *nicht mehr wirkende* bezeichnet. Sie ist für Dilthey nur durch die Erinnerung zugänglich, während sie für Bergson immer im

Gegenwärtigen präsent ist. Bei Dilthey ist Gegenwart eine Voraussetzung für die Vergangenheit, weil diese schon erlebte Gegenwart ist. Deswegen hängt die Vergangenheit eher von der Gegenwart ab. Diese Abhängigkeit ist bei Bergson nicht so stark betont. Man hat den Eindruck, obwohl es von Bergson darüber keine Aussage gibt, als ob die Vergangenheit für die Gegenwart eine Bedingung wäre, weil ohne die Fortdauer der Vergangenheit im Gegenwärtigen die Zeit nicht vorzustellen ist. Die Unteilbarkeit der Vergangenheit und Gegenwart in Bezug auf die Veränderungen ist für Bergsons Zeitlehre konstituierend. Diese Unteilbarkeit finden wir bei Dilthey so nicht. Bergson betont ganz stark die Bewährungs- und Bereicherungsfunktion der Vergangenheit und damit ihren Vorrang gegenüber anderen Zeitmomenten. Diese aktuelle Präsenz der Vergangenheit wird von Dilthey nicht thematisiert. Der Begriff der Präsenz kommt bei Dilthey in Frage, solange das Vergangene eine Bedeutung für das gegenwärtige Ereignis hat. Dilthey teilt die Auffassung Bergsons, dass der Mensch gegenüber dem Vergangenen machtlos ist. Er verhält sich zur Vergangenheit passiv, zur Gegenwart aktiv. Die Hineinreichung der Vergangenheit in die Gegenwart steht vor uns nur als Summe von schon sich realisierten Gegenwarten.

15. Dilthey definiert die Gegenwart als Erfüllung eines Zeitmomentes mit Realität. Einzig realer Zeitmoment ist die Gegenwart. Diese Auffassung teilt Bergson nicht.

Im Unterschied zu Bergson glaubt Dilthey, dass die Gegenwart nicht zu erfahren ist. Bergson ist der Meinung, dass die Gegenwart als die Gegenwart der Dauer innerlich erfahrbar ist. Während Dilthey der Gegenwart das Fortrücken zukommen lässt, welches die Eigenschaft der Zeit ist, schreibt Bergson dies eher der Vergangenheit zu. Dilthey und Bergson stimmen miteinander darin überein, dass die Gegenwart aus dem gegenwärtigen Bewusstsein, das man von sich selbst hat, besteht. Eine weitere Übereinstimmung von beiden Philosophen ist die Feststellung, dass die Gegenwart von der Vergangenheit nicht zu isolieren ist. Sie reicht durch die Erinnerung in die Gegenwart hinein. Eine wichtige Feststellung Diltheys, die bei Bergson nicht ausdrücklich erwähnt wird, ist die Abhängigkeit der Zukunft von der Gegenwart. Zukunft existiert nur deswegen, weil jemand in der Gegenwart etwas hofft, fühlt usw. Dilthey führt einen neuen Begriff ein, welcher *Korruptibilität* heißt, der in Bergsons Philosophie keine Anwendung findet. Dilthey versteht darunter die Hinfälligkeit und Zerbrechlichkeit des menschlichen Daseins. Sie ist also der Ausdruck der Endlichkeit des Menschen, welche sich in einem gegebenen Augenblick durchsetzt. Dies und überhaupt die Endlichkeit der Zeit im Zusammenhang mit Dasein wird von Bergson nicht analysiert, nicht einmal ausdrücklich erwähnt. Das ist ein schwacher Punkt der Bergsonschen Zeitlehre, wie Max Horkheimer mit Recht festgestellt hat.

Bergson verteidigt immer die These, dass die Präformation der Zukunft unmöglich ist. Dies ist für Bergson entscheidend, weil die Dauer als Ganzes immer etwas Neues schafft. Die Zukunft ist für Dilthey grundsätzlich als Potential, als Plan und als Möglichkeit von Vorstellungen angenommen. Sie hat keine Realität. Sie zeigt sich im Grunde genommen im Wünschen, Erwarten, Hoffen, Wollen usw. Im Gegensatz zu der Vergangenheit, die das Unabänderliche ist, verhält man sich zu der Zukunft aktiv, und man fühlt sich frei. Diese Feststellung Diltheys erinnert uns an Bergsons Ansicht, dass die Zukunft nicht vorherzubestimmen ist. Während Bergson diese Ansicht gegen Mechanismus und Finalismus in Bezug auf das Kausalitätsprinzip verteidigt, untersucht Dilthey die Zukunft unabhängig von den naturwissenschaftlichen Theorien. Bergson setzt sich gründlich mit der naturwissenschaftlichen Zeitlehre auseinander; diese gründliche Auseinandersetzung fehlt bei Dilthey. Offensichtlich genügt weder Dilthey noch Bergson die wissenschaftliche Zeitlehre. Die Zukunft findet bei Dilthey und Bergson weniger Aufmerksamkeit als Vergangenheit und Gegenwart. Dilthey setzt die Zukunft für die Realisierung der Selbstbestimmung als Möglichkeit voraus. Bergson bringt auch die Zukunft mit der Freiheit in Verbindung. Durch diese Ablehnung von beiden Theorien (Finalismus

und Mechanismus) ermöglicht Bergson eine freie Sphäre für die Menschen, die sich nicht dem Kausalitätsprinzip unterwerfen lassen.
16. Die Dauer hat nicht nur zeitlichen Charakter. Dauer und Leben verschmelzen ineinander. Unser inneres Leben ist mit der realen Dauer verbunden. Wenn alles in der Zeit ist, dann wandelt sich auch alles von innen her. Die gleiche konkrete Wirklichkeit wiederholt sich nie. Wiederholung ist also nur im Abstrakten möglich. Die reale Zeit denken wir nicht, sondern wir *leben* sie, weil das Leben über den Intellekt hinausgeht. Die *gelebte* Zeit als wirkliche Zeit wird auch von Dilthey ganz stark hervorgehoben.
17. Bergson setzt die Entwicklung des Lebens mit der Dauer gleich. Das Leben bringt immer neue Organismen hervor. Das Leben hat eine ursprüngliche Schwungkraft. Die Entwicklung des Lebens als Abfolge von Veränderungen ist unmittelbar mit der Dauer verbunden. Die verschiedenen Arten und Formen der Lebewesen existieren in verschiedenen Formen der Dauer, weil die Dauer sich als fortlaufende Schöpfung als ununterbrochenes Hervorquellen von Neuem zeigt. Leben und Dauer sind auch am Werden in der Natur beteiligt. Dies ist in allem grundlegende Realität. Diese Realität ist nach Bergson nicht durch den Intellekt, sondern durch die Intuition zu verstehen. Bergson versteht die Intuition als ein Erfassen der Dauer und als ein Erfassen der komplexen Mannigfaltigkeit in einer lebendigen Einheit. Die Intuition, die ihr Ziel erreicht, fällt mit der Dauer zusammen. Sie ist immer auf die Dauer, damit auf das Leben gerichtet. Sie macht das Wesen der Philosophie aus. Nach Bergson verändere sich die gesamte Philosophie durch die Einbeziehung der Intuition in die Philosophie.
Bergsons Kritik an Kants Zeitlehre ist maßgeblich für das Verständnis seiner Zeitanalyse. Seine Kritik bezieht sich auch auf Kants Metaphysik- und Erkenntnistheorie.
18. Bergson nennt Kant den größten Gegner der Metaphysik. Kant habe die Möglichkeit der Metaphysik geleugnet und sie für eine leere Spekulation und eine unsinnige Beschäftigung gehalten.

Bergson will dagegen das Recht der Metaphysik erweisen. Bergson schreibt seiner Philosophie die neue Konstitution der Metaphysik zu. Nach seine Überzeugung soll die unmittelbare Erfassung der Realität die Absicht der Metaphysik sein. Diese Kritik Bergsons ist unserer Meinung nach unzutreffend. Kant war jedoch gegen die bestimmte Form der überlieferten Metaphysik, deren Dogmatismus und Methodik er abgelehnt hat. Trotzdem kann man sagen, dass die ganze Kantische Philosophie Folge der Auseinandersetzung mit der Metaphysik ist. Kant betont mehrmals, wie wichtig und unerfüllbar die Metaphysik für uns ist. Es ist zu sagen, dass es bei Kant nicht um die Vernichtung der Metaphysik, wie Bergson meinte, geht. Kant sagt gerade das Gegenteil, dass der Metaphysik gänzlich zu entsagen unmöglich sei. Die wahre Metaphysik soll nach Kant ihre eigene Grenze kennen und die Vernunft nicht verleugnen.

19. Bergson sieht den Irrtum Kants und seiner Vorgänger darin, dass sie die Zeit (Dauer) nicht richtig verstanden und sie vom Raum, und damit das Lebendige vom Leblosen, nicht unterschieden hatten. Bergson wollte in diesem Sinne eine Philosophie gründen, die frei vom Ballast des Raumdenkens sein sollte. Dieses Raumdenken kennt nur das Außen, die Oberfläche der Dinge und Ausdehnung, und vernachlässigt das Innenleben, Bewusstsein und Freiheit. Stattdessen will er dem Menschen das wirkliche Leben, seine Freiheit und seine Einmaligkeit sichtbar machen (vgl. R. Rolland: C. Peguy, S. 22f.).

Bergson stellt fest, dass bei Kant a priori bestimmbare spezifische Merkmale der Begriffe Raum und Zeit fehlen. Diese Begriffe ließen sich bei Kant als komparative Begriffe kennzeichnen. Da für Bergson die Komparativität den Charakter des Raumes ausmacht, ist die Identifikation des Kantischen Zeitbegriffes mit dem des Raumes treffend. Bergson versucht die bei Kant fehlenden Unterscheidungsmerkmale zwischen Zeit und Raum durch die scharfe Trennung von qualitativer und quantitativer Mannigfaltigkeit zu begründen. Eine ähnliche Trennung findet sich auch bei Dilthey. Dilthey unterscheidet die Räumlichkeit von der

Zeitlichkeit. Während die Räumlichkeit durch eine unräumliche Seele aufgebaut wird, ist die Zeitlichkeit zugleich "Form unserer eigenen Lebendigkeit". In dieser Lebendigkeit ist die Zeit qualitativ unterschieden von den quantitativen Zeitbestimmungen. Deswegen ist die qualitative Zeit nicht auf die quantifizierte Zeit zurückzuführen.

Bergsons Kritik an Kants Zeitlehre ist unter bestimmten Vorbehalten zutreffend. Kant hat ja die Zeit als homogenes Medium angesehen und sie mit dem Raum gleichgestellt. Nach Bergson macht Kant einen großen Fehler, indem er zwei Formen des Homogenen akzeptiert. Es gibt nur ein homogenes Medium, nämlich die Raumvorstellung, die Zeit wird davon abgleitet. Kant konzentriert sich nur auf die verräumlichte Zeit und hebt die wirkliche Dauer nicht hervor. Die Zeit ist nicht nur als sinnliche Anschauung und als vorgegebene Form zu verstehen. Die Zeit und den Raum als reine Formen unserer Anschauung anzunehmen, wie es Kant vornimmt, bedeutet, Materie und Geist gleichermaßen als unerkennbar zu erklären. Bergson meint, Kant hätte "völlig übersehen", dass die Zeit als Dauer fließendes Prinzip des Universums ist. Kant hat sozusagen die Zeit für die mathematische Wissenschaft geopfert.

Da er dem Menschen die intuitive Erkenntnisfähigkeit entzogen hat, konnte er ihm nicht zugestehen, die wirkliche Zeit, welche Grundprinzip aller Dinge ist, wahrzunehmen. Kant unterstellt Raum und Zeit einen Charakter der Uninteressiertheit. Eine so verstandene Zeit ist nicht in der Lage die Vitalität unserer Interessen wiederzuspiegeln. Kants Zeit ist weder ablaufend, noch sich ändernd oder andauernd. Kant hielt eine durch Intuition gewonnene absolute Erkenntnis für unmöglich. Bergson betont gegenüber Kant, dass der Mensch zu der intuitiven Erkenntnis bzw. zu der Intuition fähig sei und durch die Intuition die absolute Wirklichkeit erkennen könne. Diese absolute Wirklichkeit ist die Dauer. Sie ist wieder mit dem Leben ganz eng verbunden, dadurch dass sie innerlich vom Menschen erlebt wird.

20. Bergson begenügt sich nicht mit dem Erlebnischarakter der Zeit.

Wenn er darüber hinaus der Zeit das Entwicklungsprinzip und die schöpferische Kraft zuschreibt, trägt er dann zur Klärung des Begriffs Zeit bei, oder erweitert sich dadurch die Frage nach der Zeit nicht zum Problem des Daseins im Ganzen? Wird die Existenzialisierung der Frage nach dem Wesen der Zeit nicht durch diese Erweiterung des Problems und durch die Interpretation der Zeit als Dauer, deren transzendentale Attribute den Rahmen einer existenziellen Behandlung der Frage sprengen, wieder aufgehoben? Und wird der Zeit durch eine solche Behandlung der Frage nicht eine mystische Dimension aufgezwängt? J. Guitton stellt in diesem Sinne fest, dass Bergsons Vorgehensweise der Frage nach der Zeit in sich ohne Bruch und "radikalen Wandel" kontinuierlich zur transzendentalen Auffassung der Zeit hinführt (vgl. J. Guitton: La Vocation de Bergson, S.158f). Ihren höchsten Ausdruck findet diese in seinem Spätwerk "Les deux Sources de la Morale et de la Religion." Ein Beispiel dafür ist das Problem des "bon sens". Der "bon sens", der in seinem früheren Werk eine Anstrengung ist, die die Intuition hervorruft, ist im Spätwerk die Grundlage für den "bon sens supérieur", eine Kraft, die dem Mystiker in besonderer Weise zukommt.

21. Dilthey dagegen kann wohl kaum eine Neigung zum Mystizismus unterstellt werden. Was seine Analyse des Begriffs Zeit unbefriedigend ausfallen lässt, ist zum einen die fragmentarische Unvollständigkeit der Argumentation und deren ungenügende Begründung. Darunter fällt insbesondere die Distinktion konkrete/formale Zeit, die somit eine Grundlegung zur Charakterisierung des Begriffs "erlebte Zeit" nur unvollständig liefern kann.

22. Abschließend ist festzustellen, dass Dilthey und Bergson den *wirklichen* Charakter der Zeit ausfindig zu machen versuchen. Ihr Versuch, die Möglichkeit einer Lösung der Zeitproblematik durch den Erlebnischarakter von der Transzendentalität und Ewigkeit ins Dasein zu transponieren, ist sicher ein Schritt zur Lösung dieser Problematik. Eine endgültige Lösung, wenn es eine solche je geben kann, steht damit allerdings noch aus.

LITERATURVERZEICHNIS

1. Primärliteratur

A) Henri Bergson

Bergson, H.: Zeit und Freiheit (*Essai sur les donnés immédiates de la conscience 1889*), Meisenheim am Glan 1949.
- : Denken und Schöpferisches Werden (*La Pensée et le Mouvant*). Aufsätze und Vorträge, Meisenheim am Glan 1948.
- : Mélanges. Textes et Publiés et ennotés par Andre Robinet, Paris 1972.
- : Einführung in die Metaphysik (*Introduction à la Métaphysique*), Jena 1920.
- : Materie und Gedächtnis. Eine Abhandlung über die Beziehung zwischen Körper und Geist (*Matiére et Mémoire*). *Essais sur la relation du corps à l'esprit*), mit einer Einleitung von Erik Oger, Hamburg 1991.
- : Schöpferische Entwicklung (*L'Évolution créatrice*), Jena 1912.
- : Die geistige Energie. Aufsätze und Vorträge (*L'Ènergie spirituelle. Essais et conférences*), Jena 1928.
- : Die beide Quellen der Moral und der Religion *(Les deux sources de la morale et de la religion)*, Olten 1980.
- : Œuvres. Textes annotés par André Robinet, Introduction par Henri Gouhier, Paris 1959.
- : Das Lachen (*le rire*). Ein Essay über die Bedeutung des Komischen, Darmstadt 1988.
- : Durée et Simultanéité. A Propos de la Théorie D'Einstein, Paris 1926[3].

B) Wilhelm Dilthey

Gesammelte Schriften, 20 Bände, 1914-1990 ; Band 1-12 Stuttgart und Göttingen; Band 13-20 Göttingen.

Dilthey, W.: Der Aufbau der geschichtlichen Welt in den Geisteswissenschaften (Gesammelte Werk Band VII), hrsg. von B. Groethuysen, 1958[2].
- : Die geistige Welt. Einleitung in die Philosophie des Lebens. Erste Hälfte: Abhandlungen zur Grundlegung der Geisteswissenschaften (Gesammel-   te Werk band V), hrsg. von G. Misch, 1958[3].
- : Die geistige Welt. Einleitung in die Philosophie des Lebens. Zweite Hälfte: Abhandlungen zur Poetik, Ethik und Pädagogik (Gesammelte Werke Band VI), hrsg. von G. Misch, 1958[3].
- : Grundlegung der Wissenschaften vom Menschen, der Gesellschaft und

der Geschichte. Ausarbeitungen und Entwürfe zum zweiten Band der Einleitung in die Geisteswissenschaften (ca.1870-1895) (Gesammelte Werk Band XIX), hrsg. von H. Johach und F. Rodi, 1982.
- : Logik und System der philosophischen Wissenschaften. Vorlesungen zur erkenntnistheoretischen Logik und Methodologie (1864-1903) (Gesammelte Werke Band XX), hrsg. von H.U. Lessing und F. Rodi, 1990.
- : Texte zur Kritik der historischen Vernunft, hrsg. und eingeleitet von H.U. Lessing, Göttingen 1983.

C) Immanuel Kant

Kant, I.: Kritik der reinen Vernunft. Kants Werke, hrsg. von A. Görland, Berlin 1923.

Kritik der reinen Vernunft, hrsg. von R. Schmidt, Hamburg 1956.
- : De Mundi sensibilis atque intelligibilis forma et principiis. Über die Form und Prinzipien der Sinnen- und Geisteswelt, hrsg. von K. Reich, Hamburg 1958.
- : Logik, Frankfurt am Main 1968.
- : Prolegomena, hrsg. von K. Vorländer, Hamburg 1957.
- : Kant's Werke, Akademische Ausgabe Band V, Berlin 1923.
- I. Kants Werke. Briefe von und an Kant, hrsg. von E. Cassirer, Band IX, Berlin 1918.
- I. Kants Werke, Schriften von 1783-1788, hrsg. von E. Cassirer, Band. IV, Berlin 1913.

2. Weitere Primärliteratur

Aristoteles: Physik, Bücher IA-IVB, Vorlesung über Natur, hrsg. von H. G. Zekl, Hamburg 1978.
- : Nikomachischen Ethik, hrsg. von G. Bien, Hamburg1972.
- : Metaphysik. Mit Einleitung und Kommentar hrsg. von H. Seidl, Hamburg 1978.

Augustinus: Vom Gottesstaat, hrsg. von W. Thimme, Zürich, MLMLV.
- : Bekenntnisse, eingeleitet, übersetzt und erläutert von. J. Bernhart, München 1980[4].

Berkeley, G.: Eine Abhandlung der menschlichen Erkenntnis, verbesserter Nachdruck von 1957, hrsg. von A. Klemmt, Hamburg 1979.

Boutroux, E.: De la Contingence des Lois de la Nature, Paris1874.

Cassirer, E.: Das Erkenntnisproblem in der Philosophie und Wissenschaft der neueren Zeit, Bd. II, Berlin 1922.

- : Nachgelassene Manuskripte und Texte, hrsg. von J. M. Krois und O. Schwemmer, Bd.1: Zur Metaphysik der symbolischen Formen, Hamburg 1995.
- : Philosophie der symbolischen Formen. Dritter Teil, Phänomenologie der Erkenntnis, Tübingen 1954^2.
- : Form und Technik, in: Symbol, Technik, Sprache, Aufsätze aus den Jahren 1927-1933, hrsg. von E. W. Orth und J. M. Krois, Hamburg 1985.

Deleuze, G.: Bergson zur Einführung, hrsg. und übersetzt von M. Weinmann, Hamburg 1989.
- : Das Zeit-Bild. Kino2, Frankfurt 1991.
- : Differenz und Wiederholung, München 1962.

Einstein, A.: Aus meinen späten Jahren, Stuttgart 1979.
- : Mein Weltbild, hrsg. von C. Seelig, Frankfurt/Berlin/Wien 1981.

Gassendi, P.: Opera Omnia, Band I, Lyon 1658, Nachdruck Stuttgart-Bad Cannstatt 1964.

Heidegger, M.: Der Begriff der Zeit. Vortrag von der Marburger Theologenschaft Juli 1924, hrsg. und mit einem Nachwort versehen von H. Tietjen, Tübingen 1989.
- : Sein und Zeit, Tübingen 1953^7.
- : Logik. Die Frage nach der Wahrheit (Gesamtausgabe Bd. 21), Frankfurt am Main 1976.
- : Kant und das Problem der Metaphysik, Bonn 1929.

Husserl, E.: Die Krisis der europäischen Wissenschaften und transzendentale Phänomenologie. Eine Einleitung in die phänomenologische Philosophie, hrsg. von W. Biemel, Husserliana Band. VI, Den Haag 1954.
- : Ideen zu einer reinen Phänomenologie und phänomenologischen Philosophie, hrsg. von W. Biemel, Husserliana Bd. III, Den Haag 1950.
- : Cartesianische Meditationen und Pariser Vorträge, hrsg. von S. Strasser, Husserliana Bd. I, Den Haag 1950.
- : Texte zur Phänomenologie des inneren Zeitbewusstsein (1893-1917), hrsg. und eingleitet von R. Bernet, Texte nach Husserliana Band X, Hamburg 1985.

Hobbes, T.: Vom Körper. Elemente der Philosophie I, ausgewählt und übersetzt von M. Frischeisen-Köhler 1915, Nachdruck Hamburg 1967.

Hegel, G.W.F.: Phänomenologie des Geistes, Theorie- Werkausgabe Bd.3, Frankfurt 1969.
- : Vorlesungen über die Philosophie der Religion II, Theorie-Werkausgabe Bd.17, Frankfurt am Main 1969.

Horkheimer, M.: Zu Bergson Metaphysik der Zeit, in: Zeitschrift für Sozialforschung, hrsg. von M. Horkheimer, Jahrgang III (1934), Paris 1935, 321-343.

Hume, D.: A treatise of human nature, edited by L. A. Selby-Bigge, first edition 1888, reprinted London 1955.

Jonas, H.: Plotin über Zeit und Ewigkeit, in: Politische Ordnung und menschliche Existenz, hrsg. von A. Dempf, H. Arendt, und F. Engel-Janosi, München 1962, 295-319.

James, W.: Essays in Radical Empiricism, Cambridge and London 1976.

- : The Principles of Psychology, New York 1950.

Leibniz: Philosophische Schriften, Band IV, hrsg. von C. I. Gerhardt, Berlin 1875.

- : Die philosophischen Schriften, Band. IV, hrsg. von C. L. Gebhart, Hildesheim 1960.

Merleau-Ponty, M.: Phänomenologie der Wahrnehmung, Berlin 1966.

- : Die Struktur des Verhaltens, Berlin/New York 1976.

- : Die Natur. Aufzeichnungen von Vorlesungen am Collége de France 1956-1960, hrsg. und mit Anmerkungen versehen von D. Séglard, München 2000.

Newton, I.: Mathematische Grundlagen der Naturphilosophie, hrsg. von E. Dellian, Hamburg 1988.

Platon: Timaios. in: Platon sämtliche Dialoge, hrsg. von O. Apelt, Nachdruck Hamburg 1988.

- : Sämtliche Werke, Band. III, hrsg. von U. Wolf, übersetzt von Schleiermacher und Hieronymus, Hamburg 1994.

Plotin: Plotins Schriften, hrsg. von R. Beutler und W. Theiler, Hamburg 1967.

- : Plotins Schriften, übersetzt von R. Harder, Leipzig 1937.

Spinoza.: Die Ethik, Übersetzung von O. Baensch, Hamburg 1955.

Whitehead, A. N.: Process and Reality. An Essay in Cosmology, edited by D. Ray Griffin and D.W. Sherburne, New York/London 1979.

3. Sekundärliteratur

Albert, K.: Lebensphilosophie, Freiburg/München 1995.

Ballnow, O.F.: Dilthey. Eine Einführung in seine Philosophie, Leipzig und Berlin 1936.

Barthémely-Madaule, M.: Bergson und Teilhard de Chardin. Die Anfänge einer neuen Welterkenntnis, Olten 1970.

- : Bergson adverse de Kant, Paris 1966.

Bodammer, T.: Philosophie der Geisteswissenschaften, Freiburg/München 1987.

Böhme, G.: Zeit und Zahl. Studien zur Zeittheorie bei Platon, Aristoteles, Leibniz und Kant, Frankfurt am Main 1974.

Benda, J.: Le Bergsonisme ou une philosophie de la mobilité, Paris 1912.

Bredow, G.v.: Das Sein der Freiheit, Düsseldorf 1960.

Berkeley, G.: Eine Abhandlung der menschlichen Erkenntnis, hrsg. von A. Klemmt, Hamburg 1979.

Cüppers, C.: Die erkenntnistheoretischen Grundlagen W. Diltheys, Leipzig 1933.

Carr, D.: Zukünftige Vergangenheit, in: Dilthey und die Philosophie der Gegenwart, Freiburg 1985, 415-437.

Chevalier, J.: Bergson, Paris 1926.

Deussen, P.: Die Philosophie der Griechen, Leipzig 1921^3.

Düsing, K.: Objektive und subjektive Zeit. Untersuchungen zu Kants Theorie und zu ihrer modernen kritischen Rezeption, in: Kant-Studien 71 (1980), 1-34.

Emmens, W.: Das Raumproblem bei H. Bergson, Leiden 1931.

Ey, H..: Das Bewusstsein, Berlin 1967.

Eley, L.: Intuition. Handbuch der Philosophischen Grundbegriffe, hrsg. von H. Königs, H. C. Baumgartner und C. Wild, Band. III, München 1973.

Eisler, R.: Kant Lexikon, Berlin 1930.

Florian, M.: Der Begriff der Zeit bei H. Bergson. Eine kritische Untersuchung, Greifswald 1914.

Flasch, K.: Was ist Zeit? Augustinus von Hippo, das XI. Buch der Confessiones; historisch-philosophische Studie; Text, Übersetzung, Kommentar, Frankfurt am Main 1993.

Frieden-Markevitsch, N.: La Philosophie de Bergson, Fribourg 1982.

Giroux, L.: Durée pure et Temporalité. Bergson et Heidegger, Bellamin/Montreal 1971.

Guitton, J.: La Vocation de Bergson, Paris 1960.

Gerrard, T.: Bergson and Finalisme, in: Catholic World (1913), 374-382.

Goldstein, J.: Henri Bergson und Sozialwissenschaft, in: Archiv für Sozialwissenschaft und Sozialpolitik 31 (1910), 1-22.

Hellmann, W.: Der Begriff der Zeit bei H. Bergson, in: Philosophia Naturalis, Bd. IV (1957), 126-139.

Hentschel, K.: Interpretationen. Und Fehlinterpretationen der speziellen und der allgemeinen Relativitätstheorie durch Zeitgenossen A. Einsteins, Basel/Boston/Berlin 1990.

Hilpert, C.: Die Unterscheidung der intuitiven Erkenntnis von der Analyse bei Bergson, Breslau1915.

Ingarden, R.: Intuition und Intellekt bei H. Bergson, in: Jahrbuch für Philosophie und phänomenologische Forschung, hrsg. von E. Husserl, Band 5, Halle 1922, 285-462.

Jatzkowski, T.: Die Theorie des kulturell-historischen Verstehens bei W. Dilthey und G. Simmel, Herdecke 1998.

Jurevics, P.: H. Bergson. Eine Einführung in seine Philosophie, Freiburg 1949.

Kather, R.: Gelebte Zeit und schöpferisches Werden, in: Geist und Leben, Zeitschrift für christliche Spiritualität, 9 (1996), 20-36.

- : Ordnungen der Wirklichkeit. Die Kritik der philosophischen Kosmologie am mechanistischen Paradigma, Würzburg 1998.
- : Was ist Leben? Philosophische Positionen und Perspektiven, Darmstadt 2003.
- : Eine kleine Geschichte der Intuition. Von Platon zu Einstein, in: Zeit und Ewigkeit. Die Vieldimensionalität menschlichen Erlebens, Würzburg 1992, 101-121.
- : Spinozas Einfluss auf Ethik und Anthropologie A. Einstens, in: Studia Spinoza 9 (1993), 275-294.
- : Selbsterschaffung und die Irreversibilität der Zeit bei A. N. Whitehead, in: Philosophia Naturalis 29 (1992), 135-160.
- : Zeit begreifen - Zeit erleben, in: Brockhaus Enzyklopädie Bd.6: Die Zukunft unseres Planetes, Teil I: Mythen, Fakten, Wahrscheinlichkeiten, Kap.1, Mannheim 2000, 14-47.

Kalokowski, L.: H. Bergson. Ein Dichterphilosoph, München 1985.

Meckauer, W.: Der Intuitionismus und seine Elemente bei H. Bergson, Leipzig 1917.

Kümmel, F.: Über den Begriff der Zeit, Tübingen 1962.

Kroner, R.: Henri Bergson, in: Logos. Internationale Zeitschrift für Philosophie und Kultur, hrsg von. G. Mehlis, Band I (1910/11), 125-151.

Lowejoy, A. O.: Die große Kette des Wesens. Geschichte eines Gedankens, Frankfurt am Main 1985.

Lacey, A.R.: Bergson, London/New York 1989.

Le Senne, R.: L'Intuition Morale d'après H. Bergson, in: Revue Philosophique, Paris 1941, 218-243.

Lavelle, L.: La Pensée religieuse de Bergson, in : Revue Philosophique, Paris 1941, 139-175.

Makreel, R.A.: Dilthey. Philosoph der Geisteswissenschaften, Franfurt am Main 1991.

Meckauer, W.: Der Intuitionismus und seine Elemente bei H. Bergson, Leipzig 1917.

Misch, G.: Lebensphilosophie und Phänomenologie. Eine Auseinandersetzung der Diltheyschen Richtung mit Heidegger und Husserl, Darmstadt 1967[3].

Meyers, G. E.: W. James. His life and Thought, New Haven/London 1986.

Millot, A.: L'intérêt pédagogique de la doctrine de Bergson, in: Revue Philosophique, Paris 1941, 319-342.

Manzke, K. H.: Ewigkeit und Zeitlichkeit. Aspekte für eine theologische Deutung der Zeit, Göttingen 1992.

Maritain, J.: Von Bergson zu Thomas von Aquin. Acht Abhandlungen über Metaphysik und Moral, Cambridge 1945.

- : Bergsons Metaphysik und Moral, in: Phil. Jahrbuch der Görresgesellschaft 1948, 179-210.

Michel, K.: Untersuchungen zur Zeitkonzeption in Kants *Kritik der reinen Vernunft*, Berlin 2003.

Oerter, R.: Zur Rolle von Motorik und Handlung in der psychischen Entwicklung des Menschen, in: Die Motorische Entwicklung im Kindes- und Jugendalter, hrsg. von K. Willimczik und M. Grosser, Schondorf 1979, 23-39.

Ott, E.: H. Bergson der Philosoph moderner Religion, Leipzig 1914.

Pöggeler, O.: Dilthey und Phänomenologie der Zeit, in: Dilthey Jahrbuch. Bd. 3 (1985), 105-140.

Prigogine, I.: Vom Sein zum Werden. Zeit und Komplexität in die Naturwissenschaften, München 1979[4].

- : Die Wiedererkennung der Zeit, in: Geist und Natur, hrsg. von H. P. Dürr und W. C. Zimmerli, München 1989[2], 47-60.

Prigogine, I. und Isabella, S.: Dialog mit der Natur. Neue Wege naturwissenschaftlichen Denkens, München/ Zürich 1986[5].

Palgan, R.: Die Weltanschauung H. Bergsons, Breslau 1929.

Pflug, G.: Die Bergson Rezeption in Deutschland, in: Zeitschrift für philosophische Forschung, hrsg. von O. Höffe, Bd. 45, Frankfurt am Main 1991.

- : H. Bergson. Quellen und Konsequenzen einer induktiven Metaphysik, Berlin 1959.

Robinett, A.: Correspondance Leibniz-Clarke, Paris 1957.

Rolland, E. : La Finalité morale dans le Bergsonisme, Paris 1937.

Romanos, K. P.: Heimkehr. H. Bergsons lebensphilosophische Ansätze zur Heilung von erstarrtem Leben, Frankfurt am Main 1988.

Richter, R.: Intuition und intellektuelle Anschauung bei Schelling und Bergson, Eschenhagen 1929.

Rickert, H.: Die Philosophie des Lebens. Darstellung und Kritik der philosophischen Modeströmungen unserer Zeit, Tübingen 1920.

Rolland, R.: Charles Peguy, Zürich 1951.

Rideau, E. : Le Dieu de Bergson, Paris 1932.

Reuter-Jendrich, C.: Lebensweltliche Zeitlichkeit, Köln 1994.

Reichenbach, H.: Der Aufstieg der wissenschaftlichen Philosophie, Berlin 1951.

Scheler, M.: Die Stellung des Menschen im Kosmos, Bern/München 1975[8].

Scheldrake, R.: Die Wiedergeburt der Natur. Wissenschaftliche Grundlagen eines neuen Verständnisses der Lebendigkeit und Heiligkeit der Natur, Bern/München 1993.

Stöckler, M.: Ereignistransformationen. Relativierengen des Zeitbegriffs in der Physik des 20. Jahrhunderts, in: Das Rätsel der Zeit. Philosophische Analysen, hrsg. von H. M. Baumgartner, Freiburg/München 1993, 149-177.

Schütz, A.: Theorie der Lebensformen. Frühere Manuskripte aus der Bergson-Periode, hrsg. und eingleitet von I. Srubar, Frankfurt am Main 1981.

Söffler, D.: Auf dem Weg zu Kants Theorie der Zeit. Untersuchung zur Genese des Zeitbegriffs in der Philosophie I. Kants, Frankfurt am Main 1994.

Strube, C.: Die Modernität der Zeit-Thematik, in : Syntesis Philosophica 24 (2/1997), Zagreb 1997, 495-505.

- : Bergson und Prigogine. Die naturphilosophische Idee eines zweiten Zeitbegriffs in der Physik, in: Auf der Suche nach Wirklichkeit, hrsg. von F. Böversen, Wuppertal 1990.

Scholz, H.: Das Vermächtnis der Kantischen Lehre vom Raum und von der Zeit, in: Kant-Studien, hrsg. von P. Menzer, Berlin 1924, 21-70.

- : Mathesis Universalis. Abhandlungen zur Philosophie als strenger Wissenschaft, hrsg. von H. Hermes und F. Kambartel, Basel 1961.

Schoner, G. A.: Religiöse Erfahrung und das Problem der Zeit, Hannover 1993.

Vaihinger, H.: Kommentar zu Kants KrdV, Bd.II, Stuttgart 1892.

Vrhunc, M..: Bild und Wirklichkeit. Zur Philosophie H. Bergsons, München 2002.

Vollmer, G.: Evolutionäre Erkenntnistheorie, Stuttgart 1990[5].

Theunissen, M.: Negative Theologie der Zeit, Frankfurt am Main 1991.

Wust, P.: Die Auferstehung der Metaphysik, Leipzig 1920.

Wrede, O.: Pädagogische Probleme bei H. Bergson, Erlangen 1935.

Nachschlagwerke

Wörterbuch der Kognitionswissenschaft: Hrsg. von G. Strube, Stuttgart 1996.

Philosophisches Wörterbuch: Hrsg. von G. Kalus und M. Buhr, Band 1, Berlin 1971.

Philosophisches Wörterbuch: Hrsg. von G. Schischkoff, Stuttgart 1960.

Historisches Wörterbuch der Philosophie: Hrsg. von J. Ritter und K. Gründer, Darmstadt 1976.